慧保天下
讲述保险商业逻辑

NEW ERA OF
INSURANCE

保险新时代

『慧保天下』精选集

2019

慧保天下◎编

大潮汹涌

革故鼎新

迎接

保险新时代

中国金融出版社

责任编辑：张清民
责任校对：李俊英
责任印制：程　颖

图书在版编目（CIP）数据

保险新时代.2019/慧保天下编. —北京：中国金融出版社，2019. 12
ISBN 978－7－5220－0296－5

Ⅰ.①保…　Ⅱ.①慧…　Ⅲ.①保险业—中国—文集　Ⅳ.①F842-53

中国版本图书馆CIP数据核字（2019）第215508号

保险新时代.2019
Baoxian Xinshidai 2019

出版
发行　中国金融出版社

社址　北京市丰台区益泽路2号
市场开发部　（010）63266347，63805472，63439533（传真）
网 上 书 店　http://www.chinafph.com
　（010）63286832，63365686（传真）
读者服务部　（010）66070833，62568380
邮编　100071
经销　新华书店
印刷　北京市松源印刷有限公司
尺寸　210毫米×285毫米
印张　24.75
字数　470千
版次　2019年12月第1版
印次　2019年12月第1次印刷
定价　128.00元
ISBN 978－7－5220－0296－5

谨以此书献给

韧性前行的中国保险2019年

慧保天下
讲述保险商业逻辑

NEW ERA OF
INSURANCE

保险新时代

慧保天下 精选集

2019

序　言

PREFACE

春生夏长，秋收冬藏。四时轮转，不眠不休。年终岁末，又到了总结的时候了，既是告别，又是新篇。

过去的2019年，保险业也在向旧模式告别。监管始终保持中性偏冷的姿态，持续围绕补短板发力，把原有的漏洞堵上，把全新的规制建立起来。通过规则监管，拒绝不公平的市场取巧；通过风险监管，破除机会主义和成本后置的思维模式；通过开放提速，打掉封闭环境下的低水平自循环。监管创造机会、引导市场已不多见。

而反观行业，却是波澜涌动，热度不减。头部公司纷纷调整组织架构，蓄积内力，投入新一轮的较量；追随者则是不断探索试错，寻找可以生存的空间，进也好，避也好，都以期在不断规范的市场中和更加严格的监管“赛道”上尽快占得一席之地。整体上看，无知无畏的大话少了，靠谱务实的举措多了，应对面向未来的变革，行业的前奏反应还是可圈可点的。

行为举止背后是保险业的发展逻辑谋变。中央经济工作会议提出“引导保险公司回归保障功能”，将“保障”二字提到了更高的位置，各金融机构势必要各安本位、各守本分、互不越位。显而易见，在具体落实上，保险公司回归保障功能任务指标只多不少，保险业想占金融资产三分天下有其一的雄心壮志，已经成为历史的回响。

从更深层次来说，保险业面对的宏观环境已不同往日，经济周期下行来临，人口红利持续弱化，科技和对外开放的挑战与日俱增，整个行业应更多地反思国家需要行业干什么，而不单纯是行业发展纬度想要做什么。

作为行业观察者，『慧保天下』在2019年经历了对监管和市场的新认识、再认识，在一个逐步沉静下来的市场中，发展是要靠真本事的。而对真本事的理解力、鉴别力，则毫无疑问是新媒体的看家本领。

又到岁末，『慧保天下』一如既往地准备了文章精选集，既为以飨读者，也供点评褒贬。这次选择的文章，共覆盖“财产险·分化”“人身险·转型”“健康险·高光”“保险中介·裂变”“公司志·重塑”“小趋势·风起”“真问题·升维”7大方面，共计70篇文章，涉及财产险、人身险、保险中介、公司治理等多方面的热点话题，信息量充足，脉络丰富，不少文章称得上视角独特。

财产险板块聚焦车险市场，行业兴盛于车险，改革转型却又被车险所累，孰是孰非。人身险板块重点关注产品驱动的机制内涵，无论是叫停4.025%的预定产品利率，还是“开门红”晒成绩单，面向未来的产品形态仍不明朗。健康险成为行业最为高光的板块，但高收益与高风险并存，是否值得全力一搏？保险中介作为非标属性最强的板块，约束规则与激发活力之间如何平衡。公司治理方面主要是走马换将的行业惯例仍然有效。

此外，对科技、外资、资管、市场格局，也有不少关注。精选集的价值，在于记录过去、预示未来。我们希望读者读后，能对2019年的保险市场有更明晰的感悟体会。

序　言

『慧保天下』一直以来秉持为行业记录的主旨，加上2019年这一本，已经连续出版了4本合集，回看这4本集子，『慧保天下』主要做了以下三件事：一是记录和还原，如实为行业记录一些重要性事件和关键性节点，出台新政策，市场新动态，人物新变化，力求读者看来如临现场般的清晰。二是解读和思考，坚持以一个独立连续的视角观察行业，并向读者奉献专业的解读，与行业保持高频的互动，积极反映行业痛点，做行业、监管和从业者之间互动的平台。三是质疑和助推，急剧变革中的保险业，多方势力竞逐，不同立场争议、利益诉求，在客观理性的基础上，有时也需要“上帝视角”，来引导、推动关键事件的走向。

连续的总结才是有生命力的，回看过去4年，行业由混乱到有序，由任意到敬畏，从求全到回归本分，保险业不可逆转地走上风险保障的轨道。

有时候想来，『慧保天下』的工作，可能如同史官一样，为行业记录，为前行留痕。一个政策出台，一个市场攻势，一个模式兴衰，可能几年以后，待当事人离开、待声势耗尽、待新人崛起，就逐步模糊而细节缺失。

当前保险业高速前行，需要看创新多一些，但总有稳定下来的一天，需要回头看历史的路，既往才能开来，记史才能厚重。正因为知道肩负责任的份量，我们下笔写文章时自会更加慎重，如实记录，认真考据。所谓笔有千钧，正心为要。

精选集或许是一家之言，但承载着『慧保天下』对行业的初心，唯愿国泰民安，行业兴盛，我们也能为行业记录更多、更好。

是为序。

慧保天下

讲述保险商业逻辑

目 录

CONTENTS

CHAPTER 1 财产险 · 分化

CHAPTER 2 人身险 · 转型

CHAPTER 3 健康险 · 高光

慧保天下 讲述保险商业逻辑

目　录

CONTENTS

2019

NEW ERA OF INSURANCE

保险新时代

『慧保天下』精选集

目 录

CONTENTS

NEW ERA OF
INSURANCE

保险新时代

『慧保天下』精选集

1

CHAPTER

财产险 · 分化

老路还能不能走，新路怎么起步，保险业该往哪里去？这正是当下保险业的“行业之问”。例如财产险行业，从不同的角度来考察，问题愈发难解。

从投资回报的角度来看，大多数中小财产险公司的净资产收益率甚至不足5%，这意味着对于大多数财产险公司的股东而言，与其投资财产险公司，还不如买一份银行理财产品。过低的投资回报率势必影响股东的信心。

过去，财产险公司实现业务突围的方式几乎都是相同的——高举高打，但新常态下，传统模式已经不再有参考价值。财产险的旧模式已死，新模式正当立。

银保监会第三次召集车险座谈会，强调监管全国一盘棋

2019年4月24日

2018年12月以来，车险监管“先礼后兵”，一波严似一波。

2018年12月13日，保险行业协会车险专业委员会第三次全体委员大会在北京召开，深入探讨车险发展的问题，分管财产险的中国银保监会副主席梁涛出席会议并发表重要讲话，指出车险行业的高手续费捆绑销售、数据不真实和重规模、轻合规、轻效益等问题依旧突出，并明确表示，“总公司管理层不要认为违规是行业的潜规则”。

这之后，保险行业协会再提车险自律，强调不做假账、鼓励互相举报以及考核指标不高于新车销量增速等。

与此同时，一些地方银保监局也开始加大对违规机构的处罚力度，先后无限期暂停多家地市级分支机构的车险业务，让各保险公司都充分感受到了监管推行“报行合一”“严监管”意志之坚定。

2019年，车险严监管的态势有增无减。2月21日，银保监会召集人保财险、平安产险、国寿财险等8家公司的主要负责人进行第二次集体谈话，再度强调监管之态度。彼时，被勒令暂停车险业务的保险分支机构已达24家。

2019年4月，『慧保天下』获悉，银保监会又第三次召开车险座谈会，再度为解决车险问题把脉，着重强调车险监管“全国一盘棋”——随着“报行合一”的深入，影响车险市场发展的一些深层次问题也开始显现，而其中很重要的一项就是各地银保监局对于车险业务的监管力度并不一致，导致一些“老实公司”深感“吃亏”，长此以往，显然不利于从根本上解决车险行业的乱象问题。

“报行合一”执行力度不一，“老实公司”吃亏

面对车险市场乱象、行业濒临亏损和现金流压力加大的情况，几个月以来，银保监会牵头，全面强化车险业务监管，严格推行“报行合一”，近30家保险公司地市级机构的车险业务先后被全面叫停，一时之间对整个车险行业形成极大的震慑，手续费乱象在一定程度上得到遏制。

不少业内人士都表示“瑟瑟发抖”，而一些中介机构的年报则纷纷“吐槽”受“报行合一”影响，手续费率被压缩。

转机初显，然而在车险“报行合一”持续深入推进的过程中，一些深层次的问题也开始显现。其中，与银保监系统关系最密切的一点就在于：由于各地银保监局在实际的处罚中力度并不统一，导致一些严格执行监管政策的“老实公司”纷纷叫屈。

比如，有的公司因为总部、营业部不在北京，导致其在实际车险经营中往往容易轻视监管规定，再加上当地政府部门的奖励，使其获得费用竞争优势，在监管大力推行“报行合一”，其他公司纷纷收敛的同时，其市场份额却快速攀升。

再如，由于不同监管局的监管力度不同，保费外流也引发了一些公司的不满。据悉，某省监管局加大市场查处力度，严格执行“报行合一”，在两省交界处的几个地市业务却开始流向邻近的省份，导致本地保费收入锐减，政府税收也受到一定影响。

监管力度的不同，导致在车险业务实际经营中出现了“老实公司”吃亏的现象，如果不能有效地解决这一问题，不能形成“老实公司”获益的局面，无疑会导致前期的努力功亏一篑，车险行业再度陷入恶性竞争、劣币驱逐良币的境地。

这要求车险监管必须是“全国一盘棋”，必须做到公平公正，如仅限于在某地或某省严格执行“报行合一”，很难长久有效。

各地派出机构自由裁量权较大

车险监管“全国一盘棋”并不是一个新的概念，实际上，监管部门在此前发布的文件中对此已经有所提及。

2019年2月21日，中国银保监会财险部向各银保监局下发《关于近期车险市场监管有关情况的函》，就一段时间以来整治车险市场乱象的结果以及存在的一些问题进行了总结。

该文件明确表示，各银保监局依法严肃查处车险市场的违法违规行为，加大对市场乱象的治理力度，推动车险市场秩序有所好转，但由于各局的整治力度参差不齐，各地区的车险市场秩序好转程度也存在较大差异。

《关于近期车险市场监管有关情况的函》鼓励市场乱象突出但尚未被叫停机构的车险业务的银保监局“采取切实措施”，同时明确，对于单家财产险公司在辖区内连续有多家地市级机构被叫停车险业务的，可在全省范围内暂停车险业务。

此次监管部门第三次召开车险座谈会，再次谈及该问题，显示了对于车险监管“全国一盘棋”的高度重视。

值得注意的是，由于原保监会特殊的历史沿革，其在各地的派出机构在具体业务监管方面，一向具有较大的自主裁量权。

尤其是对于车险业务，由于新一轮商车费改本身采用的就是渐进式的改革进程，最直观的体现就是各地车险自主渠道系数以及自主定价系数取值范围并不统一，有高有低，实际加大了地区之间的差异。

2018年原银监会与原保监会合并，原银监系统的行事风格也开始深入影响原保监系统，业界人士普遍认为，原来各地监管局较大的发挥空间将因此被进一步挤压。但就本轮车险严格“报行合一”的行动而言，不同银保监局在严监管方面体现出来的力度仍大不相同。

发布《关于近期车险市场监管有关情况的函》时，已经有24家地市级机构的车险业务被叫停，但这些处罚只来自9家银保监局。其中，山东局5个，河南局5个，浙江局4个，广西局3个，安徽局2个，青岛局2个，四川局、新疆局、山西局各1个，其他银保监局则一个也没有，见表1。

表1　财产险公司被采取监管措施一览

公司简称	地区	计划单列市、地级市机构	采取停止使用商业车险条款费率措施起始日期
人保（7个）	浙江	杭州	2019年1月1日
		金华	2019年1月1日
		台州	2019年1月1日
人保（7个）	安徽	铜陵	2019年1月10日
	河南	濮阳	2019年1月19日
	山西	太原	2019年2月1日
	山东	济宁	2019年2月3日
平安（8个）	浙江	湖州	2019年1月1日
	广西	钦州	2019年1月1日
	安徽	铜陵	2019年1月10日
	河南	濮阳	2019年1月19日
	四川	眉山	2019年1月22日
	新疆	昌吉	2019年2月1日
山东		淄博	2019年1月28日
		莱芜	2019年2月3日
太平（4个）	广西	贵港	2019年1月16日
	河南	洛阳	2019年1月24日
	山东	德州	2019年1月28日
	青岛	青岛	2019年1月29日

续表

公司简称	地区	计划单列市、地级市机构	采取停止使用商业车险条款费率措施起始日期
北部湾（1个）	广西	贵港	2019年1月16日
国寿财（1个）	河南	鹤壁	2019年1月19日
阳光（1个）	山东	淄博	2019年1月28日
永安（1个）	河南	三门峡	2019年1月31日
大地（1个）	青岛	青岛	2019年2月2日

注：数据截至2019年2月21日。

财险部指出部分银保监局尚未采取实质性查处动作，致使保险公司仍在观望

在2019年2月下发的《关于近期车险市场监管有关情况的函》中，财险部指出，从各银保监局的检查情况来看，已查实的违法违规行为依然集中于给予消费者保险合同以外的利益、套取费用和数据不真实等方面，依旧是“老问题”。

一是通过给予或者承诺给予保险合同约定以外的利益，变相突破报批费率水平，公司通过代理人或业务员返还现金的方式比较普遍。

二是通过虚列其他费用套取手续费变相突破报批手续费率水平，公司通过虚列宣传费、劳务费和咨询费等费用科目来套取手续费的方式比较普遍。

三是费用数据不真实，公司向中介机构承诺支付高于报批水平的手续费率，但不及时入账。

但显然，披露车险乱象中存在的主要问题，并非《关于近期车险市场监管有关情况的函》的重点，其真正的重点在于指出监管机构在整治车险市场乱象中存在的问题。

财险部在《关于近期车险市场监管有关情况的函》中指出，各地银保监局在整治乱象工作中存在“工作开展不平衡、查处力度不一”的问题，致使当地保险公司仍在观望。

“有的局除了严查举报线索外，还根据当地市场情况主动开展现场检查，及时通报查处情况，推动形成规范市场秩序的合力，市场反映比较好；有的局到目前为止还没有实质性的查处动作，当地保险机构仍在观望。”

最后，针对未来的车险市场乱象整治工作，财险部在《关于近期车险市场监管有关情况的函》中也给出了明确的建议，明确表示在“一些市场乱象突出，但尚未采取停止商业车险条款和费率监管措施的省、自治区、直辖市及计划单列市，所在地银保监局更应采取切实措施”，表达了强烈的支持铁腕治乱象的态度。

综合施策打造监管全国一盘棋

对于如何解决各地监管力度不同的问题，一些业内人士给出了自己的见解。

有业内人士认为，统一监管力度，最直接的方式就是统一各地的处罚标准，标准明确了，各地监管部门才能照章办事。

针对一些地方法人总部营业机构“天高皇帝远”的想法，有业内人士建议应该推行属地化监管，至少在一个辖区内对车险业务进行统一监管力度，坚持公平的监管政策。

车船税是影响保费流向的重要因素之一，据悉，有的保险公司靠地方政府车船税返还获得竞争优势，显著抬高市场手续费。规范车船税返还，对遏制车险乱象蔓延显然具有一举多得、牵一发而动全身的显著作用，能让各方感受到立竿见影的实际效果。

针对保险公司与中介公司相互勾结破坏市场秩序的行为，则有建议指出，应实施保险公司、中介公司同查同处。因为对于银保监局而言，中介公司往往呈现“小”“散”等特征，实际查处难度较大，如果将其与合作保险公司进行绑定，将从源头上遏制中介公司与保险公司合谋扰乱市场的行为。

避免因政策不公平带来竞争的不公平也是重要方式之一。在实际经营中，分支机构数量是决定公司发展的重要因素，但按照现行的监管规定，保险公司设立分支机构实行严格的审批制，而中介公司设立分支机构仅需要备案，可在短期内就实现数量的快速增长。

这其实也是一种不公平，导致一些分支机构少的保险公司不得不倚重中介开展业务，甚至受其裹挟。对于由政策导致的“不公平”现象，显然也应予以高度重视。

当然，最根本的还是要扭转保险公司“唯规模论”，利用政策杠杆引导其放弃粗放式的发展模式——毕竟，简单的处罚虽然有一定的震慑作用，但如不是综合施策，引导市场主体真正走上科学发展之路，一切的努力恐都难以持久。

车险实名制落地12省市，只须支付实名而非电话实名

2019年5月21日

酝酿多年，财产险行业力推的车险实名缴费制度终于在各地陆续落地，根据不完全统计，目前包括广东、山东、浙江、江苏等在内的12个省、自治区和直辖市推行了车险实名缴费制度，另有多个省、自治区和直辖市在酝酿中。

11年前的“见费出单”有效缓解了保险公司应收保费的压力，而此次的车险实名缴费制度又能否“得偿所愿”，让保险公司真正将用户信息掌握在自己手中？

10多个地区先后落地车险实名缴费

监管整治车险市场乱象的手段在不断升级。在雷霆压倒式的监管重压、区域差异化的监控措施、频繁的窗口谈话等多措并举下，车险的乱象似乎有所收敛和减退，多个地区在整治车险乱象的同时，开始推进车险实名缴费制度，算是行业坎坷实名路上的重大进步，直指车险行业的另一重乱象，即“客户信息不真实”“垫付保费”等。

财产险行业的特点是极速复制、野蛮生长，试点开花后，接着就是铺天盖地的推广势头。2018年，江苏省开始推行车险实名缴费，形成了行业的典范，后续诸多省份陆续开始实施实名缴费。

据不完全统计，截至目前，已经有12个省、自治区和直辖市开始实施车险实名缴费，如河南、新疆、青海、甘肃、广西、江西、山东、安徽、海南、广东、浙江等，同时福建、厦门等地区也在积极推进中。

实名缴费是啥？根据各地的车险实名缴费制度方案，大体可以归纳为以下三个方面。

一是缴费账户信息与投保人一致。在车险承保过程中，投保人需使用本人实名账户一次性全额支付保险费，通俗来说，即“谁买保险，谁交保费”。

二是实名校验后才能缴费出单。财产险公司、保险中介机构应核对缴费账户信息的真实性，通过实名缴费规则校验后方能出具保单。

三是不符合相关要求的必须“双录”。投保人与机动车辆所有人不一致、投保人要求在营业网点现金缴费等情况（各地区要求不同）。

在财产险行业艰难的发展历程中，不同阶段

面临不同的问题。从理论上来看，车险实名缴费的确可以解决一些行业痼疾，同时也让财产险公司的管理更趋合规。

遏制垫付保费的情形。“见费出单”解决了困扰行业的应收保费问题，让非正常退保、体外运作等违规行为无处遁形，业务员垫付代缴保费以及净费出单成了常态。实名缴费可以扭转客户的保险消费习惯，解决基层业务人员长期高额垫付保费的问题，也降低了行业资金周转的风险，是见费出单的升级版，也是行业合规经营的一大进步。

提升消费者权益保护水平。车险缴费实名认证可以保障缴费人为投保人本人，“谁买保险、谁缴费”保证了车险消费者的基本知情权，实名验证也充分体现了客户在产品选择中的自主意愿。对于行业而言，有助于车险销售流程的规范化，减少业务员擅自出单的情况，有效降低承保端客户投诉率。

加强行业反洗钱管理，全行业上万亿元的保费收入无法将保险消费者与缴费者实名匹配。与人寿保险相比，车险业务的单均保费比较低，利用车险业务进行洗钱的操作概率不高，但从社会经济安全和金融风险防控的角度而言，实名缴费意义重大，提升了行业反洗钱的管理水平。

一个折中的方案

2000年，人民银行颁布实施《个人存款账户实名制规定》；2006年，《证券登记结算管理办法》对证券账户实名制作出了规定和要求。相较于银行和证券业，财产险行业的实名制晚了10多年。

车险实名制发展陷入停滞的背后是保险公司与各种中介公司之间激烈的客户资源争夺。从保险公司的角度来看，由于缺少客户真实的联系方式，大量客户实际并没有掌握在自己手中，只能处处受制于中介公司，加大了自身经营的被动性，不得不支付高额的手续费用。

据广东保险行业协会相关负责人披露的信息，大型保险公司掌握客户信息的真实性甚至不超过50%。更加依赖中介渠道的小公司的处境就更可想而知。

但是站在中介公司的立场上，客户资源正是其最核心的资源，一旦将客户真实的联系方式交予保险公司，保险公司很有可能会通过直销渠道抢夺客户资源，达成“去中介化”的目的，严重损害中介公司的市场利益。

保险公司与中介公司对于客户资源的激烈争夺，最终导致实名制推广在车险行业的举步维艰。保监会曾在2017年末向保险公司下发了《保险实名登记管理规定（第二次征求意见稿）》拟在保险业全面实施实名登记。2018年6月监管部门发布了《保险实名登记管理办法（征求意见稿）》，向社会公开征求意见，但至今未见正式发文。

值得注意的是，该征求意见稿中明确提出，实名信息包括投保人、被保险人、受益人的姓名、身份证件类型和证件号码、手机号码。其中姓名与身份证件号码合称为“身份信息”，但同时也留有空间，“前款所称手机号码，应当是本人实名登记或者使用的手机号码。使用非本人实名登记手机号码的，应当提供手机号码的实名登记人的姓名、身份证件类型和证件号码”。

该征求意见稿中还要求，保险机构与投保人订立保险合同，保险期间为7日以上且保险费总额为200元以上的，保险机构应当通过保险实名查验登记平台查验投保人实名信息和被保险人身份信息。

倘若实施实名登记，对于财产险公司来说，既有的商业模式和竞争格局可能被打破，但征求意见稿却表明，改变已有的模式和相对固化的利益格局阻力重重，手机号码仍旧可以不是投保人本人的。

实名信息中最关键的手机号码目前尚无法验证，只能先从实名缴费开始。可以看到，目前各地推出的所谓车险实名缴费制度大多只是要求投保人信息与缴费人账户信息一致，对于电话号码是否一定归属于本人则没有明确要求。

在这种情况下，车险实名缴费所解决的更多是垫付保费的问题，保险公司掌握中介渠道客户真实的联系方式依然是一种奢望。

不过也有业内人士认为，这种折中的方案未尝不是当下最合理的一种方案，至少为实名制开了一个好头，未来仍存在进一步深化改革的可能，从单纯的实名缴费，走向真正的实名投保。

一味慢火良药

虽然对于很多地区而言，目前车险实名缴费仍旧是一个折中的方案，并不能帮助保险公司一步到位实现掌握客户真实电话号码的目的，但对于车险行业而言，仍不失为一味慢火良药，但疗效全看怎么用，谁来用，行业仍可能面临不少变局。

引流车险客户，提升客户信息的真实性。实名缴费只是通过平台返回一个校验结果，看似对拉近车险客户、增强客户黏性和取客户真实信息的作用有限。但在这面政策大旗下，完全可以讲出新故事。

此前，客户拿到保单，缴纳净保费，可谓一手交钱一手交货。现在，实名缴费后才能出单。客户的心态和行为会发生变化，可能会抵触通过原有代理人、第三方渠道提供的二维码进行支付的方式，转而更为信赖保险公司官网、微信小程序和APP等官方渠道。

财产险公司可以利用消费者心态的变化引导客户选择路径，从而激活既有客户，沉淀客户的真实信息。在客户心态转变的大趋势下，财产险公司可以对代理人业务明确归属，设定保护期利益，有助于排除阻碍，加速客户“司有化”进程。

支付渠道将沉淀精准信息。目前各地行业协会外接的查验平台大体为微信、支付宝和银联。腾讯和阿里都有金融保险板块，大量的车险业务缴费实名核验，将成为客户的一个个精准标签，结合已有的消费行为数据，两大巨头在车险领域的精准营销可能带来利益格局的重新划分。

客户体验延伸至支付领域。此前，在代理人垫付净费的情况下，保险消费者对保险公司的支付环节基本无参与，更提不上体验与感受。实名缴费后，客户将全面参与支付环节，慢了不行、卡了不行、烦琐不行，恐怕也是对财产险公司的财务管理逻辑和收付系统模块的一次大考验。

不过需要指出的是，一些人寄望于通过实名缴费彻底整治车险返佣乱象，因为按照各地车险实名缴费制度的安排，投保人缴费必须是全额缴费，而不是像以往一样是以净保费投保。

但这能不能治了车险返佣、返现的病？难！对于行业而言，只要保险公司仍有利润空间，只要股东仍有容忍空间，只要职业经理人仍有规模冲动，返现返佣就停不下来。

对于消费者而言，实名缴费不是脑海中的橡皮擦，无法改变客户既有的判断和理解。各种官方答疑都承诺实名缴费并不会带来保费上涨，客户对标的可是净保费！

实名缴费无疑是行业实名制的重大进步，有助于提升合规管理和改善经营乱象，但欲根治车险顽疾，改革还任重道远。

沉沦苦海还是浴火重生，2019年，中国车险市场的最后守望之年

2019年4月9日

车险一直担纲着财产险保费的主力，也一直是保险界热度最高的话题，然而，在2019年，车险却进入了一个极其严酷的时刻。

车险市场的发展质量急速下降。各家公司不遗余力地在车险恶性竞争上加码，但是，2018年整个车险行业仅实现了10.53亿元的承保利润，同比减少63.36亿元，下降幅度达85.75%，承保利润率仅为0.14%。车险保费增速是2003年以来的最低点，整体增速首次低于10%，绝大多数车险承保公司以亏损收场。

可以说，如果2019年不扭转局面，车险将走入历史低谷，到了危急存亡的时刻。

随着车险市场的形势急转直下，监管部门出手也越来越重，2018年监管重点为商业车险费率“报行合一”；而进入2019年后，监管部门则频频出重拳，直接叫停违规公司的车险业务。截至2019年3月5日，9家银保监局先后对26个计划单列市和地市级保险机构采取停止商业车险条款和费率的监管措施。也许，监管有自己的数据和逻辑，也在与时间赛跑。

车险的天，确实要变了。

车险市场已经不再是监管的“阿喀琉斯之踵”

过去多年，监管对车险还是爱护有加的，不能说有些瞻前顾后，最起码没有大刀阔斧的行动。但是，今时不同往日，2019年的车险监管，招招直奔要害。

2019年的车险监管

首先，态度不再“暧昧”。监管政策一改往日的风格，更加狠、准、稳。监管停止业务的几个地区都是以几家大公司为主，这个情况绝对是数十年来未有的大手笔，监管不再和保险公司玩“消耗战”，而是直接打起了“拒止战”，发挥绝对监管强度的震慑力，就是要把违法违规拒之门外。

其次，处罚力度不断加大。监管的发力点紧盯车险，2019年第一季度24家银保监局针对保险业共开出193张罚单，累计罚款3113.3万元。其中，针对财产险公司的罚单48张，金额为1254.4万元；针对保险专业中介机构的罚单92张，金额

为1202.7万元。行业内人士自然明白，“财产险+中介”的组合，基本上就是车险套费的标准配置，监管直接高压查处，意图不言自明。

最后，监管协同力度也是出乎意料的大。车险仅靠约束保险公司肯定不行，俗话说“一个巴掌拍不响”，保险中介也往往推波助澜。2019年4月2日，银保监会官网公布的《中国银保监会办公厅关于印发2019年保险中介市场乱象整治工作的通知》明确要求，严禁利用中介渠道业务为其他机构或个人牟取不正当利益；要求保险中介机构合规经营，不得给予客户合同约定以外的利益。监管发起的中介乱象整治，也是车险市场治理的标准动作，可以说，从侧面包抄了车险违规的后路。

为什么2019年监管变得疾风劲雨

初步推测，2019年车险监管应该有以下三个原因：

一是监管的底线变了。以往，市场和监管博弈，市场不相信监管可以放弃保费增长指标，认为监管不能承受保费的负增长，这个策略确实也起到了效果。但根据统计，2018年全国承保机动车辆商业保险的保费收入为6149亿元，同比仅增长2.6%。进入2019年，新车销售持续负增长，这必然导致2019年的商业车险保费收入雪上加霜，甚至可能负增长。

二是车险不再那么重要。2018年监管部门合并之后，对银行业和保险业通盘考虑，车险的分量明显降低。

三是金融供给侧结构性改革需要示范。供给侧改革必然带来市场优化，那么就必然有退出，可以是机构的退出，更可以是业务的退出。对于车险来说，只有实施机构和业务双退出机制，才能达到猛药去痈的目的。

车险市场的困境

设立了保险公司当然得做业务，最容易上手的自然是车险，尤其是在过去十多年，汽车市场处于一个超长的牛市中，车险保费也水涨船高，会有谁不做？但车险又是一个强监管的行业，车险几乎是全国一个价格，从亿万富豪到小镇青年，从1年行驶里程10万公里到每周只开车1天，车险价格基本没有区别。其他电子、服装、首饰、汽车，品牌溢价十分明显，奔驰就是比吉利附加品牌溢价高。但买人保或买平安的车险有差别吗？是有一点差别，但看起来又好像没有，而且车险附加的服务特质十分不丰富。怎么办，只有打价格战。

长期以来市场力量和人为安排持续博弈

多年来，车险一直奉行“以补贴换市场”。原来手续费给中介和代理人，再由中介以返现、油卡等优惠给了客户，现在保险公司自己控制的网销和电销，都直接返现、赠送，导致车险市场变成了一个比拼返点高低的大卖场。常规行情，四大保险公司返点卡线40%，小型保险公司返点卡线50%。大公司有难言之隐，小公司则是随波逐流。

行业老大是人保财险，既然大者恒强，那

不断扩大车险的规模保费就是最优选择；车险对于平安来说，同样不可或缺，2015—2018年，平安产险的净利润分别为126.5亿元、127亿元、133.72亿元、122.74亿元，而平安银行的净利润分别为218.65亿元、225.99亿元、231.89亿元、248.18亿元，财产险基本上是银行利润的50%，完全没有舍弃车险的道理；太保的财产险则有比较优势，固化久矣，大盘子基本已成定局，不可舍弃；至于其他中小财产险公司，各有各的目的。

市场力量的盲目性加大了破坏力

市场力量总是盲目的，60多家财产险公司不可能步调一致，整齐划一，必然是各有各的路数，最优策略就是价格战打到底。监管的处罚名目繁多，虚挂中介业务，编制或者提供虚假的报告、报表、文件、资料，财务业务数据不真实，委托未取得合法资格的机构从事保险销售活动，都成了车险的家常便饭。亏损是常态，但谁也不敢轻易放弃，车险进入博弈困局。

谁也不知道，扣除中介费用后，车险的真实保费收入有多少？或者说，车险的价格虚高多少？

车险创新是走出困境的最佳选择，但需要监管真正放手

车险监管一直鼓励创新，但一直没有创新，为何？《从0到1》这本书中提到一个观点，在垄断的保护下，企业有更多时间从容思考自身与未来，即企业没有了生存压力，才会认真考虑创新的问题。

按道理来说，人保、平安最有可能创新和启动第二品牌计划，比如人保车险开发面向互联网用户的新品牌。人保尚且做不到，其他中小公司根本不可能进行实质性创新。熊彼特以提出“破坏性创新”闻名，他认为，所谓创新就是要“建立一种新的生产函数”，即生产要素的重新组合，熊彼特进一步明确指出创新的五种情况，但在目前的车险市场强监管环境下，扶持创新的力量太弱小。

第一种情况，采用一种新的产品，或一种产品的一种新的特性。比如，按里程计费会受到部分行驶里程少的客户的欢迎，但是部分类似项目被叫停。

第二种情况，采用一种新的生产方法，这种新的方法可以存在于商业上处理一种产品的新的方式之中。比如，采取AI定损理赔替代人工定损，可能有效提升效率、降低成本，但目前技术尚未精准突破。

第三种情况，开辟一个新的市场，不管这个市场以前是否存在过。比如，针对高速公路的车祸场景开发专门的车险伤害保障产品，提高行驶安全配套，但目前第三者责任险不允许分层。

第四种情况，掠取或控制原材料或半制成品的一种新的供应来源。比如，车联网项目在整车出场之际就安装OBD模块，依据车辆行驶状态个性化定价，但这也是难以做到的。

第五种情况，实现任何一种工业的新的组织，比如造成一种垄断地位，或打破一种垄断地位。比如，整合车险前端销售平台或者后端理赔

服务平台，降低车险前后端成本，但目前，各家公司都不互相信任。

创新本来是市场经济的产物，但车险监管的特殊性，导致车险创新屡屡失败。实际上，创新的主体是企业家，企业家精神才是发展的真实动力。企业家的担当与保险公司股东的诉求、正确的投资理念、完善的治理结构等都密切相关，如今的行业公司治理水平只能支持车险短期行为，而短期行为必然会导致市场的乱象，仅靠一个财险部是解决不了问题的。

2019财产险半年度报告：车险占比降至59%，53家机构新车业务被暂停

2019年7月31日

告别了保险业高歌猛进的时代，在宏观经济下行、监管管控强化、消费者保险意识增强等诸多因素的影响下，保险业正迎来史无前例的变革。

尽管行业巨大的惯性仍将长期持续，但在看似不变中，一些根本性的变化正在缓慢发生，身处其中，人们最真切的感受之一就是过去的经验已经不足以应对眼下的市场变化，创新变革势在必行，“转型”再也不是一句空洞的口号，而成为企业的“生死劫”。

『慧保天下』尝试从负债端、资产端以及影响保险市场走势的政策因素、资本因素、科技因素等较为全面地揭示2019年上半年财产险市场的走势。

整体来看，2019年上半年的财产险市场主要呈现出以下几大特点：

一是保费增速继续放缓。受累于汽车销量放缓，财产险公司原保险保费收入在2019年上半年继续走低，同比增速为11.32%，增速较2018年同期减少2.87个百分点。与此同时，从一些行业交流数据来看，上半年实际上出现了综合成本率继续上升的现象。

二是投资收益有所下滑。尽管2019年第一季度股市翻红，保险整体受益不浅，但财产险公司似乎并没有享受到这一波股市红利，投资收益不但没有上升，反而有所下降。叠加综合成本率上扬挤压承保利润空间，财产险公司在2019年上半年的利润总额与上年同期相比稳中有降。

三是严监管。这可能是财产险公司自2019年初至今感受最深切的一点，几十家地市级分支机构因为违反“报行合一”被先后暂停车险新业务，一些公司为规避合规风险，主动调低业务目标，但仍有一些机构在铤而走险。从目前的情况来看，严监管态势不会放松，只会进一步升级。

虽然有减税的利好政策在前，但在诸多因素

的共同作用下，财产险公司的2019年上半年显然并不轻松（见图1）。

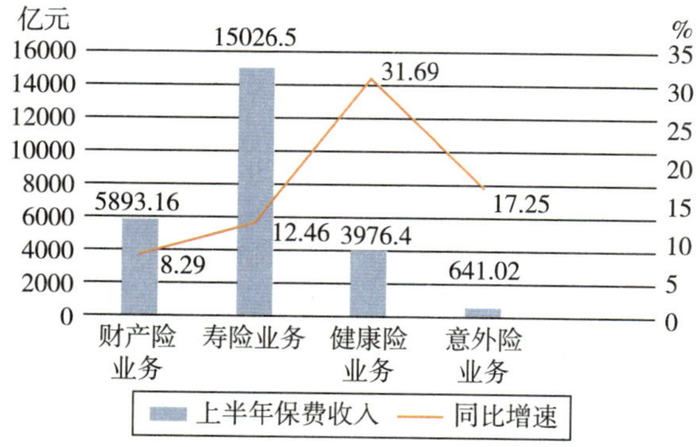

图1 2019年1—6月各类型业务原保险保费收入以及同比增速

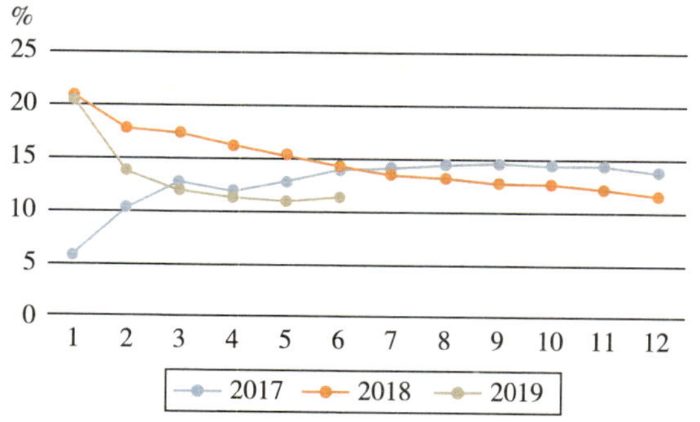

图2 2017年至2019年1—6月各月本年累计保费收入同比增速

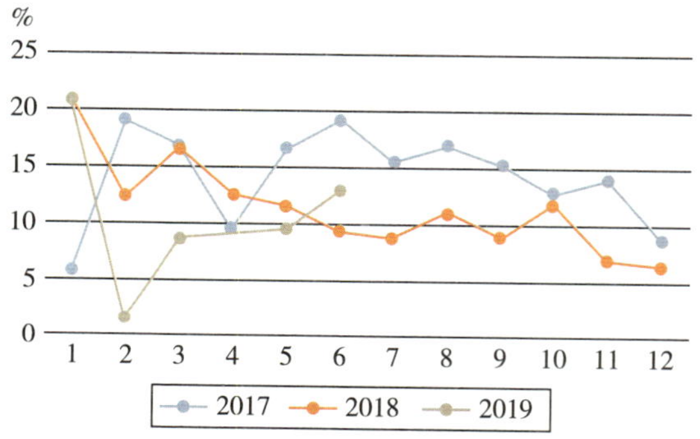

图3 2017年至2019年1—6月各月单月保费收入同比增速

负债端：回不去的高速增长，车险保费占比降至六成以下

保费增速持续放缓，较上年同期减少2.87个百分点

2019年1-6月，财产险公司保费收入为6706亿元，同比增长11.32%，增速较2018年同期减少2.87个百分点，不过就单月保费同比增速来看，从3月开始，一直处于回暖中。6月，财产险公司保费收入为1201亿元，同比增长12.99%，增速较上年同期增加3.58个百分点（见图2、图3）。

截至2019年6月末，财产险公司总资产达到23825.99亿元，较上月末增长0.87%，较年初增长1.45%。

新车销量放缓，车险保费占比降至59%

财产险公司原保险保费收入上半年的增长态势与国内乘用车销量增长态势密切相关。根据中国汽车工业协会发布的数据，2019年上半年中国乘用车销量为1012.7万辆，同比下跌了14%。受“国Ⅴ”“国Ⅵ”标准切换以及各大汽车厂商清库存的影响，6月乘用车销量数据有所好转，其中狭义乘用车6月单月零售量达176.6万辆，同比增长4.9%，这是12个月以来的首度正增长（见表1）。也正是因此，车险保费增速在6月实现了快速反弹。

表1 2019年6月汽车销售情况

汽车类型	6月（万辆）	1-6月累计（万辆）	环比增长（%）	同比增长（%）	同比累计增长（%）
汽车	205.6	1232.3	7.5	-9.6	-12.4
乘用车	172.8	1012.7	10.7	-7.8	-14.0
轿车	86.3	496.2	10.0	-10.5	-12.9
MPV	9.8	67.0	-9.5	-24.4	-24.0
SUV	73.9	430.1	15.1	0.3	-13.4
交叉型乘用车	2.8	19.4	5.8	-36.4	-17.5
商用车	32.9	219.6	-6.5	-17.8	-4.1
客车	4.3	21.1	21.4	-0.4	-6.9
其中：客车非完整车辆	0.3	1.4	37.9	-15.9	-12.3
货车	28.6	198.6	-9.6	-19.8	-3.8
其中：半挂牵引车	5.7	31.0	6.4	38.9	17.2
货车非完整车辆	4.6	31.3	-7.6	-13.7	2.0

数据来源：中国汽车工业协会。

2019年前6个月，财产险公司累计实现车险保费收入3966亿元，同比增长4.55%，2018年同期为5.55%。其中，6月实现车险保费收入650.06亿元，同比增长9.13%（见图4）。

值得注意的是，车险保费收入虽然增速有所恢复，但其在财产险公司全部保费收入中的占比降至59.14%，低于六成。

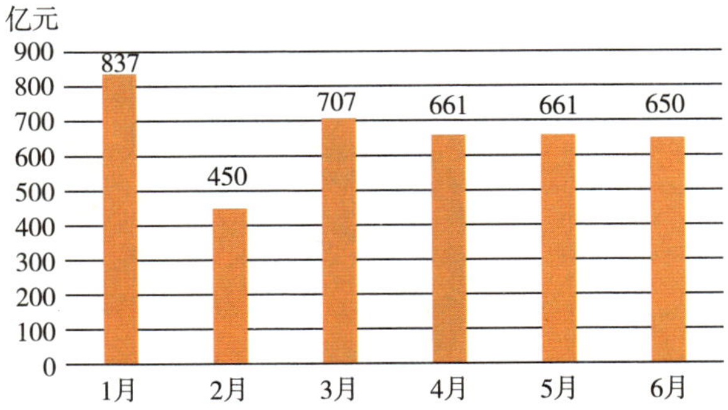

图4 2019年1-6月车险单月原保险保费收入

健康险成第一大非车险种，同比增速高达38.56%

在车险占比不断降低的同时，非车险快速增长，其中健康险以8.04%的保费占比，成为非车第一大险种。2019年上半年，财产险公司共实现健康险保费收入539亿元，同比增速高达38.56%，高于同期财产险公司、人身险公司健康险业务合计31.69%的同比增速，显示，财产险公司相对人身险公司更加热衷于健康险业务。

从单月保费收入情况来看，1月和3月为财产险公司健康险保费收入的高峰，主要是因为这个时段往往是各地社保经办项目的集中承保时间。从4月开始，健康险保费收入开始下滑，到6月，又开始有所反弹（见图5）。

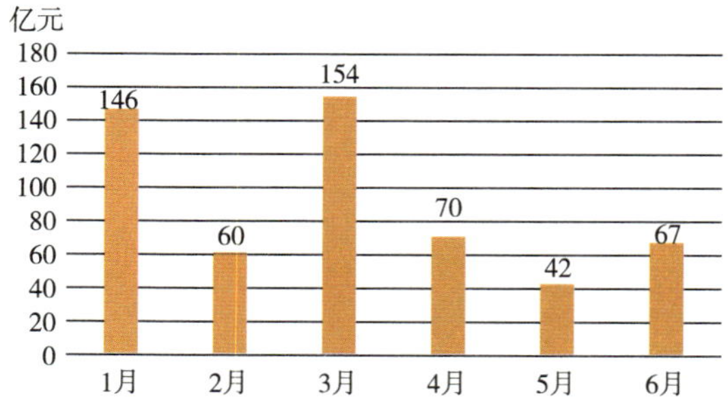

图5　2019年1-6月财产险公司健康险单月保费收入

农业保险、责任保险、保证保险位列第二、三、四大非车险种

除健康险外，其他主要的非车险种中，还有几个险种的同比增速超过了20%，分别是农业保险以446亿元的保费收入成为第二大非车险种，同比增速达到21%；责任险保费收入为419亿元，同比增速达到31%，为第三大非车险种；保证保险以373亿元的保费收入，位居第四位，同比增速为24%；意外险保费收入为275亿元，同比增长更是高达42%（见图6）。

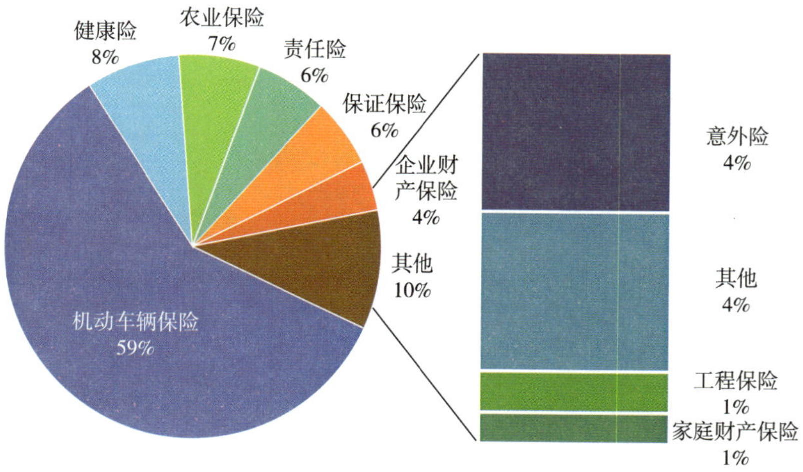

图6　2019年1-6月，财产险公司各非车险种保费收入占比

投资端：保险资金涌向股市，财产险公司投资收益有所下滑

根据银保监会官网披露的数据，截至2019年6月末，保险资金运用余额为17.36万亿元，较上月末增长2.02%，较年初增长5.85%。其中，银行存款为2.63万亿元，较上月末增长3.04%，较年初增长8.09%，占比为15.16%；债券为5.98万亿元，较上月末增长3.13%，较年初增长6.11%，占比为34.45%；证券投资基金0.89万亿元，较上月末增长1.63%，较年初增长2.54%，占比为5.11%；股票为1.30万亿元，较上月末增长4.43%，较年初增长23.31%，占比为7.50%，见表2。

可以看到，保险资金投资股票和证券投资基金的比例较低，截至2019年6月末占比仅为12.61%，但其中保险资金投资股票的余额在快速增长，仅6月就增长了7.50%，相较于年初更是增长了23.31%。受益于第一季度股市回暖，保险资金显然正在快速投向股票市场。

同样主要受益于股市回暖，保险业的投资收益率有了显著改善，数据显示，2019年前6个月，保险公司投资收益实现同比增长超过6%，相较于2018年同期增速提升了1个百分点。

这只是行业整体的表现，具体到财产险公司，实际上投资收益不仅没有增长，反而出现了一定程度的下降，直接影响了财产险公司在2019年上半年的净利润表现。

表2　2019年6月末保险资金运用余额及其分布

资金运用	资金运用余额（万亿元）	较年初增长（%）	占比（%）
银行存款	2.63	8.09	15.16
债券	5.98	6.11	34.45
证券投资基金	0.89	2.54	5.11
股票	1.30	23.31	7.50
其他	6.56	2.31	37.78
合计	17.36	5.85	100

净利润：综合成本率上扬挤压利润空间，巨头例外，中国人保预计增长40%~60%

影响财产险公司利润表现的因素除投资收益外，还有很重要的一点就是承保利润。数据显示，2019年财产险公司的综合成本率出现了一定程度的上扬，达到99.19%，承保利润空间被进一步挤压。

在投资收益下降、承保利润空间被进一步挤压的情况下，财产险公司的利润也出现了一定程度的下滑，这与人身险公司形成了对比。

不过，这只是财产险行业整体的情况，对于

马太效应显著的财产险市场，不同体量的保险公司之间往往差异巨大。比如，根据中国人保最新发布的公告，其中期归属于母公司的净利润预计为136.74亿~156.27亿元，同比增加40%~60%。

市场环境：“减税+严监管”，财产险公司痛并快乐着

重磅减税政策正式落地，有望给财产险行业带来数十亿元的净利润增量

2019年5月28日，财政部、税务总局发布《关于保险企业手续费及佣金支出税前扣除政策的公告》，宣告将保险企业手续费及佣金支出税前扣除比例提高至18%，且明确超过部分，允许结转以后年度扣除，保险企业2018年度汇算清缴按照本公告规定执行。

这对于手续费竞争颇为激烈的财产险市场而言，无异于一项重大利好。专业人士指出，对于财产险公司而言，新政策意味着每年最多有将近3%的保费收入（扣除退保金等后的余额，财产险公司退保金一般为零）不用再缴纳企业所得税（税率为25%）。2018年，中国财产险公司的原保险保费收入为1.18万亿元，这意味着，新政策实施后，其净利润有望增加88亿元。而2018年，财产险公司的净利润累计为250.57亿元。

监管处罚保持高压态势，15家保险公司53个地市级分支机构车险业务先后被暂停

对于财产险公司而言，因“监管下沉”以及严格执行“报行合一”而来的合规风险也值得高度警惕。『慧保天下』梳理了2019年上半年银保监系统公开发布的罚单，统计显示，上半年银保监系统共针对保险行业开出389张罚单，处罚金额总计6542.56万元。

其中，银保监会共开出8张罚单，罚金累计为150万元；36个地方银保监局（含银保监分局）累计开出381张罚单，累计罚款金额达到6392.56万元。

从处罚对象来看，各地银保监局（含银保监分局）针对财产险公司、人身险公司、保险专业中介机构以及银行类保险兼业代理的处罚情况也各不相同。但整体来看，上半年针对财产险公司的罚款金额最高，罚单共计133张，总额达3063.4万元；针对中介机构（含保险专业代理机构和银行类保险兼业代理机构）的罚单总数为187张，罚金合计2341.56万元；针对人身险公司的罚单也有67张，罚款累计为1101.6万元。

其中，尤其值得财产险公司警惕的是，为保证“报行合一”的顺利实施，监管部门在2019年逐渐加大对财产险公司违背“报行合一”的查处力度，先后暂停15家财产险公司下属的53个地市级分支机构的新车业务，停业时间少则3个月，多则半年。严格的监管对于财产险公司起到了相当的威慑作用，个别分支机构甚至采取主动停止部分业务的方式以避免监管处罚。

但值得注意的是，个别地区的手续费率依然居高不下，对此，随着监管的进一步升级处罚措施，财产险公司不得不痛并快乐着。

10年保费增近30倍，保证保险释放致命诱惑，然“器不良、技不熟，莫伸手”

2019年11月7日

受政策以及居民消费水平上升、互联网金融发展等的影响，自2010年至今，保证保险规模保费从20多亿元增至600多亿元，增长30倍，顺理成章地坐上非车险的“头把交椅”。平安产险、人保财险、阳光产险、大地保险、太平洋产险5家公司更是占逾九成市场份额。

不过在宏观经济低迷的大环境下，金融平台等的风险事件显著增加，保证保险增速快速下降，叠加相关部门调查多家大数据风控公司，消费金融企业面临大洗牌，也给保证保险发展带来极大的不确定性。保证保险业务增速逐步走低、风险逐步走高已成大概率事件，风控能力成为制约保险公司发展此类业务的关键所在。

财产险行业的规模原始冲动始终都在，保证保险作为非车险行业中的“一匹黑马”，人人艳羡，但各家公司的经营结果分化严重，有利润不错的，也有遭遇信用风险和金融诈骗，承保出现巨额亏损的。

10年保费增近30倍，保证保险坐上非车险的“头把交椅”

保证保险的发展得益于国内信贷市场的快速膨胀和增信的实际需求，来自各方的各项鼓励政策是保证保险发展的有力助推器。

2006年6月《国务院关于保险业改革发展的若干意见》提出，稳步发展住房、汽车等消费信贷保证保险，促进消费增长。

2009年6月保监会出台《关于促进汽车消费贷款保证保险业务稳步发展的通知》提出，在风险可控的前提下，积极稳妥发展汽车消费贷款保证保险业务。

2013年7月《国务院办公厅关于金融支持经济结构调整和转型升级的指导意见》提出，试点推广小额信贷保证保险。

2013年8月《国务院办公厅关于金融支持小微企业发展的实施意见》指出，充分挖掘保险工具的增信作用，大力发展贷款保证保险和信用保险业务。

2014年8月《国务院关于加快发展现代保险服务业的若干意见》（简称新“国十条”）指出，加快发展小微企业信用保险和贷款保证保险，增强小微企业融资能力。积极发展个人消费贷款保证保险，释放居民消费潜力。

此外，还有《大力发展信用保证保险服务和支持小微企业的指导意见》《关于进一步深化小微企业金融服务的意见》《国务院关于完善促进消费体制机制 进一步激发居民消费潜力的若干意见》等一系列政策。

在政策的不断加码下，同时在国家经济结构转型，消费在GDP中开始占据越来越重要的位置，保证保险开始加速发展。

从图1可以看到，2010年国内保证保险业务只有22.9亿元，但到2018年已经增长至645.01亿元；到2019年，仍旧在保持快速发展。10年间，保证保险保费收入增长30倍。

图1 2010年以来保证保险的保费收入及在非车险业务中的占比

也正因如此，保证保险成为异军突起的非车险黑马。2018年，保证保险以70%的增速和645亿元的保费收入逾越农业保险和健康险，坐上非车险的“头把交椅”。2019年前三个季度，保证保险保费收入为627亿元，已接近2018年的总量，增速保持在30%以上。

一如财产险市场整体的市场格局，保证保险市场也呈现出鲜明的寡占格局，2018年，平安产险、人保财险、阳光产险、大地保险和太平洋产险5家公司占据了市场九成的份额。仅平安一家保费收入就超过300亿元，占据市场的半壁江山。人保财险、太平洋产险和大地保险3家公司增速都超过90%，大有后来赶超之势（见图2）。

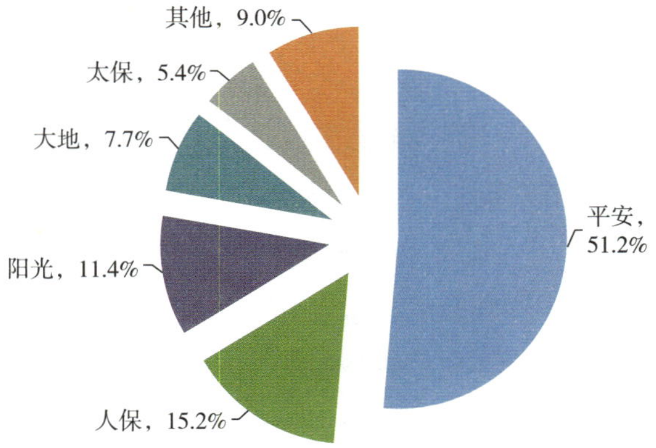

图2 2018年保证保险市场份额

这5家公司都取得了过亿元的承保利润，大地保险的综合赔付率甚至低至31%，要么控赔得当，要么保费充足度极高。

不过事情正在慢慢变化，可以看到，2019年前三个季度保证保险整体明显降速，全行业增速由2018年的70%降至32%。

头部垄断特征依旧明显，前5家公司的份额依旧超过九成，不过市场格局也在悄然发生变化，平安产险保证保险的增速降至个位数，大地保险降速也很明显，从90%降至29%。

只有人保财险依旧保持了翻倍的发展态势，与平安产险交换了10个百分点的市场份额。不过在2019年投资者开放日活动上，人保财险总裁谢一群明确表示，从2018年的第三季度开始人保财险已经停止承保新的P2P平台业务。

从经营结果来看，行业保证保险已进入承保亏损状况，前5家的综合成本率基本已突破90%，阳光产险已经陷入承保亏损；多家保证保险综合成本率超过150%的中小型公司，均呈现出收缩负增长的态势。

在经济下行的大趋势下，信用风险爆发的概率明显升高，保证保险的成本率可能继续走高。

风险加剧，保证保险陷两难选择，采用重资产自营模式还是轻资产通道模式

消费金融市场信息不对称导致风险积聚，金融欺诈、多头借贷、假冒身份、借款人失联等现象屡见不鲜，现状是银行端想放不敢放，借款人想借借不到。保证保险正是通过保险的方式将风险转移化解，满足了双方的需要，缓解了双方的矛盾，是信贷领域的一剂润滑剂。

保证保险的发展源于个人消费信贷市场的发展，根据人民银行数据，2018年末全国人均个人消费贷款余额为2.7万元，同比增长19.54%，预计未来3年仍将保持15%以上的增速。若按照目前保证保险月费率1.5%预测，未来市场潜力依然可期。

只是在经济下行的大趋势下，信用风险爆发的概率明显升高，这对于保险公司经营保证保险业务的风控能力提出了更高的要求。历史教训已经足够惨痛，那些曾经“踩雷”的公司，至今还背负着沉重的历史包袱。

深刻理解信贷业务模式，在各个环节全面强化风控对于经营保证保险业务的保险公司而言，才是正解。

信贷业务分为获客、贷前、贷中和贷后管理4个核心流程板块，保证保险是嵌套在信贷流程中的一环，保险公司对整个信贷流程的控制和渗透程度不同，就形成了两大经营模式，即重资产自营模式和轻资产通道模式。

两种经营模式各有利弊，在风险加剧下，公司势必要根据自身情况、行业趋势和战略取舍，选择不同的经营模式。

重资产自营模式

保险公司需要全程把控信贷关键环节，以下四大核心能力缺一不可：

一是有基础设施。大量铺设线下门店，负责直接获客引流、信息收集和地面推广。

二是要有跨界队伍。负责“信贷+保险”的产品设计，跨界业务的衔接。

三是具备风控能力。如何在需要增信的客户中选择风险较低的群体，是经营保证保险、降低坏账的核心能力。

四是贷后管理能力。贷款发生逾期时，保险公司需对资金方进行赔付，并对借款人进行催收，欠债还钱总是天理，温柔且专业的催收很有

必要。

大地保险是重资产自营模式的代表之一。根据其官网显示，大地保险效仿平安产险用事业部制经营“平安易贷”品牌的做法，于2015年成立“大地时贷”，即大地保险个人贷款保证保险事业部，下设前中后台10个专业部门，在全国30个省、自治区、直辖市拥有286家门店。提出“有车、有房、有寿险、有房贷均可投保”。

三大产品优势着实吸引人，“大地时贷”首先打出了中再旗下的“国企资质”，根正苗红的国企背景让借款人有种温暖、安全、正规的感觉；其次是贷款增信，真正做到无抵押、无担保的轻松易贷；最后是合作银行放款，保证保险出单后，最快30秒获得贷款。

大地保险的模式主要发展个人贷款保证保险业务，而非机构业务，基本线条是通过“大地时贷”的门店获得客户，进行专业风控人员的贷前审查，提供专业的信贷咨询匹配相应的产品，向客户提供保证保险，当然也可能搭售一点意外险，银行资金方介入提供利率成本在6%~7%的资金，“大地时贷”进行贷后跟踪提醒，并有自己的团队进行催收。

重资产自营模式投入大，专业性要求高。高风险高收益，保证保险月基础费率约为1.5%，全年累计费率大致为18%，再加上七八个调整系数，费率想象空间无限，与万分之几费率的其他非车险相比，的确有相当的诱惑力。

轻资产通道模式

保险公司选择与第三方平台进行合作，平台负责信贷业务的全流程，保险公司对借款人提供履约保证保险，保险公司可以介入风控和贷后管理。这种模式虽然前期成本投入较低，但对保险公司有以下多重考验：

一是合作平台选择的科学性，伙伴关系的牢靠性，初心若是不纯，使命必然不达。二是保险公司对底层标的资产的真实性和质量的判断。三是保险公司介入后续风险监控和处置的顺畅度。

有的采用轻资产通道模式的保险公司，与互联网金融平台合作，服务个人车抵贷、房抵贷等的保证保险，保障出资人的利益。但是，在合作平台选择方面，谨慎度有限，公司先后与10多家规模较小的P2P平台合作。在“去杠杆”的大背景下，社会融资明显紧缩，导致信用风险集中暴露，违约率快速攀升，大多数平台已暴雷或经侦介入，也将保险公司拖入巨额赔付的深渊。

轻资产通道模式的关键是数据和风控能力。构建大数据中心，加强外联，占有获取尽可能多的三方数据、信用数据、交易数据等与个人风险直接关联的数据，让每位客户变成更丰满的标签体，以此为切入点，搭建合适的风控模型，才能在众多客户中作出精准筛选。

值得注意的是，9月以来，多家大数据智能风控公司因违规收集用户信息被警方调查，与这些大数据智能风控公司合作的贷款平台也因此受到牵连，风控受阻，信贷业务被迫暂停。

如何在合法合规的前提下进行风控，成为摆在各类信贷机构、保险公司面前的一道难题。

保证保险的终局在哪里？于个人业务而言，坚定与银行机构合作的模式，为风险略超银行容忍度的低风险客户增信；科学定价，让借款人风险与费率相匹配，甩掉“高利贷”的差评。于机构业务而言，直面中小微企业的融资难问题，有前瞻性地甄选行业和公司，通过保证保险，与企业深度绑定，共同成长。

保证保险是一根刺，在每家公司心底倔强地生长，时不时地撩拨着一个个为规模而生的灵魂。只有让自己成为一棵树，默默生出风控的根须，牢牢刻下失败的印记，才能结出丰硕的果实。

5年盈利185亿元，交强险再谋变！上调分项限额或是最佳选项

2019年10月23日

运营13年后，机动车交通事故责任强制保险（交强险）有望再度迎来调整。

近期获悉，监管部门正拟修改交强险有关细节，主要原因在于，作为一种社会属性浓厚的强制性险种，在经历了13年的发展后，目前的交强险已经不再适应当下的社会环境，更重要的是，持续多年实现盈利，背离了商业保险公司经营交强险业务不盈不亏的初衷。

截至目前，对于交强险调整的细节，业界认为，改革的方向大概可分为两种：

一种是只调整责任限额。交强险制度自2006年实施以来，只在2008年调整过一次责任限额，将被保险机动车在道路交通事故中有责任的赔偿限额上调为12.2万元，其中死亡伤残赔偿限额为11万元；医疗费用赔偿限额为1万元；财产损失赔偿限额为2000元。

经过多年发展，在实际经营中，无论是车损责任还是人伤责任，显然都已经远非12.2万元可以覆盖，提高交强险责任限额的呼声一直不断。

另一种是在调整责任限额的同时也调整交强险费率。原因是，虽然交强险业务多年来都处于承保亏损状态（2018年交强险报告尚未发布，此前只有2017年交强险业务实现承保盈利），但自2013年开始，交强险业务整体一直处于经营盈利状态，到2017年，更是累计实现185亿元经营利润，与交强险业务不盈不亏的要求不符。在这种情况下，“限额向上，费率向下”显然更符合各方的需求。

值得注意的是，按照《机动车交通事故责任强制保险条例》的有关规定，保险监督管理机构有权根据交强险盈亏情况要求或者允许保险公司调整费率，但如果是调整保险责任限额则需要会同国务院公安部门、卫生主管部门以及农业主管部门共同作出规定。

无论如何，交强险作为国内第一个由国家法律规定实施的强制保险制度，其对于维护交通秩序，保障人民群众生命财产安全、普及保险知识，尤其是推动车险业务发展居功至伟。但在施行13年后，原有的规定显然已经有诸多不适应之处，调整势在必行。

交强险13年，欢喜和忧伤并存

交强险作为一种强制实施的险种，对于保险公司而言，大体有以下两个特点：一是利润空间有限；二是社会属性浓厚，要有担当。

交强险制度设立的初衷是保护交通事故中受害者的权益，从法律到条例再到条款，管理体系自上而下，《保险法》和《道路交通安全法》是上位法；国务院2006年出台的《机动车辆交通事故责任强制保险条例》（以下简称《条例》），标志着交强险制度正式实施；保险行业依据上位法和《条例》制定条款费率并组织经营。

交强险运营13年来，商业保险公司受益匪浅，但随着时间的推移，在实际运营中出现的一些问题，又让保险公司头疼不已。

欢喜之一：交强险普及保险意识，车险投保率显著提升

交强险自2006年7月1开启运营，2008年2月进行了一次限额和费率调整，此后平稳运营。其对车主进行了第一轮保险意识教育，启发了民众的车险投保意识。

数据显示，交强险实施以来，车辆保险投保覆盖面逐渐扩大，国内机动车投保率已经从2005年末的36%提升至2017年末的75%；汽车投保率从2005年末的58%提升至2017年末的95%，2018年继续上升至95.6%。对于投保交强险的车辆，商业三者险的投保率为82.5%，南部沿海地区投保率显著高于北部地区，宁波等地区投保率甚至超过95%。

欢喜之二：交强险开启车险市场“黄金十年”

在普及保险知识的同时，交强险的普及也开启了国内车险市场的“黄金十年”。

2009—2018年，交强险保费收入从600亿元增长到2000亿元，增速稳定在10%上下，占据车险总保费收入的1/4（见图1）。随着汽车消费升级，新车销量快速增长带来新流量，民众意识增强提升了投保率，车险经历了发展的黄金期，也带动财产险行业保费收入跨入万亿元行列。

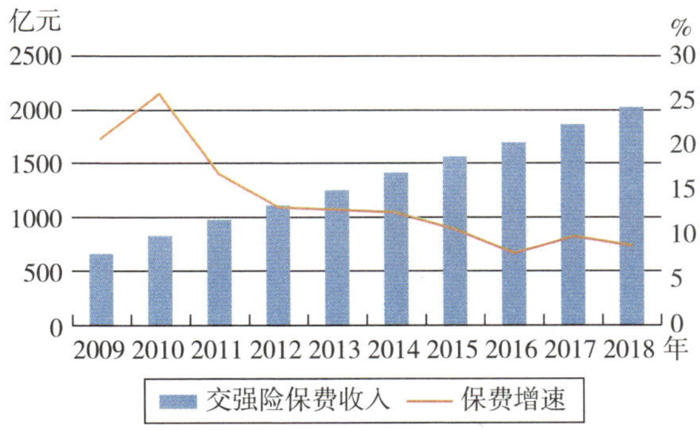

图1 2009—2018年交强险保费收入及同比增幅

商车费改启动后，商业车险保费折扣快速下降，导致商业车险降速乏力，快速向零增长趋近，此间，交强险依然保持稳定增长，成为车险增速的中坚拉动力（见图2）。

此外，交强险一系列配套制度的建立履行了社会管理职责，交强险救助基金、小额案件互碰自赔、无责赔付等，提高了事故处理效率，从“红脸吵架”到“找保险公司”，减少了社会矛盾。同时，交强险提高了道路运行效率和承载率，“跑得更多、跑得更快”，间接为车险业务

带来新流量。

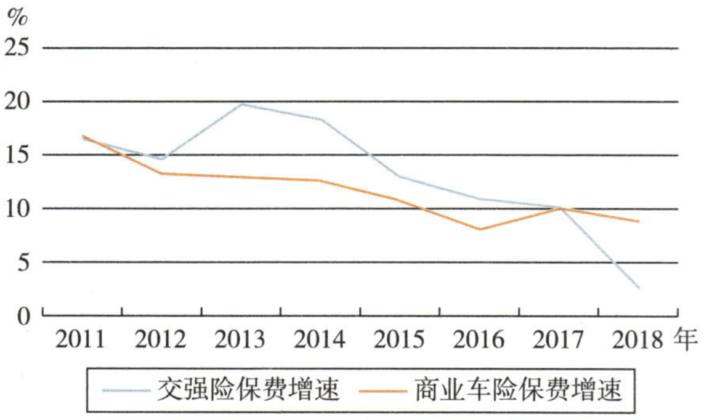

图2　2011—2018年商业车险和交强险保费增速比较

忧伤之一：说好的“不盈不亏”变成了承保“亏亏亏”

不过随着时间的推移，交强险业务实际经营中也逐渐暴露出很多的问题，让保险公司“忧伤不已”。

作为政策性保险，交强险经营原则为不盈不亏。行业在定价过程中不考虑预定利润率，公司在经营过程中不得拒保提费。全行业采用统一的费率、责任限额和条款内容。

实际上，却经常是财产险公司亏损严重。

但保险公司毕竟是以营利为目的的市场化机构，长期的承保亏损显然不符合市场机制，于是市场上出现了拒保拖拉机、大货车等风险选择行为。

自2008年2月限额和费率调整后，交强险持续承保巨额亏损，2011年承保亏损甚至突破百亿元。2009—2017年，交强险累计承保亏损506亿元（见图3）。

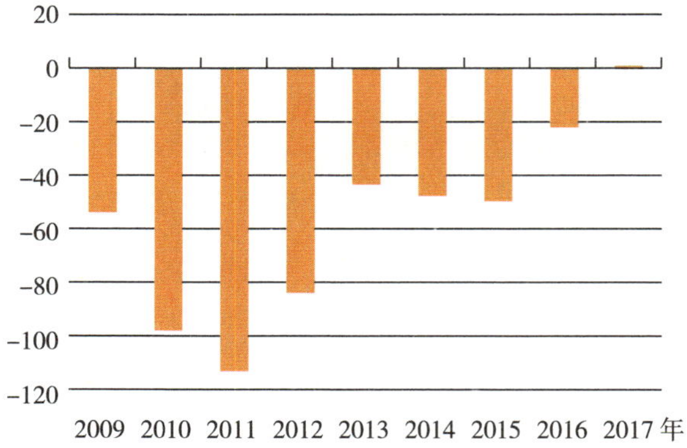

图3　2009—2017年交强险承保亏损情况

忧伤之二：实际经营中分项责任限额屡遭突破，契约精神匮乏成保险公司不能承受之重

交强险的分项责任限额是定价的重要依据，简单而言，限额越高保费越高。现行的体系是在充分考虑了消费者承受能力和限额覆盖能力的基础上，依照分项限额确定的。突破分项限额的赔付是当前保费水平无法覆盖的。

在部分省份基层法院的实践中，《条例》和条款中规定的分项限额屡屡被突破，原因是《道路交通安全法》的规定在限额内不分项赔偿，《条例》属于下位法，不得与上位法相抵触。

《道路交通安全法》第七十六条规定，机动车发生交通事故造成人身伤亡、财产损失的，由保险公司在机动车第三者责任强制保险责任限额范围内予以赔偿。

《条例》第二十三条规定，机动车交通事故责任强制保险在全国范围内实行统一的责任限额。责任限额分为死亡伤残赔偿限额、医疗费用赔偿限额、财产损失赔偿限额以及被保险人在道路交通事故中无责任的赔偿限额。

2012年，最高人民法院曾向辽宁高院复函明确表示，受害人请求承保机动车第三者责任强制保险的保险公司对超出机动车第三者责任强制保险分项限额范围的损失予以赔偿的，人民法院不予支持。尽管如此，部分基层法院在司法实践中依然作出了超限额赔付的裁定。

在欢喜与忧伤并存中，交强险的经营迎来了两个关键的时刻。如今看来，这两个关键时刻，成为影响交强险政策走势的关键时点。

时点一：2013年经营利润转正

交强险开办后很长一段时间内，难以摆脱承保亏损的状况，投资收益始终无法弥补承保的窟窿。但从2011年开始，随着酒驾等不良驾驶习惯的遏制，交通事故发生频率快速下降，行业车险赔付率逐步下移。2013年，交强险承保亏损为43亿元，投资收益为45亿元，实现经营利润2亿元。在投资收益的拉动下，交强险终于实现了经营微利，向不盈不亏的目标迈出了坚实的步伐。

时点二：2017年承保实现微利

2017年，交强险综合赔付率为74%，综合费用率为26%，实现承保盈利0.8亿元，交强险首次实现了承保微利。综合赔付率较巨亏之年下降了8个百分点，综合费用率下降了4.4个百分点。

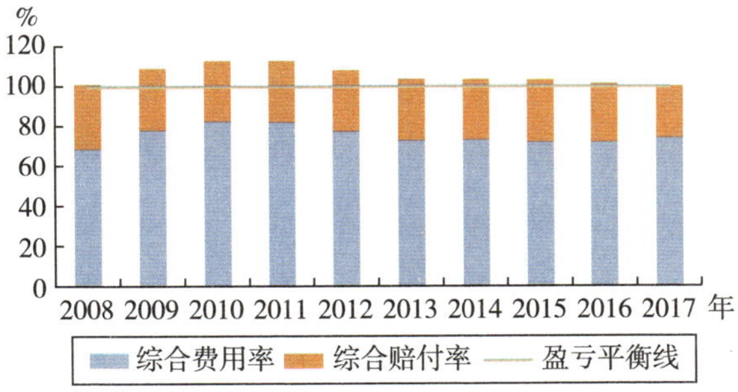

图4　2008—2017年交强险的承保情况

两个扭转时局的关键节点，看似否极泰来，但对交强险而言，其中蕴含着极大的不确定性。不盈不亏的维度并不在某一年某一家机构，而在于一个阶段内——2013—2017年，交强险累计实现185亿元经营利润。亏损是可以容忍的，但大幅盈利尤其是承保实现盈利可能会引发争议。

推动交强险“赔付率向上、费用率向下”，提高分项限额或是最佳选项

运营13年后，交强险再度面临调整，未来会往哪里走？可以从技术的角度分析出道路千万条，让险种更科学、合理、健康，但是回归到交强险的初心本源，可选的路怕是不多。

经营模式的选择。国际上交强险的经营模式大体有两种，即代办模式（日本等）和市场化模式（美国、英国）。代办模式下，保险公司只是个代办机构，收取劳务费用，经营的利润和亏损由政府承担。市场模式下，交强险自主定价、市场竞争，政府不做干预。我国选择的则是一条不

左不右的中庸路线，政府主导定价、公司负担盈亏，这也是交强险种种问题的根本原因。

保障范围的选择。部分国家和地区的交强险只是保障人身伤害。我国交强险是对人身和财产损失采取无过错赔偿原则。其实，交强险关注的重点应该是大额低频的人伤案件和大量低额高频的财产损失案件，在交强险和商业保险分别核算一次，占用了保险公司大量的理赔资源。取消财产损失赔偿责任，提高人伤赔偿的限额，也许更能体现和忠于交强险的初心。

区域差异性的体现。各地区风险水平差异极大，“一刀切”式的定价显然不合理、不严谨，在我国东西部之间出现了补贴流动，费率水平无法准确地反映风险水平。这是显而易见的问题，各方奔走呼吁了10年，屡屡有曙光，但始终未照进现实。

交强险不是一个孤立的险种，它是车险的一个子险种，交强险与商业车险之间是互相补贴、自动平衡的关系；站在更高的格局，它不是一个简单的险种，它是国家层面、关系民生的大事。

从上位法到条例再到条款，自上而下严密的管理体系，决定了各种费率、限额、模式的调整，都要扰动上位法、要举行听证会。因此行业的利益莫谈，要从国家人民的角度来讨论交强险的技术问题。在商车费改的大背景下，我们的目标一直都是“赔付率向上、费用率向下”，那直接提高交强险分项限额不失为一个除保险公司外，各方均满意且易于推行的选项。

财产险旧模式已死，一个时代的结束

2019年6月25日

无论我们是否愿意，对于保险业而言，一个时代已经结束了。

这不仅因为近两年来保险业的顶层设计发生翻天覆地的变化，监管主题悄然从“促发展”转变成了“防风险”，还因为一代人选择在此时谢幕隐退，主动或被动地改变了人生轨迹。但更根本的原因还在于，在新常态下，保险业正逐渐告别过去的高增长。

增速降低，原来快速发展所掩盖的一些问题竞相涌现，到了要彻底解决的时刻，保险业的商业环境和商业逻辑悄然发生了变化。

老一代人告别隐退，新一代人急需证明自己，老路还能不能走，新路怎么起步，保险业该往哪里去？这正是当下保险业的“行业之问”。例如财产险行业，从不同的角度来考察，问题愈发难解。

从投资回报的角度来看，大多数中小财产险公司的净资产收益率（Return on Equity，ROE）甚至不足5%，这意味着对于大多数财产险公司的股东而言，与其投资财产险公司，还不如买一份银行理财产品。过低的投资回报率势必影响股东的信心。

从中小财产险公司的生存状况来看，“老三家”牢牢占据60%以上的市场份额，在保费增速逐渐放缓的大前提下，中小财产险公司的生存空间愈发逼仄。过度集中的市场显然并不利于保护消费者的合法权益。

过去，财产险公司实现业务突围的方式几乎都是相同的——高举高打，但新常态下，传统模式已经不再有参考价值。财产险的旧模式已死。

财产险公司已经失去投资价值

告别野蛮拓荒的时代，资本对于金融保险牌照的追捧也必然回归理性，过往形形色色的动机最终都将演变成为对于资本率回报的要求。因为资本天然就是逐利的。不过，如果是从资本回报率的角度来看，财产险行业毫无疑问是一个令人“失望”的行业。

2018年财产险公司净资产收益率大多不足5%

『慧保天下』统计了2018年86家财产险公司的净资产和净利润，并基于此粗略计算了这些财产险公司的净资产收益率（见表1）。结果显示，2018年86家财产险公司合计净资产为5096.63亿元，但净利润只有317.196亿元，这意味着，

86家财产险公司2018年的平均净资产收益率只有6.22%。但即便平均净资产收益率为6.22%，也只有少数公司可以达到。86家财产险公司中，只有18家超过了平均水平，占比为20%。

财产险公司净资产收益率甚至不如银行理财

将衡量的门槛进一步降低，例如净资产收益率为5%，也只有21家财产险公司能够达到这一水平。这意味着，对于大多数财产险公司的股东而言，辛辛苦苦经营一年所得甚至不如买银行的理财产品。

与其他行业相比，这种差距会更加明显，『慧保天下』在梳理86家人身险公司2018年的年报数据后发现，86家人身险公司盈亏相抵，合计盈利1447.06亿元，同比增长20.1%，整体的净资产收益率更是高达12.57%，约为财产险公司整体水平的2倍。

即便是与A股上市公司，哪怕是剔除盈利大户金融企业之后相比，财产险公司也相形见绌。根据Wind资讯统计，3602家A股上市公司2018年合计实现归属于母公司的净利润为3.36万亿元，同比下降了1.9%（剔除金融、石化后，下降了8.19%），净资产收益率为9.75%（剔除金融业后，为8.26%），无论是9.75%还是8.26%，均远高于财产险行业的6.22%。这意味着，对于大多数财产险公司而言，从资本的角度出发，实际上已经失去了投资价值。

表1　2018年财产险公司净资产收益率

保险公司	净资产（亿元）	净利润（亿元）	ROE（%）
平安产险	776.45	132.09	17.01
英大财险	43.63	6.04	13.84
日本财险	4.21	0.56	13.30
人保财险	1404.26	163	11.61
三井住友海上火灾保险	8.89	1.01	11.36
鼎和财险	39.38	4.44	11.27
众惠相互	8.51	0.94	11.05
美亚保险	12.81	1.39	10.85
太保产险	363.36	35.92	9.89
安信农险	14.29	1.37	9.59
鑫安车险	11.23	0.96	8.55
中国铁路保险	24.19	206	8.52
阳光农险	26.92	2.22	8.25
北部湾财险	12.65	1	7.91

续表

保险公司	净资产（亿元）	净利润（亿元）	ROE（%）
爱和谊日生同和	5.19	0.39	7.51
中华联合财险	150.72	11.23	7.45
阳光财险	103.93	7.22	6.95
三星财险	8.03	0.52	6.48
劳合社保险	11.76	0.67	5.70
中银财险	39.71	2.05	5.16
中石油专属保险公司	62.37	3.15	5.05
史带财险	10.43	0.51	4.89
太平财险	60.52	2.84	4.69
中远海运财险	21.62	0.97	4.49
东京海上日动火灾保险	5.58	0.23	4.12
苏黎世财险	8.32	0.33	3.97
永安财险	46.9	1.81	3.86
乐爱财险	2.64	0.1	3.79
大地财险	243.15	9.08	3.73
粤电自保	5.16	0.19	3.68
中航安盟财险	10.9	0.35	3.21
国元农险	29.03	0.85	2.93
中原农险	10.66	0.3	2.81
安联保险	12.47	0.33	2.65
华海财险	7.13	0.15	2.10
亚太财险	26.28	0.34	1.29
华泰财险	49.63	0.53	1.07
阳光信用	29.64	0.28	0.94
安诚财险	44.61	0.37	0.83
日本兴亚财险	2.37	0.019	0.80
华农财险	11.91	0.08	0.67
紫金财险	24.71	0.16	0.65
众诚汽车	9.64	0.06	0.62
国寿财险	198.96	1.21	0.61

续表

保险公司	净资产（亿元）	净利润（亿元）	ROE（%）
锦泰保险	8.66	0.037	0.43
天安财险	322.29	1.29	0.40
恒邦财险	20.3	0.08	0.39
泰山财险	18.31	0.06	0.33
诚泰财险	77.92	0.24	0.31
久隆保险	8.22	0.02	0.24
现代财产保险	113.02	0.23	0.20
安达保险	4.79	−0.1	—
瑞再企商	4.03	−0.14	—
信利保险中国	1.4	−0.16	—
汇友相互	5.49	−0.22	—
中意财险	8.31	−0.22	—
东海航运保险	9	−0.32	—
富邦财险	1.75	−0.33	—
国泰财险	6.41	−0.5	—
中煤保险	3.53	−0.58	—
利宝保险	3.82	−0.65	—
合众财险	2.34	−0.68	—
太平科技	4.22	−0.78	—
融盛财险	9.13	−0.86	—
都邦财险	11.23	−0.88	—
建信财险	6.39	−1	—
黄河财险	23.98	−1.04	—
海峡金桥	12.55	−1.12	—
渤海财险	10.61	−1.12	—
富德财险	30.72	−1.15	—
中路财险	6.9	−1.46	—
珠峰保险	5.85	−1.5	—
国任财险	20.43	−1.71	—
燕赵财险	11.92	−1.84	—

续表

保险公司	净资产（亿元）	净利润（亿元）	ROE（%）
长江保险	7.98	−1.95	—
易安财险	7.23	−1.99	—
前海联合财险	6.28	−2.21	—
华安财险	49.87	−2.32	—
永诚财险	21.64	−2.61	—
安盛天平	36.21	−2.75	—
安华农业保险	8.36	−3.29	—
泰康在线	13.1	−3.56	—
浙商保险	8.96	−3.76	—
安心保险	4.2	−4.95	—
众安在线	164.75	−18	—
长安责任	−10.22	−18.33	—
合计	5096.63	317.196	6.22

中小财产险公司的生存空间愈发逼仄

财产险市场从来都是一个“马太效应”显著的市场，往往强者恒强，弱者恒弱。

“老三家”把持市场

尽管大多数财产险公司面临的是亏损或很低的资本回报率，但与此同时，仍有少数财产险公司依旧在这个市场上恣意驰骋，攫取着远高于行业平均水平的利润率。如“老三家”，人保财险、平安产险、太保产险2018年的净资产收益率分别为11.61%、17.01%、9.89%，均远超过6.22%的行业平均水平。

从净利润来看，2018年3家财产险公司也分别高达163亿元、132.09亿元和35.92亿元，三者合计达到331.01亿元，而86家财产险公司的净利润累计为317.20亿元。这意味着，离开了“老三家”，83家财产险公司将累计亏损13.81亿元。

而与此同时，“老三家”的市场份额依然处于上升通道。2011—2016年，由于市场快速扩容，“老三家”市场份额出现一定程度下滑，但从2017年开始，市场的“马太效应”就开始进一步显现，“老三家”市场份额不降反升。截至2018年末，人保财险、平安产险和太保产险的市场份额分别为33%、21.05%和9.98%，合计为64.04%，相较于2017年上升了0.55个百分点，见图1。

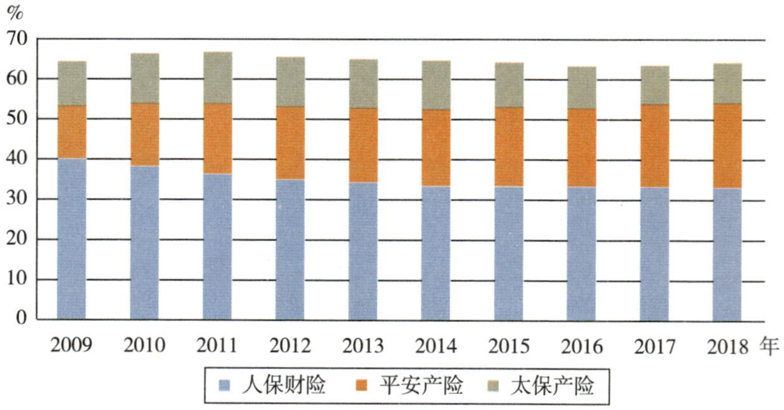

图1 2009—2018年财产险“老三家”的市场份额

而且，近10年内，财产险“老三家”市场份额始终保持在60%以上，自始至终都在扮演着财产险市场“压舱石”的角色。

财产险行业整体保费增速放缓

在财产险“老三家”的市场份额保持稳定的同时，财产险市场本身的增速却在不断放缓。如图2所示，近年来财产险行业的保费增速大幅降低，2014年还在15%以上，2014年后却在10%~15%，其中增速最低的2016年只有10%的同比增速。

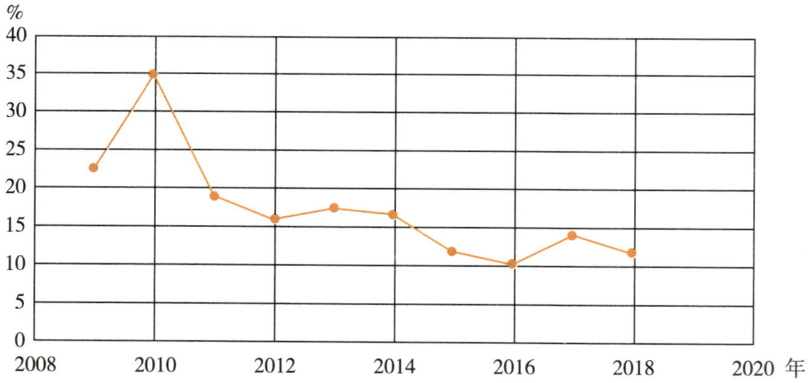

图2 2009—2018年财产险公司保费收入及同比增速

一方面是逐渐走低的保费增速，另一方面是“老三家”市场份额稳中有升，这意味着在日渐低迷的财产险行业中，留给中小财产险公司的发展空间已经愈发逼仄。新的财产险公司涌入市场，其也只能在所剩不多的市场份额中努力分得一杯羹。其结果就是，财产险市场格局出现僵化，“老三家”的地位愈发稳固，而中小财产险公司越来越难以实现规模的突破。

统计显示，截至2017年末，规模保费突破百亿元大关的财产险公司共有10家，除“老三家”外，其他财产险公司达百亿元保费收入平均需要18.2年。其中，2006年后成立的公司只有1家，即国寿财险；规模保费突破50亿元的财产险公司有9家，平均需要13年，其中2006年后成立的公司有3家；规模保费达30亿元的财产险公司有10家，其平均成立年限为11.1年，2006年后成立的公司有5家。截至2017末规模保费突破30亿元的财产险公司数量见表2。

表2　截至2017年末规模保费突破30亿元的财产险公司数量

保费规模	平均成立年限（年）	平均资本金（亿元）	其中：2006年后成立的公司（数量）
保费达100亿元（10家）	18.2（除“老三家”）	121.6	1
保费达50亿元（9家）	13.0	62.7	3
保费达30亿元（10家）	11.1	25.6	5

财产险公司现有商业模式已难以为继

净资产收益率持续低迷，市场格局僵化，中小财产险公司在规模上越来越难以实现突破，这意味着什么？或许意味着现有的财产险行业发展模式已经出现严重问题，难以为继。不妨来看一下那些在近些年成功“突围”的财产险公司。

国寿财险的优势得天独厚，2006年成立时的目标便是进入财产险第一军团，成立之后的发展速度：成立9个月保费收入破亿元；2010年，成立4年保费收入即破百亿元；2012—2015年保费收入分别破200亿元、300亿元、400亿元、500亿元；2016年保费收入近600亿元。

快速成长的背后是国寿集团对其不遗余力的支持。

人力的支持，国寿财险2/3以上省级公司主要负责人均出自同省寿险公司副总经理，集团高管在资源协调等方面给其极大的成长便利。与此同时，中国人寿庞大的代理人队伍、客户资源也为其所用，使其迅速提升市场地位。

资本的支持，成立之初，国寿财险注册资本金仅为10亿元，之后股东对其快速增资，2008年增资30亿元，2010年增资40亿元，2014年增资70亿元，2018年增资38亿元，如今，国寿财险注册资本金达188亿元。

可以看到国寿财险采用的是典型的高举高打的发展模式，背靠中国人寿，辅之以充足的人力、资本的投入，实现了超常规的业务扩张，成为近年来财产险市场上的一匹“黑马”，跻身市场第四位，成为财产险第二梯队的“领头羊”。而这种高举高打的发展模式，几乎就是中国财产险行业的发展模式。即便是近年来保费增速最快，仅5个完整经营年度即实现保费收入破百亿元的众安保险，从其2018年综合成本率120.9%来看，也不难发现高增长背后高投入的痕迹。

不过值得注意的是，通过高投入换来的业务规模快速增长，如果不能及时转型，也会遭遇发展“瓶颈”。

例如国寿财险，在2016年，其规模保费达597.36亿元，但2017年、2018年，其保费收入分别为662.15亿元、691.06亿元，同比增速分别为10.85%、4.37%，而同期的行业增速分别为13.76%、11.52%。

例如中华联合，高投入、高负债的成长模式一度令其在财产险市场上叱咤风云，但因风险管理不善，在2007年出现巨亏之后迅速陷入困境，最后不得不引入保险保障基金才幸免于难。

保费收入在50亿~150亿元的公司也可以证明。例如天安保险，在2014年，即其成20周年，保费收入才达百亿元，到2018年，其保费收入也不过104.49亿元，相较于2017年甚至出现了一定程度的倒退。

以上是从业务发展的角度进行分析的，从盈利的角度来看，也会发现实现盈利的财产险公司的特征也非常鲜明，主要有以下三个方面：一是通过做大规模摊低业务成本，这种情况下，规模要做到100亿元以上才能产生承保利润。二是盈利与否主要取决于宏观经济形势、自然环境，发展离不开国家政策扶持。三是很多大型国企旗下的保险公司依靠股东的资源实现盈利。

2017年累计实现盈利的几家中小财产险公司见表3。

表3　2017年累计实现盈利的几家中小财产险公司

公司	ROE（%）	注册资本（亿元）	成立年限（年）	亏损年限（年）	最大亏损（亿元）	2017年保费（亿元）	累计盈利（亿元）	特点
英大	9.2	21	9.2	0.2	-0.99	83.0	17.7	股东背景型
国元农	8.4	21	10.0	—	—	47.2	15.1	专业农险公司
鼎和	6.7	30	9.6	1.6	-1.49	40.0	6.6	股东背景型
鑫安	5.3	10	5.5	1.5	-0.03	5.1	1.2	股东背景型
国寿财	4.0	150	11.0	3.0	-16.95	662.2	60.2	前期高投入型
紫金	2.6	25	8.6	2.6	-2.62	50.9	0.9	地方支持型
诚泰	2.1	40	6.0	3.0	-1.27	10.1	0.2	地方支持型
易安	0.7	10	1.9	—	—	8.4	0.1	互联网新公司

而如今，在新常态下，这种传统模式显然已经走到了尽头，对于中小财产险公司，已经没有可以参考的价值。

旧模式已死，新模式当立。这或许是财产险行业最难熬的时光，但也是财产险行业破釜沉舟，打破既有模式，寻求新出路的最好时刻。

财产险新模式当立，一个时代的开始

2019年8月7日

保险业的顶层设计发生翻天覆地的变化，监管主题悄然从促发展转变成了防风险；一代人选择在此时谢幕隐退，主动或被动地改变了人生轨迹；更重要的是，保险业正逐渐告别过去的高增长，原来快速发展所掩盖的一些问题竞相涌现，到了须要彻底解决的时刻，保险业的一些模式和玩法面临被改写的局面。

具体到财产险行业，这一趋势体现的尤为明显——从投资回报的角度来看，大多数中小保险公司的ROE甚至不足5%，这意味着对于大多数财产险公司的股东而言，与其投资财产险公司，还不如买一份银行理财产品。

过低的投资回报率势必影响股东的信心，财产险行业已经到了旧模式已死，新模式当立的阶段，这是新常态下新一代财产险企业职业经理人都必须面对的现实，简单粗暴的发展模式已经走到尽头，迫切需要走出“舒适区”，谋求商业模式创新。

财产险依然是门“好生意”

从目前行业的整体净资产回报率来看，财产险行业整体ROE尚可，有统计显示，近20年来，财产险上市公司的平均ROE在13%左右，在所有类别行业中位居中上游水平。

无奈的是，行业发展高度不平衡，以2018年为例，实际上大多数保险公司的ROE都不足5%，即便是从行业整体来看，其ROE也呈不断下降趋势，2014年还高达15.6%，但到2017年，则只有7.8%。

从这点来看，财产险似乎已经不再是一门值得投资的生意，但实际上，财产险依然是门好生意，依旧有着巨大的想象空间。不谈新险种、新业务的开发之类，有专业人士曾测算，只要财产险公司每年的承保利润率达到2%，且投资收益达到4%，则其ROE基本就可以达到12%以上，就能达到优于大多数行业的水平。

以2018年数据进行估算，截至2018年末，财产险公司的净资产为5839.33亿元，全年实现原保险保费收入11755.69亿元，这意味着2018年财产险行业整体的资本膨胀系数约为2，假设年度2%的承保利润率，再加上4%的总投资收益率，则ROE基本可达到12%的水平。如果膨胀系数更高一些，投资收益率更高一些，则ROE更高。

但很显然，要想财产险成为一门好生意，并不是一件容易的事情，其至少需要满足两项充分条件“承保盈利”以及“投资收益达到一定水平”。

就投资而言，对于当下的保险业似乎并非难事。自2012年开启新一轮保险资金运用市场化改革以来，从2013年开始，保险业的总投资收益率有了显著提升，2013—2017年均维持在5%以上，到2018年，虽然受累于多重因素总投资收益率有所下降，降至2013年以来的最低水平，仅为4.3%，但依然高于4%的假设。且从2001年开始，保险业平均总投资收益率也达到将近5%的水平（见图1）。

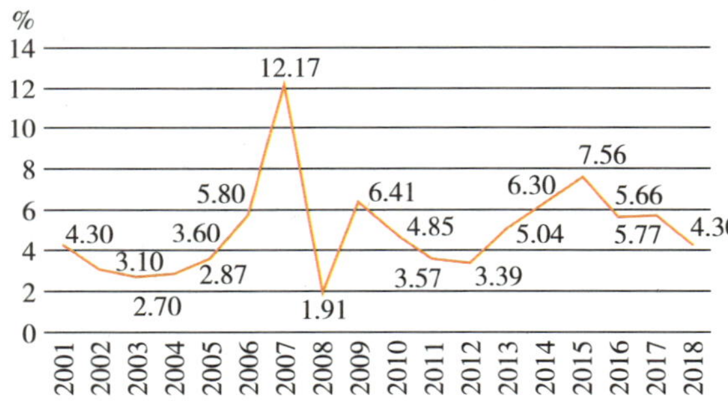

图1　2001—2018年保险业总投资收益率变化

这意味着，财产险行业投资端虽然也承受不少压力，但影响保险业ROE表现的最重要的因素还在于承保端，面临模式转型的中国财产险公司迫切需要对承保端作出大刀阔斧的改革。

中小保险公司突围众生相

必须要看到，尽管2018年大量财产险公司的ROE表现不佳，但同时也有个别保险公司通过提升效率或者创新模式，在某类业务或者公司整体业务发展方面，实现了较大的突破。

当然，对于“好”的评价标准，站在不同的角度，会有不同的收获。本文则是重点观察那些成长性佳，同时盈利性良好的财产险公司。

大地保险：抢抓个人保证保险业务机遇，构建先进风控模式

近年来，随着包括P2P等在内的网贷平台的兴起，信用保证保险成为近年来增长速度最快的险种之一。有统计显示， 2008—2018年，国内信用保证保险从2008年的8.14亿元增长至2018年的692.07亿元（剔除中国出口信用保险公司之后的数据）。

而且其仍保持着超高的增速。近年来，财产险公司总体保费收入增长承压，2018年仅增长11.6%。相较而言，信用保证保险业务增长强劲，2018年同比增长高达69%，已经成为一些保险公司最为看重的非车险品种之一。2018年，信用保证保险保费在财产险公司非车险业务中的收入占比为18.6%，在财产险公司总保费收入的占比也达到6.0%。

尽管增速诱人，但信用保证保险超高的风险水平，导致一些公司却也因此折戟，最典型者当属浙商保险，2016年“侨兴债”的暴雷，令其赔付超10亿元之巨，多年积累毁于一旦。其他经营该险种的保险公司面临亏损，监管不得不全面强化对该险种的监管工作。

然而在这其中，大地保险却像是一个异数，硬是在信用保证保险业务方面闯出一片天。

根据大地保险2018年年报披露的数据，2018

年，其保证保险业务实现原保险保费收入49.93亿元，在全部保费收入中占比为11.8%，成为其第一大非车险种，同时，也远远高于行业平均水平。而在2017年其占比还只有7.1%，1年时间，其保证保险保费收入同比增速达到90%以上（见表1）。与此同时，根据其年报，其保证保险业务2018年的累计坏账率为6.35%，风险控制处于良好水平。

表1 2017—2018年大地保险各险种原保险保费收入及占比

险种	2018年		2017年	
	保费（百万元）	占比（%）	保费（百万元）	占比（%）
机动车辆险	27241	64.3	27301	73.5
保证保险	4993	11.8	2623	7.1
意外伤害和短期健康险	4927	11.6	3169	8.5
责任险	1665	3.9	1326	3.6
企业财产险	1001	2.4	941	2.5
货物运输保险	949	2.2	448	1.2
其他险种	1619	3.8	1315	3.6
合计	42395	100.0	37123	100.0

注：其他险种包括工程险、农业险、船舶险、信用险、家庭财产险、特殊风险保险等。

年报资料同时也透露了其保证保险业务快速发展背后的奥秘：

一是大量开设分支机构，截至2018年末，其个贷事业部累计开设门店/营业部185家，覆盖29个省，110个城市。

二是注重发展个人贷款保证保险业务，而非机构贷款保证保险——从目前已发生的保证保险暴雷事件来看，机构业务往往是暴雷重灾区，至于个人贷款业务，风险反而比较分散。

三是之所以能够获得介入大量的个人贷款业务，则主要是因为其主要合作方为商业银行。截至目前，其已经与多家全国性或地方性股份制商业银行展开合作，当然这其中也离不开技术、模式等的创新。

北部湾突围：充分依托地方资源优势，稳扎稳打，忌盲目求大

虽然大部分地方系保险公司发展不佳，但一些个案却很值得研究，例如北部湾财险。其成立于2013年，总部偏居于广西壮族自治区南宁市，其成立6年实现连续3年盈利，且2018年的净利润首度突破1亿元大关，同比增速高达24.12%。截至2018年末，北部湾财险净资产为11.55亿元，粗略估算，2018年其净资产收益率达到8.66%。

这与其业务发展稳扎稳打，不盲目求大，

将自身资源优势最大化不无关系。成立6年多，其只开设两家省级分支机构，除广西壮族自治区外，还包括邻近的广东省。其中，在广西壮族自治区其机构基本实现了全覆盖，而广东省的分支机构较少，依然存在较大的拓展空间。

虽然机构少，但其在广西境内的市场地位却不容小觑。数据显示，2018年，北部湾财险实现保费收入28.32亿元，其中21.26亿元都是在广西分公司实现的，占比高达75%以上。而在广西当地30家财产险公司中（含虚拟），其市场排名达到第四，仅次于“老三家”，市场份额也达到8.66%。

北部湾财险是由广西金融投资集团有限公司作为主发起人，联合广西壮族自治区境内多家国有企业发起成立的，是典型的地方系保险公司，近年来的发展始终稳中有进，没有因公司治理问题而收到监管函，且取得不错的经营效益。这或意味着，对于地方系保险公司而言，除公司治理结构外，最重要的因素依然是人的因素。

华农保险：打造“轻型”险企，严控后线成本，精准风险管控，推动保费快速增长

在车险市场上，大公司由于具备网络优势、品牌优势，中小保险公司如果意欲抢占市场份额，通常的做法是牺牲公司的承保利润，以更低的价格来赢得客户。也正是因此，造成了国内车险手续费率的节节攀升，虽然有监管部门的不断治理，但很明显，不从根本上扭转这种思维模式，就很难根除手续费恶性竞争的顽疾。

在跳脱出原有发展理念过程中，华农保险作为一家中小保险公司，颇具代表性。华农保险的发展理念是通过严格控制后线成本率的方式，降低固定成本，同时提升人均产能。

人保、平安、太保“三巨头”后线成本率平均为6.5%；规模达到150亿~1000亿元的公司平均在11%左右；50亿~150亿元的公司在15%上下；规模更小的公司甚至达到20%以上。华农保险的固定成本率约为8.5%，仍高于“三巨头”，但是已经低于其他公司。

至于如何才能降低固定成本，同时提升人均产能，华农保险贯彻“轻型”化的发展理念，放弃“大而全”的想法，充分利用各种第三方公司，落实集约化和信息化，从而降低对人力的依赖。

更重要的是，该公司在努力降低后线成本，提升人均产能的同时，始终强调核心技术能力的建设，新型商业模式的打造，通过对风险的精准识别，降低综合成本率。

要么提升效率，要么创新模式

中国财产险市场不是没有机会，而在于缺乏创新。但纵观近年来财产险行业创新，大多仍停留在产品维度，包括奇葩险、百万医疗险等先后“出圈”，但这些创新因为缺乏核心技术、模式支持，往往在很短的时间内就被其他公司复制，最终又往往陷入比较保障范围、比拼价格的怪圈中。虽然服务生态的概念已经渐渐普及，但因为需要借助第三方，不同保险公司之间也往往难以拉开差距。

大多数财产险公司的发展依然是通过高投入实现的，而高投入带来的增长虽然炫目，但却难以长期持续，如果不能及时转型，则往往会出现后劲不足的情况，陷入发展“瓶颈”。

综观上述比较有特色的几家保险公司，不难发现，公司要想实现生存和发展，基本只有两种方式，一种是直面竞争，通过努力提升自身的效率来实现自身的市场价值；另一种则是差异竞争，退出“舒适区”，通过细分市场，重新定位，创新商业模式与技术等方式构建自身的核心竞争力。

当然，商业模式创新是一个体系，需要进行全面的思考和设计，如何定位，如何搭建盈利模式，如何匹配运营模式，乃至需要何种企业文化等，都需要通盘考虑。而这注定是一个艰难的过程。

NEW ERA OF
INSURANCE

保险新时代

『慧保天下』精选集

2

CHAPTER

人身险·转型

回归保险本源的人身险市场在2019年迎来真正的拐点，最具典型意义的表现之一就是一些保险公司的“开门红”不再红了，发展路径分化之下，难以掩盖的真相是转型举步维艰。

但新的趋势已经开始确立，监管叫停备案预定利率4.025%的人身险产品；保障型产品，尤其是健康险产品开始崛起，成为增长最快的险种；一个时代结束，一代人转身离去，保险的江湖中，新一代的领军人物也已经上位。表面看来，这些人事调整是集团人事更迭的延续和高管到龄退休的自然更替，但不能忽视的是，在这些变动的背后，宏观经济、国家政策、监管导向等因素共同作用下的人身险市场底层逻辑也正迎来全新的变局，而这才是影响、塑造人身险行业最根本的因素。

银保监会叫停4.025%的预定利率产品，预警利差损风险？

2019年1月30日

近期，『慧保天下』据悉，监管部门已经暂停人身险公司报批预定利率为4.025%的人身险产品，释放出强烈的利差损风险防范信号。

力战2019年“开门红”，4.025%的预定利率被银保监会紧急叫停

自1999年6月10日保监会发布《关于调整寿险保单预定利率的紧急通知》（保监发〔1999〕93号）后，很长一段时间内，人身险产品的预定利率上限为年复利2.5%，并不得附加利差返还条款。

这在帮助人身险公司有效防范利差损风险的同时，也将人身险产品推向了高度同质化的“泥潭”。直至2013年，人身险费率市场化改革启幕，这一局面才有所缓解。

2013年8月保监会发布的《关于普通型人身保险费率政策改革有关事项的通知》（保监发〔2013〕62号）规定，2013年8月5日及以后签发的普通型人身保险保单法定评估利率为3.5%。2013年8月5日及以后签发的普通型养老年金或保险期间为10年及以上的其他普通型年金保单，保险公司采用的法定责任准备金评估利率可适当上浮，上限为法定评估利率的1.15倍（4.025%）和预定利率的小者。

保险公司开发普通型人身险，预定利率不高于保监会规定评估利率上限的，备案即可，一旦高于评估利率上限，则必须经过监管部门审批。

2.5%的预定利率上限就此被打破，从此以后，普通型人身险产品迎来快速增长。为抢占市场，很多公司都顺势推出了预定利率为4.025%的人身险产品。

2018年，人身险公司保费收入增速持续低迷，竞争压力进一步加剧，为在2019年“开门红”期间有所作为，很多公司的“开门红”新产品预定利率达3.5%乃至4.025%，一些公司更是再度推出预定利率高达4.025%的保险产品。

在定价利率提升的同时，万能险的结算利率也有所提升。当然，这类产品由于收益率较高，对于公司的价值贡献有限，保险公司往往都将其作为一个宣传点，而且主要是针对高端客户限量

销售。例如，有的保险公司的万能险产品，只有保费达到10万元以上的投保人才有可能享受5.3%的结算利率，且万能险5.3%结算利率的总保费限额为50亿元。

另外，在银保监会办公厅发布的《关于人身保险产品近期典型问题的通报》（银保监办发〔2019〕4号）中，也点名批评个别人身险公司的个别产品在备案中，试图突破有关最低预定利率以及精算假设的限制，例如：

将审批类产品作为备案产品报送。如个别人身险公司报送备案的某养老年金保险（万能型）最低保证利率为3.5%，突破备案产品监管规定上限。

个别产品存在较大利率风险。如个别人身险公司的某分红两全保险产品，利润测试的投资收益率假设为7%，存在较大利率风险隐患。

个别产品存在“长险短做”风险。如个别人身险公司的某终身寿险产品前5年退保率假设超过60%。

在人身险公司力争通过高预定利率产品抢占市场份额的同时，监管部门却悄然叫停预定利率为4.025%的产品审批，这被业内人士普遍解读为，监管部门释放出强烈的防范利差损风险信号。

预定利率上行、投资收益率下行，保险业利差损风险不得不防

激进的定价策略让大型保险公司在激烈的市场竞争中占得先机，据业内人士介绍，目前中国人寿的保费预收情况颇为乐观。

不过对于保险公司而言，资产负债的匹配至关重要，稍有不慎，就有可能造成利差损。必须要看到的是，在当前的市场环境下，保险公司预定利率逐渐走高的同时，投资收益率却在不断走低。

从上市保险公司公布的数据来看，2018年前三个季度的总投资收益率相较于2017年同期均出现明显下滑，为3.3%~4.8%，而2017年同期，为5.1%以上。4家保险公司2017年前三个季度与2018年前三个季度总投资收益率变动情况见表1。

表1　4家保险公司2017年前三个季度与2018年前三个季度总投资收益率变动情况

总投资收益率（%）			
公司	2018Q3	2017Q3	变动
中国平安	4.0	5.4	-1.4
中国人寿	3.3	5.1	-1.8
中国太保	4.7	—	—
新华保险	4.8	5.2	-0.4

这种情况下，不少业内人士指出，保险公司应高度重视有可能出现的利差损风险。

例如，万峰在“2019慧保天下保险大会”上就曾表示，3.3%~4.8%的投资回报率与3.5%~4.025%的定价利率之间的区间已经很小，整体看来，目前人身险行业产品定价利率在向上走，而投资回报率在向下走。

2019年，国内宏观经济仍面临下行压力，保险公司的投资回报率仍有可能继续下行，这给保险公司的资产负债匹配提出了更高要求。太保寿

险董事长徐敬惠在“2019慧保天下保险大会”上表示，国内经济增长挑战加大，近期召开的中央经济工作会议指出短期经济面临下行压力，根据世界银行等权威机构预测，2019年中国经济增速或放缓至6.2%~6.3%。

在此背景下，人身险公司面临资产收益下行、资本市场波动加剧、信用风险暴露和违约事件频发等风险，资产负债匹配难度加大。

近期保险业释放的一系列消息也表明了2019年行业形势之严峻，强化风险管控已经刻不容缓。比如，华夏保险宣布减编减员控制薪酬，其净利润已经从2017年的43亿元下降至2018年的31亿元，同比下滑近28%；众安保险也已发公告，预期2018年净亏损同比扩大七成以上。

而就在2019年1月29日，中国人寿发布公告，释放了一条更为重磅的消息：预计2018年度归属于母公司股东的净利润较2017年度减少约161.26亿元至225.77亿元，同比减少50%~70%。对于业绩减少的主要原因，中国人寿表示，2018年度业绩减少的主要原因是受权益市场整体震荡下行的影响，公开市场权益类投资收益同比大幅减少。

监管部门在此时叫停预定利率为4.025%的保险产品的审批工作，可谓“未雨绸缪”。

20世纪90年代严重利差损影响延续至今

对于利差损，保险业内人士不会感到陌生，而且至今依然心有余悸。

1993—1999年，国内1年期存款利率从最高10.98%一路下滑至2.25%（见图1）。由于保险公司的产品开发一般滞后于存款利率调整，每逢利率调整，保险公司便开始大肆炒作停售，销售高预定利率产品（最高至年复利为10%），从而导致大量的利差损，给保险业造成严重危害。

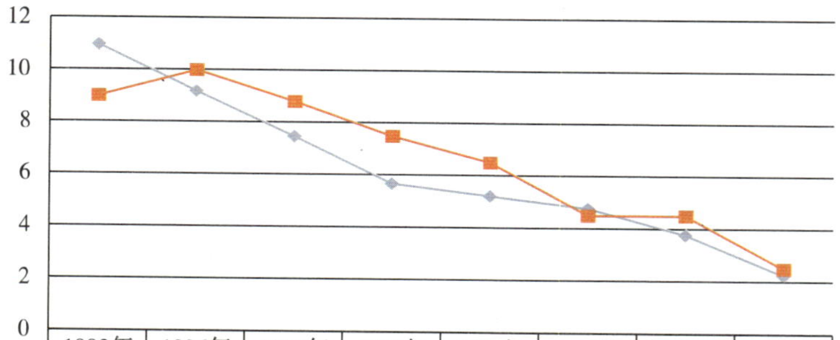

	1993年7月	1996年5月	1996年8月	1997年10月	1998年3月	1998年7月	1998年12月	1999年6月
存款利率（%）	10.98	9.18	7.47	5.67	5.22	4.77	3.78	2.25
预定利率（%）	9	10	8.8	7.5	6.5	4.5	4.5	2.5

数据来源：魏华林，冯占军.中国寿险业当前面临的利率困境及策略选择[J]. 经济评论，2005（4）.

图1　1993—1999年人民币1年期存款利率与寿险产品预定利率变动情况

2003年的全国保险工作会议上，时任中国保监会主席吴定富称，我国人身险保单1999年前的利差损达500多亿元。据称，这一数据是根据保监会对各人身险公司摸底调查的基础上汇总得到的，而2003年保险业总资产仅为9483亿元，利差损占保险总资产的比例高达5%。

作为当时国内最大的两家寿险公司，中国人寿以及平安人寿也成为当时利差损最大的两家公司。

中国人寿由于利差损问题不得上市，最终将这部分坏账进行剥离处理，形成了现在银保监会每月公布的保费数据表中的“国寿存续”这一公司。虽然中国人寿最终成功上市，但这一历史包袱的存在，成为国寿集团整体上市的最大障碍之一。

另据此前媒体报道，在2009年保监会召开的一次会议上，中国平安董事长兼CEO马明哲声称，平安人寿的利差损达800亿元，一时引发中国平安股价大跌。虽然有业内人士认为这一数字也许有夸大的成分，但很显然，利差损危机爆发近10年之后，依然在深深地困扰着平安人寿。

综观世界各地人身险公司的倒闭，严重利差损几乎都是最直接的原因之一，规避大规模利差损，对于中国人身险公司而言，不容掉以轻心。

从上到下，防风险依然是2019年的重中之重

防范包括利差损在内的各种风险，不仅是保险业在2019年的重要任务之一，其实也是金融业乃至全社会在2019年的重要工作之一。

党的十八大以来，防控金融风险的重要性、守住不发生系统性风险的底线被反复强调。

党的十九大报告首次提出要坚决打好“防范化解重大风险、精准脱贫、污染防治”三大攻坚战。

近期的中央经济工作会议则明确指出，继续打好三大攻坚战，“统筹推进稳增长、促改革、调结构、惠民生、防风险工作”。

2019年1月21日，“省部级主要领导干部坚持底线思维着力防范化解重大风险专题研讨班”在中央党校开班。以“防范化解重大风险”作为专题研究对象，再度显示了国家对于防风险问题的高度关注。

作为重要金融业之一的保险业，在防风险领域，自然也应当高度警惕。近日，银保监会召开2019年监管工作会议，为2019年银行业、保险业的风险防范形势作出预判。会议认为，当前银行业、保险业风险总体可控，但面临的形势依然复杂严峻，要“打好防范化解金融风险攻坚战”，要“通过有效监管防范化解各类经营风险和防止局部风险扩散蔓延，维护金融市场稳定”。

对于保险业而言，监管部门叫停4.025%预定利率产品的审批，无疑正是看到了高企的预定利率背后逐渐走低的投资收益率给保险公司带来的利差损风险隐患。对于各保险公司而言，守住不发生严重利差损的风险底线，才算守住了自身的生命线。

银保监会叫停13家保险公司预定利率4.025%的产品，拟放行3~5年期两全险，会主导怎样的寿险小趋势

2019年11月14日

2019年11月中旬，媒体先后报道了两件大事，却并没有引发业内人士的高度关注，但其实则对行业意蕴深远。

其一，多家自媒体报道，2019年11月12日下午，银保监会召集13家保险公司总精算师进行窗口指导，要求从12月开始停止销售预定利率4.025%的年金险产品。

2019年以来，针对预定利率4.025%的年金险产品，银保监会先是在“开门红”期间窗口指导叫停备案，之后是在8月出台正式文件将年金险责任准备金评估利率上限从4.025%下调至3.5%，如今又准备全面叫停已备案产品的销售。

这意味着，投资收益率不断下行，监管进一步收紧，定价利率4.025%的年金险产品将彻底退出市场。

其二，根据《21世纪经济报道》，银保监会有意规范两全保险，考虑允许保险公司开发设计保险期间5年期以下的两全保险产品，但不得短于3年。

这则消息虽然隐晦，但无疑透露了一个更为重磅的消息——银保监会将重新全面放行中短存续期产品（实际存续期间低于5年的产品）。

从2017年134号文开始收紧短存续期产品备案以来，保险业不断推进转型，保险公司负债端增长承压，一些公司的现金流问题成为不得不面对的现实问题，当然，另一个现实是，低利率市场环境下，短期产品的利差损风险相对长期险利差损风险更容易得到控制。

不过，此次放行中短存续期产品并不意味监管在鼓励发展中短存续期产品，据了解，监管将在产品结构、偿付能力、准备金等方面设置多重标准，保险公司一旦不达标，仍将会被取消资格。

一收一放之间，于保险业多少有些世事轮回之感，但在利率不断走低的大周期下，这对于保险业或许就是最现实的选择。

全面叫停预定利率为4.025%的年金险，降低长期利差损风险

4.025%成为近些年保险业无论如何绕不过去的一个数字。加上此次监管的窗口指导，仅2019年以来，监管已经三次对“4.025%”进行表态。

第一次是2019年1月，银保监会对人身险公司进行窗口指导，暂停备案预定利率为4.025%的年金险产品。

第二次是在2019年8月30日，银保监会官网发布《关于完善人身保险业责任准备金评估利率形成机制及调整责任准备金评估利率有关事项的通知》，这意味着，以后保险公司开发设计的普通型养老年金或10年以上的普通型长期年金预定利率一旦超过3.5%，就需要经过监管审批，不超3.5%只需备案即可，而以前备案与审批的分界线是4.025%。

不过彼时监管尚表态称，以前备案成功的产品依然可以继续销售。

但很显然，监管允许继续销售只是为了尽可能地降低对于市场的影响，两个多月后，监管开始了真正的“刹车”。

第三次，又是窗口指导，结合其他媒体以及『慧保天下』了解到的情况，2019年11月12日下午，银保监会召集13家公司开展风险提示约谈会，并对13家公司开展窗口指导，叫停其销售的4.025%的年金险产品。

这13家公司包括中德安联人寿、天安人寿、华夏人寿、君康人寿、信泰人寿、国华人寿、恒大人寿、百年人寿、弘康人寿、大家人寿、上海人寿、复星联合健康险及信美相互。

在将近一年的时间跨度中，针对4.025%的问题，先后两次进行“点刹”，到第三次才终于“踩到底”，宣告预定利率4.025%的年金险将彻底退出市场。

对于预定利率4.025%的年金险，监管缘何如此谨慎？这还要从20世纪末的一场利差损开始。

1999年，紧急叫停高预定利率产品

1992年，保险业试点对外开放，友邦重回中国市场，首度将成熟的个人代理人模式引进国内。

个人代理人模式的引进为国内保险公司打开了眼界，从1994年开始，平安率先效仿友邦保险复制其个人代理人模式，随后中国人寿、中国太保等也纷纷跟进，中国人身险行业迎来第一个发展高潮。到1997年，人身险保费收入更是首度超越财产险保费收入。

彼时的中国人身险市场仍处于蛮荒时代，对于资产负债管理的认知严重不足，在1996年6月23日“中国人寿保险业经验生命表（1990—1993）”公布使用之前，中国甚至没有一张属于自己的生命表。

这一切都给急于扩张规模的人身险行业带来巨大的风险隐患。恰逢1992—1996年中国GDP连续5年实现两位数同比增速，银行1年期存款利率在1993年也达到10.98%的高点，并在将近3年的时间内维持不变，缺乏经验的中国人身险行业醉心于扩张规模，竞相调高普通型人身险产品的预定利率，而忽视了对风险的管控，人身险产品预定

利率一般达到7%~10%。

经济过热逐渐消退，叠加股市、楼市泡沫破灭，国有企业、商业银行的经营陷入困境，从1996年5月1日开始，银行利率进入下行通道，一直到1999年6月10日，3年时间内，经历7次降息后，1年期银行存款利率从10.98%的高点降至2.25%。

而彼时，保险业却还在销售高预定利率的人身险产品，对于日益庞大的保险销售队伍来说，每一次的降息都成了一次良好的促销机会，人身险行业天量利差损问题日益凸显。事后有数据显示，中国人身险行业彼时的利差损达到数百亿元。至今，中国人寿仍在消化着当年的利差损风险。

这最终引发了监管部门的高度警惕。1999年6月10日，银行又一次宣布降息的当天，中国保监会悄然下发《关于调整寿险保单预定利率的紧急通知》，全面叫停高预定利率产品，强制人身险公司将寿险保单（包括含预定利率因素的长期健康险保单，下同）的预定利率调整为不超过年复利2.5%，并不得附加利差返还条款，即日开始实施。

中国人身险行业的高预定利率时期戛然而止。这帮助保险公司有效防范利差损风险的同时，却也将人身险产品推向了高度同质化的泥潭，直至2013年，人身险费率市场化改革启幕，这一局面才有所缓解。

2013年，重启人身险费率市场化改革

1999年的紧急通知，一直到2013年8月5日才被正式废止。这期间，中国经济经历了亚洲金融危机后的重新起飞，扛过了2008年国际金融危机的打击，也见证了银行存款利率再度上涨和下降，但普通型人身险预定利率始终维持在2.5%不变。

到2012年，中国开启新一轮金融市场化改革，人身险费率市场化改革也到了不得不发的地步。

2013年8月1日，中国保监会下发《关于普通型人身保险费率政策改革有关事项的通知》，宣布2013年8月5日及以后签发的普通型人身保险保单法定评估利率为3.5%。

同时，中国保监会支持保险公司参与多层次养老保障体系建设，对国家政策鼓励发展的养老保险业务实施差别化的准备金评估利率。2013年8月5日及以后签发的普通型养老年金或保险期间为10年及以上的其他普通型年金保单，保险公司采用的法定责任准备金评估利率可适当上浮，上限为法定评估利率的1.15倍（即4.025%）和预定利率的小者。

同时明确，普通型产品如果预订利率不高于中国保监会规定的评估利率上限，备案即可，如果超过则需要审批，且审批期间不能再报送其他产品进行审批。

“4.025%”这一数字作为普通型年金险产品备案或者审批的实际分割线第一次出现在中国人身险行业发展史中。

3.5%的预定利率上限就此被打破，从此以后，普通型年金险迎来快速增长，其中，为抢占市场，很多公司都顺势推出了预定利率达到

4.025%产品。

后来，保险公司往往在年金险之外还会附加一个万能账户，进一步提升产品收益率以及吸引力。

直到2018年，人身险公司保费收入增速持续低迷，竞争压力进一步加剧，为在2019年“开门红”期间有所作为，很多公司的“开门红”新产品预定利率达到3.5%乃至4.025%，一些公司更是再度推出预定利率高达4.025%的保险产品，中国人寿、新华保险以及太平人寿等都推出了类似产品。

但是在2019年“开门红”来临之际，事情却发生了变化。

2019年，点刹“4.025%”

备战2019年“开门红”期间，一些公司仍准备将预定利率为4.025%的长期年金险产品作为主力产品来推，但却发现新产品已经无法备案——银保监会对人身险公司进行窗口指导，暂停备案预定利率为4.025%的年金险产品。

在保险公司力争通过高预定利率产品抢占市场份额的同时，监管却悄然叫停预定利率为4.025%的产品审批，这被业内人士普遍解读为，释放出强烈的防范利差损风险之意。

到2019年8月30日，《关于完善人身保险业责任准备金评估利率形成机制及调整责任准备金评估利率有关事项的通知》（以下简称《通知》）的下发，更是通过文件的形式正式叫停备案预定利率4.025%的产品。不过为减少对市场的冲击，监管也公开表态称，以前备案或审批成功的产品依然可以继续销售。

至2019年11月，监管则再一次利用窗口指导的方式，约谈仍有在售预定利率为4.025%的年金险产品的保险公司，要求其停止销售，进行真正的“刹车”操作。

当然，必须看到，《通知》出台的一个大背景是，随着国际国内宏观经济的走势，尤其是国债收益率的下降，保险资产端持续承压，一些产品的预定利率与实际投资收益率出现较大的偏差，这实际上加大了利差损风险。

遥想20年前那次惨烈的利差损风险，再一次在低利率通道中，银保监会显然不得不加倍小心。

放行3~5年期中短存续期产品，对冲现金流危机

至于中短存续期产品，是近年来保险业出现频率最高的一个词，也是被质疑和诟病最多的一个词。

“中短存续期产品”最早被称为“高现价产品”。2014年2月19日，中国保监会下发《关于规范高现金价值产品有关事项的通知》，首次给高现价产品下了一个定义，第二保单年度末保单现金价值与累计生存保险金之和超过累计所缴保费，且预期该产品60%以上的保单存续时间不满3年的产品。投资连结保险产品、变额年金保险产品除外。

2016年3月，中国保监会发布了另外一份文件，此时，“高现价产品”这个对于消费者而言

甚至略带褒义的词汇，演变成了更为中性的表述“中短存续期产品”，且覆盖范围更宽泛，实际存续期间不满5年的保险产品都被划归中短存续期产品。

始自2012年的保险业资产端与负债端市场化改革，叠加牛市效应，最终演变成中短存续期产品的狂欢，粗略估算，仅2013—2016年，中短存续期产品规模保费就达到数万亿元。

一大批资本玩家敏锐地嗅到其中的商机，他们主导的一批资产驱动负债型保险公司借此保费盛宴实现了“弯道超车”。

保险产品在某知名媒体的评选中甚至连年成为“最受欢迎的理财产品”，但其距离保障的本源却越来越远。

更重要的是，充足的保费急于寻找投资出口，股市中大量的银行股、地产股成为这些资产驱动负债型保险公司的囊中之物，最终在社会引发轩然大波。

明面上的口水官司或许可以不以为意，但短险长投下隐藏的流动性风险却事关行业生死，由于资产驱动负债型保险公司衍生的套取保费、虚假注资行为更是严重破坏了行业发展生态。

从2017年开始，行业开始走向转型，中短存续期产品被不断压缩，但与此同时，保险公司在负债端以及资产端开始双向承压，再度面临较大现金流压力以及利差损风险。

在这种情况下，监管又选择放行中短存续期产品，无疑显示出一种更务实的态度，毕竟守住不发生系统性风险的底线，才是关键。

此时再回首中短存续期发展历程，又是另一番滋味。

2012—2013年，缘起改革

中短存续期产品于2012年兴起，那年的6月11—12日，保监会组织召开保险投资改革创新闭门讨论会，商议10余项保险投资新政（征求意见稿），1个月后，保险资金新政13条开始相继发布，保险资金可以投资的渠道基本上全部放开。

资金渠道的放行，助推保险业投资收益率快速提升，中短存续期的保险产品，因为期限短、收益率高，在银保渠道以及刚刚兴起的网销渠道大受欢迎。

从2013年开始，保监会每月公布的人身险公司原保险保费收入表中多了两个新名词：“保户投资款新增交费”“投连险独立账户新增交费”。

2013年，保户投资款新增交费达到3200亿元。生命人寿、前海人寿、安邦人寿、天安人寿、华夏人寿、正德人寿等一批中小规模人身险公司，落袋的保户投资款新增交费远远多于原保险保费收入。这意味着，这批人身险公司当时售卖的已经多为投资型万能险等产品。

也是从2013年开始，斩获708亿元规模保费的生命人寿开始将资金大规模注入股市，耗资上百亿元大举吃进农产品、金地集团、佳兆业、中煤能源等多只股票。

2014年2月，《中国保监会关于加强和改进保险资金运用比例监管的通知》正式下发，设立大类资产监管比例，进一步放宽保险资金运用，成为中短存续期产品的又一个催化剂。

2014—2015年，达到顶峰

监管部门很快意识到其中存在的问题，指出高现金价值业务存在预期收益高、产品期限短、保障功效弱、资本占用大四大风险隐患，资金应用存在坏账风险、错配风险、道德风险三大危险。

2014年2月19日，保监会下发《关于规范高现金价值产品有关事项的通知》，要求保险公司销售高现金价值产品，保持偿付能力充足率不低于150%。同时，给出高现价定义，第二保单年度末保单现金价值与累计生存保险金之和超过累计所缴保费，且预期该产品60%以上的保单存续时间不满3年的产品。

但这样的举措并没有阻止市场的疯狂。从2014年7月开始，中国股市也进入新一轮的牛市，大盘从2000点左右一路涨到5178点，成为2007年以来第二高点。

资产端以及负债端的市场化改革，叠加新一轮牛市，中短存续期产品一往无前。

2014年保险资金投资收益率再攀新高，达到6.3%，行业净利润突破2000亿元，同比翻番。

到2015年，人身险费改“三步走”收官，叠加上半年疯狂的大牛市，在近8000亿元中短存续期人身险产品、两三千亿元理财型财产险产品的刺激下，资产驱动负债型保险公司达到顶峰。

这一年的保险业实现了有史以来的最好成绩：投资收益为7.56%，净利润为2800亿元，总保费收入同比增幅20%……尤其是对于人身险行业，规模保费增幅为43%，保户投资款新增交费增幅为95%。

安邦、富德生命、华夏人寿、前海人寿等也在资本市场开启“买买买”模式，将多家上市银行、房地产企业收入囊中，甚至开始走向海外市场。

保险业成功地吸引了所有人的目光，资本大佬排队等待一块保险牌照。

2015—2016年，由盛转衰

2015年末，前海人寿举牌明星电力、合肥百货、南宁百货、中炬高新、南玻A、韶能股份后，巨资增持万科A，引发“宝万之争”，最终把保险业推向舆论的对立面。形形色色的人物卷入其中，舆论对保险业，尤其是资产驱动的发展模式，甚至万能险都褒贬不一。

监管也愈发认识到天量中短存续期产品之后的风险。2015年12月，保监会向各人身险公司下发《关于进一步规范高现金价值产品有关事项的通知（征求意见稿）》，试图进一步规范高现金价值业务。但该文件最终未能被发布。

到2016年3月18日，保监会却发布《关于规范中短存续期人身保险产品有关事项的通知》，将高现价产品更准确地称为中短存续期产品。

在该文件将实际存续期间不满5年的产品称为中短存续期产品，进一步扩大定义范畴；严令存续期限不满1年的中短期存续产品立即停售，期限在1年以上且不满3年的中短存续期产品的规模在3年内按照总体限额的90%、70%、50%逐年缩减，3年后控制在总体限额的50%之内；并要求保险公司中短存续期产品年度保费收入规模应控制在公司投入资本和净资产较大者的2倍以内。

然而，这还只是一系列规范的开始，到2016年9月，中国保监会又发布《关于进一步完善人身保险精算制度有关事项的通知》，进一步扩大中短存续期产品定义，明确自2017年1月1日起，保险公司不得将终身寿险、年金保险、护理保险设计成中短存续期产品；对于投资连结保险产品、变额年金保险产品，也应按照中短存续期产品的定义要求进行评估和报告；对于附加万能保险和附加投资连结保险等附加险产品，应单独评估该产品的预期存续时间，并判断其是否属于中短存续期产品。

文件还进一步要求自2021年1月1日起，保险公司中短存续期产品年度规模保费收入占当年总规模保费收入的比重不得超过30%。

接连两个文件的下发，引起了业界的高度关注，中短存续期产品开始由盛转衰，但在巨大的惯性下，中短存续期产品规模依然巨大。

2016年，彻底转向

2016年12月30日下发《中国保监会关于进一步加强人身保险监管有关事项的通知》，明确保险公司必须在2017年第一季度末结束时将中短存续期产品的规模保费控制在总规模保费的50%以内，且原保险保费收入占当季规模保费的比例不能低于30%，否则就将被叫停分支机构的开设。

进一步收紧中短存续期产品，中国保险业转型加速。一些公司为了规避监管，减缓转型压力，开始设计“假期交”产品，例如“交三保五”或者“交三保六”等，虽然名义上，这些产品不属于中短存续期产品，但实际交费期限却低于5年。

2017年4月9日，保监会的人事巨变之后，这种转型更是进一步提速，“保险姓保，监管姓监”成为主旋律。

一系列旨在严监管的文件下，经『慧保天下』梳理，2017年仅保监会官网公布的相关政策及通知就达60多份，与人身险或财产险相关的文件也均超过200份。

其中“134号文”即《中国保监会关于规范人身保险公司产品开发设计行为的通知》又进一步遏制了中短存续期产品，强制保险公司发展保障型产品。

资金运用方面也进一步规范，发布《关于进一步加强保险资金股票投资监管有关事项的通知》，明确禁止保险机构与非保险一致行动人共同收购上市公司；旨在防止保险公司沦为大股东提款机的《保险公司股权管理办法（征求意见稿）》也于这一年下发；保监会还开展多种现场检查，并对涉事保险公司予以重罚。

转型之下，人身险发展陷入低迷，2018年91家人身险公司共实现规模保费近3.5万亿元，同比增长2.6%。其中，原保险保费收入为2.6万亿元，同比增长0.8%；而保户投资款新增交费和投连险独立账户新增交费之和为8286.6亿元，同比增长29.1%。

超半数人身险公司2018年实现规模保费的正增长。具体来看，在可对比的81家人身险公司中，有55家人身险公司2018年实现规模保费正增长，其余26家（占比为32.1%）人身险公司2018

年规模保费则呈现出负增长的态势。

2019年，重新放行

进入2019年，人身险公司恢复较快增长。

自2019年开始，银保监会不再官网发布保险公司的具体保费数据，但是从行业交流数据来看，市场增量主要来自于几家资产驱动负债型保险公司的中短存续期产品的增长。

为防止现金流危机，影响消费者利益，显然监管有意给这些保险公司留了一些政策的口子。但除此之外，过去数年销售大量中短存续期产品的公司也同样面临较大的给付压力。

根据保监会公开数据计算，非上市人身险公司2015年、2016年的保户投资款新增交费规模共计1.5万亿元。如果加上2012年、2013年、2014年的保户投资款新增交费，以万能险形式存在的短期理财产险规模更为庞大，5年累积可达两三万亿元，而这些产品，陆陆续续都进入了给付期。

此次监管有意面向全部保险公司放行3年期产品，一方面可以有效帮助这些保险公司应对现金流危机；另一方面，对于其他公司来说无疑也更加公平。

同时，在利率持续下滑下，保险公司再度面临较大的利差损风险，而在这种情况下，越是长期的产品面临的利差损风险其实越大，这也正是监管要求保险公司逐步降低预定利率的原因所在，相对短期的产品无疑更能有效控制利差损风险。

根据『慧保天下』了解到的情况，虽然再度有意放行中短存续期产品，但其实监管也有明确要求，即期限不能短于3年，且对保险公司的偿付能力、业务结构、准备金等也都会提出具体的要求。

兜兜转转数十载，人身险行业发展几经波折，数次险象环生，然而行业也正是在这样的波折中逐渐走向成熟，市场主体理念更理性，监管手段更丰富，这或许就是所有成长之痛的价值所在。

监管全面叫停预定利率为4.025%的年金险，于市场影响会有多大？经历过近3年的转型深化，以及保险公司对于发展环境的深刻理解，4.025%的产品已非市场主流，全面叫停对于市场整体或难言有大的影响，只是对依靠高预定利率吸引客户的中小型保险公司来说，会在一段时间内面临较大的压力（此次监管约谈的几乎都是中小型保险公司）。

在收紧的同时，监管又留了一手，放行3~5年期的中短存续期产品，不少人身险公司已坚定转型，对于此类产品已然是“佛系”心态，也难以在内心产生大的波澜，只不过对于那些面临较大现金流压力的保险公司，又多了一种对冲风险的手段。

一手紧，一手松，这是监管的一种审慎表态，也是行业又一次重新思考和调整的机会。

“开门红”首月个险新单成绩出炉，中国人寿暴涨90%，平安人寿骤降20%

2019年2月11日

2019年寿险“开门红”最关键的首月大战成绩已经出炉，各大寿险公司表现如何?

从目前的情况来看，2019年依然是寿险保费增速形势严峻的一年，综合多个口径的交流数据来看，国内5大上市寿险公司在2019年1月的表现呈两极分化，就个险新单标保而言，仅中国人寿、太平人寿出现正增长，平安人寿、太保寿险、新华保险则都出现了不同程度的负增长。

一份截至2019年1月29日的行业交流数据显示，就个险新单期交保费而言，中国人寿和平安人寿作为国内寿险市场份额最大的两家寿险公司，表现更是大相径庭，表面成绩的不同，体现为两家公司2019年“开门红”策略的不同。

“开门红”首月中国人寿暴涨、平安人寿负增长，太保寿险、新华保险和太平人寿的业绩也大相径庭

从多份行业交流数据来看，在经过了2018年的寿险“开门红”保费集体骤降之后，2019年的寿险“开门红”并没有显著改观，以“老六家”寿险公司为例，在不同的产品策略、激励方案下，不同寿险公司的“开门红”首月业绩大相径庭。

一份个险新单期交保费交流数据显示，截至2019年1月29日，中国人寿实现个险新单期交保费收入近400亿元，同比增长高达90%以上，而平安人寿则同比出现负增长，幅度超过20%。

其余4家寿险公司中，只有太平人寿出现了个位数的正增长，而太保寿险、泰康人寿、新华保险则都出现了不同程度的负增长。其中，新华保险、泰康人寿负增长速度为个位数，而太保寿险与平安人寿类似，负增长也达20%以上。

由于这是截至2019年1月29日的数据，业内人士普遍预计到1月的最后一天，各寿险公司无论是增幅还是降幅或都将有所收窄。

海通证券、天风证券最新发布的研究报告给出了类似的推测，其预计，中国人寿、平安人寿、太保寿险和新华保险在2019年1月的新单保

费收入同比变动分别为90%、-20%、-15%和零。

从个险新单标保的角度来看，不同寿险公司之间的差距依然巨大。一份交流数据显示，2019年1月，中国人寿个险新单标保增速达80%以上，平安人寿却负增长10%以上，其余几家大型寿险公司中，也只有太平人寿维持正增长，太保寿险和新华保险都出现了一定的负增长。

中国人寿、平安人寿的产品策略、业务策略大不相同，产品激进者得市场

同为大型寿险公司，中国人寿、平安人寿之所以在2019年"开门红"首月中的表现大不相同，与二者在"开门红"期间采取的不同的产品策略和业务策略直接相关。

长期以来，"开门红"首月一直是各寿险公司冲刺业务规模的重要关口，分红型年金险、万能型寿险等理财型产品一直为寿险公司所主推，但2019年1月，中国人寿和平安人寿在产品策略上已经出现分化。

相比较而言，中国人寿在产品策略上更为激进：以理财型产品为主，2019年主打分红型年金保险，以及万能型终身寿险；采用更激进的定价利率，其主打产品鑫享金生的定价利率已经达到最高值，为4.025%；交费期间、保险期间均较短，对于消费者而言更有吸引力，其中交费期间以3年、5年为主，年金险保险期间则降至15年。

在中国人寿"向左"的同时，平安人寿却选择"向右"，多位业内人士均认为，平安人寿2019年的"开门红"有点不一般，呈"常态化"趋势。

中金公司的一份研究报告显示，2019年"开门红"期间，平安人寿陆陆续续有22款产品上市销售，并对部分产品进行重点推动。相较于其他公司"开门红"期间只力推理财型产品，平安人寿2019年"开门红"的产品类型更丰富，既有年金类产品，也有多种重疾险产品；定价相对保守，定价利率最高为3.5%，其余则为2.5%左右；交费期间和保险期间也较长，其中，年金险的交费期间多为3年、5年、10年，重疾险则多以10年起步；年金险的保险期间则多以终身和15年期为主。

在多位业内人士看来，产品策略的不同或是导致中国人寿和平安人寿2019年"开门红"首月个险新单保费增速表现差异巨大的最重要原因之一。

这一点在其他大型寿险公司中也有所体现。可以看到，2019年1月新单保费同比增速仅次于中国人寿，实现正增长的太平人寿也采取了较为激进的产品策略。据了解，太平人寿由于一开始推出的产品定价利率较低，预售情况并不理想，但其很快就推出了另外一款新产品，定价利率也同样达到4.025%。而产品定价较为保守的太保寿险，在2019年"开门红"首月的新单保费收入也出现了负增长。

另外非常值得关注的一点是，在业务的推动上，中国人寿和平安人寿在2019年"开门红"期间也走上了截然不同的方向。

据了解，以往中国人寿冲刺"开门红"都是由各省级分公司自行组织开展的，并没有统

一的节奏，而在2019年，却首度实现“全国一盘棋”，且“开门红”的启动时间相较于以往大大提前，是所有上市寿险公司中最先备战2019年“开门红”的公司之一。充足的准备，以及由于2018年“开门红”保费收入负增长导致的较低的业务基数，都成为其实现2019年“开门红”新单保费收入暴涨的重要基础。

而平安人寿开启新一年“开门红”的时间一如既往，依然是12月12日，晚于中国人寿。此外，当中国人寿从各分公司“各自为政”改为“全国统筹”的同时，平安人寿却再次反其道而行之，据了解，2019年平安人寿总公司并没有推出统一的业务方案，而改由各省分公司自行筹划。

中国人寿、平安人寿高层人事变动下战略生变：重振中国人寿再出发VS“开门红”常态化

2018年1月，由于中国人寿急于转型，砍掉了大量银保趸交业务，而平安人寿则采用了较为激进的业务策略，规模保费首度超越中国人寿，即便是原保险保费收入也只落后中国人寿100余亿元（见表1）。中国人寿在寿险市场“老大”的地位一度岌岌可危，直至后来通过大量3年、5年的期交业务，才彻底扭转了被动的局面。

表1　2018年1月排名前7家人身险公司原保险保费收入情况

原保险保费收入排名	公司	原保险保费收入（亿元）	增速（%）	保户投资及投连险新增资费（亿元）	增速（%）
1	中国人寿	1268.13	−21.32	85.56	−49.59
2	平安人寿	1152.22	21.47	253.76	110.93
3	太保寿险	501.94	24.43	24.10	−32.97
4	人保寿险	364.47	−23.12	8.27	−85.16
5	太平人寿	359.78	−6.75	10.91	−3.62
6	泰康寿险	202.02	−14.00	89.55	97.96
7	新华保险	186.37	9.95	10.66	8.34

如今，在短短1年时间内，中国人寿竟上演了大反转，从最核心的个险新单期交来看，反而是中国人寿暴涨，平安人寿骤降。

值得注意的是，2018年下半年，无论是中国人寿还是平安人寿都发生了重大的人事变动。中国人寿母公司国寿集团换帅，太平保险集团原董事长王滨出任国寿集团新一任董事长，随后，国寿集团原副总裁苏恒轩则出任中国人寿新一任总裁。

平安人寿也迎来重大人事变动，平安人寿原

董事长丁当（丁新民）不再兼任CEO一职，改由总经理余宏兼任，全面负责寿险业务。

高层人事变动后，新的领导层对于寿险市场、公司的不同判断和不同要求，或许也是两大寿险公司在2019年“开门红”中表现截然不同的最直接原因之一。

在2019年1月22日举行的“国寿集团2019年工作会议”上，王滨发表讲话《团结一致加油干重振国寿再出发》，首度阐明自己主政国寿集团的“施政纲领”，其给国寿集团提出新的战略目标就是“重振国寿，打造国际一流金融保险集团”，做大做强国寿集团之意毋庸赘言。

按照王滨提出的规划，国寿集团需用一到两年时间，抓好战略布局，升级发展理念，突破发展格局，重构组织体系，提振品牌形象，凝聚精神力量，聚焦做强做优国寿，为建设国际一流金融保险集团奠定坚实基础。

与此同时，平安人寿的发展理念也在悄然发生变化，一个重要体现就是淡化“开门红”概念，改为全年营销。据悉，平安人寿已经修改了2019年的业绩考核规则，给3年、5年的交费产品制定限额，明确超额部分不计入考核，更注重长期期交产品发展。

近期，在接受《第一财经》专访介绍2019年“开门红”发展情况时，余宏表示：“我们发现，客户对于自身保障水平的需求在不断提升，所以我们调整了产品策略，在‘开门红’期间提供更多的长期储蓄型及保障型产品，业务实现稳健发展。目前‘开门红’进展符合规划和预期。”

在谈及未来寿险行业保费增速时，余宏则认为，“未来寿险业保持持续稳健的增长是可期的。客户需求在变化，整个行业人力的增长速度已经放缓了，人力资源的争夺非常激烈。对于寿险行业而言，随着我国经济从高速增长向高质量发展的转变，寿险行业向高质量发展势在必行”。

尽管寿险行业回归保障，“开门红”概念或将逐渐淡化已经成为行业共识，但不少业内人士依然表示，寿险公司对于“开门红”的成绩其实还是非常看重的，在“开门红”中表现不利的寿险公司势必承受更多压力。

券商预计全年保费增速逐渐企稳，新业务价值稳步增长

大型寿险公司尚且承受巨大的业绩压力，中小型寿险公司的发展压力就更可想而知，2019年对于寿险行业而言，形势依然严峻。

不过业内人士以及诸多券商普遍认为，与以往相同，2019年2月寿险公司的发展重点将转向保障型产品，基于2018年较低的基数，寿险行业保费增速将逐渐企稳。

而更重要的是，随着行业转型的深入，一年新业务价值（NBV）的表现值得期待。

海通证券的观点认为：

一是2019年第一季度，“开门红”部分寿险公司新单保费收入可能呈负增长，但保障型发展推动价值增长会有所改善。

二是2018年年金险同比减少拖累保费增速，

我们预计2019年此趋势将持续，但年金险降幅有望大幅缩窄，NBV表现将显著优于2018年。

三是我们继续看好重疾险等保障型产品的高增长和NBV的持续提升，2019年NBV均有望实现10%左右的正增长。

天风证券发表的最新非银金融行业周报显示：

一是预计平安人寿（主要受益于产品结构优化）、中国人寿、新华保险、太平人寿的NBV同比正增长。

二是2019年1月后，长期保障型产品将是各保险公司发展重点，同时代理人增员、留存情况有望得到改善（代理人税负大幅减轻、宏观经济下行环境下保险业吸收就业的作用得到发挥），预计新单保费收入和NBV同比增长情况将持续好转。

三是预计中国人寿2019年NBV增速最高，内部管理边际改善明显；太保寿险NBV暂时承压。

而大和资本最新发表的研究报告更是明确表态维持对中国人寿的“买入”评级：在2019年“开门红”阶段，中国人寿目标达到良好的保费收入及NBV增长，产品保证利率为4%，而实际利息成本只有2.5%~3.5%，使中国人寿可取得较好的NBV利润率。另外，中国人寿“开门红”的表现好于同业，有利于2019年的代理人数及产能增长。

寿险“老六家”晒“开门红”成绩单：国寿增速回落，净利润暴涨80%；平安增长承压，个险新单降约20%

2019年4月19日

近期，国内五大上市寿险公司中国人寿、平安人寿、太保寿险、太平人寿、新华保险先后晒出“开门红”成绩单，公告2019年第一季度的保费数据。

就总保费收入而言，五大上市寿险公司同比增速不断趋同，多家保险公司总保费收入增速达10%左右；但对于更能体现保险公司当期产能的个险新单规模保费增速而言，不同保险公司之间的差异仍然极大，上述五大上市寿险公司的个险新单规模保费增速分别为10%、-20%、-8%、5%、18%，同为“老六家”保险公司的泰康人寿则实现了近30%的同比增速。

虽然个别保险公司个险新单依然严重承压，但受益于投资回暖，券商仍普遍预计上市寿险公司2019年第一季度的净利润将会大幅改善。

中国人寿最新发布的业绩预告从侧面证明了这一点，中国人寿称2019年第一季度其归属于母公司的净利润预计最多增135.18亿元，同比增加80%~100%。

对于寿险公司的全年业绩而言，第一季度的表现尤为关键，那么从“老六家”的表现来看，又预示了怎样的2019年？

可以确定的是，券商已经纷纷调高了对保险股的预期。

从单月保费增速来看，中国人寿首现负增长，其他保险公司稳步提升

2019年1月，凭借充分的准备、较为激进的产品定价策略以及2018年同期基数较低等因素，中国人寿的保费收入实现了高达24.4%的同比增速，远远高于其他四大上市寿险公司。2月，随着保费基数的升高，产品策略的切换，中国人寿的保费同比增速开始有所下降。数据显示，2019年前3个月，其累计原保险保费同比增速分别为24.4%、22.4%、11.9%，呈逐月回落之势。从单月保费数据来看，这一趋势更为明显，1~3月，中国人寿单月保费同比增速分别为24.4%、12.9%、-6.3%，可以看到，3月，其原保险保费增速已经为负数。

其他四家上市寿险公司2019年1月的保费同比增速均不到10%，但此后的2~3月，单月保费同比增速基本上稳中有升。

平安人寿，1~3月单月保费同比增速分别为5.2%、9.7%、12.1%，3月实现单月两位数以上的正增长。

太保寿险，1~3月单月保费同比增速分别为2.8%、2.7%、7.4%，3月增速回升显著。

太平人寿，1~3月单月保费同比增速分别为9.4%、8.5%、11.8%；新华保险1~3月单月保费同比增速分别为7.0%、10.3%、12.9%，均稳中有升。

从3月的保费数据来看，除中国人寿出现一定程度的负增长，太保寿险增速仍旧停留在个位数以外，其他3家公司的单月保费同比增速均达到两位数以上（见表1）。

表1　五大上市寿险公司第一季度单月保费增速

公司名称	2019年单月保费同比增速（%）		
	1月	2月	3月
中国人寿	24.4	12.9	-6.3
平安人寿	5.2	9.7	12.1
太保寿险	2.8	2.7	7.4
太平寿险	9.4	8.5	11.8
新华保险	7.0	10.3	12.9
合计	12.4	9.5	2.2

从第一季度的总保费收入来看，中国人寿、平安人寿相差近800亿元，太平寿险、新华保险同比增速近10%

得益于单月保费收入的逐渐回升，上市寿险公司第一季度的总保费收入同比增速相较于1月也有了显著提升。

从总保费收入来看，相较于1月20%以上的保费同比增速，2~3月保费同比增速虽然不断下降，但中国人寿2019年第一季度依旧保持了两位数以上的正增长，其也是在五大上市寿险公司中唯一实现两位数同比正增长的寿险公司，也因此改写了2018年规模保费一度被平安人寿反超的情况，将二者之间的总保费收入差距扩大至近800亿元。

就总保费同比增速而言，紧随中国人寿的是太平人寿，第一季度实现了9.9%的同比增速，总保费收入为600亿元。

其次是新华保险，第一季度保费同比增速达到9.6%，总保费收入为432亿元。

平安人寿在第一季度实现了7.3%的保费同比增速，总保费收入为1958亿元。

而太保寿险第一季度的保费同比增速在5家上市寿险公司中垫底，只有4.0%，总保费收入为929亿元。

五大上市寿险公司2019年第一季度累计保费收入以及同比增速见表2。

表2 五大上市寿险公司2019年第一季度累计保费收入以及同比增速

	2019年累计保费收入（亿元）			2019年累计保费同比增速（%）		
	1月	2月	3月	1月	2月	3月
中国人寿	1578	1892	2724	24.4	22.4	11.9
平安人寿	1212	1561	1958	5.2	6.2	7.3
太保寿险	516	668	929	2.8	2.8	4.0
太平寿险	394	458	600	9.4	9.3	9.9
新华保险	199	274	432	7.0	7.9	9.6
合计	3899	4853	6643	12.4	11.8	9.1

就个险新单规模而言，不同保险公司差异巨大，平安人寿下滑近20%，中国人寿、泰康人寿、新华保险保费收入呈两位数正增长

对于寿险公司而言，总保费收入除包括新单保费收入外，还包括续期保费收入，因此，只看总保费收入并不能了解寿险公司当期的真实情况。只有通过观察新单保费的变化尤其是个险新单的变化，才能更清楚地看到当下上市寿险公司所发生的变化。

『慧保天下』获得的一份交流数据显示，2019年1月，五大上市寿险公司外加泰康人寿构成的“老六家”寿险公司，虽然总保费增速逐渐回升，但在新单保费增速方面，依旧差异巨大。

从整体来看，率先完成转型的平安人寿和太保寿险的个险新单规模都出现了一定程度的下滑，而尚在转型中的中国人寿、泰康人寿，以及结束转型不久的新华保险和太平人寿的个险新单规模反而出现了不同程度的正增长。

2019年第一季度，中国人寿个险新单规模保费同比增速达10%以上，而平安人寿则负增长近20%，二者差异不可谓不大。

从2019年第一季度的数据来看，至少在新单规模以及期交方面，中国人寿的优势依旧明显，其依然是寿险行业的“老大”。

这与产品策略显然关系密切，据申万宏源金融分析师发布的最新报告，中国人寿鑫享金生A+B款产品预计在2019年“开门红”期间实现近430亿元新单贡献。

市场有观点认为，2019年“开门红”期间中国人寿个险新单之所以快速增长，除2018年基数较低的因素外，主要为该公司在“开门红”期间大肆销售预定利率为4.025%的保险产品，而这类产品虽然暂时会给中国人寿带来较高的新单保费增速，但从长期来看，也加大了中国人寿的利差损风险。

然而有了解中国人寿的业内人士却表示不认同这种观点，在上市寿险公司严格的资产负债管理下，设计产品、设定销售目标的时候就已经充分考虑了资产端的情况，甚至已经有相应的资产进行匹配，提高产品预定利率或许会降低寿险公司的利差益，但出现利差损的概率也非常低。

除平安人寿外，在“老六家”寿险公司中，已经完成转型的太保寿险2019年第一季度的个险新单规模保费也出现了下滑，不过下滑幅度只有个位数。

其余“老六家”寿险公司中，个险新单保费增速最快的是泰康人寿，同比增速近30%；其次是新华保险，同比增速近20%；太平人寿个险新单规模保费也实现正增长，不过增速仅为个位数。

就新业务价值而言，券商预计上市寿险公司普遍正增长，中国人寿、新华保险同比增速预计达两位数

值得注意的是，虽然就个险新单规模保费而言，“老六家”中至少有4家都实现了不同程度的正增长，只有两家是负增长，但如果观察其个险新单期交保费会发现，“老六家”个险新单期交的增长情况均逊于个险新单规模保费。这在某种程度上反映出，“老六家”虽然纷纷加大了转型力度，但转型依旧艰难。

当然，对于上市寿险公司而言，最关键还是要看其一年的新业务价值（NBV）的增长情况，因为这些数据才能相对更加公允地显示保险公司新业务的价值增长情况。

申万宏源金融分析师的最新报告对此作出预判，预计2019年第一季度平安人寿、中国人寿、太保寿险和新华保险的NBV增速将分别为4%、25%、-2%和10%。

如预计准确，则意味着中国人寿2019年第一季度的新业务价值将遥遥领先，新华保险同比增速也在两位数左右，平安人寿相对增长较慢，太保寿险则更是出现了一定程度的负增长。

投资回暖，净利润或将大幅改善，券商预计第一季度上市寿险公司利润增速将达30%以上

虽然上市寿险公司尚未正式发布2019年第一季报，但种种迹象已经表明，受益于投资回暖，第一季度上市寿险公司净利润有望大幅改善。

中国人寿已经传来重大利好，其新近发布的业绩预告称：

经本公司初步测算，2019年第一季度归属于母公司股东的净利润与2018年同期相比，预计增加108.14亿~135.18亿元，同比增加80%~100%；

值得注意的是，中国人寿2018年归属于母公司的净利润为225.77亿元，同比大幅下降，如2019年第一季度归属于母公司的净利润增加135.18亿元，与2018年的水平相比已经超了45亿元。

对此，天风证券非银金融分析师在一份报告中指出，2019年3月采购经理指数（Purchasing

Managers' Index，PMI）超预期，信用环境修复；股市上涨会显著提升保险公司的业绩，第一季度利润将高增长。2月末保险业净资产已较年初大幅增加7.7%，增幅高于2018年的水平，主要由股市上涨贡献。保险股属于牛市中前期品种，一般行情滞后于券商股。预计第一季度各保险公司利润增速高于30%。

申万宏源金融分析师通过分析也指出，长端利率企稳，年内准备金折现率释放利润仍有空间，平安、太保和新华的合并报表的税前利润预计也将出现不同程度的提振。

2019年第一季度上市寿险公司的良好业绩表现，令券商分析师纷纷调高对于保险股的预期。

天风证券非银金融分析师在报告中表示，包括利率预期在内，所有因素均在好转；宏观预期、保费、股市、投资均向好，估值仍低，第一季报可构成驱动因素；推荐新华保险、平安人寿、中国人寿、太保寿险的A+H保险股。

海通证券非银金融分析师发布的周观点也指出，在保障型产品的带动下，预计2019年上市寿险公司NBV有望实现10%左右的增速。随着经济预期改善，保险股估值空间将进一步打开。

四大寿险公司齐换帅，2019年寿险行业新起点上挑战老命题

2019年3月19日

2019年3月18日下午，太保集团在股市收盘后发布公告，宣布旗下子公司太保寿险总经理钱仲华因工作变动原因辞职，太保集团常务副总裁兼财务负责人潘艳红将作为临时负责人代行太保寿险总经理职权。

另据『慧保天下』了解，潘艳红此前已经正式接替徐敬惠出任太保寿险党委书记一职。62岁的徐敬惠目前在太保寿险仍保留董事长一职，颇有“扶上马再送一程”的意味。

目前，中国人寿、平安人寿、新华保险和太保寿险四大上市寿险公司皆完成新一轮的人事更迭。

表面看来，这些人事调整是集团人事更迭的延续和高管到龄退休的自然更替，但不能忽视的是，在这些变动的背后，宏观经济、国家政策和监管导向等因素共同作用下生成的寿险市场发展底层逻辑也正迎来全新的变局，而这才是影响、塑造寿险行业最根本的因素。

在经历了2018年的行业性低迷之后，2019年，寿险行业站上新的发展起点，新环境、新起点、新巨头保险公司领军人，寿险行业亟待新突破。

太保寿险再迎人事变动：50岁潘艳红出任太保寿险临时负责人，代行总经理职权

接替钱仲华代行太保寿险总经理职权的潘艳红，是一名女将，资料显示，其出生于1969年8月，现年50岁，硕士毕业于上海财经大学，现任太保集团常务副总裁兼财务负责人，同时在集团内部还担任多家公司的董事，包括太保产险、太保寿险、太保资管、太保安联健康险及长江养老险等。

潘艳红拥有高级会计师职称，并拥有中国注册会计师资格，曾长期在太保集团内部财务条线工作，其1994年3月加入太保公司，曾任中国太平洋保险公司计财部财务处副处长、处长，太平洋安泰人寿（太保集团与荷兰国际集团组建合资险企，后太保集团出清全部股权，现已更名为建信人寿）财务部总经理，太保寿险计划财务部总经理，太保寿险财务副总监、经营委员会执行委

员、财务总监、副总经理和财务负责人等。

2013年末，年仅44岁的潘艳红调任太保集团副总裁兼财务负责人，2018年10月任太保集团常务副总裁兼财务负责人。

太保寿险在经历过2012—2016年的转型1.0时代之后，一跃成为业界转型标杆，无论是保费增速、净利润等硬指标，还是渠道结构、保费结构和产品久期等衡量转型的业绩指标皆有不俗表现。

银保业务占比从2010年的55%下降至2016年的5%，业务规模从482亿元下降至73亿元，去除低价值业务超过400亿元；个险业务占比从2010年的40%提升至2016年的84%，业务规模从353亿元提升至1154亿元。2011—2016年太保寿险关键业务指标见表1。

表1 2011—2016年太保寿险关键业务指标

年份	个险保费占比（%）	月均营销人力（万人）	新业务价值率（%）
2011	45.94	29.2	13.60
2012	54.56	29.5	17.80
2013	60.09	28.6	20.70
2014	72.60	34.4	24.50
2015	84.10	48.2	29.20
2016	84.00	65.3	32.90

数据来源：中国太保年报。

低价值银保业务的去除，高质量大个险格局的形成，在带来保费高速增长的同时，利润的表现更为突出。2014—2016年，太保寿险合计净利润为282.08亿元，同期太保集团净利润为407.85亿元，占比近七成。2014年，这一比例高达82.58%。而在转型初期的2011年、2012年，太保寿险净利润分别为31.75亿元、24.95亿元（见表2）。

表2 2011—2016年太保寿险净利润占太保集团净利润比例情况

年份	公司净利润（亿元）	集团净利润（亿元）	占比（%）
2011	31.75	83.13	38.19
2012	24.95	50.77	49.14
2013	62.19	92.61	67.15
2014	90.84	110	82.58
2015	105.82	177.28	59.69
2016	85.42	120.57	70.85

数据来源：中国太保年报。

由于转型卓有成效，在此期间担任太保寿险党委书记、董事长兼总经理的徐敬惠，分管个人业务的副总经理钱仲华等组成的太保寿险领导班子在业界也一时备受瞩目。到2017年，1957年出生的徐敬惠年满60岁，长期分管个人业务的钱仲华于2017年5月获批出任太保寿险总经理，2018年3月钱仲华又获批出任太保寿险董事。

值得注意的是，近期，已经有多则人事变动消息都与中国太保有关：2018年10月，太保集团原首席数字官杨晓灵辞职，近期的媒体报道显示，其已经获批担任安邦集团副总经理。2019年3月，阳光人寿官宣：太保寿险分管个险业务的原副总经理王润东正式加盟阳光人寿，拟任总经理一职。

寿险大佬新阵容迎接新挑战：宏观环境承压、保费增长失速、价值增长放缓等新老问题待解

目前，我们环顾整个寿险行业会发现，四大上市保险公司自2018年以来均已经发生重要人事变动。

中国人寿。2018年10月，太平保险集团原董事长王滨接替杨明生出任国寿集团新一任董事长之后，也很快任命了新的寿险公司总裁——国寿集团原副总裁苏恒轩。

平安人寿。2018年11月，董事长丁当不再兼任CEO，由总经理余宏兼任CEO。

新华保险。原董事长兼CEO万峰于2019年辞职，加盟新光海航人寿（现为鼎诚人寿），由执行董事、副总裁黎宗剑代任董事长、法人等职务，副总裁、首席财务官杨征代行CEO等职务，董事长正式人选尚待确定。

巧合的是，就在这些头部寿险公司迎来新的领军人之际，寿险行业在经历了2018年的低迷之后，也站上了新的发展起点——自2018年以来，在宏观经济下行、134号文下发等多重因素影响下，寿险行业开启深度转型模式，行业保费告别持续数年的高增长，再度陷入低迷。数据显示，2018年，我国寿险行业原保险保费收入2.6万亿元，同比增长仅为0.9%，具体到四大上市寿险公司，也遭遇了不同的困境。

太保寿险。2018年，太保集团新一届领导班子启动“转型2.0”战略，然而根据其2018年第三季度报告，太保寿险保险业务收入虽然实现了14.2%的同比增长，但一些关键业务指标却出现了较为明显的下滑。

例如个险渠道，虽然整体保费同比实现了17.2%的正增长，但是其中新保业务同比下降幅度达15.4%，期交新保业务更是同比下降了18.8%，而拉动个险渠道整体业务收入实现正增长的为续期业务，同比实现了34.3%的正增长。

表3　2018年太保寿险前三个季度保险业务收入情况

截至2018年9月30日	2018年（百万元）	2017年（百万元）	同比（%）
个人客户业务	170762	150001	13.8
代理人渠道	159912	136393	17.2
新保业务	39591	46790	-15.4
其中：期交	36404	44860	-18.8
续期业务	120321	89603	34.3
其他渠道	10850	13608	-20.3
团体客户业务	6234	4990	24.9
保险业务收入合计	176996	154991	14.2

资料来源：中国太保2018年第三季度报告。

不过需要说明的是，2018年前三个季度个险渠道新保业务收入负增长并非个别现象，受累于134号文、国内资本市场流动性趋紧等多重因素，上市保险公司个险渠道新保业务、新保期交业务大多出现了不同程度的下滑。

中国人寿。2018年，其累计原保险保费收入约为5362亿元，较上年同期的5123亿元仅增长5%。而更重要的是，在发展承压的同时，其还面临着队伍老化、中心城市市场失守、金融科技短板有待进一步提高等诸多老大难问题待解。

平安人寿。2018年，平安人寿实现原保险保费收入4469亿元，同比增速高达21.13%，跑赢行业，但相较于2017年25.41%的同比增速也有所降低。从年报来看，其一向看重的新业务价值、内含价值等关键指标增速较2017年也都出现明显下滑。

新华保险。2018年，新华保险实现原保险保费收入1223亿元，同比增长11.9%，虽然高于行业整体水平，但不容忽视的一个事实是，其市场排名在转型的数年间不断下滑。

在行业整体下行的大趋势下，寿险市场的头部保险公司各有各的烦恼，而对于新的接班人而言，这些都是其无法回避的现实问题。

大环境、小行业：金融反腐、防风险、监管变局……寿险行业底层逻辑生变

诸多头部保险公司密集的人事调整背后，从表面看来，大多是集团层面人事换届的延续。2018年，四大副部级保险央企悉数换帅，拉开保险企业新一轮的人事更迭潮：

人保集团。国寿集团原副总裁缪建民于2017年4月出任人保集团总裁，并于当年年末升任董事长；中投原副总经理、中央汇金总经理白涛于2018年6月出任人保集团总裁；近期，其旗下最重要的子公司——人保财险“一把手”由集团副总裁谢一群兼任。

国寿集团。在苏恒轩就任国寿新一任总裁之前，太平集团原董事长王滨接替杨明生出任国寿集团新一任董事长，而这之后，国寿财险也出现了新的总裁人选，国寿海外总裁刘安林拟出任国寿财险总裁。

太平集团。华润集团原总经理罗熹接替王滨出任太平集团董事长。

出口信保。交通银行原监事长宋曙光接替王毅出任新一任董事长，王毅到龄退休。

不能否认，对于保险公司而言，集团层面的人事变动往往是推动子公司人事变动的直接因素，尤其是在集团过分依赖某一子公司的局面下，通过调整人事来间接平衡公司经营管理也是强化集团管控、更好贯彻落实集团整体战略目标的重要手段之一。

不能否认，一些老革命遇上了新问题，老一辈自然隐退，新的挑战需要由新人来担纲。

但更需要关注的是，保险公司高层人事变动的背后，金融业发展的大环境也在发生变化，而这才是保险业发展的真正底色，也将在更深程度上左右保险业的发展轨迹。

金融领域反腐持续保持高压态势，反腐败斗

争取得重大突破，这是“严监管”的开始。

“金融业是国家重要的核心竞争力，金融安全是国家安全的重要组成部分，金融制度是经济社会发展中重要的基础性制度”“金融活，经济活；金融稳，经济稳”，国家领导人对于金融业的定性、定位，决定了金融业无小事，尤其是在宏观经济发展承压的大环境下，更加倚重金融业服务实体经济的能力，在金融领域全面强化党的领导成为必然。这是“严监管”的根源。

同样是因为金融业的重要性，在宏观经济承压、投资踩雷增多的大环境下，“防风险”成为金融业的发展底线，深刻影响着监管逻辑，也成为保险公司的首要任务。这是“严监管”的目标。

此外，银保监会合并作为此轮金融监管机构改革最重要的一项变化，更是推动保监系统全面向银监系统靠拢，同时，随着监管力量的强化和下沉，对于保险业合规经营提出更高的要求。这是“严监管”的手段。

在“严监管”下，经历了40年的快速发展之后，寿险行业遭遇增长“瓶颈”。过去在高速发展中隐藏的诸多问题一一暴露出来，包括公司治理的问题、风险处置的问题、战略规划的问题、业务价值增长的问题……新老问题叠加，更考验掌舵者的政治敏锐性和市场洞察力，而几家大型保险公司作为市场的压舱石和风向标，既要平稳，也要进取，亟待革故鼎新。

值得注意的是，在全新的经营格局下，2019年寿险行业头部保险公司的竞争格局也在发生着新的变化，这种变化在2019年1~2月的保费数据中已经有所展现：

中国人寿累计原保险保费收入为1892亿元，同比增长22.4%；

平安人寿累计原保险保费收入为1561.38亿元，同比增长6.23%；

太保寿险累计原保险保费收入为668亿元，同比增长2.8%；

太平人寿累计原保险保费收入为458.12亿元，同比增长1.31%；

新华保险累计原保险保费收入为274.3亿元，同比增长7.9%。

银发时代如何“有备而老”，税延商业养老保险能否撑起第三支柱

2019年4月11日

“人这一生最最痛苦的事，人还活着，钱没了。”《不差钱》中，赵本山的经典台词在戏谑之余却透露了一个事实，都说长寿是福，但从风险管理的角度出发，长寿其实也是一种风险。

2019年4月10日，中国社科院世界社保研究中心发布的《中国养老金精算报告2019—2050》，让不少人捏了一把汗。因为按照其测算，全国城镇企业职工基本养老保险基金累计结余在2027年达到峰值后将迅速下降，到2035年，累计结余有可能被耗尽。这也就意味着，“80后”还没有开始退休，其缴了大半辈子的社会养老保险，却有可能已经没钱可发。

严峻的形势再度让人们深刻意识到不能再单纯依赖社会养老保险，第二支柱、第三支柱都应尽快发展，且国家应予以政策扶持，具体到保险行业，发展个人税收递延型商业养老保险（以下简称税延养老保险）迎来重大发展机遇。

只不过，税延养老保险自2018年5月1日正式试点以来，已近一年时间，然而由于试点范围小、客户观念不足等诸多原因，截至2018年末，该险种保费收入为7160万元，且主要集中于大型保险公司，其表现不尽如人意。

按照有关规定，税延养老保险试点期限只有1年，如今期限将至，税延养老保险是否会进一步扩大试点，甚至彻底实现常规化，值得业内人士高度关注。毕竟，根据测算，这一业务每年可带来近8000亿元业务收入。

社科院：全国城镇企业职工基本养老保险基金累计结余到2035年有耗尽的可能性

2019年4月10日，中国社科院世界社保研究中心在上海发布《中国养老金精算报告2019—2050》（以下简称《报告》），在考虑了养老保险单位缴费降至16%以及延迟退休等各种因素之后，对2019—2050年的养老保险制度财务可持续性趋势进行了预测。

根据《报告》，全国城镇企业职工基本养老保险基金累计结余到2027年有望达到峰值6.99万亿元，然后开始下降，到2035年有耗尽累计结余

的可能性。

《报告》预测，2019—2050年全国城镇企业职工基本养老保险基金当期结余在勉强维持几年的正数后便开始加速跳水，赤字规模越来越大（见图1）。

具体来看，2019年当期结余总额为1062.9亿元，短暂地增长到2022年，然后从2023年便开始下降，到2028年当期结余首次出现负数-1181.3亿元，到2050年当期结余为-11.28万亿元。

其实，上述的当期结余是在“大口径”（包括财政补助）情况下测算得到的。如果不考虑财政补助，即在“小口径”的情况下，当期结余在2019年就已经是负值，而且下降得更快，到2050年为-16.73万亿元。

虽然财政补助为缩小当期收入缺口贡献巨大（2050年贡献32.6%），但仍难以扭转当期结余的趋势性变化。

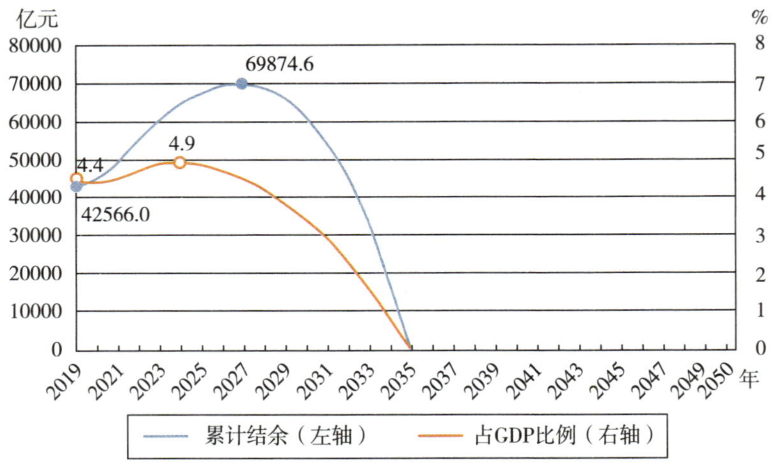

资料来源：中国社科院世界社保研究中心发布《中国养老金精算报告2019—2050》。

图1　2019—2050年全国城镇企业职工基本养老保险基金当期结余预测

在“大口径”下，《报告》预测，2019年全国城镇企业职工基本养老保险基金累计结余为4.26万亿元，此后持续增长，到2027年达到峰值6.99万亿元，然后开始迅速下降，到2035年耗尽累计结余（见图2）。

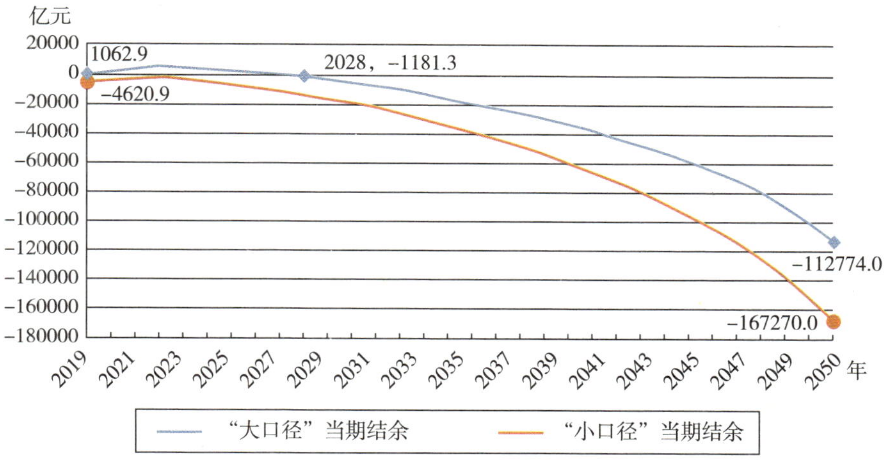

资料来源：《中国养老金精算报告2019—2050》。

图2 2019—2050年全国城镇企业职工基本养老保险基金累计结余预测

这也就意味着，“80后”“90后”等缴纳大量养老保险之后，还没有退休，却有可能面临养老保险无钱可取的境况（不考虑政策调整），正应了“人这一生最最痛苦的事，人还活着，钱没了”那句话。

单纯依赖社会养老保险已经不能为人们带来足够安全感，“80后”“90后”等新人类必须立刻思考养老这一严肃问题，这是不是意味着商业养老保险的机会来了？

税延养老保险试点近一年，保费收入不足亿元

国家给予税收优惠政策支持的税延养老保险曾被业界人士给予厚望。2018年4月12日，财政部等五部委联合发布《关于开展个人税收递延型商业养老保险试点的通知》，明确自2018年5月1日起在上海市、福建省、苏州工业园三地实施税延养老保险试点，试点期限暂定1年，个人投保的投保人每月最高可税前抵扣1000元。

自2018年5月1日试点至今，税延养老保险试点已近一年，效果究竟如何？从目前的情况看，取得了一定成绩，但显然问题也不少。

一组数据显示，截至2018年12月31日，经营税延养老保险的机构共计16家，实现保费收入为7160万元，出单件数为3.9万件。

从具体的公司来看，总部位于上海的太保寿险业务量最大，出单1.7万件，实现保费收入3580万元，市场份额为50%；平安养老及中国人寿分别出单1.07万件、5800件，实现保费收入分别为1150万元、790万元，市场份额分别为16.09%、11.06%。

这也就意味着，除上述3家保险公司外，其余13家公司累计实现保费收入1640万元，市场份额约占22.85%，平均每家公司保费收入为百万余元。

税延养老保险为何发展不佳？2019年“两会”期间，全国人大代表、中国太保集团战略研究中心副主任周燕芳就对税延养老保险发展中存在的问题进行了深入分析。

一是试点覆盖面有限。本次税延养老保险政策试点仅在上海、福建（含厦门）、苏州工业园区实施，覆盖人群范围有限，市场还在观望状态，政策效果未充分呈现。

二是税收优惠力度不足。由于领取期税率较高及税收优惠额度较低，在新税制下，政策优惠覆盖人群和政策吸引力进一步减少。

三是产品可选择性不高。税延优惠政策适用产品品种较为有限，市场上有大量可解决客户养老难题、深受消费者喜爱的优秀年金保险产品，但并不能享受到税延政策，导致税收刺激效果未能达到预期。

四是操作流程复杂。税延养老保险税收抵扣申报流程较为烦琐，使投保人的节税体验大打折扣。因税务申报需要，客户投保时需录入单位税务号等相关信息，并需本人登录中国保信平台办理账户激活手续。后续中国保信平台逐月生成税延养老保险抵扣凭证，提交单位HR、财务人员按月办理税收抵扣事宜。该操作流程需要保险公司、投保人及投保人所在单位之间相互配合，增加了操作难度。

税延养老市场仍是保险公司不容错过的大机会

纵然面临种种问题，但是税延养老保险市场依旧是保险公司不容错过的大市场。

税延养老保险市场究竟有多大？这首先需要知道国内个税纳税人的数量，此前，为人们所普遍接受的一个数据约为3000万人。

根据这一数据，民生证券曾测算，假设税延养老保险在全国范围内实施，在每月缴费额度为1000元、缴纳人数为3000万人、参与度为50%的情景下，每年新增保费收入为1800亿元，将促进保险公司个险业务收入和新业务价值持续稳定增长。

但随着个人所得税改革的实施，一些更细节的数据开始被披露，人们发现，实际上远远低估了个人所得税纳税人的数量。

2018年10月个人所得税改革正式实施，根据国家税务总局发布的数据，因为个人所得税免征额提高到5000元，纳税人数大幅减少。据统计，因个人所得税改革提高了起征点，约6000万人不再缴纳工资薪金所得的个人所得税。

2018年8月31日，财政部副部长程丽华在回答个人所得税起征点的问题时表示，“仅以基本减去费用标准提高到每月5000元这一项因素来测算，修法后个人所得税纳税人占城镇就业人员的比例将由现在的44%降至15%”。

而根据2018年5月21日人力资源和社会保障部发布的《2017年度人力资源和社会保障事业发展统计公报》显示，截至2017年末，中国城镇就业人员为4.2462亿人。

据此，可以估算，2018年10月个人所得税改革前，个人所得税纳税人数约为1.87亿人。个人所得税改革后，纳税人数如果按照减少6000万人计算，那么目前缴纳个人所得税的人数约为1.27亿人。

依旧按照民生证券每月缴费额度为1000元、参与度为50%，但缴纳个人所得税的人口为1.27亿人来进行测算，则每年保费收入为7620亿元。

根据银保监会发布的数据，2018年人身险公司的保费收入为26261亿元，税延养老保险对于保险公司而言，显然不容错过。

从『慧保天下』获得的信息来看，无论是证监会还是银保监会，对于推动税延养老保险都保持高度热情，有的部门提议取消试点，全面常规化；有的部门已经组织多次会议进行研究。但税延养老保险的试点因涉及税务问题，其注定是一个比较复杂的过程。据了解，有关税延养老保险试点一年的总结研究工作已经开始展开，只是答案最终何时揭晓目前尚没有明确的时间表。

『慧保天下』曾反复提及，对于税延养老保险这块“大蛋糕”，注定不可能由保险公司独享，银行、基金、信托等金融行业都已经摩拳擦掌、枕戈待旦，而根据《关于开展个人税收递延型商业养老保险试点的通知》，保险公司“吃独食”的时间只有1年，1年试点期限结束之后，有关部门将“有序扩大参与的金融机构和产品范围，将公募基金等产品纳入个人商业养老账户投资范围”。显然，对于怎么切税延养老保险这块“大蛋糕”，保险公司更要打起十二分精神积极应对。

附：获批的个人所得税递延型商业养老保险业务资质的保险公司

截至2019年4月11日，有23家保险公司获批个税递延型商业养老保险业务资质。

2018年5月，首批获经营个税递延型商业养老保险业务的12家保险公司为中国人寿、太平洋人寿、平安养老、新华保险、太平养老、太平人寿、泰康养老、泰康人寿、阳光人寿、中信保诚、中意人寿和英大人寿。

2018年7月，获批的第二批保险公司为人保寿险、民生人寿、工银安盛人寿和东吴人寿。

2018年9月，获批的第三批保险公司为建信人寿、恒安标准人寿和交银康联人寿。

2019年1月，获批的第四批保险公司为光大永明人寿。

2019年4月，获批的第五批保险公司为利安人寿、复星保德信人寿和合众人寿。

贸易摩擦下的中国寿险业：大额保单明显减少，保障型业务穿透周期

◎中国人寿保险股份有限公司战略与市场部 | 2019年6月19日

注：本文由中国人寿保险股份有限公司战略与市场部供稿，原标题为《中美贸易摩擦对中国寿险行业影响分析》，略有改动。

2018年以来，中美贸易摩擦及其衍生的一系列问题，长期占据世界新闻头条，不但深刻影响着中美经济发展，甚至也在一定程度上左右着世界经济格局。在这种大的背景下，国内寿险行业发展又将面临哪些利与弊？

中美贸易摩擦或具有长期性、反复性和复杂性的特征，先影响实体经济再影响金融业

2018年3月8日，特朗普宣布准备根据232条款对钢铁和铝制品分别加征25%和10%的关税。虽然此次加征关税并非仅仅针对中国，但却揭开了中美贸易摩擦的序幕。

2018年3月22日，美国宣布将依据《1974年贸易法》第301条对自中国进口的商品大规模征收关税，主动挑起中美贸易争端，此后一年多来，中美开展多轮谈判磋商，矛盾依旧不断加剧。

近期中美贸易摩擦再次升级，尤其是2019年5月6日美方突然宣布再次上调关税，并要挟对尚未征收商品追加征收关税，随后又对华为以及其他企业发布禁令，同时宣称要对人民币汇率进行反补贴调查，使得中美贸易摩擦走向更加不确定。

中美贸易摩擦从更宽广的历史视野及国际格局出发，实际是美国出于维持美元体系、巩固全球主导地位，以及从更广泛意义上遏制中国发展的集中体现。

中美力量对比，尤其是经济实力对比的变化是美国对华经济战略转型的根本原因，直接促成了特朗普政府一系列对华经济防范乃至遏制举措的出台。而此次贸易摩擦爆发在中国经济持续追赶美国的关键时刻，即中国已在中高端制造、科技等美国传统优势领域展开竞争。

缓解贸易逆差只是美国对华贸易战的表面诉求，其背后的结构性根源正是中美两国在高新技术领域和经济发展模式方面日益激烈的竞争，这

决定了中美贸易摩擦很可能出现长期性、反复性和复杂性的特点，中国要做好打持久战的准备。

保险业是国民经济的重要组成部分，贸易摩擦通过经济传导势必对国内保险业产生重要影响，这也是我们研判分析中美贸易摩擦对中国寿险行业影响的根本出发点。

与2008年国际金融危机中金融企业首先爆发流动性风险所不同的是，此次中美贸易摩擦首当其冲的是实体经济。在实体经济受损的背景下，企业盈利和现金流将受到影响，进而影响到金融产业。我们认为，贸易摩擦主要通过以下两条路径对金融企业产生影响。

负债端：关税提升—企业成本上升—风险传递至上下游企业—生产经营难度增加—企业盈利、员工收入下降—对保险需求下降。

资产端：关税提升—企业成本上升—预期企业经营难度上升—风险偏好下降—金融市场波动（期货、股市、汇率、债市）—保险企业投资受损。

贸易摩擦或致经济增速放缓，利率、资本市场、通货膨胀以及汇率变动等将从资产、负债两端影响寿险行业发展

过去20多年间，中国寿险行业已经成为全球寿险行业的重要增长引擎，这种增长是由经济增长、人口因素、政策红利和技术进步等多方面原因共同促成的（见表1）。

表1 寿险行业增长驱动因素分析

经济增长	人口因素	政策红利	技术进步
1. GDP增长以及人均GDP增长 2. 居民人均可支配收入、储蓄不断增长 3. 城镇化率提升	1. 劳动力人口规模 2. 人口年龄结构 3. 就业水平 4. 较低的保险密度和保险深度起点	1. 市场准入放宽 2. 投资渠道扩大，投资收益提升 3. 费率、预定利率市场化 4. 税收优惠政策	1. 信息电子化 2. 电子商务 3. 移动互联、移动支付

通过中美贸易摩擦影响扩散的机制和路径不难看出，中美贸易摩擦对寿险行业的影响主要集中在经济增长的以下几个相关要素。

经济增速放缓降低寿险保费增速

根据国内外研究表明，人均GDP与寿险需求增长呈正相关，GDP增速回落会导致寿险保费收入下降。

目前，研究机构普遍认为中美贸易摩擦会拖累我国经济增长，并预测此次提高的2000亿元商品关税将拖累名义GDP增速约0.48个百分点，而较为悲观的看法认为会拉低我国GDP增长0.8个百

分点。需要高度警惕经济增速回落对行业可能产生的负面影响。

同时，涉及对美进出口贸易、加工企业经营压力增大，进出口的下降将拖累贸易部门就业，进而对就业构成冲击，相关实体企业利润、人员收入可能受到负面影响，从而降低消费者对寿险产品的购买能力，这一点从2018年以来行业的特大单、大单明显减少有所体现。

利率进一步下行影响寿险公司资产端和负债端

利率是影响寿险行业发展的最重要因素之一，其上升与下降对资产端和负债端的影响不一。

一般而言，由于寿险产品预定利率调整有滞后效应，因此，利率下行将导致在短期内增加个人对寿险产品的吸引力，但资产端承压上升，会降低寿险公司的利润。而从长期来看，低利率市场环境并不利于寿险行业发展。随着我国进入高质量发展阶段，更加注重发展质量，经济增速逐步回落，无风险利率重心也随之回落。随着中美贸易摩擦加剧，企业经营难度增加，特别是美联储释放降息的信号，加重了市场对利率下行的预期。

目前我国政府坚持不搞“大水漫灌”式的强刺激，通过聚焦减税降费、定向降准、公开市场操作、放宽商业银行小微企业不良贷款容忍度等手段，以支持中小企业发展、保持市场流动性，更好地支持实体经济发展。在此情况下，维持低利率甚至进一步降低利率的概率极大。

在以上情景下，保险公司无风险收益率水平可能会进一步下降，固定收益类资产收益率水平将会承压。

寿险资金配置难度加大

在权益类投资方面，2018年以来，在中美贸易谈判停滞或摩擦升级时，资本市场大概率出现大幅下滑。2019年5月，随着美国极限施压的急剧升温，金融市场再现剧烈波动，股市跌至3000点以下。权益类资产大幅波动将导致保险公司投资收益存在较大的不确定性。

在债券市场方面，如果中美贸易摩擦导致企业经营困难，企业债券违约概率可能增加，固定收益类资产也需高度注意。

在股权类投资方面，此次贸易摩擦将对我国产业结构产生深远的影响，部分产业的生产线可能出现转移，随着产业调整而来的是就业、企业利润和市场估值的变化，寿险资金必须着眼长远，以应对产业结构变化，重新布局产业资产配置。

2018年以来中美贸易摩擦事件与股市表现见图1。

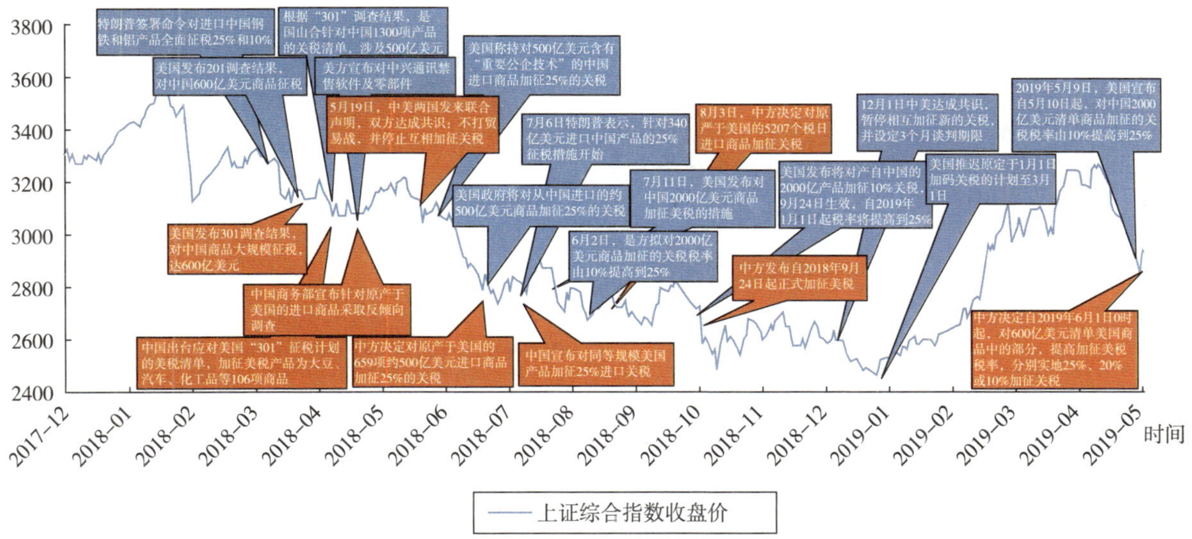

图1　2018年以来中美贸易摩擦事件与股市表现

通货膨胀引发寿险需求降低

贸易摩擦引发国内通货膨胀预期抬升，由于寿险具有长期性和储蓄性的特征，当通货膨胀率较高时，保险产品存在贬值或原有保障程度下降的问题，从而引发退保率上升，续约率下降。保单持有人也可能用保单贷款等形式，套取现金从事更能保值增值的投资活动。

汇率变动影响寿险企业国际化进程

受美国升级贸易摩擦的影响，2019年5月离岸人民币对美元一度下跌超过3%，逼近7的心理关口。考虑到贸易摩擦的长期性和复杂性，人民币汇率双向波动可能加大，国家外汇管控进一步加强，从而对保险企业配置海外资产，以及拓展海外市场产生影响。

积极因素不容忽视，对中国经济影响有限、政府释放大量政策红利、劳动力转移给代理人队伍发展带来机遇

在关注中美贸易摩擦对国内寿险行业潜在负面因素的同时，我们也注意到一些积极因素。

国内寿险行业发展的基本面没有发生改变

中美贸易摩擦对寿险行业的影响集中在经济领域，其他领域推动因素依然强劲，或者受影响较小。即使从经济领域来看，我国经济增长中

对外贸易依存度已从最高的70%下降到2018年的30%，因此，对外贸易摩擦不会导致中国经济严重衰退。

同时，2018年以来，出于对贸易摩擦的预期逐步增加，很多企业已着手通过转移生产线，加强非、美地区出口等措施，来降低美国提升关税的影响。

政府采取积极有力措施对冲贸易摩擦压力，寿险行业可享受政策红利

中国政府已通过降低企业税负、定向支持中小微企业等措施，为企业减轻负担，特别是财政部最新出台政策，将寿险公司佣金手续费在总保费（扣除退保后）税前抵扣比例从10%提高到18%，仅此一项政策影响下，寿险行业可增加利润数百亿元。

同时，我国寿险产品的税收优惠刚刚起步，健康、年金等产品的税收优惠有巨大的想象空间。

寿险具有穿透经济周期的优势

一方面，寿险产品中的重疾、健康、意外等业务属于类刚需产品，且件均保费相对较低，受经济影响相对较小。

另一方面，随着经济不确定性的增加，出于谨慎，消费者会减少支出，降低债务杠杆，加大储蓄，从而可能增加对具有保底功能的保险产品购买。

资本市场趋于稳定

一年多来，随着中美贸易摩擦升温，大家对美国政府的软硬手法认识得越来越清晰，资本市场对美国提升关税导致贸易摩擦升级态势有了基本预期，市场情绪趋于平稳，贸易摩擦对市场未来的情绪影响开始消退，市场预期也明显改善，有利于资本市场企稳回升。

产业劳动力转移给保险代理人队伍发展带来一定机遇

有研究认为全面的中美贸易摩擦将有可能影响中国2706万个就业岗位，市场就业压力加大，这可能导致劳动力的二次转移，有利于保险营销队伍扩张。

总体来看，中美贸易摩擦对寿险行业的影响主要集中在产品需求和投资收益领域，在短期内，通过实体经济传导作用，可能导致寿险业务发展放缓，销售难度增加，特别是对利率更加敏感的理财类、长期储蓄类业务会受到较大影响。

但考虑到对外贸易依赖度下降、企业自发采取应对措施，以及政府采取积极应对措施，这些都会对冲部分贸易摩擦产生负面影响。

长期来看，寿险业务的发展仍然取决于中国经济自身的发展，而且无论从保险深度还是保险密度来看，中国寿险市场依旧存在巨大的发展空间。

中美贸易摩擦对寿险行业发展的影响分析见表2。

表2 中美贸易摩擦对寿险行业发展的影响分析

期限	负面影响		缓解/积极因素	
	负债端	资产端	负债端	资产端
短期	1. 大单可能减少，新单存在压力； 2. 续期业务质量恶化； 3. 保单贷款需求增加，保单贷款的违约率可能上升； 4. 产品收益率可能下降	1. 公司投资收益、净利润可能受到影响； 2. 投资配置难度加大	1. 队伍发展存在潜在机遇； 2. 避险资金可能加强保险产品的购买意愿； 3. 享受国家优惠政策	把握产业调整机遇，重新配置产业投资结构
长期	取决于中国经济自身发展趋势，投资结构将发生深刻变化			

趁势而为，寿险行业应强化续收管理、保障型业务发展以及销售队伍建设

面对中美贸易摩擦可能给寿险行业带来的挑战和机遇，寿险企业可以从以下几个方面着手积极应对。

加强规划引领

强化对宏观经济、产业结构和区域经济变化研究，加强市场信息收集和分析研判，及时把握宏观经济和行业发展趋势，提高中长期宏观环境预测能力，构建中长期发展战略，合理制订发展计划。

加强资产负债管理

把握大环境、大波段、大趋势，关注市场波动的投资风险，优化保险资金的投资结构，合理制定中长期资产配置发展目标，在布局高股息、核心股票的同时，关注政府发行的超长期国债和地方政府债，结合资金情况加大配置力度，既稳定当期收益，又着眼长期配置。

加强保单管理

做好续期业务的管理和监测，特别关注大单业务的续收管理。加强客户沟通，有效管理预期。积极关注保单贷款变化，做好风险识别和预案。

加大保障型业务发展

在保持储蓄型业务总体稳定的基础上，可以持续加大保障型业务发展的力度，通过简化保单条款、智能核保核赔、精准定价等途径，进一步提升保障型业务的吸引力。

强化销售队伍建设

紧跟就业市场动向，增强科技赋能，发展高素质的销售队伍，巩固业务发展的人才驱动力。

2019人身险半年度报告：利润暴涨38%；代理人遭遇增员难，专业中介保费大涨近四成

2019年8月1日

告别了保险业高歌猛进的时代，在宏观经济下行、监管管控强化、消费者保险意识增强等诸多因素影响下，保险业正迎来史无前例的变革。

尽管行业巨大的惯性仍将长期持续，但在看似不变中，一些根本性的变化正在缓慢发生，身处其中，人们最真切的感受之一就是过去的经验已经不足以应对眼下的市场变化，创新变革势在必行，“转型”再也不是一句空洞的口号，而是企业生死的考验。

『慧保天下』尝试从负债端、资产端以及影响保险市场走势的政策因素、资本因素、科技因素等较为全面地揭示2019年上半年的市场走势。

整体来看，2019年上半年，人身险公司原保险保费收入呈中高速增长，较2018年得到大幅改善，但往昔的“高速”不再。2019年前6个月，人身险公司实现原保险保费收入1.88万亿元，同比增长15.21%，增速较上年同期增加23.71个百分点。规模保费增速较高，达到18.13%。

投资回暖。受益于第一季度股市回暖，保险业投资收益率在2019年得到显著改善，人身险公司投资收益同比增长达到9%以上。

净利润大幅改善。受益于上述两个因素，以及减税政策的实施等，人身险公司净利润在2019年上半年得到显著改善，上市保险公司的业绩预增报告很好地证实了这一点，国寿、太保、新华等公司的净利润同比增速都达到80%以上。

与此同时，曾经大中小公司策略分化明显的人身险行业也开始达成一些共识，即谋求价值转型。当下的投资环境使保险公司难以单纯依靠利差快速发展，追求价值型业务成为大多数保险公司共同的选择之一。而在这其中，无论是财产险公司还是人身险公司，都将健康险作为重要着力点。

负债端和资产端

原保险保费收入同比增长15.21%，较上年同期增加23.71个百分点

在经历了2018年的萎靡后，2019年人身险行

业全面回暖。前6个月，人身险公司实现原保险保费收入1.88万亿元，同比增长15.21%，增速较去年同期增加23.71个百分点。

从每月的累计保费增速来看，整体增速是在不断下降的，但从单月保费数据来看，其同比增速是不断上扬的。2019年6月，人身险公司原保险保费收入为1201亿元，同比增长12.99%，增速较上年同期增加3.58个百分点（见图1、图2）。

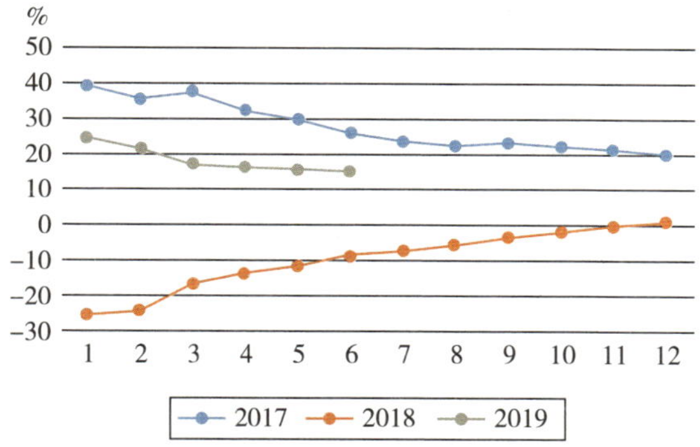

图1　2017年至2019年1—6月各月本年累计原保险保费收入同比增速

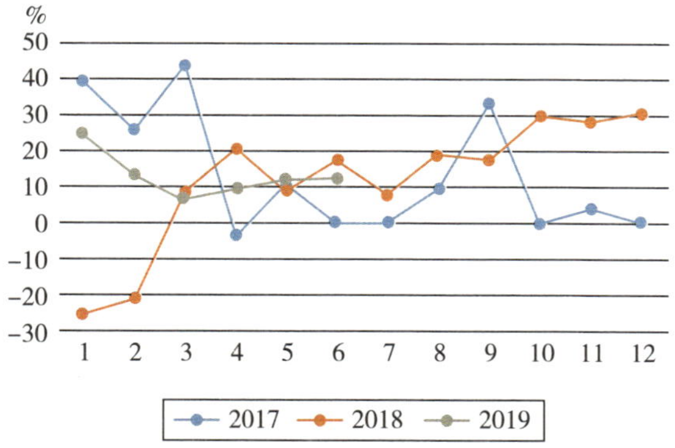

图2　2017年至2019年1—6月各月单月原保险保费收入同比增速

从规模保费来说，人身险公司增长更快，前6个月规模保费合计达到2.48万亿元，同比增长18.13%，增速较上年同期增加20.4个百分点。其中，保户投资款新增交费为5801亿元，占比为23.36%，同比增长31.45%，增速较上年同期增加4.74个百分点；投连险独立账户新增交费202亿元，同比下降23.76%，增速较上年同期减少84.64个百分点。

保险公司之间增速差异巨大，“老七家”均低于行业平均水平

不同保险公司原保险保费收入增速差异巨大。从行业的一些交流数据来看，不少公司仍在持续负增长，包括中邮人寿、建信人寿、光大永明人寿、富德生命人寿、国华人寿等。但也有一些公司其增速远远高于行业平均水平，例如华夏人寿、前海人寿、工银安盛人寿、君康人寿、中信保诚人寿、弘康人寿、交银康联人寿等，其同比增速都超过了50%。

整体来看，大型保险公司由于保费基数较大、内部转型等原因，原保险保费增速基本都低于行业平均水平。2019年前6个月，“老七家”原保险保费收入同比增速分别为中国人寿4.99%、太保寿险6.46%、平安人寿8.88%、新华保险9.02%、泰康人寿11.51%、太平人寿11.34%、人保寿险1.35%。

七家公司原保险保费收入集中度为60.09%，

较上年同期的集中度减少4.53个百分点。

价值型业务受到普遍重视，5~10年期保单增速最快，健康险持续爆发

行业转型深入，人身险公司愈发重视价值型业务的发展，这不仅是出于银保监会“回归保险本源”的要求，更根本的原因还在于，在当前的投资收益环境下，理财型保险产品相较于银行理财等产品在收益率上已经没有明显优势，所谓的资产驱动负债模式对于很多公司而言，已经难以为继。

从一些数据可以看出，人身险公司的业务结构正在慢慢发生变化。2019年前6个月，人身险公司的人身险业务新单原保险保费收入同比增长15.47%，在人身险公司业务中占比为45.49%。其中，新单期交业务同比增长10.51%，占新单业务的46.05%。

从新单期交保费的交费期间来看，结构正在发生变化，5~10年期保单增速最快。3年期以下、3~5年期保单保费收入占比有所下降，5~10年期占比上升1.65个百分点，10年期及以上占比与上年基本持平。

另外一个显示人身险公司价值转型的证据是，健康险持续快速增长。如图3所示，2019年前6个月，人身险公司实现健康险保费收入3438亿元，同比增长近31%，远远高于行业平均水平，在全部原保险保费收入中的占比达到18%，甚至有的公司80%以上的业务均为健康险业务。

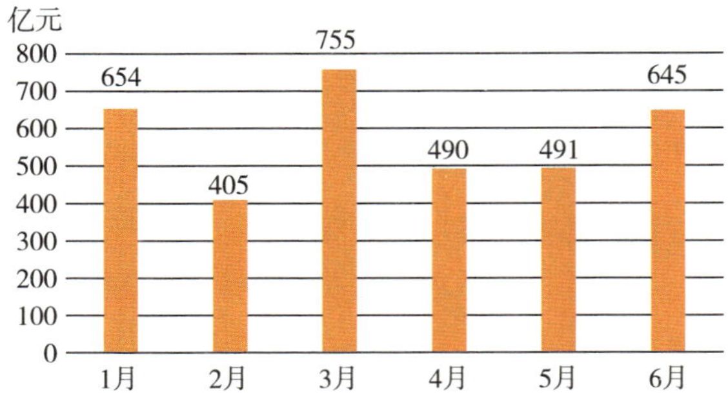

图3　2019年1-6月人身险公司健康险单月保费

外资保险公司市场份额上升，北京、上海更是超过20%

随着价值型业务的快速发展，可以看到一个很明显的趋势，外资人身险公司的市场份额正在提升，外资人身险公司的原保险保费增速远高于中资人身险公司。

2019年前6个月，中资人身险公司实现原保险保费收入17228.67亿元，同比增长12.88%，而同期外资人身险公司实现原保险保费收入1602.09亿元，同比增长48.09%。在行业回归本源，追逐价值的过程中，显然更有利于外资人身险公司。

受增速影响，2019年6月末，中资人身险公司市场份额为91.49%，相较于上年同期下降1.89个百分点；外资人身险公司市场份额为8.51%，相较于上年同期上升1.89个百分点。

数据显示，在外资保险公司相对集中的北京、上海、深圳、广东区域保险市场上，外资保险公司的市场份额分别为20.23%、21.76%、9.62%、9.89%，明显高于其在全国的平均水平。

随着国内进一步扩大对外开放力度，外资人

身险公司乃至外资财产险公司将迎来更大的发展机遇，其市场份额势必进一步上升。

渠道分化：银保触底反弹，个险增长乏力，专业中介持续爆发

人身险公司不同渠道的业绩表现持续分化。2018年保费占比不断下滑的银邮代理渠道，在2019年的占比有所上升。2019年前6个月，银邮代理渠道实现原保险保费收入6131.37亿元，增长22.52%，在人身险公司业务中的占比为32.56%，同比上升1.94个百分点。

之前，业务占比不断提升的个人代理渠道，业务占比反而在触顶之后不断下滑，2019年前6个月实现原保险保费收入10771.51亿元，增长10.39%，占比为57.20%，减少2.49个百分点。

在所有渠道中，保险专业中介渠道的增速最高，其中保险经纪渠道保费收入为178.49亿元，同比增长38.87%，占比为0.95%；专业代理渠道原保险保费收入为163.16亿元，同比增长40.99%，占比为0.87%（见表1）。

表1　2019年上半年人身险公司各渠道业务情况

业务渠道	原保险保费收入（亿元）	同比增长（%）	占比（%）	占比较去年同期增长（百分点）
银邮代理	6131.37	22.52	32.56	1.94
个人代理	10771.51	10.39	57.20	-2.49
公司直销	1422.51	19.02	7.55	0.24
专业代理	163.16	40.99	0.87	0.16
其他兼业代理	163.72	13.51	0.87	-0.01
保险经纪	178.49	38.87	0.95	0.16
合计	18830.76	15.21	100.00	—

人海战术告急，提升人均产能成保险公司的发力重点

2015年8月，代理人资格考试取消之后，由于代理人准入门槛大幅降低，保险代理人快速出现一波扩容潮。2015年初，代理人数量只有325万人，到2015年末已经增长至471万人，1年内净增近150万名代理人，到2017年，更是达到806.94万人（见图4）。

个人代理渠道保费贡献度下降，最直接的因素在于增员没有到位。个人代理人数量出现不同程度的下降，这从2019年第一季度上市寿险公司的季度报告中可以看到，2018年末平安人寿代理人数量为141.74万人，到2019年第一季度末，仅剩131.10人，数量减少超过10万人。

预计未来2~3年各个公司都会面临人力发展的“瓶颈”问题。原有的通过人海战术快速扩张

业务的方式已经难以为继，人身险公司纷纷将重点转向提升人均产能。

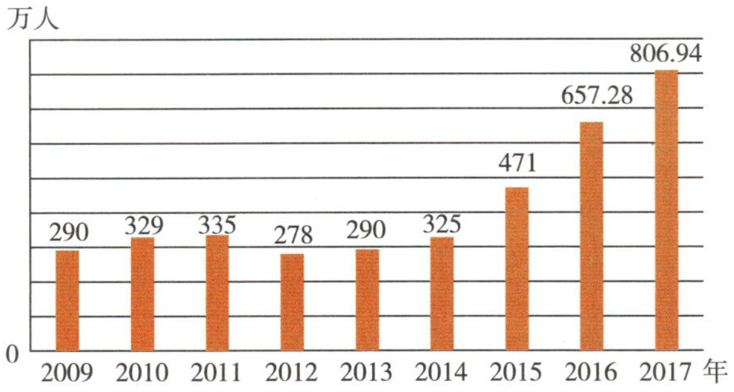

图4　2009—2017年代理人数量发展趋势

投资收益上涨，利润总额快速增长，国寿、太保、新华3家公司净利润增速均超过80%

受益于第一季度的股市行情，2019年上半年保险业总投资收益出现6%以上的同比增长，其中人身险公司的投资收益总额上涨幅度更是超过9%。

良好的投资收益助力保险资金投资利润大幅改善。数据显示，上半年全行业利润总额超过2100亿元，同比增长超过30%，而人身险公司实现利润总额超过1500亿元，同比增速更是接近38%。

上市保险公司已经迫不及待地发布了利润预增公告。按照中国人寿的公告，其2019年中期归属于母公司股东的净利润将同比增长115%~135%，归母净利润达到353.09亿~385.94亿元；中国太保预计2019年中期归属于本公司股东的净利润约为162亿元，与上年同期相比将增加96%左右；新华保险中期归属于母公司净利润预计增加46.39亿元左右，同比增加80%左右。

市场环境

减税政策实施有望给人身险公司带来数百亿元的净利润增量

2019年5月28日，财政部、税务总局发布《关于保险企业手续费及佣金支出税前扣除政策的公告》，宣告将保险企业手续费及佣金支出税前扣除比例提高至18%，且明确“超过部分，允许结转以后年度扣除”“保险企业2018年度汇算清缴按照本公告规定执行”。

该项减税政策的落地，对于人身险公司而言也是一大利好。以2018年为例，粗略估算，这将为行业带来约469亿元的利润增量，具体到人身险公司，同样以2018年为例，国内人身险公司净利润有望增加381亿元左右。

全渠道监管来临，中介部多次发文，管控全面强化

银保监系统“三定”收官，各部门职能愈发明确，各类监管条线也有了新的目标。仅就中介监管部而言，不完全统计，2019年上半年，就已经先后下发四项文件（含征求意见稿，见表2），更多的规章制度还在拟定过程中。这些政策无疑都将对中介渠道产生重要影响。

从发布的各种政策以及银保监会中介部主任姜波的几次公开讲话来看，新的监管格局下，“功能监管”“全渠道监管”已经成为中介部最重要的原则之一，监管部门对于中介市场的监

管正在全面强化，中介市场主体必须面临新的 现实。

表2 2019年上半年下发的部分监管文件

时间	文件名称	主要内容
1月1日	《中华人民共和国个人所得税法》《中华人民共和国个人所得税法实施条例》《国家税务总局关于发布<个人所得税扣缴申报管理办法试行）>的公告》《财政部税务总局关于个人所得税法修改后有关优惠政策衔接问题的通知》等	从2019年1月1日开始之后的3年间，保险营销员的展业成本按照将收入额的25%计算；同时明确保险营销员的取得的佣金收入属于劳务报酬所得，应该按照“累计预扣法计算预扣税款”来缴纳个税
1月31日	《中国银保监会办公厅关于加强保险公司中介渠道业务管理的通知》	明确要求保险公司全面强化对于中介渠道业务的管理，要求保险公司要对中介业务合规性履行管控责任，及时要求中介渠道业务主体纠正违法违规行为；严禁保险公司利用中介进行违法违规行为；要求保险公司按时报送有关中介业务渠道相关报告以及数据，并对真实性负责
2月	《商业银行代理保险业务管理办法（征求意见稿）》	《征求意见稿》对银行兼业代理机构从准入和退出、从业人员、市场行为和评价体系等方面提出系统要求，着力解决销售误导和手续费违规支付等突出问题，力图实现对商业银行代理保险业务的全流程监管
4月16日	《关于开展保险公司销售从业人员执业登记数据清核工作的通知》	本次清核包括保险公司从事保险销售的所有人员，数据清核工作将分为两个阶段进行；第一个阶段，保险公司自查整改，并要求6月15日前，保险总公司向中国银保监会、保险省级分公司向所在地银保监局分别报送自查报告及附件；第二个阶段，监管部门重点检查，9月30日前，中国银保监会、各银保监局结合日常监管及保险公司自查结果，分别选取部分保险总公司、保险省级分公司开展重点检查
6月4日	《保险中介行政许可及备案实施办法（征求意见稿）》	明确了保险中介相关市场准入行政行为、行政许可和备案事项的条件、程序、期限和申请材料，对几类保险中介机构申请相关牌照的条件、股东条件和禁止性条件等进行了明确。与以往有关规定相差不大

与财产险、中介机构相比，人身险公司被罚额度最低

『慧保天下』梳理了2019年上半年银保监系统公开发布的罚单，统计显示，上半年银保监系统共针对保险行业开出389张罚单，处罚金额总计6542.56万元。

其中，银保监会共开出8张罚单，罚金累计150万元。36个地方银保监局（含银保监分局）累计开出381张罚单，累计罚款金额达6392.56

万元。

从处罚对象来看，各地银保监局（含银保监分局）针对财产险公司、人身险公司、保险专业中介机构以及银行类保险兼业代理的处罚情况也各不相同。但从整体来看，上半年针对人身险公司的罚款是最少的，罚单只有67张，罚款累计1101.6万元，；财产险公司是133张罚单，罚款累计3063.4万元；中介机构是187张罚单，罚款累计2341.56万元。

尽管如此，“监管下沉”所带来的合规成本提高仍不容小觑。

强调服务、科技、生态建设，侧重人身风险保障的科技平台更受青睐

保费增长放缓的情形下，从2018年开始，人身险行业普遍弥漫着一种焦虑情绪，每家保险公司都迫切想找到新的发展方向，一些共识也开始慢慢形成，除上文提到的谋求价值转型外，还包括以下几个方面：

一是更强调服务属性。增速放缓倒逼行业在更广阔的视野下寻找出路，在保险业原本的金融属性外，开始更强调服务属性，与之相关联的概念是产业链的拓展以及生态体系建设。

二是更重视科技发展。激烈竞争下，效率高者胜，再加上对客户体验的重视，行业更加重视科技发展，一些保险科技平台也仍旧受到资本方的青睐。

『慧保天下』梳理了2019年上半年有公开报道的保险科技平台融资的情况，发现大多都是侧重人身风险保障的科技平台（见表3）。

表3　2019年上半年保险科技平台融资情况

名称	融资时间	轮次	金额
悟空保	6月20日	C	0.6亿元
水滴公司	6月12日	C	10亿元
	3月27日	B	5亿元
i云保	6月5日	B	未公布
保险师	5月10日	C	未公布
OneDegree	5月9日	A	0.3亿美元
壹心科技	5月7日	A	数千万元
多保鱼	4月26日	A+	0.1亿美元
量子健康	4月25日	A	0.5亿元
敬之网络	4月19日	A	数千万元

转型在继续，焦虑也在继续，2019年上半年净利润显著改善的人身险行业仍在摸索之中。

2020年“开门红”鸣枪起跑，国寿、新华抢先一步，平安、太保有意淡化

2019年10月21日

2019年10月将尽，又到了一年一度筹备新一年“开门红”的时节，不过相较于以往，保险公司筹备“开门红”的声势显然已经弱了很多。

当“保险姓保”“以客户为中心”成为行业共识，“开门红”这一带有鲜明的“规模导向”“销售导向”色彩的词汇，正变得不合时宜。不管是由于监管方的刻意引导，还是由于保险公司的自发选择，逐渐淡化“开门红”几乎已经是大势所趋。

不过巨大的惯性之下，“开门红”的传统仍在延续，这不，主要保险公司已经开始摩拳擦掌了，不过与2019年“开门红”类似，2020年的“开门红”仍呈现出分化态势，不同保险公司的态度并不相同。

从目前来看，2020年“开门红”主力产品与2019年类似，均是“年金+万能”的双主险组合；不过由于监管政策的改变，这些产品的预定利率普遍已经下调至3.5%，只有个别保险公司因为沿用2019年“开门红”产品，仍给出了4.025%的预定利率。

对于“开门红”，不同保险公司呈现出的态度不同，平安人寿、太保寿险、太平人寿等目前均没有提前启动“开门红”的计划，大概率仍将按照往年的节奏推进，但中国人寿、新华保险等，均提前1个月启动“开门红”的“首爆日”，抢跑2020年寿险“开门红”。

“年金+万能”依然是主流

每年的“开门红”，各保险公司的产品是一大看点，因为“开门红”之初，为了打出气势，各保险公司基本都主推理财型产品，给予较高的收益率，同时设定限额，以吸引客户。

从2020年各家公司筹备“开门红”的情况来看，与2019年“开门红”的情况类似，在主力产品方面依然采用“年金+万能”的双主险组合。

例如，中国人寿2020年的“开门红”主打“鑫享至尊年金保险（庆典版）”，可选择搭配国寿鑫尊宝终身寿险（万能型）（庆典版）或国

寿鑫尊宝终身寿险（万能型）（A款）或国寿鑫尊宝养老年金保险（万能型）（C款）。组合投保后，国寿鑫享至尊年金保险（庆典版）的年金、满期保险金均可转入上述万能保险产品。

平安人寿目前尚没有确切消息，但根据天风证券的消息，其目前暂定主推的产品与2019年“开门红”产品类似。

太保寿险在2020年“开门红”期间主推的不是新产品，其中一款是2019年8月推出的定期年金“鑫享福”，另外一款是2019年“开门红”产品——分红型年金险产品“鑫满意”，均搭配有万能险。

预定利率3.5%成主流，4.025%被边缘化

各公司“开门红”主力产品形态虽然没有发生变化，但预定利率已经发生了巨大的变化。2019年的“开门红”，预定利率为4.025%的年金险产品还是主流，但现在，预定利率为3.5%的产品才是主流。

这是因为从2019年上半年开始，监管即已经全面暂停备案预定利率为4.025%的年金险产品，到8月30日又正式发文《关于完善人身保险业责任准备金评估利率形成机制及调整责任准备金评估利率有关事项的通知》，宣布“2013年8月5日及以后签发的普通型养老年金或10年以上的普通型长期年金，将责任准备金评估利率上限由年复利4.025%和预定利率的小者调整为年复利3.5%和预定利率的小者”。

这意味着，从这以后，保险公司开发设计的普通型养老年金或10年以上的普通型长期年金预定利率一旦超过3.5%，就需要经过监管审批，不超3.5%只需备案即可，而以前备案与审批的分界线是4.025%。

为规避审批，同时也是为了防范利差损风险，保险公司开始用预定利率为3.5%的长期年金取代预定利率为4.025%的长期年金险产品。

目前，中国人寿、太保寿险等推出的“开门红”主力年金险产品基本都是预定利率为3.5%的产品。新华保险因为沿用了2019年开门红的产品，预定利率仍沿用彼时的4.025%，在同期上市保险公司中颇有竞争力。

从保险期间来看，2020年的“开门红”产品仍以“15年”为主，但是也已经出现了保险期间缩短的情况，如中国人寿的“鑫享至尊”就是一款“交3保10”的产品。

国寿、新华提前布局，平安、太保一如往常

为应对“开门红”，保险公司往往需要提前布局，在保证完成全年任务的同时，提前布局安排来年的“开门红”任务。

从目前各公司的情况来看，在2020年“开门红”节奏的安排上，不同公司表现得不太相同。

平安人寿、太保寿险没有表现出对于“开门红”更胜以往的热情，“开门红”的“首爆日”基本与上年保持一致。其中，平安人寿为12月12日，而太保寿险要更早一些，为12月1日。

中国人寿和新华保险则尤为积极，其中中国人寿已经于10月20日开启“开门红”预收，并将11月8日作为首爆日，相较于上年12月8日首爆，整整提前了1个月的时间。

董事长、总经理在2019年双双更换人选的新华保险对于“开门红”也表现出了相对积极的一面，据悉，其预计在11月下旬即开始启动预收，与上年12月21日启动预收相比，时间上也大为提前。

至于其他公司，表现也颇不相同，如太平人寿目前仍以当年业绩为主，并没有提前开打“开门红”的安排。而人保寿险，则选择向中国人寿看齐，计划于11月8日启动“开门红”。

提高业绩要求，保险公司暗中加码“开门红”

虽然2020年“开门红”的声势相较以往低调不少，但据天风证券的消息，实际上，很多保险公司对于“开门红”主推产品的任务有增无减。

例如，中国人寿2020年“开门红”主力产品鑫享至尊的销售限额为420亿元，相较于上年“开门红”主力产品的实际保费收入，大幅上涨近40%。

平安人寿也有意提升“开门红”主力产品的保费收入目标。

新华保险也调高了“开门红”目标，计划在第一季度达成新单保费80亿元，同比增长近30%。

总体来看，淡化“开门红”已经成为一种趋势，但在目前的市场情况下，“开门红”仍将长期存在，因为保险公司显然对于“开门红”还抱有相当的期待。

从图1可以看到，对于整个人身险行业而言，2019年同比增速最高的月份依然是1月。如果没有1月26%左右的同比增速，可以想象，前8个月，人身险行业的保费收入同比增速将更低。虽然行业有意在淡化“开门红”，但从实际情况来看，“开门红”的地位反而更重要了。

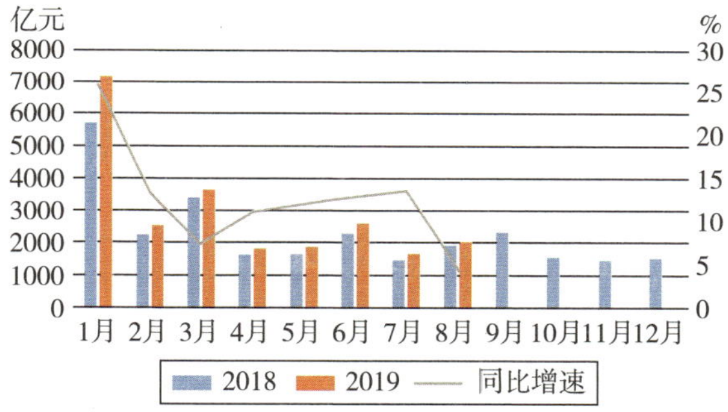

图1 人身险公司单月保费收入及同比增速

代理人数量有所下降，提升产能成关键

站在公司的角度，“开门红”不仅仅是一场“保险大促销”，更是一个重要的练兵时刻，给代理人队伍注入一剂“兴奋剂”，前期的招募、培训效果，在这里都将得到检验。也因此，代理人数量、产能始终是影响保险公司“开门红”表现的关键要素之一。

2015年8月，代理人资格考试取消之后，由于代理人准入门槛大幅降低，保险代理人快速出现一波扩容潮，2015年初，代理人数量只有325万人，到2015年末增长至471万人，1年内净增近150万名代理人，到2017年，更是达到806.94万人。

不过从2019年开始，代理人政策红利开始消退，直接表现就是代理人数量开始下降。根据上市保险公司2019年半年报披露的数据，2019年6月末，中国人寿人力有所增长，从2018年末的143.8万人增至157.3万人；平安人寿有所减少，从2018年末的141.7万人降至2019年上半年的128.6万人；太保寿险月均人力也从2018年末的84.7万人降至79.6万人；新华保险、人保寿险人力有增长，但也只是略有增长。

人力增长的萎靡预计仍将会在2019年下半年持续，因此对于保险公司而言，打响2020年“开门红”，很重要的一点就是要提升人均产能，从追求代理人的“量”转向追求“质”。

从2019年前三个季度上市人身险公司披露的保费收入数据来看，大多表现不尽如人意，除太平人寿累计同比增速达到两位数以上，其余同比增速都为个位数：

中国人寿累计原保险保费收入4970亿元，同比增长6.08%；

平安人寿累计原保险保费收入3933.49亿元同比增长9.2%；

太保寿险累计原保险保费收入1858.79亿元，同比增长5.36%；

新华保险累计原保险保费收入1079.12亿元，同比增长7.9%；

太平人寿累计原保险保费收入1176.95亿元，同比增长12.55%；

人保寿险累计原保险保费收入867.3亿元，同比增长2.6%。

告别低迷的2019年，这些保险公司显然需要一个更漂亮的“开门红”，尤其是太保寿险、新华保险、太平人寿、人保寿险都在2019年发生了重要的人事更迭，更需要一场酣畅淋漓的胜利来证明。

银保监会黄洪：人身险公司缺乏复杂经济周期历练，经济下行保持战略定力成一大难题

2019年11月18日

编者按 根据Wind统计，2019年前三个季度，上市保险公司以83.17%的净利润同比增速冠绝资本市场的各类行业，经历了2018年的低迷之后，保险业似乎再度走向巅峰。

资本市场光鲜亮丽的保险业与业界人士心中困顿迷茫的保险业形成了鲜明的对比，在转型的大方向下，每家公司都为趋势所裹挟，急切又审慎地探讨着各种新的出路。

究竟该如何准确地评价保险业的当下处境以及未来前景？中国银保监会副主席黄洪以人身险行业为例给出了颇为中肯的看法，有进展，有不足，但最大的问题还在于人身险公司普遍没有经历过复杂经济周期的全面考验，风险管理尚难言成熟。

2019年11月14—15日，由中国保险行业协会和广州开发区管委会联合主办的“2019中国寿险业峰会”在广州召开，黄洪出席会议并发表主题为《守初心、担使命，持续推进行业高质量发展》的讲话。

在讲话中，黄洪肯定了人身保行业的转型成效，指出行业在深化改革、服务民生、对外开放、转型升级、防范风险等方面取得了显著进展。

在肯定成绩的同时，黄洪也指出，必须清醒地认识到，行业转型升级还刚刚起步，今后的任务更艰巨、更繁重。

他表示，从短期来看，如何在经济下行周期保持战略定力，继续坚持转型升级，这是人身险行业面临的一大难题。我国人身险公司成立时间普遍不长，还没有经历过复杂经济周期的全面考验。只有穿越几个经济周期的考验之后，一家机构的风险管理才能真正成熟。

以下为黄洪演讲全文。

大家上午好！很高兴与大家相聚在美丽而温暖的羊城，共同参加2019年中国寿险业峰会，就全行业坚守保险初心，勇担时代使命，推动高质量发展等问题与大家进行交流。在此，我谨代表中国银保监会、代表郭树清主席，对会议的召开表示热烈的祝贺！

2019年是不平凡的一年，举国上下共同欢庆新中国成立70周年，党的十九届四中全会胜利召开，描绘了“中国之治”的宏伟蓝图。

一年来，人身险行业按照中央要求，聚焦转型升级和高质量发展，行业面貌发生了可喜的变化。

未来，持续推进人身险行业改革转型，实现高质量发展，仍然需要不忘初心、牢记使命，需要我们在服务国家治理体系和治理能力现代化的格局中善谋善成、久久为功。

下面，我讲三个方面的意见，供大家参考。

行业转型成效明显，发展趋稳向好

党的十八大以来，人身险行业以习近平新时代中国特色社会主义思想为指引，坚持以人民为中心的发展理念不动摇，稳步推进费率形成机制改革，激发市场活力；大力整治市场乱象，规范市场行为；着力推动行业转型升级，促进高质量发展。

总体来看，人身险行业转型成效明显，服务实体经济、防控金融风险、深化金融改革三项任务稳步推进，行业以自身努力赢得了各方面的认同和肯定。

一是深化改革取得新进展。稳步推进人身险费率形成机制改革，把定价权还给市场、还给企业，解决了企业经营自主权的核心问题，推动行业重回强劲发展的轨道。

适应宏观经济形势的变化，及时下调长期年金保险的评估利率，优化人身险行业供给结构，防范利差损风险隐患。

行业改革获得了资本市场的认可。分析近年来资本市场各个行业的业绩表现，有两个行业比较抢眼，股价不断攀升至历史新高。一个是酒类行业，茅台股价持续提升；另一个是保险业，其中人身险公司的表现十分突出。

经统计，2019年初至11月13日，上证A股指数上涨16.5%，其中保险板块涨幅为55.2%，是所有板块平均涨幅的3.3倍，也大大高于银行等其他金融机构的涨幅。个别上市保险公司的总市值超过1.6万亿元，位居沪深两市第二，充分体现出广大投资者对保险业改革发展的高度认可。

二是服务民生取得新成绩。行业始终坚持以人民为中心，聚焦社会民生，服务实体经济，努力满足人民群众日益增长的保险保障需求。

目前人身险行业已为社会公众积累养老准备金超过2万亿元，积累长期健康险责任准备金达到1.14万亿元，大病保险已覆盖全国31个省、自治区、直辖市，覆盖人群达11.29亿人，受托管理各类医保基金367.5亿元。

保险业为近9万家企业提供企业年金受托管理服务，覆盖2471万人，受托管理资产累计8958亿元，占企业年金基金实际投资运作金额的90%。

人身险资产规模占保险业的80%，大部分长期资金投向基础设施建设、助力乡村振兴、支持“一带一路”建设，稳投资、稳增长成效明显。

三是对外开放取得新突破。为贯彻落实党中央扩大金融对外开放政策，2018年保险业提出了进一步开放市场的四项措施，包括将人身险公司的外资持股比例上限放宽到51%等。

2019年9月，国务院正式批复修改《外资保险公司管理条例》，放宽了外资保险公司的准入限制，为保险业对外开放顺利实施提供法治保障。2019年10月，我国首家外资保险控股公司安联（中国）保险控股有限公司通过开业验收。

作为金融业中开放时间最早、开发力度最大的子行业，我国保险业在世界保险舞台上扮演着越来越重要的角色。2018年，我国保险业对全球保险市场增长的贡献超过30%，我国保险市场已经是全球保险业发展的最大引擎。

目前，我国保险业总资产接近20万亿元，《财富》杂志“世界500强”中，2012年大陆企业有3家保险公司入围，2019年增加到7家，数量仅次于美国。

四是转型升级取得新共识。近年来，全行业对转型发展的理念认同在不断增强，践行高质量发展成为行业的普遍共识和共同追求。大型头部公司率先进入转型红利期，中小型人身险公司不断探索“特色化经营、差异化竞争”的发展路径。

2019年前三个季度，人身险规模保费为3.2万亿元，同比增长13.7%，大幅高于前些年行业结构调整时期的增速。风险保障和长期储蓄业务占比持续提升，业务发展由依赖新单向新单续期双轮驱动，市场竞争从低层次的价格竞争向高水平的服务和品牌竞争转变。

前三个季度，人身险行业利润达到2332亿元，同比增长55%；第三季度末人身险公司内含价值达3.3万亿元，同比增长16.8%。

五是防范风险取得新成效。我们大力规范市场秩序，营造了公开透明、公平合理、竞争有序的市场环境。通过额度和比例限制，有力遏制了个别公司盲目扩张的势头。目前，中短存续期业务占比由2015年的31%下降至2019年前三个季度的4%。

开展了“治乱打非”、产品专项核查等工作，基本消除了名实不符等问题，建立人身险产品通报制度，定期通报产品监管行业问题，人身险市场秩序明显好转，市场主体所期待的良性竞争态势正在形成。

2019年第三季度末，人身险行业综合偿付能力充足率为204%，核心偿付能力充足率为196%，综合偿付能力溢额220亿元，三项指标较上季度均有小幅提升。前三个季度，人身险公司经营活动现金流为9503亿元，同比增长78%，行业整体现金流充裕，风险可控。

行业高质量发展必须破解的一些难题

尽管这些年人身险行业转型发展取得了显著成效，但也必须清醒地认识到，行业转型升级还刚刚起步，万里长征才走完了第一步，今后的任务更艰巨、更繁重。我国人身险行业实现高质量发展，依然有不少难题需要破解，有不少坎必须迈过。

一是关于如何管理经济周期的问题。当前，我国经济正处于转型升级、爬坡过坎的关键时期，宏观经济下行压力加大。从短期看，如何在经济下行周期保持战略定力，继续坚持转型升级，这是人身险行业面临的一大难题。

从更长的时间维度来看，经济周期总是有升有降，起伏波动是一种常态。人身险行业与人的生命周期紧密相关，负债久期特别长，有的甚至高达上百年，需要穿越数个经济周期，因此更需要树立战略思维，进行整体把握。

从我国人身险行业的历史看，人身险公司成立时间普遍不长，有的只有数十年时间，还没有经历过复杂经济周期的全面考验。只有加强战略管理，系统经受过经济上行和下行的冲击，穿越过几个经济周期的考验之后，一家机构的人才队伍才能真正得到锤炼，它的风险管理才能真正成熟，经营模式才能真正定型。这样的机构，才能真正称得上是一家有底蕴的公司，才能有基业长青的资格。

二是关于资产负债匹配的问题。当前，全球利率震荡走低，我国也面临利率下行的压力。低利率可能导致资产价值的缩水，同时也往往伴随着资产久期的缩短。此时，如果保险公司简单考虑负债端，降低产品定价利率，那就可能造成产品竞争力下降，进而导致现金流承压。

因此，在低利率环境下，如何才能防止20世纪90年代末的利差损问题再次重演，这是人身险行业面临的难题；在防范利差损的同时，如何做好负债管理，保持产品的市场竞争力，这是人身险行业面临的又一个难题；同时，随着行业回归保障，人身险负债周期在不断拉长，第二季度末人身险负债久期是12.44年，资产久期是5.77年，资产和负债的期限错配问题十分突出，如何平衡好资产与负债之间的关系，既做好资产运用，又解决好再投资的问题，这也是人身险行业必须解决的难题。

三是关于社会消费需求变化的问题。人身险行业的转型升级和高质量发展，始终要围绕人这个核心要素来展开，从这个意义上来说，社会消费需求对我国人身险行业发展的影响也不容忽视。

值得注意的是，近年来我国居民贷款尤其是个人住房抵押贷款不断增加，推动居民部门杠杆率持续上升。截至目前，居民债务与GDP之比超过60%。存量债务不断累积，对居民消费产生了明显的挤出效应。2017—2018年，我国全年社会消费品零售总额增速分别是10.2%和9%，2019年前三个季度增速为8.2%。

在这种大背景下，包括教育、养老、文化、旅游、保险等具有较大弹性的改善性消费支出受到冲击，居民对保险产品的购买意愿和购买能力因此而受到影响。对此，整个人身险行业要有充分的研究预判，必须及时适应形势的发展变化并妥善加以应对。

四是关于对传统路径的依赖问题。当前人身险行业转型升级的推进，只是集中在一些浅显的领域，而许多深层次的改革尚未触及，众多的利益藩篱也还没有打破。

市场上有少数公司还存在严重的路径依赖，缺乏刀刃向内的改革勇气，沉溺于过去粗放发展的模式而不能自拔。

少数公司对转型的必要性还存在不切实际的奢望，幻想重走过去野蛮生长的老路，继续拿低利率产品赚来的保费追逐短期高收益资产。

少数公司缺乏创新勇气，不愿走出自己的舒适区，导致我国2.5亿老年人口的庞大保险需求，至今还没有得到有效满足，导致难以为继的营销员大进大出的问题，迟迟得不到有效解决。

这些传统的思维和路径依赖，无异于饮鸩止渴，贪图一时之快却侵蚀了行业长远发展的根基，如果不下决心彻底解决，就会对行业健康发展造成严重影响，成为行业发展的一大隐患。

五是关于各类风险挑战的问题。作为管理风险的行业，人身险行业也面临一些风险挑战。

从行业自身来看，少数公司因产品定价和管理能力不足，导致面临较大的利差损问题和现金流压力；少数公司经营管理体制不健全，非正常关联交易问题突出，公司资源频繁被关联方占用；少数公司合规意识不强，违约违规问题时有发生。

从市场环境来看，市场信用体系尚不健全，债券市场违约事件多发，少数公司面临的市场信用风险和道德风险隐患较为突出。

从基础设施来看，当前行业核心技术设备还没有实现完全自主知识产权，信息技术风险形势严峻；行业队伍规模庞大，但人员素质和能力还有较大的提升空间。这些风险问题的存在，既是压力也是动力，要求人身险行业必须切实增强合规意识和风险管控能力，真正筑牢行业长远发展的根基。

六是关于科技赋能不足的问题。大数法则是保险业经营的基本原则，保险公司属于最古老的大数据公司。从现实情况来看，人身险行业在运用金融科技方面进行了一些尝试，取得了一些成绩，但并没有取得根本性的突破。比如，所谓的“互联网+保险”或者“保险+互联网”，只是简单把互联网作为一个销售平台或者技术工具，科技赋能在当前的人身险行业还远远没有破题。

人身险行业的科技赋能，就是要加强科技与保险的深度融合，基于对风险的精准判断和分析，精确计算每类风险的发生概率，从而实现精准定价，真正做到“没有不可保的风险”；就是要通过信息科技的支撑，以更少的要素投入实现更高的收益产出，切实提升全要素生产率；就是要通过科技与产业的深度融合，实现流程再造甚至是体制机制的再造，进一步创造出新的管理模式、经营模式、商业模式。

强化保险监管，推动人身险行业高质量发展

人身险行业全面转型升级是一个长期而漫长的过程，需要行业、监管、社会等各方共同努力。我们将继续深化金融供给侧结构性改革，通过优化保险供给质量，不断激发、培育社会的保险需求，切实增强保险服务实体经济的能力。

一是切实加强党对人身险事业的统一领导。

人身险事业是党和人民事业的重要组成部分。要强化党对人身险事业的集中统一领导，坚决维护习近平总书记党中央的核心、全党的核心地位，坚决维护党中央权威和集中统一领导。

要强化党的基层党组织建设，着力解决党的基层组织弱化、虚化、边缘化等问题，确保党的路线方针政策和决策部署落到实处。

要以习近平新时代中国特色社会主义思想为指引，深入贯彻落实党的十九届四中全会精神，推动人身险行业在服务国家治理体系和治理能力现代化建设中更好地发挥作用。

二是继续深化人身险领域改革开放。坚持以服务供给侧结构性改革为主线，全面推进人身险行业改革开放。要继续着眼于有效防控风险，完善人身险准备金管理，规范健康保险经营，不断细化监管制度规则。

要完善第三支柱养老保险制度设计，推动扩大税收递延型商业养老保险试点范围，充分发挥经济“减震器”和社会“稳定器”的功能。

要继续深化对外开放，营造公平竞争的良好市场环境，坚决确保各项对外开放政策落地实施，同时研究推出新一轮对外开放的政策措施。

三是服务经济发展和社会民生。要坚持以人民为中心，围绕新时代社会主要矛盾变化、社会结构转型、中等收入群体增加和消费升级等新趋势，顺应人民群众生有所保、老有所养、病有所医、学有所教等新期待，引领人身险行业持续推进产品创新和服务升级。

要不断增强人身险行业的全局意识和战略眼光，主动置身于国家重大战略部署，更好地支持“一带一路”倡议，以及京津冀协同发展、长江经济带、粤港澳大湾区等国家重大战略。

四是夯实行业高质量发展的基础。人身险行业实现高质量发展，能力建设是关键。要切实加强机构自身的能力建设，从产品定价、风险管理、资产负债匹配等方面入手，不断夯实行业高质量发展的根基。

要不断提高从业人员的素质，加强教育培训，提高职业修养，吸引更多优秀人才加入人身险行业。要切实加强监管建设，及时适应现代经济形势发展要求和信息技术特点，弥补制度短板，堵塞监管漏洞，为人身险行业高质量发展提供制度保障。

五是加强和改进人身险监管。按照习近平总书记“管住人，看住钱，扎牢制度防火墙”的要求，坚决履行好金融监管的职责。

要强化股东监管，防止动机不纯的股东进入保险业；强化自有资本出资，抓住资本监管这个关键，防止野蛮扩张问题；强化产品监管，防止“有毒”产品进入市场，增加有效保险供给；强化风险监管，完善法定责任准备金制度，建立动态、市场化的利率形成机制；强化行为监管，防止市场乱象多发频发；强化从业人员责任，防止那些缺乏职业操守的人员进入保险业。

人身险行业高质量发展之路任重而道远。道虽远，不行不至，事虽难，不为不成。让我们紧密团结在以习近平同志为核心的党中央周围，上下一心，锐意进取，持之以恒，攻坚克难，为实现两个一百年奋斗目标和中华民族伟大复兴的中国梦谱写新的篇章，作出更大贡献！

NEW ERA OF
INSURANCE

保险新时代

〖慧保天下〗精选集

3

CHAPTER

健康险·高光

2019年，商业健康保险以超高的业务增速成就行业高光时刻。这是一场多方共同参与的盛宴：政府顶层设计引领方向，监管新规给予制度保障，消费者意识觉醒成就海量市场，社保、医疗机构、保险公司、健康服务供应商各就各位，各谋其政。

然而高增长的华丽光环之下，问题始终挥之不去，重疾险占比过高、保险公司控费能力不强、健康管理有效性受质疑、服务空心化……人口老龄化给商业保险涉足大健康带来结构性机会，考验真本事的时刻就要来了。

健康险，保险业第三极？4年内规模保费或达万亿元，与财产险并驾齐驱

◎钟鹏 慧保天下 | 2019年2月14日

2018年，保险业经历转型阵痛，寿险业务出现负增长、财产险业务也呈低速增长状态，在这样的关键时刻，保险业应该从何处寻找新的突破口？最重要的答案之一是“健康险”。

实际上，健康险已经成为近年来保险业增速最快的业务类型。如表1所示，截至2018年末，健康险规模保费达5448亿元，同比增长24.1%，在各大类保险业务中增速最快，直接拉动了人身险公司和财产险公司的业务增长。

表1　2018年中国保险业大类保险业务规模保费与增速

大类业务	规模保费（亿元）	增速（%）
财产险业务	10770	9.5
寿险业务	20723	-3.4
健康险业务	5448	24.1
意外险业务	1076	19.3

数据来源：银保监会官网。

按照目前的增速，只需3~4年，健康险业务规模保费即可达到万亿元，与财产险业务并驾齐驱。健康险已然成为保险业务发展的第三极，换句话说，只要把握住健康险的发展趋势，也就把握住了未来。

为了各位读者更好地理解健康险业务的发展现状，本文深度剖析2018年健康险业务的相关数据，总结出以下九大特点。

特点一，健康险规模保费有望在3~4年达到万亿元，可与财产险业务并驾齐驱

数据显示，健康险业务2018年规模保费已达财产险业务规模保费的1/2，寿险业务保费规模的1/4（见表2）。随着中国医疗卫生体制改革的推进，医保控费力度加强，给健康险留出了更大的发展空间。未来，健康险仍将保持20%以上的高速增长，3~4年后健康险规模保费可达万亿元，可与财产险业务并驾齐驱。

表2 2018年中国保险业健康险业务情况

		保费收入（亿元）	占比（%）	2017年同期保费收入（亿元）	同比增长（%）
行业概况	健康险总保费	5448	100	4389	24.1
	人身险公司	4879	89.6	3995	22.1
	财产险公司	569	10.4	394	44.4
客户类别	个人客户保费	4119	75.6	3281	25.5
	团体客户保费	1329	24.4	1108	19.9
大类险种	医疗险	1848	33.9	1415	30.6
	疾病险	3553	65.2	2495	42.4
	其中（重）疾险	3175	58.3	2246	41.4
	护理险	39.2	0.7	472.7	-91.7
	失能险	7.1	0.1	5.3	33.9

数据来源：银保监会官网、保险公司同业交流。

特点二，人身险公司健康险保费占比约为九成，但财产险公司增速更快

健康险业务中，人身险公司保费占比约为90%，财产险公司因只能做短期健康险，保费占比约为10%（见图1）。但财产险公司保费基数小，保费增速是人身险公司的1倍。

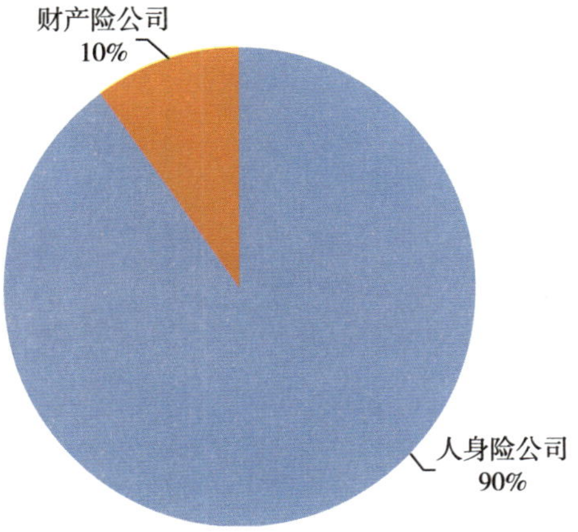

图1 2018年人身险公司、财产险公司健康险保费占比

特点三，健康险业务以个人客户为主，代理人渠道仍为主力；团体业务受制多重因素，增速有限

健康险业务中，个人客户保费占比约为76%，团体客户保费占比约为24%（见图2）。

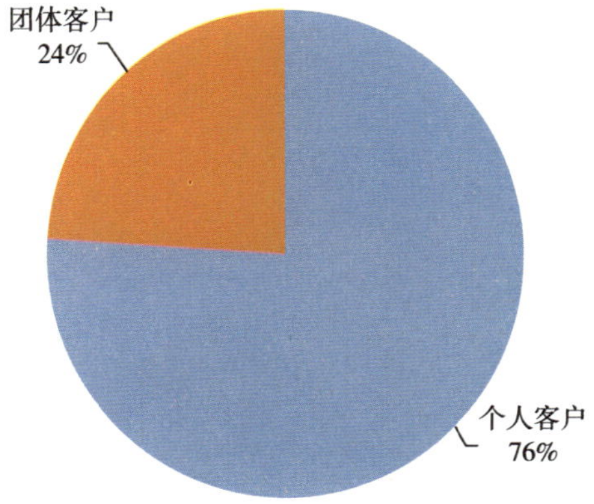

图2 2018年健康险个人客户、团体客户保费占比

对于健康险产品，无论是医疗险还是重疾险，都涉及较多的医学知识，相对复杂，还是需要一对一、面对面的产品说明，而保险业的800万名个险代理人，是销售健康险产品的绝对主力。

至于互联网渠道，纯线上销售的保费收入并不高，实际上很多互联网平台只是线上出单而已，销售环节仍然是代理人线下进行。

健康险团体业务以企业补充医疗和政府合作类（如大病商办）业务为主，受企业盈利情况、员工福利预算的影响较大，增速并不高。

特点四，以定额给付疾病险为主，报销型医疗险为辅

目前，从健康险各险种的市场占比来看，疾病险尤其是其中的重疾险，是健康险产品的绝对主力，保费占比约为65%，而医疗险保费占比约为34%。

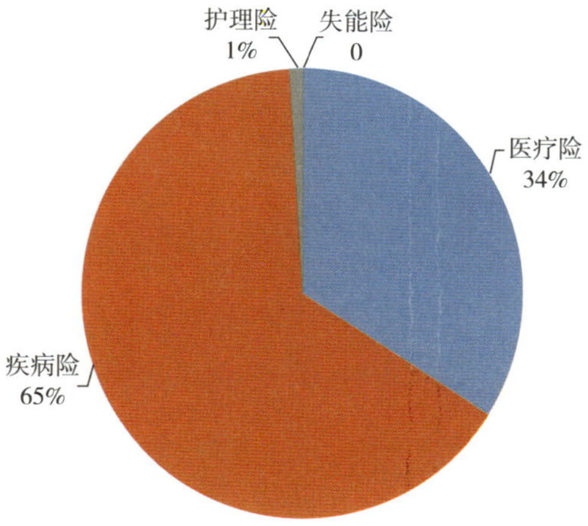

图3　2018年健康险分大类险种保费占比

究其原因，在目前保险公司对医疗机构医疗行为缺乏管控能力的情况下，报销型医疗险无法做到有效控费，更多的是扮演一个事后出纳的角色，以至于业内短期医疗险的综合成本率基本上徘徊在100%的水平，导致保险公司缺乏动力。

而业内绝大部分重疾险，从风控角度来看是定额给付，风险可控；从价值角度来看，尤其是长期重疾险新业务价值率较高；从市场角度来看，客户容易接受，保费能上规模，因此，各人身险公司和健康险公司都在大力推动长期重疾险的销售。

特点五，理财型护理险几乎退出市场，长期护理险开始试点，失能险至今未启动

值得注意的是，前几年靠理财型产品形态狂飙突进的护理险，在监管部门严监管、大力整顿中短存续期产品的情况下，规模保费出现大幅萎缩，从2016年的1208亿元降至2017年的470亿元，至2018年，仅为36.8亿元，只剩约1%的份额，基本退出市场（见图4）。

理财型护理险退出市场所导致的千亿元健康险保费缺口最终都由快速增长的重疾险来填补。从图5可以看到，2018年健康险产品中，疾病险保费增速最高，达42.4%，规模保费也最多，达3553亿元。

而疾病险又以长期重疾险为主，其中重疾险增速达41.4%，保费规模为3175亿元。长期重疾险既有新单保费也有续期保费，滚雪球的效果

明显。

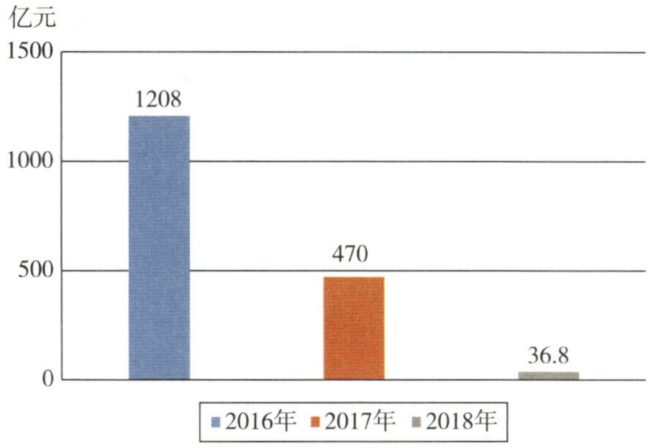

图4 2016—2018年理财型护理险规模保费

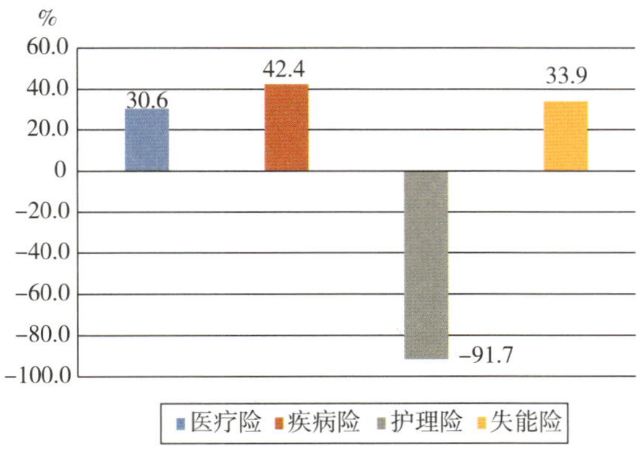

图5 2018年健康险分大类险种保费增速

在理财型护理险逐渐退出市场的同时，长期护理保险已经在全国15个城市开展试点，其中，相当一部分试点城市的护理险业务是委托保险公司经办，这部分业务被多家大型保险公司的团险渠道视为继大病商办后又一新的业务增长点。2018年人身险公司的团体护理险规模保费约为13亿元。

在老龄化的大趋势下，长期护理保险的全面铺开是大概率事件，且保险公司开展护理险业务需整合护理等级评估、医疗、护理、康复等医康养护产业链资源，未来发展可期。

至于失能险，市场一直未启动，目前规模保费可忽略不计。

特点六，健康险贡献规模保费近1/5，已成为人身险公司转型有力抓手

数据显示，2018年人身险公司原保险保费收入为26261亿元，同比仅增长0.85%，其中寿险业务原保险保费收入为20723亿元，同比下降3.4%；而健康险原保险保费收入为4879亿元（见表3），占比为18.6%。由此可见，健康险已经成为人身险公司转型发展的强有力抓手，已然成为保障型产品的“领头羊”。

表3 2018年人身险公司健康险业务统计

人身险公司		保费收入（亿元）	占比（%）	2017年同期保费收入（亿元）	同比增长（%）
	健康险总保费	4879	100	3995	22.1
客户类别	个人客户保费	4004	82.1	3225	24.2
	团体客户保费	875	17.9	770	13.6

续表

人身险公司		保费收入（亿元）	占比（%）	2017年同期保费收入（亿元）	同比增长（%）
大类险种	医疗险	1516	31.1	1201	26.2
	疾病险	3322	68.1	2320	43.2
	其中重疾险	2965	60.8	2086	42.1
	护理险	36.8	0.8	470	−92.2
	失能险	3.7	0.01	3.6	2.8

数据来源：银保监会官网、保险公司同业交流。

特点七，健康险仅占财产险公司总保费收入的4.8%，但增速显著高于车险、企财险等传统财产险业务

从数据来看，2018年财产险公司原保险保费收入11756亿元，同比增长11.5%；其中财产险业务原保险保费收入为10770亿元，同比增长9.5%，交强险原保险保费收入为2034亿元，同比增长8.9%；农业保险原保险保费收入为573亿元，同比增长19.5%；而健康险保费收入为569亿元，占比为4.8%，同比增长44.4%（见表4）。

表4　2018年财产险公司健康险业务统计

财产险公司		保费收入（亿元）	占比（%）	2017年同期保费收入（亿元）	同比增长（%）
	健康险总保费	569	100	394	44.4
客户类别	个人客户保费	115	20.2	56	105.4
	团体客户保费	454	79.8	338	34.3
大类险种	医疗险	332	58.3	214	55.1
	疾病险	231	40.6	175	32.0
	其中重疾险	210	36.9	160	31.2
	护理险	2.4	0.4	2.7	−11.1
	失能险	3.4	0.6	1.7	100

数据来源：银保监会官网、保险公司同业交流。

很显然，虽然健康险目前在财产险公司总保费收入中的占比很低，仅为4.8%，但其增速显著高于车险、企财险、农业险等传统财产险业务，健康险已经与责任险、保证险等业务一起，成为财产险公司新的业务增长点。

特点八，人身险公司健康险业务以个人客户为主，财产险公司则以团体客户为主

上述提及，目前健康险业务仍以个人客户为主，而团体业务增速有限，但具体到人身险公司和财产险公司，情况则大为不同。

整体来看，人身险公司健康险业务以个人客户为主，财产险公司则以团体客户为主，情况刚好截然相反，反映出人身险公司、财产险公司在产品和销售渠道迥异的特点。

健康险产品尤其是规模保费最大的长期重疾险的复杂性，使得人身险公司的个险代理人渠道成为最适合销售健康险的渠道，高达约800万人的庞大的代理人销售大军，与客户的接触点更为广泛。

其他渠道中，银行保险渠道仍以理财型产品为主；团险渠道受制于多种因素，整体增速不高；互联网渠道目前则仍以销售形态简单、件均保费不高的健康险产品为主。

而财产险公司只能销售1年期以内的短期健康险，件均保费不高，因此销售佣金也不高，对财产险公司销售人员的激励作用小。且多年来，财产险公司的渠道建设就是以团体客户为主，个人客户更多是靠车商、电网销、代理等渠道去获取，公司销售人员更擅长拓展团体客户和政府客户。

人身险公司和财产险公司的健康险个人客户和团体客户保费占比分别见图6和图7。

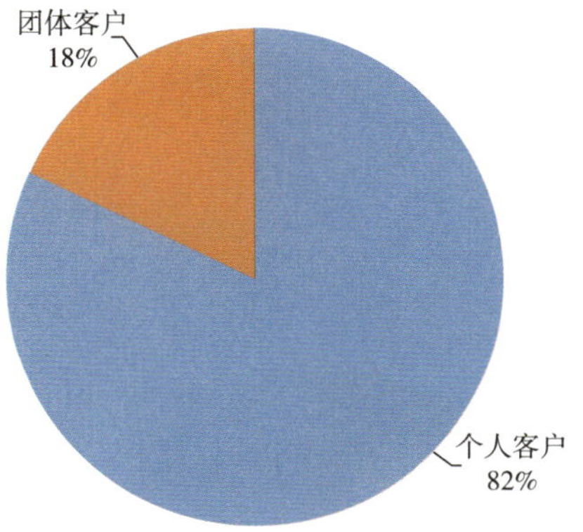

图6 人身险公司健康险个人客户和团体客户保费占比

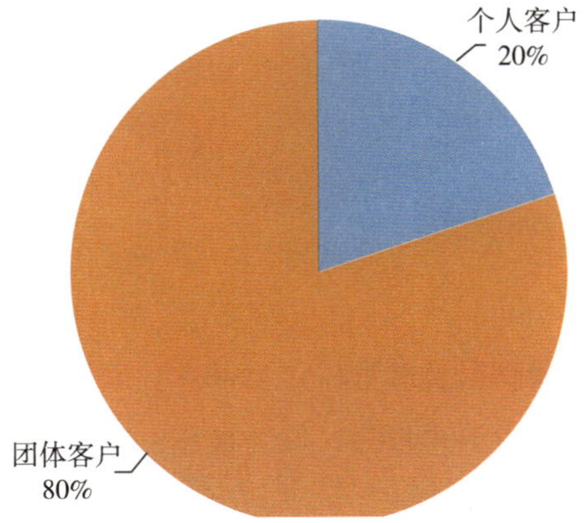

图7 财产险公司健康险个人客户和团体客户保费占比

特点九，人身险公司以重疾险为主，财产险公司的医疗险和重疾险旗鼓相当

如上所述，人身险公司主推风险可控、市场

规模大以及新业务价值率高的定额给付型长期重疾险，且人身险公司在销售过程中，会把重疾险和人身险产品组合销售，附加短期百万医疗险、普通住院医疗险和住院津贴等短期医疗险产品。

在目前保险公司对医疗机构缺乏控费能力的情况下，人身险公司更多是把件均保费低、理赔频率高的短期医疗险当作获客的工具以及客户体验理赔的工具，作为寿险、重疾险主险的附加险组合销售。

财产险公司只能销售1年期以内的短期健康险且以团体业务为主渠道，产品以1年期重疾险、短期医疗险、企业补充医疗险和政府合作类（如大病商办）业务为主，实际上大部分财产险公司的疾病险和医疗险的规模保费大致相当，但因人保财险做了大量的大病商办等政府合作类医疗险业务且规模保费大，拉高了医疗险的占比。人身险公司和财产险公司的健康险分大类险种保费占比分别见图8和图9。

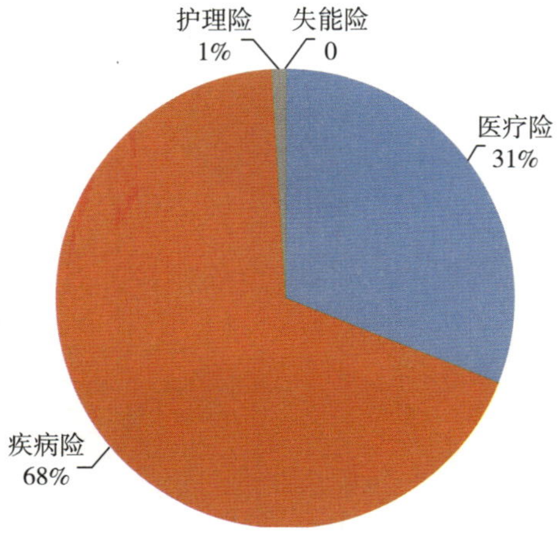

图8　人身险公司健康险分大类险种保费占比

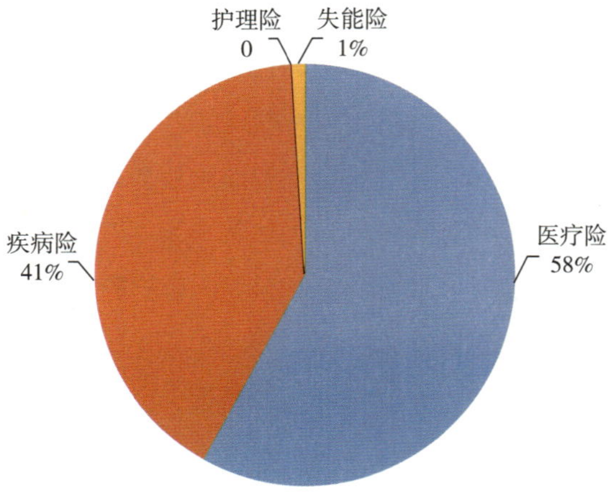

图9　财产险公司健康险分大类险种保费占比

随着保险业转型的逐步深入，消费者风险管理意识的进一步提升，作为最能体现保险风险保障功能的健康险业务势必会持续快速发展，这是行业面临的最大机遇之一，容不得怠慢。与此同时，基于健康险业务的特殊性，也对保险公司的风险管控、客户服务能力提出了更高要求，给行业提出新的挑战，同样容不得怠慢。

网销重疾险陷入价格战，中小保险公司健康险是否会重蹈车险覆辙

2019年4月16日

预想中的这一天终于来了。

最近几年，一些中小保险公司抓住健康险风口的机会，频繁推出性价比较高的重疾险、医疗险等产品，试图绕开几家行业巨头构建起的产品和定价体系，以“奇兵”制胜。从效果来看，这确实引发了一轮高性价比健康险产品的热潮，一部分公司也借机提升了规模。但是，在价格战越来越激烈的倾向下，没有人愿意点破的是，保险经营规律总是要发挥作用的。

近日，中再寿险的一份报告显示，重疾险产品在费改后发展迅猛，产品设计逐步呈激进发展趋势。尤其值得注意的是，中再寿险在报告中明确提到的“价格战只会损害市场的可持续发展”，间接表明了再保公司的态度。由于没有利差，再保公司直接承受分保亏损，因此，近期再保公司已基本上不承接重疾险产品的分保；即使承接，报价也会大幅提高。在缺乏再保支持的情况下，中小保险公司继续价格战能走多远是个谜题。

网销健康险发展迅猛，成为中小人身险公司发力的重点，“头部平台+产品降价”成为一种竞相效仿的竞争策略

随着民众健康意识的觉醒，健康险成为互联网保险中的现象级产品，同时价格大幅下降，受到互联网保民尤其是所谓中产阶级的热爱。

中国保险行业协会发布的《2018年度互联网人身险市场运行情况分析报告》显示，2018年互联网健康险增速迅猛，累计实现规模保费122.9亿元，同比增长108.3%。其中，费用报销型医疗险仍是受市场欢迎的主力险种，累计实现规模保费64亿元，同比增长133.3%，占互联网健康险总规模保费的52.1%；重疾险实现规模保费33.9亿元，同比增长68.7%，占互联网健康险总规模保费的27.6%。

因长期面临发展困境，中小保险公司走传统路线难以出头，而依靠网销健康险迅速抢占市场，树立自身品牌，却不失为一条弯道超车的路

线。以众安在线为例，保费收入挤进“百亿元俱乐部”，健康险贡献的保费收入占20%。根据众安在线2018年年报数据，明星产品尊享e生及支付宝好医保系列贡献保费收入达17.5亿元，被保用户数约400万户。

“头部平台+产品降价”可以简单划分为三个阶段，在不同的阶段，中小保险公司与互联网平台及行业巨头之间进行了复杂的博弈。

第一个阶段：部分中小保险公司的觉醒

对于中小保险公司而言，在缺乏与消费者对接自有渠道的情况下，在产品方面，只能选择当时利差、费差及死差仍有较大空间的保障型产品入手；在渠道方面，只能依靠流量平台、线上自媒体及代理人平台等吸引客户。

中小保险公司为了获取更多保费，积极进行产品升级和价格优化。以百年人寿为例，这家公司是最近几年引领健康险变革的典型代表，其推出不少市场叫好的高性价产品，规模保费从2014年的85亿元增长到2018年的385亿元。

第二个阶段：互联网平台渠道的主动介入

保费高低是消费者十分关心的内容，一些平台和自媒体如互联网巨头建立的保险平台和依托内容获客为保险销售提供导流的自媒体等自然是紧盯上市的新产品，不断为消费者提供产品价格比较，以及推荐其认为的最高性价比产品。

头部互联网平台加高性价比健康险成为标配，微保和泰康在线推出微医保——百万医疗险，微医保——短期重疾险；蚂蚁保险与人保健康推出好医保——长期医疗险，与国华人寿推出好医保——长期重疾险；京东金融与众惠相互保险推出京惠保——短期重疾险……流量和客户触达优势，使互联网渠道成为决定产品销售量的重要因素。

第三个阶段：大量保险公司开展激烈价格战

部分中小保险公司的探索和保费激增的示范效应，引发大量保险公司进入健康险领域。在渠道有限、潜在目标客户有限的约束下，只能依靠不断降低价格（同时扩大保障）来建立优势，大有复制车险价格战的趋势。

以长期消费型重疾险为例，近年来，市场上网红重疾险产品越来越多，百年人寿康惠保、复星联合康乐一生、复星联合达尔文1号瑞泰瑞盈、瑞泰人寿超级玛丽、同方人寿康健一生等多款产品接连上市，保额高、保费低，性价比上限持续刷新。

从保障基本重疾到加入轻症，再到支持多次赔付，产品策略分化，中小保险公司和互联网公司的产品定价越来越激进，消费型重疾险已触碰到价格底线，亏损风险越来越高。

比如，一位30岁的女性投保长期消费型重疾险，保额为50万元，交费期限为30年，保障期限至70岁。尽管各保险公司的产品在保障范围、保险责任等方面有细微差距，但总体仍可比，网销产品的保费基本在4000元以下，有的甚至不足线下传统重疾险保费的50%。

越来越低的费率中蕴含的死（病）差风险不容忽视，由于费率过低，再保险公司对重疾险分保的意愿降低

保险经营还是需要遵循科学规律的，一味的价格竞争必然会使公司经营亏损，这既有定价激进的原因，也有客户选择和风险控制的原因，后两者更是整个保险市场的绝对短板。

从定价来说，互联网保民平均年龄较低，众安在线年报披露的投保尊享系列的客户平均年龄为35岁，按道理这个年龄的客户发病率不高，尤其是对于20~39岁年龄段的女性来说，虽然乳腺癌、宫颈癌以及胃癌、肝癌、肺癌的发病率较低，但绝不可忽视甲状腺癌，从2000年开始，甲状腺癌的发病率年均升高近23%。

中再寿险的数据显示，过去10多年间，甲状腺癌发病率急剧上升，男性的甲状腺癌发病率2016年为2006年的10倍。因甲状腺癌的生存率很高，且手术费用较低，所以，如果客户投保的是消费型医疗险，医疗费用在数万元以内；但如果客户投保的是重疾险，那么保险公司必须按照保额进行赔付。单此一项，就大幅提高了重疾险的赔付率。

从客户控制和风险选择来看，互联网保险的逆选择和道德风险必然较高，而部分保险公司大幅降低核保的门槛和严密程度，主观上也有放松核保、迅速做大保费的小算盘，死（病）差风险加大在所难免。另外，保险公司在医疗体系内缺乏话语权，无论是投保前对客户身体状况的核查还是客户发病后对医疗费用的管控，都缺乏有效手段，难以获得医疗数据。

从同业交流数据来看，2018年一些网销健康险较多的中小保险公司健康险的赔付或给付支出增速均高于健康险保费增速，或说明经营亏损为大概率事件。

因此，无论是中再寿险的报告，还是一些再保险公司对这类业务的分保意愿降低，从而大幅提高分保价格，都不过是当年财产险、工程险被国外再保拒保的历史重现。

健康险走入价格战困局成为大概率，所有看似简单的错误，背后都有不得已的苦衷

实事求是地说，采取这种模式，中小保险公司有以下不得已的苦衷：一是流量、品牌、规模，都想要；二是平台有平台的诉求，以尽可能低的价格吸引消费者投保，符合互联网公司的一贯风格。两厢情愿之下，网销重疾险价格一再走低，亏损成为大概率事件。前一段时间，某家中小人身险公司的偿付能力急剧下降，引发行业警觉。

如同车险价格战之后的严格监管类似，健康险困局也凸显了中小人身险公司的发展困境。一方面，资产驱动负债模式已经难以为继（监管不允许，环境也不允许），发展纯保障型产品，在服务方面又难以建立优势，所以只能拼价格；另一方面，对不少公司而言，发展质量仍然是其次的，现金流、规模保费远比利润重要。如果网销健康险业务规模可控，亏损一些权当是广告投

入，既可以借此打开市场，形成品牌影响力，又可以辅助理财型保险的销售，甚至还可以提高公司估值。

对于资本力量本来就相对薄弱的中小保险公司而言，如果一味地为做大规模而打价格战，一方面自身的偿付能力可能会快速下降，另一方面难以保证后续的客户服务质量。未来，如果理赔成本持续升高，保险公司承担亏损之后会不会收紧理赔，从而出现拒赔、惜赔等情况还不好说。这真成了“麻秆打狼、两头都怕”。

健康险在与时间赛跑。一方面，人身险公司积累的红利可以不断释放，整体抗风险的能力较强；居民保障不足亟须补足缺口，未来健康险产品创新力度将进一步加大，产品的差异化和个性化更加突出。另一方面，与车险市场类似，居民收入的增长潜力、合格潜在被保险人的数量增长以及新型保障方式的替代，也正在一步步挤压健康险的发展前景。

解决健康险问题的方式与车险类似，车险困境能解决，健康险也一样能解决；车险解决不了，健康险同样无力回天。

汝果欲学诗，工夫在诗外。

健康险高增长31.69%：政府委托业务激发财产险公司，重疾险等个人长期业务依旧是基石

2019年9月16日

健康险正逐渐成为整个保险业的“增长引擎”。数据显示，2019年前6个月，保险业实现原保险保费收入25537.07亿元，同比增长14.16%，其中财产险业务为5893.16亿元，增长8.29%；人身险业务为15026.50亿元，增长12.46%；意外险业务为641.02亿元，增长17.25%；而健康险业务为3976.40亿元，增长31.69%，在所有类型业务中，同比增速最高（见图1）。

健康险拉高行业保费增速，其本身的“增长引擎”又是什么？

其实，在过去资产驱动负债模式兴盛时期，健康险业务也曾快速发展过，彼时拉动健康险保费高速增长的实际是以人保健康为首的专业健康险公司大肆销售的中短存续期护理保险，健康险保费数据在某种程度上存在“注水”，并不代表真正意义上的保障型业务正在快速增长。

如今，健康险保费收入再度实现30%以上的同比增速，其实际发展历程又是怎样的？

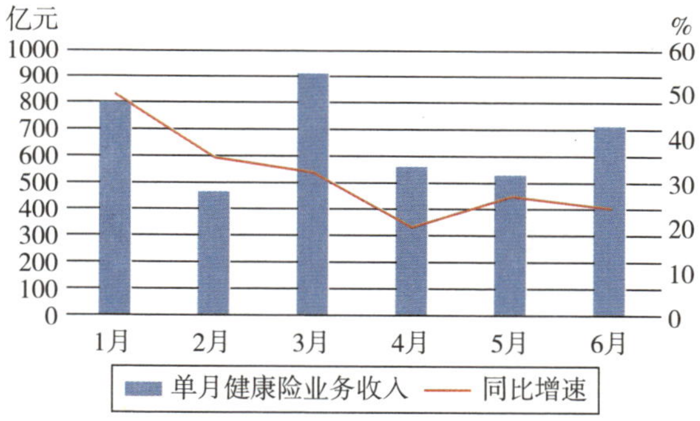

图1　2019年上半年单月健康险保费收入以及同比增速

财产险公司

政府委托业务拉动健康险快速增长

财产险公司上半年累计实现健康险保费收入538.63亿元，在同期保险业全部健康险保费中占比虽然只有13.55%，但同比增速为38.30%，高于保险业健康险的整体增速（31.69%）。

很显然，健康险成为财产险公司规模最大的非车险业务之一，且成为拉动财产险公司保费快速增长最重要的因子之一。

从表1可以看到，2019年上半年，除车险

外，健康险为财产险公司贡献了最多的保费增量，达到149亿元。

表1　2019年6月末财产险公司各类型业务保费收入及其增量

项目	累计（亿元）	同比增速（%）	增量（亿元）	增量占比（%）
原保险保费收入	6706	11.32	682	100
企财险	291	8.12	22	3
家财险	52	14.49	7	1
车险	3966	4.55	173	25
工程保险	72	−10.65	−9	−1
责任保险	419	31.15	100	15
信用保险	100	−9.40	−10	−2
保证保险	373	23.80	72	11
船舶保险	37	4.11	1	0
货物运输保险	69	6.65	4	1
特险	41	−1.45	−1	0
农险	446	21.34	79	12
健康险	539	38.30	149	22
意外险	275	42.33	82	12
其他	26	124.33	14	2

『慧保天下』梳理了2019年上半年各月人身险公司与财产险公司单月健康险保费收入的情况，如图2所示，既能销售短期健康险业务，又能销售长期健康险业务的人身险公司贡献了大部分的健康险保费收入。

就财产险公司2019年上半年的单月健康险保费收入来说，大部分集中于40亿~70亿元，但也有个别月份表现抢眼，如1月达到146.01亿元，3月达到153.35亿元，两个月合计将近300亿元，超过其他4个月健康险保费收入的总和，贡献了上半年大部分的财产险公司的健康险保费收入。

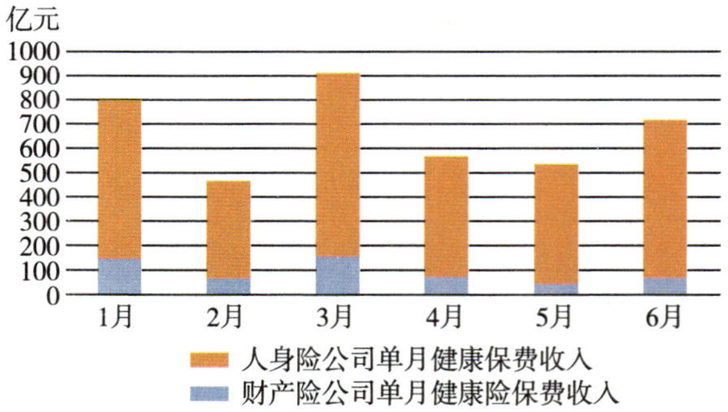

图2　人身险公司、财产险公司单月健康险保费收入对比

将财产险公司单月健康险保费增速与保险业的健康险保费增速做对比会发现，1月、4月财产险公司健康险保费增速要远远高于全行业，其余

时间的增速则低于保险业整体水平。

年初个别月份财产险公司健康险保费收入高速增长，主要是由于保险公司集中承保政府委托业务导致的。

按照惯例，各地的政府委托业务一般在年初办理，因此这一段时间，财产险公司的健康险保费收入往往会出现“井喷”。

2019年1月，财产险公司的健康险保费同比增速尤其高，达到104.23%。这与各地不断上调社保筹资水平也有关，如2018年的《政府工作报告》中指出，将“提高基本医保和大病保险保障水平，居民基本医保人均财政补助标准再增加40元，一半用于大病保险”，这对于承办政府委托业务的保险公司而言，无疑是一大利好。

提到政府委托业务，不得不提人保财险，作为“共和国保险长子”，该公司凭借过硬的品牌形象，以及良好的政府关系，在该类业务方面，始终一马当先。

数据显示，仅人保财险一家就在2019年上半年实现健康险保费收入364.02亿元，在财产险公司全部健康险保费收入中占比为67.58%，同比增长42.17%，高于行业平均水平。健康险已经成为该公司最大的非车险种，也成为推动该公司非车险业务快速增长最重要的因素之一（见图3）。

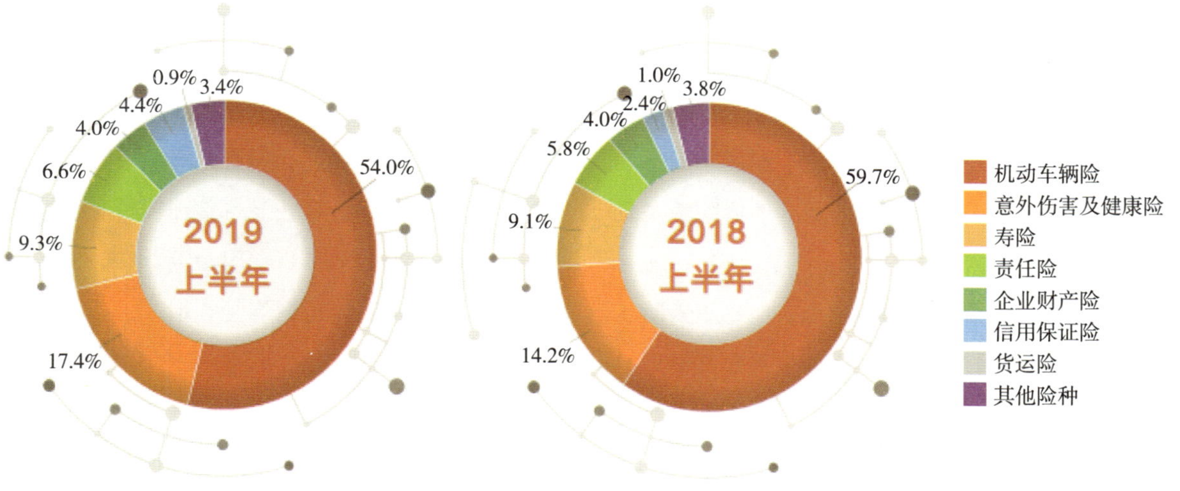

图3　人保财险2019年上半年各险种业务占比

对于健康险的快速增长，人保财险在半年报中解释称，是因为“2019年上半年，大病保险筹资标准提高，公司及子公司城乡居民、城镇居民及新农合大病保险业务快速发展，扶贫医疗救助保险、长期护理保险等非大病业务保费规模突破百亿元，形成大病与非大病健康险双轮驱动的良好发展态势”，说明了政府委托业务在推动其健康险保费快速增长中的重要性。

人身险公司

重疾险等长期个人业务仍是健康险发展基石

在政府委托业务等推动财产险公司的健康险

保费以超行业整体增速的水平高速发展之时，人身险公司的健康险保费也在快速发展。

既可以从事长期健康险业务，又可从事短期健康险业务的人身险公司依然是健康险保费收入大户，2019年前6个月，实现健康险原保险保费收入3437.77亿元，在行业同期全部健康险保费收入中占比为86.45%，同比增长30.72%（见表2）。

表2 2019年前6个月人身险公司的健康险保费收入

项目		保费收入（亿元）	同比增速（%）	占比（%）	同比增量（亿元）	增量占比（%）
其中，短期险	个人业务	283.13	38.57	8.24	78.81	9.76
	团体业务	667.69	26.73	19.426	140.82	17.43
长期险	个人业务	2416.72	31.80	70.30	583.15	72.19
	团体业务	70.24	7.69	2.04	5.02	0.62
累计		3437.77	30.72	100.00	807.8	100.00

审视其业务构成不难发现，针对个人的长期险业务构成了人身险公司健康险业务的基础，上半年实现保费收入2416.72亿元，占比高达70.30%，同比增长31.80%，相较于2018年同期增加了583.15亿元，为人身险公司的健康险业务创造了72.19%的增量。

这显示对于人身险公司来说，包括重疾险、防癌险等在内的长期健康险业务依然是其健康险的基石性业务，且在行业转型的大环境下，更是成为推动健康险保费快速增长的核心业务类型。

除此外，短期的个人健康险业务也快速增长，成为人身险公司健康险中成长最快的业务类型，同比增速高达38.57%。

自众安保险的“尊享E生”出现，另辟蹊径发展面向个人的中端医疗保险以来，这已经成为各家保险公司的必备“敲门砖”产品，推动个人短期险在过去数年高速发展。受此启发，一些公司也开始推出长期的百万医疗险产品，给财产险公司的短期百万医疗险造成竞争压力。

不过整体来看，人身险公司的健康险保费收入中，短期险业务占比依然很低，尤其是个人短期险业务，截至2019年上半年末占比只有8.24%，远低于团体短期险业务（占比19.42%）。

通过对2019年上半年健康险保费构成进行深度剖析，不难发现，相较于2013—2016年“注水”的健康险保费，在持续的转型之后，目前的健康险保费结构正日趋向好，体现于保费收入的快速增加，更体现于各类型业务的全面增长。

但不容忽视的是，健康险高度考验保险公司的风险管控能力，如果不能实施有效风控，保费增速越高，挖的“坑”将越大。目前的健康险赔付情况其实已经露出一些危险的苗头。

危险信号：健康险保费增速高，赔款增速更高

2019年9月18日

2019年前6个月，健康险“不负众望”成为所有险种中增速最快的险种，一时之间，“健康险黄金时代来临”的呼声不绝于耳。

2019年前6个月，保险业实现原保险保费收入25537.07亿元，同比增长14.16%，以下为各险种保费收入增长情况：

财产险业务实现原保险保费收入5893.16亿元，增长8.29%；

人身险业务实现原保险保费收入15026.50亿元，增长12.46%；

意外险业务实现原保险保费收入641.02亿元，增长17.25%；

健康险业务实现原保险保费收入3976.40亿元，增长31.69%。

然而无论是任何险种，所谓的黄金时代，一定是“名利双收”的时代，不仅仅体现在保费增长快，更体现在保险公司价值增长以及利润增长等方面，因为只有这样的增长才是真正的长期可持续的增长，竭泽而渔式的快速增长只能带来更大的风险隐患。

如表1所示的2019年上半年各险种的保费增速情况以及赔付额增长情况，不难发现，无论是财产险公司的健康险保费增速还是人身险公司的健康险保费增速，都低于其赔付额度的增长速度。

其中，财产险公司健康险前6个月实现保费收入同比增速38.30%，而赔付额增速却高达49.07%；人身险公司健康险保费增速为30.72%，赔付额增速却达到33.22%。二者合计，行业健康险前6个月保费增速为31.09%，而赔款增速却高达39.18%。

对于蓬勃发展的健康险来说，在保费高速增长的同时，一个危险的信号已经显现：赔付额增速超过保费增速，这很有可能意味着，在健康险高速发展的同时，其利润空间却在不断被挤压。

表1　2019年前6个月各险种保费增速与赔付额增速对比

险种	保费增速（%）	赔付额增速（%）
财产险公司	11.32	13.61
财产险	8.29	11.01
意外险	42.33	27.78
短期健康险	38.30	49.07
人身险公司	15.21	−4.58
寿险	12.46	−13.54
意外险	3.59	4.06
健康险	30.72	33.22

从2019年4月开始，健康险赔款增速超过其保费增速

从2019年上半年的整体情况来看，健康险赔款增速高于保费增速大约是从4月前后开始。

公开数据显示，1月，健康险业务保费增速高达49.9%，赔款的同比增速仅为37.65%，远远低于保费增速，但这之后，健康险保费收入同比增速呈不断下滑的态势，而与此同时，健康险赔款增速在2月出现一定下滑之后就开始上升，到4月，二者的地位彻底“反转”，赔款增速超过保费增速，且二者差距有逐渐拉大之势。

截至6月，二者差距达到5个百分点，到7月，则进一步扩大至8个百分点。这意味着健康险赔款在全部健康险保费收入中的占比正在不断加大（见图1）。

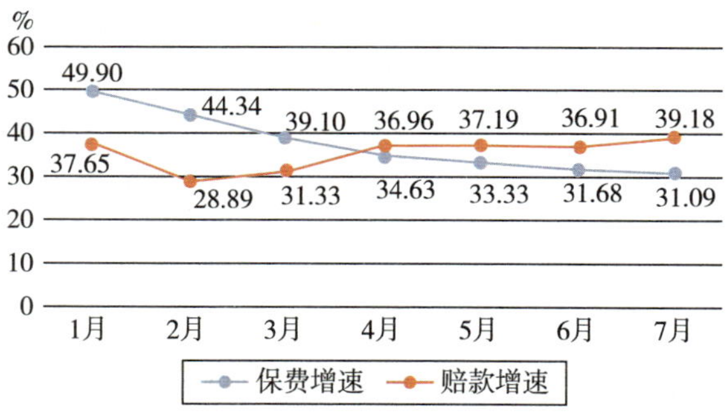

图1　2019年1—7月健康险保费增速与赔款增速对比

从人身险公司来看，2019年上半年人身险公司健康险业务赔付支出764．83亿元，同比增长33.22%。其中，短期险赔付支出445.24亿元，同比增长29.47%，长期险赔付支出319.59亿元，同比增长38.81%。

88家财产险公司中，有69家开展了短期健康险业务，2019年上半年共计赔付支出254.73亿元，同比增长49.07%。

从几种主流健康险的赔付来看，情况也不容乐观。

癌症发生率快速攀升，重疾险赔付压力陡增

新一轮的人身险费率市场化改革后，重疾险步入发展快车道，渐渐成为各家人身险公司的“头牌”，可以看到，在多家主流保险公司2018年最畅销的5款产品中，都出现了重疾险的身影。

根据中再寿险的一份材料，截至2017年，国内健康险保费收入从2012年的不足900亿元跃上4000亿元平台，年均增幅约为36%。

其中，仅重疾险新单规模保费就已经从2012年的100余亿元增长至2017年的800亿元左右，占当年健康险总保费收入的20%左右，而在2013年，重疾险新单规模保费在健康险总保费收入中的占比还只有约11%。

重疾险快速发展，成为助推近年来健康险保费快速增长最主要的原因之一。

不过，在重疾险保费快速增长的同时，中再寿险也指出，重疾发生率在过去数年正显著增长，很重要的一个原因就是癌症发病率的快速攀升。

女性2016年的重疾发生率已经达到2006年的1.55倍，其中癌症发生率是2006年的1.81倍，急

性心肌梗死发生率与2006年的水平持平，脑中风后遗症和其他重疾发生率呈改善趋势。

男性2016年重疾发生率是2006年的1.18倍，其中癌症发生率是2006年的1.24倍，急性心肌梗死发生率是2006年的1.51倍，脑中风后遗症呈改善趋势。

甲状腺癌高发是导致重大疾病发生率走高的重要因素之一。数据显示，女性甲状腺癌2016年的发生率达到2006年的7.6倍，恶化率达到24.3%/年，而肝胃肺、两癌、其他癌症年均恶化率为2%~4%。

男性甲状腺癌2016年发生率是2006年的9.7倍，恶化率为27.6%/年，肝胃肺癌略微改善（-1.0%/年），其他癌症低速恶化（1.8%/年）。

重疾发生率不断提升，这对于重疾险经营来说，无疑是一大严峻的考验。好在，其中的一些问题已经引起行业的高度关注，业界也正在监管部门的领导下对重疾险疾病定义、重疾经验发生率表进行修订，将甲状腺癌从重疾险必保疾病范围中剔除，正逐渐成为一种共识。

同质化竞争愈演愈烈，百万医疗险长期盈利能力尚待观察

重疾发生率的攀升，无疑也会加大另外一个险种的赔付压力——近年来火爆的百万医疗险。

2016年，众安保险推出“尊享e生”，带动了一个新的细分健康险类型的发展，俗称百万医疗险。

“尊享e生”火爆网络之后，类似产品层出不穷，俨然成为保险公司必备的“敲门砖”产品，但也因此，同质化竞争愈演愈烈，为凸显竞争优势，保险公司竞相提高保额，扩大保障范围，降低投保门槛，减少免赔额，当然，最直接的手段还当属，降低费率。

百万医疗险之所以能够火爆网络，在于其较低的保费、动辄百万起的保额，这满足了人们对于大病保险保障的想象，同时，万元左右免赔额的设置，也大大减轻了保险公司的赔付压力，也为其保留了一定的盈利想象空间。

但如今，随着同质化竞争的加剧、费率的走低，叠加重疾发生率的不断提升，这种通过百万医疗险盈利的想象空间显然正在不断被压缩。

虽然各保险公司均没有公布百万医疗险的盈利情况，但通过众安保险披露的一个数据，也可略作观察。

根据众安保险2019年半年报，其健康生态核心产品“尊享e生”以及支付宝保险好医保系列总保费收入上半年同比增长近50%。同时，其对非核心业务，包括部分健康团险及航旅生态业务等进行了缩减，导致健康及航旅生态总保费收入在2019年上半年出现了负增长。数据显示，其健康生态2019年上半年实现总保费收入14.15亿元，同比减少9.16%。

尽管核心业务快速增长，且对部分业务（高风险业务）进行了缩减，但其健康生态赔付率仍出现了明显的上涨，从2018年同期的56.0%上升至60.3%。

人保财险唯一承保亏损险种是意外健康险，政府委托业务或难辞其咎

政府委托业务也是保险公司健康险业务中的一项重点业务，这其中尤以人保集团旗下几家公司最为积极。例如人保财险，其承办的政府委托业务长期以来一直高居行业榜首，这也成为助推其健康险业务快速发展的重要因素之一。

数据显示，健康险已经成为人保财险规模最大的非车险种，2019年上半年，其健康险业务在全部财产险公司中的占比甚至达到近七成的水平，而这其中大部分都属于政府委托业务。

不过，庞大的政府委托业务在推动人保财险健康险业务快速发展的同时，也为其造成了一定的负担。

可以看到，人保财险2019年半年报公布的各险种综合成本率显示，其全险种综合成本率仅为97.6%，且大部分险种都实现了承保盈利，唯一的例外就是意外健康险（大部分为健康险），上半年，其综合成本率高达101.5%，是人保财险唯一出现承保亏损的险种，其中，仅综合赔付率就达到88.0%，综合费用率则为13.5%（见图2）。

这也在一定程度上反映了，“薄利”的政府委托业务极其考验保险公司的风控能力，并不见得就是“香饽饽”。

图2　人保财险2019年上半年各险种综合成本率

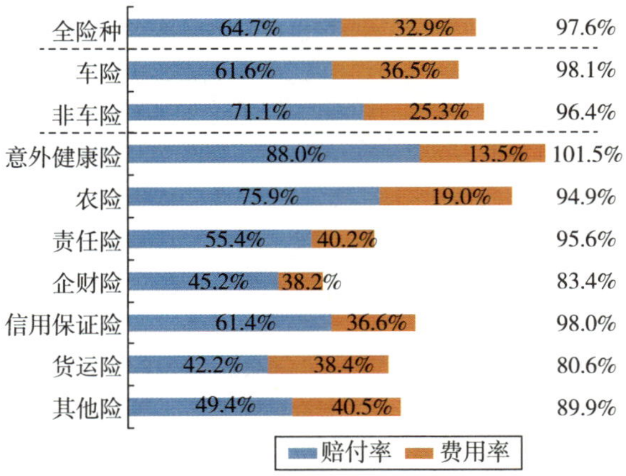

就几种比较受关注的健康险而言，目前或多或少都面临重疾发生率上升、赔付率上升的困扰，这对于蓬勃发展的健康险而言，无疑也是非常值得关注的一个侧面。尤其是对于很多长期健康险而言，随着重疾发生率的不断提升，期限越久，后期的赔付压力将越大，病差损的风险也将越大，将直接影响保险公司长期稳健发展。

如风险管控不足，现在越是靓丽的保费增速数据，给未来发展挖的“坑”将会越大。

又一现象级健康险！爆款特药险来袭，平安、泰康、太平都已入局

2019年9月26日

继百万医疗险之后，又一款现象级健康险正在席卷市场，这就是特药险。

2019年，尤其是下半年，在微保药神保、太平药安心等几款爆款产品的带动下，市场上几乎所有经营百万医疗险、重疾险的财产险公司、人身险公司都感受到特药险存在的巨大想象空间，纷纷开始展开深入研究，密集推出新产品。

特药险件均保费很低，普遍每年只需几十元，但对于保险公司而言，其看重的并非眼前的一点点保费，而是特药险直击用户“痛点”、费用低廉的特点下所产生的强大的获客能力。

又一场保费盛宴正在快速开启，中介公司、直保公司、再保公司、TPA企业纷纷进场，试图在其中分一杯羹。有专业人士预计，特药险市场规模将达到百万医疗险的10%左右，2019年百万医疗险总保费收入有望达到350亿元，意味着特药险未来市场规模在35亿元左右。

红火之外，一些值得警惕的苗头也开始显现，价格战趋势初显，赔付率面临上升风险，更重要的是，在这类产品的开发中，由于直保公司不掌握经验数据，无法独立定价，其往往沦为出单平台，而将全部赔付责任转嫁给再保险公司，而再保险公司为转移风险，甚至会将风险转移给TPA公司，埋下经营隐患。

《我不是药神》爆红，特药险取代百万医疗成最佳获客险种

所谓特药险并无法律意义上的准确定义，但目前在保险市场上，主要是指为医保外特药（特药是指治疗重特大疾病需要使用的一些费用较高、疗效确切且无其他治疗方案可替代的特殊治疗药品，主要包括抗癌所需的靶向药物、免疫药物等）提供费用保障的一类新型健康保险。

与传统意义上的医疗保险不同，特药险并不直接提供费用补偿，而是将其转化为药品服务，提供给客户，这其中的药品服务，一方面是指提供药品本身，另一方面也包括用药指导、用药跟踪以及药品配送等。

特药险有多火？自2019年下半年以来，几乎所有经营百万医疗险和重疾险的保险公司都开始对特药险产生浓厚兴趣，无论是财产险公司还是人身险公司。特药险俨然已经成为继百万医疗险之后，又一款现象级健康保险产品。

特药险之所以能够火爆市场，与2018年暑期档电影《我不是药神》密切相关，该电影的爆红不但直接推动了特药的降税降价、进医保目录，还直接带动了健康险市场的火爆。支付宝小程序官方数据显示，电影《我不是药神》大热之后，保险类支付宝小程序的访问量直线增长了4.14倍。

趁着大众对特药认知度的提升，部分保险公司开始将目光投向了特药服务。

2018年7月，《我不是药神》正在热映之时，平安养老率先在团险渠道推出“平安特定疾病靶向药团体医疗险”，覆盖或部分覆盖社保内外特定疾病靶向药费用并提供就医资源协调等服务。

紧接着，2018年8月，泰康人寿推出业内首款“个人特药保险”，为肺癌等7种常见癌症的17种常用靶向药提供院外购药保障。

这两款产品虽然都受到客户的欢迎，但并未在市场引起太多的“水花”，最终特药险的走红还离不开另外两家公司的线上线下大力“推广”。

2019年4月25日，微保联手泰康在线、镁信健康推出“药神保抗癌特药保障计划”，其中基础版将价格降至1元/月，极低的费率、微信巨大的流量优势，推动“药神保”迅速成为爆款。而且仅仅上线一周后，微保就惊喜地发现，特药险的转化率要远远高于百万医疗险——“药神保”成为微保产品投保转化率的“冠军”、是微医保投保转化率的4倍、人均单数达1.37单。

在线上取得显著成效后，2019年7月，太平人寿、太平财险携手圆心科技在线下个人代理人渠道推出“药安心抗癌特药保障计划”，造就了3天销售300多万单的业绩，也给业界带来震撼。

线上线下的双双成功，助推特药险进入更多保险公司的视线，从2019年9月开始，特药险新产品进入密集上市周期（见表1）。

表1 国内已上市特药险（不完全统计）

险企/中介	上市时间	产品名称
平安养老	2018年7月	平安特定疾病靶向药团体医疗险
泰康人寿	2018年8月	泰康特定恶性肿瘤药品费用医疗保险
复星联合	2019年3月	复星联合药神一号疾病保险
微保和泰康在线	2019年4月	药神保.抗癌特药保障计划
太平人寿	2019年5月	特定恶性肿瘤药品费用医疗保险
友邦保险	2019年6月	守护丽人医疗保险
华夏人寿	2019年8月	华夏医保通（特药版）医疗保险
横琴人寿和京东	2019年9月	横琴人寿药无忧抗癌特药医疗险
中韩人寿	2019年9月	中韩神农特药医疗险
平安人寿	2019年9月	平安人寿i药保癌症特药医疗险
华泰财险和轻松保	2019年9月	药神1号·抗癌用药保险

虽然行情火爆，但特药险由于费率很低，实际市场规模相较其他健康险种并不大。业内专业人士推测，由于特药险费率约为百万医疗险的10%，而现在几乎所有做过百万医疗险的企业都有计划推出特药险，因此特药险的市场规模预计也在百万医疗险的10%左右。2019年，百万医疗险规模保费有望达到350亿元，因此，特药险未来的市场规模约为35亿元。

规模保费虽然并不大，但因为费率极其低廉，而电影《我不是药神》的火爆也提前为其进行了消费者教育，市场对这类产品的接受度很高，对于保险公司而言，特药险正成为继百万医疗险之后又一款出色的获客产品。

江湖格局初显，中再成幕后王者

特药险爆红，特药险生态江湖的格局也初步显现。

由于特药险特点非常鲜明，将传统的支付赔款直接转化为提供特药服务，所以在特药险的开发经营中，至少会涉及三类市场主体：保险公司、再保险公司以及可以提供特药服务的TPA企业，当然，也有保险中介公司主导开发特药险的情况，例如微保、轻松保等。

在特药险的经营生态中，这些不同类型的企业互相配合，各自发挥着不同的作用。

保险公司以及中介公司，是产品的生产方、销售方，起着触达客户、销售产品并提供相应保单服务的作用。

特药险与百万医疗险有类似之处，即很多保险公司并不掌握经验数据，所以无法进行精准定价，往往需要依靠再保险公司给予定价，所以在特药险的开发经营中，再保险公司实际构成了非常核心的一环。

目前，在特药险生态的再保险公司环节，中再寿险凭借经营早、报价快、费率低等特点，其将其他再保险公司远远甩在身后，有专业人士预计，其市场份额保守估计也在50%以上，已经成为特药险潮流背后真正的王者。

其他再保险公司对特药险也展示出极大的兴趣，目前，国内再保险公司中，如前海再保险、太平再保险，国际再保险巨头中慕尼黑再保险、法国再保险等均已经涉足这一领域。不过由于一些公司在报价上较为保守，目前市场份额远远不及中再寿险。

在特药险的经营中，由于最终的“支付”是以提供特药服务的方式来完成的，所以可提供特药服务的TPA企业也成为特药险生态中至关重要的一环。

由于国内特药大部分未进入医保，在医院无法销售，国际医药巨头生产的特药在合法进入国内市场后，往往会指定一些DTP药房进行销售。

DTP（Direct to Patient）药房是近年来国内兴起的一种新型药房，起源于美国，与一般药房主要销售OTC药品（over the counter，即非处方药）不同，DTP药房主要销售高毛利专业药物、新特药、自费药等，除需要配备执业药师提供专业用药指导外，追踪患者用药进展，往往还需要提供物流以及支付服务。

与保险公司、再保险公司合作特药险的TPA企业显然都需要在DTP药房领域有广泛的布局以及较强的服务能力。目前，在特药险领域表现比较突出的TPA企业主要有三家：圆心惠保、思派健康以及镁信健康，其中圆心惠保以及思派健康都自建了大量线下药房，而镁信健康主要是从支付方式入手连接各大药房，没有自建药房（见表2）。

表2 在特药险领域表现比较突出的3家TPA企业

公司名称	成立时间	慧保经营概况	代表案例
圆心惠保	2015年	自建DTP药房，公开资料显示圆心大药房全国累计直营204家院边药店，其中包括70多家DTP药店，覆盖全国24个省及直辖市，66个城市，可提供112种特药药品	太平药安心
思派健康	2017年	自建DTP药房，官网资料显示思派大药房已经在全国开设61家分店，主营药品达88种	泰康特药保险
镁信健康	2017年	上海医药旗下医疗支付服务品牌，通过构建互联网平台连接各药房，官网资料显示其药房网络目前已覆盖全国30个省300座城市1200家DTP药房	微保药神保

整体风险可控，但价格战、赔付率上升及风险层层甩锅隐忧凸显

特药险市场狂飙突进，也引发了市场人士对其风险管控情况的担忧：适用特药的重症患者动辄几十万元、上百万元的医疗费用会不会拖垮保险公司？

整体来看，目前的特药险风险依然可控。一个因素是特药虽然目前知名度已经很高，但整体上依然是一种小众用药，所针对的疾病往往发病率很低，即便是癌症患者，也往往要经过专业检测才能确定是否适用某类特药。

另外一个因素是医生。很多靶向药物、免疫药物虽然很有效，但作为新型疗法，目前在国内医生群体中普及度并不高，只有少数医生才会使用这类药物对患者进行治疗，大多数仍旧在沿用放化疗等传统的治疗手段。

有专业人士预计，目前真正适用特药的癌症患者在全部癌症患者中的比例可能只有5%~10%，因此，经营特药险的保险公司、再保险公司以及TPA企业等仍能有效地控制风险。

不过，随着大量企业涉足特药险，一些潜在风险显然也不可忽视。

价格逐渐走低。与很多保险产品一样，同质化竞争的结果往往就是价格战，特药险目前已经出现这种趋势，值得警惕。

赔付率存在不断上升的可能。随着越来越多特药被引进国内，引起越来越多医生重视，特药品类不断丰富、适用患者人群不断增多，这将导致特药险赔付率的上升。

承诺保障期间与实质保障期间存在错位。虽然一些特药险产品明确会给予患者2~3年的用药保障，但其实很多保险公司，尤其是财产险公司推出的特药险往往只有1年的保障期间，这就导致保险

公司承诺的保障期间与保险合同规定的实际保障期间存在一定错位，容易产生纠纷。

如果特药险只提供1年保障的话，由于很多患者从发病到确诊，再到检测、确定用药，往往需要一个较长的周期，又有可能出现刚刚确定用药，却已经过了保障期间的尴尬局面。

更值得警惕的是，在一些特药险的设计中，存在风险层层甩锅的情况。在一些产品设计中，保险公司由于缺乏定价能力，往往不承担赔付责任，而是通过再保险的方式将赔付责任转嫁给再保险公司，但有时候再保险公司也并不承担全部责任，而是将超过一定比例之后的赔付责任通过合同约定的方式甩给合作的TPA企业。

这样从理论上至少就会出现以下两个问题：一是TPA企业实际承担了再保险的责任，有非法经营再保险业务的嫌疑；二是由于TPA企业既不是保险公司也不是再保险公司，其偿付能力并没有受到严格监管，一旦TPA企业自身现金流出现问题，就有可能与保险公司、再保险公司就赔付出现推诿扯皮的现象。凭借以往的经验，最终这些风险大概率仍将会由持牌企业来兜底。

更热点的话题、更低的费率，特药险的出现，直击人们内心最深处的痛点，因而在百万医疗险之后，成为又一款现象级的健康险产品，引发保险公司的竞相追捧。不能不说这是保险业践行“保险姓保”又一创新之举，值得予以高度肯定，但经营风险的企业首先应该把好风险关，盲目的进场，最终受伤的仍有可能是自己。

健康险五大迷思：赔付快速攀升，重疾险占比过高，监管不统一，不能分红……

2019年11月11日

2019年11月上旬，多家媒体报道了《健康保险管理办法》最新版的征求意见稿，自2006年监管首度制定《健康保险管理办法》，到2017年谋求修订、公开发布征求意见稿以来，业界对于该文件期待已久。

但是，当人们在谈论《健康保险管理办法》及其征求意见稿的时候，他们究竟在关心什么？

数据显示，健康险是近年来发展最为迅速的险种之一。2009—2018年，其保费收入从574亿元增长至5448.13亿元，暴涨近10倍，在人身险保费收入中的占比也从2009年的7% 提升至2018年的20%（见图1）。

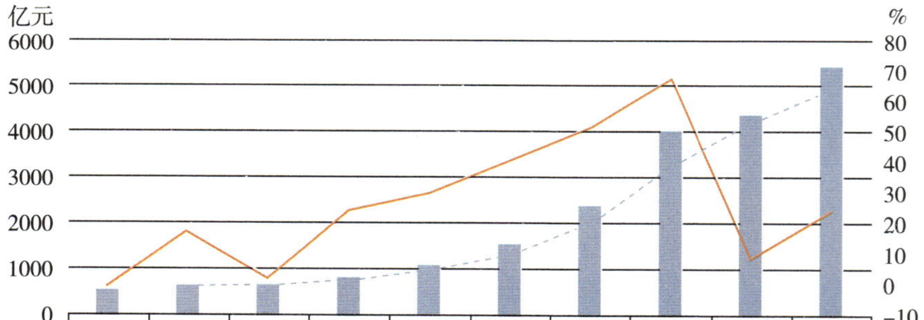

	2009	2010	2011	2012	2013	2014	2015	2016	2017	2018
保费收入	574	677	692	863	1124	1587	2410	4043	4389	5448
增长率	-0.19	17.94	2.22	24.71	30.24	41.19	51.86	67.76	8.56	24.13

图1　2009—2018年健康险保费收入及增长率

且无论是对于财产险公司还是对于人身险公司，健康险都非常重要，都是近年来重要的业务增长极。数据显示，2018年人身险公司健康险保费收入为4879亿元，同比增速为22%，占比近19%；财产险公司健康险保费收入为569亿元，同比增速为44%，在非车险中增速仅次于保证保险，占比也达到近5%。

在“保险姓保”的时代，作为典型的保障型

产品，健康险高速发展成为保险业回归本源最重要的证明之一。

财产险公司和人身险公司竞相投入到健康险市场的激烈竞争中，产品种类愈加丰富，产品费率愈加低廉，产品附加服务愈发多样，但与此同时，一些忧虑始终挥之不去。

市场乱象仍频。市场在创新的名义下，出现了不少新型健康险产品，例如多次给付的重疾险、百万医疗险、特药险等险种，在推动健康险进一步发展的同时，也出现了一些不合规的现象，如一些保险公司为获得竞争优势，产品费率低到再保险公司不敢分保；一些特药险通过种种合同约定的方式，将超额赔付的责任转嫁给第三方TPA，涉嫌违法经营再保险业务。

更重要的是，健康险赔款增速迅速攀升，且已经超越保费增速。医疗技术的改进、新药的研发上市以及人均寿命的延长等，都对长期健康险的赔付造成巨大压力，不止一家再保险公司警告称，需警惕健康险赔付率快速攀升的风险（见图2）。

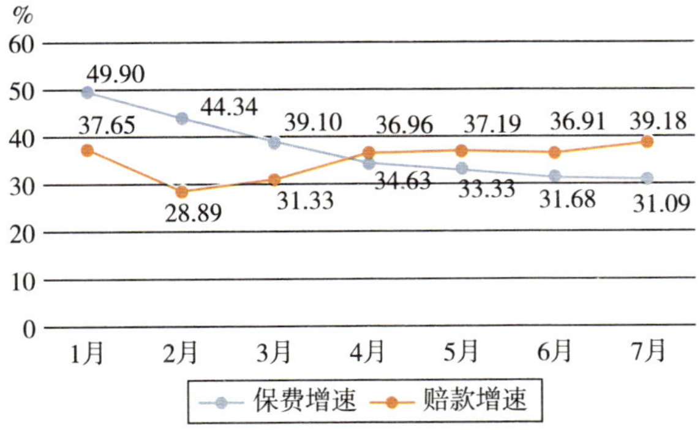

图2　2019年1—7月，健康险保费增速与赔款增速对比

种种的不安，都需要监管从源头予以规范，给行业一颗“定心丸”。然而，作为医疗体系中的支付方之一，在医疗体系未发生大的变化的情况下，商业健康险的监管方向也注定难以发生根本性改变。

从前期各个版本的《健康保险管理办法》征求意见稿来看，最终的变动不会很大，且很多是原则性的规定，更多具体的内容，还有待监管进一步的发文来明确，但就业界而言，以下几个基本问题，无疑是人们最为关注的。

鼓励产品创新，健康险会否允许分红

在一段时间内，国内的健康险是可以分红的，但2003年7月1日实施的《人身保险新型产品精算规定》禁止了这一点，明确“分红保险可以采取终身寿险、两全保险或年金保险的形式。保险公司不得将其他产品形式设计为分红保险”，意味着，从此健康险不能再以分红型产品的形式出现。为达到分红的效果，于是不少公司另辟蹊径，推出分红寿险附加重疾险的产品组合。

根据彼时的媒体报道，保监会人身保险监管部负责人说，停办分红健康保险有以下几个原因：一是健康保险风险大，管理复杂，加上分红的因素后管理难度更大，不利于公司风险控制；二是健康保险主要的功能是保障，价值增值的功能不强，消费者购买健康保险应当着眼于其保障功能；三是停办分红健康保险，开发非分红健康保险，有利于促进健康保险回归保障的本意；四是国外没有分红健康保险，中国的所有外资公司也没有开办分红健康保险。

不过在业界，尤其是在精算师群体中，对于健康险不能分红一直充满争议，比较有代表性的一种观点认为，分红险是股份制公司效仿相互制保险公司、让利于客户的一种产物，其实质是一个保险合同条款，而非一种产品类型，不能与万能、投连相提并论；其核心是保险公司与客户约定将公司的一部分盈利分享给客户，因此从这个角度出发，所有的保险产品其实都可以分红。

其他国家没有分红型健康险，主要还是由于不同国家文化、医疗体制不同造成的，欧美等国家主要经营医疗险，而亚洲国家则倾向于销售重疾险。香港保险近年来颇受内地消费者欢迎，其很多热销重疾险产品其实都是分红型产品。

防赔付率恶化，允许长期险费率可调，究竟会产生多大影响力

各个版本的征求意见稿中，有一点都是明确的，即允许长期健康险调整费率——保险公司可以在保险产品中约定对长期健康险进行费率调整。这对于保险公司无疑是一大利好，可有效缓解赔付率不断攀升所导致的种种担忧。

这也就意味着，如果经验数据和定价假设偏差很大，比如医疗技术进步，疾病发生率大为改变，保险公司就可以调整价格，不过价格是整体调整，不是针对个人，且必须在产品条款中注明触发的条件，不能随意调价。该规定的主要目的就是给保险公司创新松绑。

但对于消费者而言，这无疑又是个非常敏感的话题。可以试想任何代理人在销售重疾险的时候都不会愿意告诉客户：“亲，将来产品有可能涨价哈。”

虽然业界都同意，这一条款显示了监管对于市场实际情况的密切关注，体现出的是一种灵活务实的态度，必须予以肯定和支持，但他们同时也认为，在实际的经营中，保险公司对此一定会慎之又慎，因此实际的意义尚有待检验。

鼓励发展健康管理服务，但究竟价值几何

健康管理是近年来保险业的热门词汇，人们相信，通过前期的健康管理可以有效降低疾病发生概率，从而缓解赔付压力；同时，将赔付现金改为赔付服务，可以充分发挥保险公司的专业优势、资源优势，解决客户更多的实际问题，给予其更好的客户体验。

由此观之，健康管理似乎是一项多方互利共赢的买卖，也是因此，鼓励发展健康管理服务成为各个版本征求意见稿的共同之处。

征求意见稿明确了“保险公司可以将健康保险产品与健康管理服务相结合，提供健康风险评估和干预、疾病预防、健康体检、健康咨询、健康维护、慢性病管理、养生保健等服务，降低健康风险，减少疾病损失”。

同时规定“健康保险产品提供健康管理服务，其分摊的成本不得超过净保险费的 20%”。

但值得注意的是，目前的健康险附加健康管理服务大多依然停留在非常浅的层面，包括赠送

体检、走路换保障、提供健康管理小工具等，这些健康管理服务能在多大程度上减少发病概率尚缺乏系统研究证明。

是否会对健康险进行统一监管

健康险是个特殊的险种，人身险公司以及财产险公司都可以经营，只不过人身险公司可以经营各种类型的健康险产品，而财产险公司一般只能经营1年期及以下的险种。

然而在监管体系中，人身险公司与财产险公司由不同的部门进行监管，这样一来就有可能出现面对同一种产品，不同部门要求却不一致的情况。

通过近年的发展来看，不难发现，随着市场竞争加剧，财产险公司纷纷加大了健康险业务的投入，一些财产险公司经营的百万医疗险，也存在变相承诺续保的情况，这已经引起监管的关注。

近年来，统一健康险监管的呼声一直不断，但这显然也不是一个简单的问题，涉及监管机构的架构调整。而从目前各个版本的征求意见稿来看，这个问题目前也并没有涉及。

是否会改变健康险产品中重疾险占大多数的现状

长期以来，中国健康险市场一直是重疾险占大头，医疗险占比较小，且主要以团体医疗险为主，真正的面向个人的医疗险，则主要是一些附加住院医疗险和高端医疗险。

2016年“尊享E生”的出现，令健康险出现了一个新的保费增长极，其通过制定较高的免赔额，将中端医疗险的价格降至低端医疗险的水平，大幅提高保障杠杆，在线上线下引发竞相追捧，很快成为保险公司必备的“敲门砖”产品。

百万医疗类产品增长非常快，但由于件均保费基本都在500元以内，并不能带来显著的保费增量，所以从保费结构来分析，目前国内健康险市场，依然是重疾险占据主导地位。

然而对于保险公司来说，最佳的发展模式一定是通过发展医疗险，深入医疗体系，成为重要的医疗支付方，唯独如此，才能真正在医疗体系当中拥有话语权，获得真正的风控能力。

在目前的产品结构下，一次或多次给付的重疾险更类似于寿险，对保险公司的风控能力要求较低；即便是医疗险，决定权也基本在于医疗机构，保险公司依然没有掌握话语权。

曾经，保险公司希冀通过经办政府业务，包括各类基本医疗保险、大病保险乃至税优健康险等切入医疗付费核心体系，但从目前来看，实际作用有限。

《健康保险管理办法》的最终出台能否助力健康保险切入医疗付费核心体系？答案依然是很难，这是整个社会的医疗体制决定的，远非保险业所能决定。在医疗体制没有发生根本性改革的情况下，商业健康险基本只能沿着原有路径继续前进，逐步完善。

新版健康险管理办法重磅落地：鼓励发展长期医疗险、健康管理服务

2019年11月12日

千呼万唤始出来。2019年11月12日下午，银保监会官网发布新版《健康保险管理办法》，这是其自2006年发布以来的首次大修。

根据银保监会披露的内容，《健康保险管理办法》已经中国银保监会2018年第6次主席会议通过，自2019年12月1日起施行。

作为国内目前增长最快的险种之一，健康险近年高速发展，数据显示，2019年第三季度末，国内健康险保费收入为5677亿元，同比增长31%，占人身险市场的22%。且无论是对于人身险公司来说，还是对于财产险公司来说，健康险都已经成为最重要的保费增长极之一。

市场快速发展，新产品、新技术、新模式不断涌现，在这种背景下，制定于2006年的《健康保险管理办法》显然已经落后于时代，修订势在必行。

从新版《健康保险管理办法》的主要内容来看，其主要是根据过去市场发展过程中出现的一些问题进行了完善，同时，也根据市场上的新现象、新趋势，进行相应调整，体现了较强的政策导向。

2016年，《“健康中国2030”规划纲要》发布，明确指出“健全以基本医疗保障为主体、其他多种形式补充保险和商业健康保险为补充的多层次医疗保障体系”，给商业健康险发展找准新方位，如今来看，新版《健康保险管理办法》的出台其实也正呼应了这一定位。

修订后的《健康保险管理办法》共九章七十二条，其变化主要体现在以下几个方面。

坚持健康险保障属性，强调发展健康险的目的在于提升人民群众健康保障水平

2003年以来，为维持健康险的纯保障属性，国内的健康险产品不允许设计为分红型、万能型等，新版《健康保险管理办法》延续了这种态度，坚持健康险的保障属性，将健康险定位为国家多层次医疗保障体系的重要组成部分，强调发展健康险的目的在于提升人民群众健康保障水平。

针对具体的险种，新版《健康保险管理办

法》也明确，医疗保险、疾病保险和医疗意外保险产品不得包含生存保险责任，护理保险只能以生活能力障碍引发护理需求作为赔付条件——在中短存续期产品大行其道时期，专业健康险公司往往将护理保险设计为中短存续期产品，而这次这条路彻底被堵上。

统一财产险公司、人身险公司健康险业务监管标准

健康险是个特殊的险种，人身险公司以及财产险公司都可以经营，只不过人身险公司可以经营各种类型的健康险产品，而财产险公司一般只能经营一年期及以下的险种。

然而在监管体系中，人身险公司与财产险公司由不同的部门进行监管，这样一来就有可能出现面对同一种产品，不同部门要求却不一致的情况。

为防止出现这种情况，新版《健康保险管理办法》着重统一财产险和人身险公司健康险的监管制度、经营规则和准备金评估标准，巧妙地避免了监管标准不统一的情况。

要求保险公司成立专门健康险事业部

健康险业务有其特殊性，对于专业度的要求也要更高，但长期以来，在保险公司的实际经营中，其一直与寿险产品混为一谈。

新版《健康保险管理办法》明确提出专业健康险公司以外的保险公司经营健康险业务需要成立专门的健康险事业部。健康险事业部应当持续具备下列条件：

（一）建立健康保险业务单独核算制度；

（二）建立健康保险精算制度和风险管理制度；

（三）建立健康保险核保制度和理赔制度；

（四）建立健康保险数据管理与信息披露制度；

（五）建立功能完整、相对独立的健康保险信息管理系统；

（六）配备具有健康保险专业知识的精算人员、核保人员、核赔人员和医学教育背景的管理人员；

（七）银保监会规定的其他条件。

对于健康险业务本身而言，设立专门的事业部无疑可以提高其专业性，但对于很多中小型保险公司来说，则有可能进一步加大其业务成本。

将医疗意外保险纳入健康险范畴

新版《健康保险管理办法》对健康险定义和种类进行完善，其中最大的改变之一，就是将医疗意外保险纳入健康险范畴。

银保监会有关负责人介绍，“医疗意外保险”并非“意外保险”。他表示，由于个体差异性、疾病的复杂性以及医疗技术的局限性等原因，同样的医疗行为对于不同病人可能有不同的医疗结果，“行为”与“结果或者目的”不具有一一对应性，医疗行为结果的发生具有很大的偶合性。“医疗意外”是医疗领域一个约定俗成的

词，主要是指医疗行为没有发生理想的治疗效果并造成损害。这种损害有预见可能，但医疗机构和医护人员并无责任。

他指出，“医疗意外保险”是一个完整名称，不属于“意外保险”，是健康险的组成部分。加强医疗意外损害保障是医疗领域普遍关注的问题，对于保护患者利益、减少医疗纠纷具有重要意义。

明确长期医疗保险费率可调，鼓励发展长期医疗险

在以往各个版本的征求意见稿中，都规定允许长期健康险调整费率，但在最终版的文件中，“长期健康保险”被“长期医疗保险”所代替，范围有所缩小，定位更加精准，而这无疑更符合市场实际——长期健康险中包含重疾险，但调整重疾险费率无疑会面临巨大的市场压力，对于保险公司而言无疑没有太多实质的意义。

新版《健康保险管理办法》明确长期医疗保险可以进行费率调整，以适应疾病谱变化、医疗技术进步和医疗费用变动情况。很明显的一点就是为了支持保险公司能够发展长期产品。

当然，调整费率是有条件限制的，新版《健康保险管理办法》要求在产品中“注明费率调整的触发条件”，且表示“长期医疗保险产品费率调整应当遵循公平、合理原则，触发条件应当客观且能普遍适用，并符合有关监管规定。”

删除短期个人健康险费率浮动的相关表述，将定价权交予市场决定，适应当前费率市场化方向。

无论是在2006年的《健康保险管理办法》中，还是在后来多个版本的征求意见稿中，短期健康险的费率都是可以进行浮动的，有的征求意见稿甚至进一步明确了其浮动范围是“基准费率的30%”。

但最终的版本中，却删除了短期个人健康险费率浮动的相关表述，将定价权交予市场决定，适应当前费率市场化方向。

不过也有精算师对此表示担心，指出一些产品在不同地区不同渠道销售时可能就会有不同的价格，一旦价格不能浮动，或意味着工作量将大大增加。

鼓励发展健康管理服务

健康管理服务越来越被视为健康险经营中不可或缺的一项服务，2006版《健康保险管理办法》限于当时的市场发展水平，并未对此作出规定，而在最新版的《健康保险管理办法》中，则专门用一章的篇幅作出详细规定，主要内容包括：

保险公司可以将健康险产品与健康管理服务相结合，提供健康风险评估和干预、疾病预防、健康体检、健康咨询、健康维护、慢性病管理、养生保健等服务，降低健康风险，减少疾病损失。

保险公司开展健康管理服务的，有关健康管理服务内容可以在保险合同条款中列明，也可以另行签订健康管理服务合同。

健康险产品提供健康管理服务，其分摊的成本不得超过净保险费的20%。超出以上限额的服务，应当单独定价，不计入保险费，并在合同中明示健康管理服务价格。

除上述内容外，新版《健康保险管理办法》还做了以下变动，同样也值得关注：

吸收采纳近年来相关医改政策，如鼓励健康险发挥社会责任，针对贫困人口给予倾斜支持，助力健康扶贫工作。

明确要求保险公司不得要求投保人提供或者非法收集、获取被保险人除家族病史之外的遗传信息或者基因检测资料。

鼓励健康险针对医疗新方法、新药品、新器械提供保障，支持医学进步，促进健康产业发展。

鼓励利用新技术，明确在某些情况下，保险公司可以通过互联网对被保险人的数字化理赔材料进行审核，简化理赔流程，提升服务效率；同时鼓励保险公司与医疗机构、基本医保部门信息对接和数据共享；鼓励保险公司注重将大数据等新技术运用于产品开发、风险管理等环节。

商业健康险作为构建多层次医疗保障体系的重要手段，其具有显著的外部性，牵涉面甚广，从这个意义上来看，商业健康险的发展从根本上取决于国家的顶层设计，在医疗体制改革缺乏巨大改变的情况下，商业健康险也不可能出现大的变化，仍将延续过去的主要发展模式。

同样的，作为构建多层次医疗保障体系中的重要一环，商业健康险要想获得更大的发展空间，就必须努力证明自己的能力。

宏观视角下健康险大机遇："经济+社会+政策"三维度助力，未来空间或达2万亿元

◎李用虎 | 2019年12月4日

健康险已经成为时下中国保险业绕不过去的一个话题，10年间，我国商业健康险规模增长近10倍，复合增长率连续六年超过30%，2018年规模保费已达5448亿元，2020年更有望冲击万亿级市场。健康险俨然已经成为当下中国保险业的新增长极。

驶入快车道的健康险，成了兵家必争之地。人身险、财产险及专业健康险公司近年纷纷加码布局健康险，百万医疗、特药险等现象级产品不断涌现。欣欣向荣表象之下，问题也不断暴露。

财政压力加大，城镇化、老龄化等因素为商业健康险创造巨大发展空间

在我国，商业健康险存在巨大发展机会，这是我国的宏观经济、社会、政策决定的。

从宏观经济来看，GDP增速下滑、医疗通胀加重财政负担

过去几十年，国内GDP增速较快，到2018年，正式突破90万亿元大关，但是从2010年开始，国内的GDP增速开始有所下滑，这会直接影响国家财政收入。当然，与欧美等发达国家相比，国内GDP依然维持了比较高的增速。

也要看到，尽管国内GDP总量较大，但是由于我国人口众多，所以人均GDP还很低。我国2017年末的人均GDP大约等于韩国20世纪90年代初的人均GDP。同时，我国贫富差距大，广大的中西部和农村地区仍然较为困难。

也正是因为贫富差距的问题，有人开玩笑说，坐在北上广深办公室里面的人很难设计出好的保险产品，因为他们眼中的"廉价"在很多人眼中依然是"高价"。这也是为什么人们会感觉好像是突然发现了"下沉市场"，实际上这个市场一直存在，只不过受过高等教育、坐在北上广深办公室中的人过去没有发现罢了。

GDP之外，医疗费用通胀是一个非常重要的参数。医疗费用通胀是全球普遍现象，医疗费用通胀率普遍高于通货膨胀率，按全球平均水平，前者往往为后者的3倍，但中国过去两年的医疗

通胀率约为10%。

从宏观社会来看，人口城镇化、老龄化等加剧财政负担

城镇化的快速推进，是现状，也是未来一段时间的趋势，截至2017年末，我国城镇化比率为59.6%，发达国家一般达到80%左右，所以还有空间，城镇化提升之后，养老需求和医疗需求会得到大幅度的提升。

随着经济发展，城市和农村的人均卫生费用都在不断上升，但城市和农村的人均卫生费用差异一直很显著，2014年，城市人均卫生费用是农村的2.5倍。

而且对于城镇人口以及农村人口，国家投入的健康成本是不一样的，人口流入城镇，政府需要建设更多医疗机构，城镇人口也往往比农村人口更愿意在健康问题上投入更多资金。这意味着，城镇化加速，会进一步加剧政府财政负担。

与此同时，国内人口老龄化趋势也不断加剧。近年来，国内人口自然出生率快速下降，从抚养比（包括0~14岁少儿的抚养比，65岁以上老人的抚养比）来看，国内人口红利于2010年结束，宏观经济在这一年出现拐点，房价也在这一年出现拐点，也是在这一年，抚养比降到最低点，2011年起，抚养比开始上升。

挣钱的人少了，花钱的人多了，很多人上有老下有小，这将是我国社会在未来很长一段时间不可逆转的一个趋势，这会对我们的社会消费模式、宏观经济等产生巨大影响。

从宏观政策来看，收付实现制下医保基金面临巨大压力，广覆盖、低保障也激发了居民投保商业健康险的意愿

全球医疗保险模式大致可分为四类，以德国为代表的社会医疗保险模式，以英国为代表的全民医疗保险模式，以美国为代表的商业保险模式，以新加坡为代表的储蓄医疗保险模式。我国目前为类似德国的社会医疗保险模式。

如果中国也选择类似英国的全民医保模式，商业健康险就没有机会，正是因为中国选择的是德国的社会医疗保险模式，所以才导致商业健康险面临大量机会。

但因为我国社会医疗保险主要采用的是收付实现制，这导致医保基金压力很大。收付实现制目前的状态是，收入和支出均不断上升，但交钱的人和花钱的人不是同一群人，这意味着人口结构一旦发生变化，医保基金的压力会陡然变化，尤其是在人口老龄化不断加剧的情况下，交钱的人不断变少，花钱的人不断变多。

如果不是采用收付实现制，而是每个人都拥有独立账户，城镇化、老龄化对于医保基金就不会有什么影响。

在财政压力加大的情况下，社会医疗保险只能“广覆盖、低保障”，随着近年来人们的健康意识快速崛起，居民对健康需求也快速提升。

得益于我国GDP的快速增长，卫生费用呈现出较大的增长，卫生费用在过去14年里，增长了6.7倍。

2018年，我国GDP超过90万亿元，卫生费

用支出为5.8万亿元，卫生费用总支出占GDP的6.4%，这一比例和世界平均水平相比仍有差距。世界银行报告显示，2014年全世界平均卫生费用支出占GDP的9.9%，而美国为18%，甚至巴西、南非、韩国的比例都要高于我国。

这说明我国的卫生费用投入是远远不够的，这也是国内癌症死亡率高的底层原因所在。

在卫生费用投入不够的情况下，存在居民个人支出占比过高的情况。个人卫生费用支出在总的卫生费用支出中的占比一直呈下降趋势，但是从2015年开始保持稳定，目前大约处于30%的水平。近几年，政府卫生费用占比呈下降趋势。

从2018年的数据来看，我国的卫生费用总支出比例大致为：居民负担30%；卫生费用总支出是非常重要的指标，政府负担30%；各种社会机构负担40%。6万亿元的卫生费用总支出中，个人卫生费用支出接近2万亿元，居民的医疗负担较重。

正是因为卫生支出费用增长率远高于GDP的增长率，所以大健康产业在国内是朝阳产业

我们预计商业医疗险未来的市场空间在1.5万亿~2万亿元。根据2015年的调研结果，比较各国个人支出在卫生费用中的占比，中国是35%，美国是10%，德国是12.5%，英国是14.5%。

大力发展商业健康险的目的就是要降低这一参数，假设将目前35%的水平降至15%，那就意味着有20个百分点的发展空间。

所以，商业健康险的机会由以下三个因素决定：一是客观因素，社会医疗保障水平低下；二是居民主观意愿，通过投保商业健康险做补充；三是政府的宏观政策支持。商业健康险机会是这三个因素导致的，它背后联系着宏观经济、宏观社会和宏观政策。

“健康中国2030”是中国医疗顶层设计，作为支付方的商业健康险作用仍小

为解决问题，政府提出“健康中国2030”计划。

“健康中国2030”听起来像句口号，但其实设置了非常详细的KPI，对人均预期寿命、地市级以上城市空气质量，优良天数比例等等都作出明确的规定。该KPI是公开发布的，面临巨大舆论压力，所以政府一定会努力达成。

“健康中国2030”体现的是政府的雄心壮志，但雄心壮志也需要组织支撑，政府解决问题的一般步骤是发现问题，提出目标，然后分配资源。

从“健康中国2030”的组织支撑体系来看，顶层设计中包括国家医疗保障局、国家卫生委员会和中国银保监会。下层的支撑体系中，社保与商业险都属于支付方，此外还包括健康服务方和医疗服务方。

国务院发文，各个部委纷纷跟进，所以“健康中国2030”不仅是一个概念，其还有专门的部门在统筹推进，另外还有一系列政策支撑。

“健康中国2030”战略指引：《关于加快发展商业健康保险的若干意见》《“健康中国

2030”规划纲要》《关于印发“十三五”深化医药卫生体制改革规划的通知》《关于全面实施城乡居民大病保险的意见》。

“健康中国2030”政策跟进：《健康保险管理办法（意见）》《支持社会力量提供多层次多样化医疗服务》《将健康保险个人所得税试点政策推广通知》《关于促进“互联网+医疗健康”发展的意见》，以及成立三大国家健康医疗大数据集团。

商业健康险发展面临重重挑战，保险公司须以专业赢得长久发展

整体来看，目前我国商业健康险市场存在以下几大特点：

健康险占比不断升高。2019年上半年，健康险占总保费收入的比例突破15%，超过车险保费收入，2018年，健康险保费收入达到5400亿元，2019年上半年达到4000亿元。

人身险公司的健康险仍然主导市场。人身险公司是健康险市场保费的主要贡献者，长期以来一直处于85%以上，但随着消费者健康险接受度上升，财产险公司健康险销售也在增加，人身险公司的市场份额有一定下降。这说明财产险公司对健康险投入资源较大，很多公司将健康险战略视为自己的第一战略选择。

健康险赔款支出呈现出指数上升的趋势。商业健康险赔付占卫生支出的比例自2012年以来呈线性上升，每年增长30%，2018年健康险赔付金额达到1740亿元（包括重疾险定额给付，也包括医疗费用报销），但占卫生费用总支出的比例仅有3%左右。

这一比例明显偏低，这也能在一定程度上解释为什么商业健康险在医疗费用支出问题上没有话语权——社会医保贡献了97%，而商业健康险仅贡献了3%，一旦占比从目前的3%上升至15%，相信情况会大为不同。

重大疾病的发生率在不断上升。相对于2010年，重大疾病的发生率已经有了显著的上升，其中癌症的恶化趋势，比重疾的恶化趋势还要显著，尤其是对于女性而言，重疾发生率和癌症发生率，在7年间，上升了45%左右。男性的情况也有一定程度的恶化。

重疾险面临重重挑战，一是恶化比较严重，二是行业价格战频繁，三是核保核赔越来越宽松，四是低利率的市场环境对于利差影响甚大——一些重疾险投资收益假设激进，一旦利率继续下行，产品的内含价值就将受到严重影响。

医疗险也面临重重挑战，很重要的一点就是居民住院率不断上升。按照《中国卫生健康统计年鉴》的数据，2010—2018年，我国国民住院率保持年均7%的增长率，2018年国民住院率为18.2%，超过全球平均水平，位于全球高位。国内的住院率从2009年的10%上升到2018年的18.2%，速度相当快，这不是生病概率上升导致的，而是医疗资源可触及性更强导致的。但在实践中很难将这一变化反映到健康险的定价中。

而且值得关注的一点是，医疗险续期保单的住院发生率会更高。从百万医疗险3年时间的发生率以及给付率来看，都在不断上升，这或许

是受到年龄、持续理赔以及通胀等因素的影响。百万医疗险刚出现的时候，各种指标表现尚可，但在发生率、给付率不断恶化的情况下，当利润吃尽，保险公司未来该如何应对？

有人希望通过调费解决问题，但其实调费非常困难。百万医疗险调费涉及诸多个人客户，不能随便调整。而且很多公司进入百万医疗险领域时基础薄弱，系统、人员都没有做好准备，调费会面临非常大的压力。这也是部分公司投诉率高的原因所在。

所以，建议公司在产品上线之前，首先就要制定调费的整体思路，这需要考虑市场压力、竞争压力、运营的挑战、监管态度等诸多因素。有公司为了调费，提前18个月就成立了工作组，每个月监督进度。

可以看到市场中，有些公司奉行长期主义，百万医疗险往往搭配重疾险、年金险，以保证未来调费和运营处理时，不会影响年金或重疾的销售情况，但也有公司则认为既然是1年期产品，随时可以停售。但其实这种短期思维是不成立的，会面临很大的监管压力以及社会舆论压力。

面对种种潜在风险，我们一定要问以下几个问题：

一是长期重疾产品内含价值是否有可能会被write off？二是医疗险一旦停售，是否可能会有较大的社会影响？三是医疗险调费偏晚，是否会大幅度亏损？四是医疗险市场，财产险公司进来了，是否会再出去？

对于公司而言，经营商业健康险的长久之计在于以下几个方面：

一是专业，赢得长久。二是医疗险，重运营，重积累。三是如何将短期客户转化为长期客户，才是医疗险经营的核心问题。四是“科技+服务”，如何风控？如何提供优质服务？建立生态体系，黏住客户。

好产品一定是在提供经济保障之外，还要能做深度的国内外医疗资源整合，再加上先进的科技手段，真正能够服务好客户，解决客户“痛点”的产品才是好产品。

NEW ERA OF
INSURANCE
保险新时代
《慧保天下》精选集

4

CHAPTER

保险中介·裂变

新常态下，保险公司寻求转型，更适应当下市场需求的保险中介渠道迎来裂变时刻。

中小保险公司发力长期保障型产品，保险专业中介一骑绝尘，成为成长最快速的渠道之一。

传统的银保渠道也逐渐适应新的节奏，新模式探索同步推进，保费贡献占比不断回升。

保险中介监管部门针对市场情况频频亮招，仅上半年即下发4个文件，而更多规章制度还在拟定过程中。

权威数字显示，截至2018年末，国内各类保险中介从业人员实际上已经达1200万人左右——国内就业人口总数约7.7亿人，保险中介从业人员占比高达1.5%。

银保渠道“信仰”正在崩塌：1月银保业绩两极分化，有的冲规模，有的转型期交，有的彻底放弃

2019年2月20日

有人说，中国的人身险市场起于团险渠道，兴于个险渠道，而盛于银保渠道。

的确，银保渠道在20世纪90年代中期传入国内，并在2003年监管机构允许一家银行同多家保险公司合作之后，迅速成长为国内最重要的保险销售渠道之一，保费收入突飞猛进，并于2008年，首次超过个险营销渠道。

毫不客气地说，银保渠道在很大程度上塑造了如今的人身险市场格局，推动一大批中小型保险公司快速崛起，引领理财型产品爆发式增长，所谓的“资产驱动负债模式”也与之直接相关。银保渠道带给人身险市场的影响如此之大，然而，如今在“保险姓保”的大环境下，其却开始遭遇前所未有的“危机”：2018年银保渠道业务收入下降超过20%，业务占比下降超过10个百分点。与此同时，受到资本市场不景气的影响，保险公司的投资收益率普遍下滑，甚至难以覆盖银保渠道的业务成本。

曾经盛行一时的，利用银保渠道销售理财型产品获得大量“便宜”的现金流，再通过投资获取收益的保险公司业务模式变得不再可靠，银保渠道自身价值也开始引发越来越多的质疑，一些公司已经开始对银保渠道实施战略收缩，转而发展个险、经代等。

2019年1月的银行渠道“开门红”交流数据显示，不同保险公司之间的银保渠道业绩已经出现明显分化，有的依旧在做大规模，有的转型期交，有的则已经选择彻底放弃。如果说依赖银保渠道曾经是很多中小型人身险公司的“信仰”，那么现在，这种“信仰”正在走向崩塌。

银保渠道“开门红”业绩显著分化

2019年1月，个险渠道“开门红”情况整体不甚理想，那么银保渠道呢?

从『慧保天下』了解到的情况来看，不同公司之间的银保渠道业绩已经出现明显分化。很多公司的银保新单规模都保持快速发展态势，同比增速甚至达到100%以上，这其中就包

括华夏人寿（400%以上）、天安人寿（300%以上）、前海人寿（100%以上）和君康人寿（接近200%）等。

分析其原因，一方面有保险公司集中资源冲刺“开门红”的因素，另一方面受累于134号文的影响，很多公司2018年1月的银保新单规模大幅负增长，导致业务基数较低。

当然，也有少部分公司的银保渠道只实现了较小幅度的正增长乃至负增长，这其中比较典型的包括国华人寿，其银保新单规模保费负增长甚至超过了40%。其最新发布的2019年1月总保费数据也显示，仅实现63.86亿元，相较于2018年同期的111.7亿元下降超过40%。此外，渤海人寿同比仅实现了10%以上的正增长，而富德生命人寿、建信人寿等则都出现了两位数以上的同比负增长。

从银保新单期交保费的数据来看，一些公司正在加速转型。同样是以国华人寿为例，虽然其新单规模保费大幅负增长，但其银保新单期交保费却实现了100%以上的正增长，建信人寿的情况也类似。此外，还有数家公司出现新单期交保费同比增速远大于新单规模保费同比增速的情况，显示业务结构正在好转。不过值得注意的是，一些中小公司似乎已经放弃银保渠道，因为银保新单规模保费收入出现了高达90%以上的负增长。

整体来看，对于银保渠道而言，艰难仍在持续，而面对艰难，不同保险公司银保渠道策略乃至业绩正在发生分化，有的仍在以趸交理财型产品冲刺业务规模，有的选择放弃规模，转而大力发展期交业务；有的甚至干脆选择了放弃。

银保渠道保费持续下滑，可持续性受到质疑

导致一部分公司对于银保渠道失去信心的直接原因是，银保渠道业务收入持续下滑。有行业交流数据显示，2018年人身险公司实现银邮代理业务8032.34亿元，同比下降24.11%，在人身险公司所有业务中的占比为30.59%，同比下降多达10.06个百分点。

银保渠道业务大幅负增长，以及由此衍生的现金流压力、投资亏损等问题，助推人们重新审视银保渠道价值。有业内人士将目前不同公司对于银保渠道的不同态度划分为五种。

一如既往高度依赖银保渠道

银行系保险公司因银行而生，注定会持续高度依赖银保渠道，不过其中一些公司显然也已经开始转向期交，甚至不惜减少新单保费规模，例如光大永明人寿、建信人寿、中邮人寿等公司都在加大银保期交业务发展力度。

彻底放弃银保业务

其中，最典型者当如太保寿险，在过去数年的转型中，已经彻底放弃银保业务。其他大型保险公司，凭借在个人代理人渠道的优势，对于银保渠道的依赖也大大减少，例如平安人寿，其银保渠道业务规模已经很小；很多中外合资公司对

于银保渠道也一向不太看重；最值得关注的是，随着银保渠道的衰落，也已经开始有中资中小保险公司逐渐淡化银保渠道。

继续利用银保渠道做大业务规模

从目前的数据来看，依然有很多保险公司在选择依赖银保渠道发展理财型产品，做大业务规模。不过显然并非所有公司都可以持续走这条路，因为理财型产品将对保险公司偿付能力有着更高要求，需要得到股东有力的资金支持；同时，银保渠道成本在过去几年逐渐走高，要想覆盖成本并有所盈利，也要求保险公司本身具备优秀的投资能力。

转型期交，收缩银保渠道

在一些公司继续利用银保渠道大干快上的同时，另外一些公司却已经开始收缩银保渠道，一边转型期交业务，一边尽量压低银保渠道成本。业内人士介绍，这与以前新华保险等公司银保渠道转型有所不同。之前的公司为实现银保渠道转型，不惜加大成本投入，但现在一些公司的银保渠道转型态度更加消极，已经不愿意再投入更多成本，“因为他们对于银保渠道的价值已经产生质疑。”

尝试创新银保渠道

在市场对于银保渠道价值产生怀疑之时，另外一些公司也已经开始积极行动起来，试图通过银保渠道创新，推动银保渠道发展。毕竟，银行渠道庞大的高端客户群体，依旧不容忽视。值得注意的是，保险公司对待银保渠道态度上的分化，实际也给其转型造成了一定困难，因为仍旧有公司在延续以往的业务模式，银行缺乏动力提升自己专业能力的动力。

经代成新宠，但取代银保为时尚早

在一些公司对于银保渠道逐渐冷淡之时，其对于个人代理人渠道以及经代渠道的兴趣开始显著增加。数据显示，而在银保渠道业务占比持续下降的同时，个人代理人业务占比持续攀升，2018年实现业务收入15452.21亿元，同比增长18.27%，占比为58.84%，上升8.67个百分点。

不过对于很多中小公司而言，从头组建个人代理人渠道显然代价高昂，因此，经代渠道受到更多青睐。数据显示，专业保险代理公司、专业保险经纪公司均实现了30%以上的同比业务增速，成为2018年成长最快的人身险销售渠道，不过二者业务占比均不足1%，对于市场整体的影响力依然有限，谈取代银保渠道，显然为时尚早。

另外值得注意的是，除个险、银保之外，包括电网销在内的保险公司直销业务已经成为第三大渠道，在2018年实现业务2012.91亿元，同比增长14.90%，占比为7.67%，上升0.94个百分点，见表1。

表1 2018年人身险公司各渠道业务情况

业务渠道	原保险保费收入（亿元）	同比增长（%）	占比（%）	占比较上年同期增长（%）
银邮代理	8032.34	24.11	30.59	-10.06
个人代理	15452.21	18.27	58.84	8.67
公司直销	2012.91	14.90	7.67	0.94
专业代理	234.84	30.72	0.89	0.20
其他兼业代理	273.00	-0.41	1.04	-0.01
保险经纪	255.27	38.72	0.97	0.27
合计	26260.87	0.85	100.00	—

银保个险化或成一大趋势

如上文所述，在保险业对待银保渠道的态度发生明显分化之时，一些公司也已经开始深入研究银保渠道的作业模式，试图通过创新，能够在银保渠道方面获得新的突破。其中，银保渠道个险化已经成为一种重要探索方向。据了解，其最主要的方式就是将原本的银行渠道客户经理培养成为个人代理人，在原有银行渠道客户基础上，进行客户二次开发，销售长期保障型产品。

保险公司银保渠道往往采用员工制，而目前一些公司已经开始尝试将银行渠道客户经理改制为与代理人一样的代理制，以推动销售，同时降低公司成本。业内人士认为，以往银保渠道对于客户经理的专业能力要求并不高，银保渠道个险化将有效推动一部分银行渠道客户经理提升自身专业能力，但这同时也意味着，很多不能适应这种模式的银行渠道客户经理将最终被淘汰出保险行业。

相对于银保渠道个险化，横琴人寿提出的“混合型前端”概念更进一步，其不仅淡化了银保、个险等各种传统销售渠道之间的边界，更是将线上线下作业模式进行打通，意图为客户提供更加综合的保险服务。

“故天将降大任于斯人也，必先苦其心志，劳其筋骨，饿其体肤，空乏其身，行拂乱其所为……”，银保渠道光彩不再，作为曾经的很多保险公司的“信仰”，更是逐渐走向崩塌，这一过程注定充满挣扎与痛苦，但对于保险行业而言，只有彻底放弃曾经的执念，或许才能迎来真正的脱胎换骨。

破解小账潜规则，银保新模式三地悄然试点，银行客户经理变身保险公司兼职代理人

2019年2月28日

在银保渠道艰难转型的关键时刻，销售误导、小账问题仍普遍存在，酿就沉重负担，几乎成为压垮银保渠道的最后一根稻草。尤其是银保小账的问题，表面看是保险公司采取的市场化竞争手段，然而其中所包含的财务造假、商业贿赂等问题在使其面临沉重经营压力的同时，也面临巨大的合规风险。

在2019年2月27日召开的全国保险中介监管工作会议上，银保监会保险中介监管部主任姜波在讲话中明确表示，2019年的工作重点之一就是治理银保渠道乱象。当银监会与保监会合并成为银保监会，曾经分属不同金融业的银行业与保险业也有了进行深度融合的契机，新的银保合作模式亟待探索。

市场主体已经开始了积极行动，其间，银行系保险公司——交银康联人寿在山东、广东和辽宁三地开展的新型银保合作模式试点颇具看点。在这种模式下，保险公司将银行客户经理转变为自身的兼职个人代理人，所支付的手续费全部以代理人佣金的形式得到体现，银保小账问题彻底实现“阳光化”。

根据『慧保天下』的了解，银保监会中介部已经对该模式进行过现场调研。

打破银保小账，交银康联人寿试点吸纳银行客户经理为兼职个人代理人

熟悉银保渠道的人士都明白，所谓银保小账是指保险公司利用各种手段套取经营费用给予银行客户经理的额外奖励，其目的是以现实利益激励银行客户经理销售保险产品。表面看来，这是市场化机制下，保险公司所采取的正常的竞争手段，但一旦涉及套取费用、私下给予交易对方额外利益以达成自身目的，则涉嫌财务数据造假、商业贿赂，违反《反不正当竞争法》等有关法律法规。

商业贿赂是一种职权职务性利益交换行为，是指经营者以排斥竞争对手为目的，为争取交易机会，暗中给予交易对方有关人员和能够影响交易的其他相关人员以财物或其他好处的不正当竞

争行为，是贿赂的一种形式，但又不同于其他贿赂形式。实际上，根据媒体公开报道，银保渠道发展多年来，已经有多家保险公司分支机构因为银保小账问题被处罚、起诉。

实际上，监管部门一直在强化银保渠道监管，小账问题也始终是一大重点；逐渐走高的银行手续费率，加之各种小账，实际上保险公司自身也苦不堪言，但遗憾的是，在市场竞争面前，保险公司总是会选择“向渠道低头”。不过近期，一种新的银保合作模式已经开始试点，有望彻底解决银保小账问题。

『慧保天下』获悉，银行系保险公司——交银康联人寿已经开始在山东、广东和辽宁三地的交通银行网点试点一种新的银保合作模式：将银行客户经理同时吸纳为保险公司的兼职个人代理人，以此实现全部佣金透明化，彻底杜绝银保小账问题发生。目前该模式还只是在小范围内进行试点，不过已经引起监管部门的高度关注，根据『慧保天下』的了解，近期，银保监会中介部已经赴山东对该试点模式进行调研。未来，这种新型的银保合作模式能否在更大范围内试点，值得高度关注。

新模式争议仍存：银行是兼业代理机构，其员工却变身兼职个人代理人

实际上，由于银保渠道在2018年遭遇“重创”——2018年银保渠道业务收入下降超过20%，业务占比更是下降超过10个百分点。与此同时，受到资本市场不景气的影响，保险公司的投资收益率普遍下滑，甚至难以覆盖银保渠道的业务成本。这从根本上动摇了传统银保渠道从业者的心态，很多中小保险公司人士都表态：“银保渠道已经到了必须改变的时刻”。

一些保险公司已经开始新的银保合作模式的探索，这其中，最典型的一种即“银保个险化”。不过从『慧保天下』目前了解到的情况来看，所谓“银保个险化”只是将保险公司原本的银保渠道客户经理转变为个人代理人，在既有银保渠道客户的基础上进行深度挖掘。一些保险公司为此甚至直接将银保渠道客户经理从员工制转变为代理人制，在内部引发不小的争议。

而交银康联人寿的试点更进一步，不是将自身客户经理转制为个人代理人，而是直接将银行客户经理吸纳为兼职个人代理人。这种模式下，保险公司只需按照约定向银行支付手续费，并向兼职个人代理人支付佣金即可，无须再设置任何小账。与此同时，由于银行客户经理与保险公司之间直接具备了代理合作关系，保险公司可以更直接地对其进行督导培训，或也可在一定程度上降低销售误导发生的概率。

不过，虽然表面看来，交银康联人寿新型银保合作模式益处多多，但在其中隐含的很多问题显然也值得高度关注。

一是银行客户经理系商业银行正式员工，其同时兼任保险公司代理人是否合乎《商业银行法》等的法律规定。

二是银行本身是兼业代理机构，其员工却又变身为兼职的个人代理人，这其中的法律地位、关系问题如何理顺。

三是个人保险代理人只能代理1家保险公司的产品，而银行作为兼业代理机构，1个网点最多可以代理3家保险公司的产品，二者之间的矛盾如何化解的问题。

当然，很多的业务模式创新，都难免对既定规则产生冲击，是否值得大范围推广，甚至为之修订原有规则，还取决于新模式带来的“利”是否大于“弊”。

银保监会合并为银保模式打开新思路，新的银保监管制度拟订工作也已提上日程

保险公司银保渠道在焦灼之中，都在期待着新的突破，交银康联人寿以及其他公司的试点，无疑都是一种积极的尝试。需要注意的是，在谈及银保模式创新之时不能忽略的一个大前提是，银监会以及保监会已经进行了合并，形成全新的“银保监会”，这实际给银保渠道发展和模式创新都创造了前所未有的良好的监管环境。

监管机构合并，将外部协调转化为内部沟通，部门博弈内部化必将促进监管准则和执法行为走向统一。在统一监管下，只要筑牢法人防火墙，“混业销售”不会导致大的风险。因此，可以预计银保合作或将呈现新的面貌，甚至焕发“第二春”。

通过重构合作模式、培训销售技能、打击误导行为和灵活设计产品，保险可以深度融入银行低柜销售。从长远来看，这会催生新的合作模式，保险公司走向后台，银行网点则作为销售前台，在一种新模式下实现产销分离。通过推动银保销售期交化、保障型产品，提升内含价值，银保交付方式、获取价值方式将出现变化。通过金融分工降低保险运营成本，这可能是最大的利好。

从银行保险资本合作视角来看，银行的优势在于提供近距离、高密度的销售场景，保险的优势在于打通生活链、交易链，有助于金融业务切入生态系统。同时，银行系保险公司或将迎来新的发展空间。至少，不会再因为部门分设，导致相互间对于行业地位、主导权的忧虑，从而降低管理沟通成本。

目前的市场动态已经初步印证了上述内容的前瞻性——银保监会成立后，银行与保险的深度融合正在发生。

新的模式正在积极探索中，而据『慧保天下』了解，银行类保险兼业代理机构的管理制度制定工作也已经被银保监会中介部提上日程。在这种情况下，银行、保险的合作机制势必更加顺畅，同时，在银保监会“严监管”的威慑力下，长期困扰银保渠道的小账问题、销售误导等问题也将得以解决或者说部分解决。

小账问题被炮轰，8000亿元银保渠道迎整肃：新规直指销售误导、客户真实信息

2019年8月25日

“我最不能容忍的一件事，就是员工收取保险公司的回扣。据我所知，这不是个别现象，对这个问题必须采取果断措施。对内、对外都必须坚决果断，对内谁收取回扣就开除谁，甚至是移交司法处理；对外取消相关保险公司准入资格，哪怕会影响我们的中收，也在所不惜，一个健康的组织文化，远比收入多少更重要。”

2019年7月，招商银行行长的一番表态迅速引爆网络，将“银保小账”这个老大难问题，再度推向前台。“银保小账”的存在增加了保险公司的负担，损害了财务数据的真实性，更重要的是破坏了市场的公平竞争规则，实质上构成“商业贿赂”，而这种商业贿赂，却成为银保渠道的“潜规则”。

除了小账问题，销售误导问题在银保渠道也一直呈高发态势，尤其是在行业转型后，加大了保障型产品的销售力度，原本习惯了销售简单的理财型产品的银保渠道，销售误导问题也更加突出。

好在，以后治理这些问题，将更有抓手。2019年8月22日，《商业银行代理保险业务管理办法》（以下简称《办法》）印发各银保监局、银行、保险公司，并将从10月1日起正式施行。

《办法》包括总则、业务准入、经营规则、业务退出、监督管理、附则共计六章七十条，在准入退出、经营规则、问责制度、佣金支付、保障型险种占比等方面提出了更全、更细的要求，旨在解决银保转型难、销售误导和手续费“小账”屡禁不止的突出问题。

此前，针对银保这一渠道的很多规定，都由原银监会、保监会共同合作完成，从不同的立场出发观点或有不同，而现在，银监会、保监会合二为一，外部的对接改为内部的协调，监管资源更加集中，目标更统一明确，对于银保渠道的监管将更加有效。

值得注意的是，《办法》还重申了对银保渠道业务结构的要求，明确商业银行销售保障型业

务占比不得低于20%，这对于当下正全力推动转型的银保渠道而言，或将有所助益。由于业务结构转型，销售队伍不适应等原因，2018年人身险公司银保渠道保费收入出现大幅下滑，总保费收入仅为8032亿元，同比下滑超过24.11%，占比下降超过10个百分点。

2019年，逐渐适应了新节奏的银保渠道开始“触底反弹”，前6个月累计实现原保险保费收入6131亿元，同比增长22.52%，占比提升1.94个百分点。

如今，在银保监会合并后，对于银保渠道，这一仅次于个人代理人的第二大人身险销售渠道，再度迎来全面严监管，这会成为其发展历程中的又一个转折点吗?

严格准入退出机制，明确要求经营保险代理业务的商业银行具有相应的专业管理能力

《办法》对银行保险兼业代理机构的准入管理进行了进一步明确，不仅明确了申请保险兼业代理资格的法人机构应具备的条件，也明确了分支机构代理保险业务应当具备的条件，同时对于申请业务资格应当提交的资料，以及监管部门需要履行的职责都作出一一规定，银行兼业代理机构准入规则得到进一步明确。

值得一提的是，银保监会及其派出机构依法作出批准商业银行经营保险代理业务的决定的，应当向申请人颁发许可证。许可证不设有效期。

但商业银行若出现许可证依法被撤销、撤回或吊销的；因解散或者依法宣告破产等原因依法终止的；法律、行政法规和银保监会规定的其他情形等，银保监会及其派出机构将依法注销许可证。

同时，《办法》在《征求意见稿》仅有3条退出情形规定的基础上，增加了4条业务退出的管理规定，并强调，商业银行终止保险代理业务活动，应维护投保人、被保险人、受益人的合法权益。

尤为值得关注的是，在经营规则方面，《办法》第十七条规定，商业银行与保险公司开展保险代理业务合作，原则上应当由双方法人机构签订书面委托代理协议，确需由一级分支机构签订委托代理协议的，该一级分支机构应当事先获得其法人机构的书面授权，并在签订协议后，及时向其法人机构备案。

严禁“小账”，针对商业银行、保险公司双管齐下，要求明晰佣金结算要求，禁止账外核算和经营

此前，银保“小账”问题一直被行业所诟病。一些保险公司为了推动业务发展，在代理合作协议规定的手续费外，变相给银行或其经办人支付除手续费标准以外的利益和费用。

这些“小账”是如何走出去的？业内人士透露，一般通过会议费、旅游费、培训费、咨询费、餐饮费等方式虚列公司费用，私下向银行网点或经办人员支付奖励。“小账”问题的普遍存在增加了保险公司的负担，损害了财务数据的真

实性，更重要的是破坏了市场的公平竞争规则，实质上构成“商业贿赂”。

长期以来，监管部门为破解“银保小账”问题颇费周章，不过由于银行、保险公司由不同监管部门监管，实际上加大了问题解决的难度。

现在情况显然已经完全不同，银保监会合并，部门之间的利益藩篱被彻底打破。例如，此次出台的《办法》，就对商业银行以及保险公司均作出明确的禁止性规定，双管齐下，试图根治小账顽疾。

第十九条规定，商业银行对保险代理业务应当进行单独核算，对不同保险公司的代收保费、佣金进行独立核算，不得以保费收入抵扣佣金。

此外，商业银行对取得的佣金应当如实全额入账，加强佣金集中管理，合理列支其保险销售从业人员佣金，严禁账外核算和经营。

保险公司应当按照财务制度据实列支向商业银行支付的佣金。保险公司及其人员不得以任何名义、任何形式向商业银行及其保险销售人员支付协议规定之外的任何利益。

第二十二条还规定，商业银行和保险公司应当建立保险代理业务台账，逐笔记录有关内容，台账至少应当包括保险公司名称、代理险种、保险单号、保险期间、缴费方式、保险销售从业人员姓名及其执业登记编号、所属网点、投保人及被保险人名称、保险金额、保险费、佣金等。

正如前文所言，银保监会合并，对于保险公司来说，影响最直接的一定是银保渠道，如今，这一影响显然已经显现。

严治销售误导，投保人年龄超过65周岁，原则上只能投保保单利益确定的保险产品

多年来，销售误导一直是银保渠道销售的一大顽疾，有观点甚至认为，银保渠道就是建立在销售误导基础之上的。到现在行业加速转型，复杂的保障型产品占比显著增加，如何避免销售误导显得更加重要。

对此，《办法》从多个角度进行了详细规定，如规定商业银行及其保险销售从业人员应当向客户全面、客观地介绍保险产品，按保险条款将保险责任、责任免除、退保费用、保单现金价值、缴费期限、犹豫期、观察期等重要事项明确告知客户，并将保险代理业务中商业银行和保险公司的法律责任界定明确告知客户。

此外，针对容易被误导的老年人群体，误导后负面影响会很大的收入相对较低的群体，以及容易出现误导的非预定收益型投资保险产品，《办法》也作出了详细规定，如投保人填写的年收入低于当地平均水平的、投保人年龄超过65周岁或期缴产品投保人年龄超过60周岁的，向其销售的保险产品原则上应当为保单利益确定的保险产品，且保险合同不得通过系统自动核保现场出单，应当将保单材料转至保险公司，经核保人员核保后，由保险公司出单。

对于趸缴保费超过投保人家庭年收入的4倍、年期缴保费超过投保人家庭年收入的20%的客户，在投保保单利益不确定的保险产品时，商

业银行及其保险销售从业人员在取得投保人签名确认的投保声明后方可承保。

商业银行及其保险销售从业人员代理销售投资连结型保险产品和财产险公司非预定收益型投资保险产品等，应在设有销售专区以上层级的网点进行，并严格限制在销售专区内等。

责令银行将全面、完整、真实的客户投保信息提供给保险公司并告知客户

通过银行代理销售保险产品后，银行往往不会将客户的真实联系方式交给保险公司，以至于保险公司不能掌握客户的信息，不能有效完成监管规定的回访工作。在原保监会公布的客户信息真实性专项检查中发现，银保渠道客户信息不真实的保单比例远远高出其他渠道。

某保险公司负责人解释："通过合作平台销售产品时，对方以保护客户隐私为由拒绝提供客户的联系方式，造成客户信息不真实，这与一些保险公司，尤其是中小型保险公司业务严重依赖中介渠道发展有关，银行为了保护业务，往往不愿让保险公司掌握真实的客户信息。"

而此次《办法》则明确规定，商业银行不得通过篡改客户信息，以商业银行网点电话、销售从业人员及相关人员电话冒充客户的联系电话等方式编制虚假的客户信息。

保险公司发现客户信息不真实或由其他人员代签名的，尚未承保的，不得承保；已承保的，应当及时联系客户说明保单情况、办理相关手续，并要求商业银行予以更正。

第四十七条也明确，商业银行和保险公司应当加强客户信息保护，防止客户信息被不当使用。

值得注意的是，隐瞒真实客户信息的背后归根结底是利益驱使——银行不希望保险公司掌握宝贵的客户资源，从而与银行争利，这种格局下，银行会否落实《办法》要求，尚值得关注。

强调回归本源，规定保障型产品占比不得低于20%

此次银保新政的一大亮点，便是促进银保渠道回归本源。

习惯了销售简单的理财型产品的银行保险销售人员不擅长销售复杂保险产品，可以看到，2018年，银保渠道在全部保费收入中的占比不断下滑，到2019年，这一形势才有所改观，银保渠道保费收入占比开始有所上升。

值得注意的是，为了推动银保渠道保费结构调整，《办法》还直接要求，商业银行代理销售意外险、健康险、定期寿险、终身寿险，以及保险期间不短于10年的年金保险、两全保险和财产险（不包括投资型财产险）的保费收入之和不得低于保险代理业务总保费收入的20%。

显然，通过此举，监管部门意在唤醒保险公司逐渐回归理性。

北京银保监局先行整治第三方平台，“飞单”、变相向无资质平台支付佣金、保费试算等都要禁止

2019年10月14日

新的《互联网保险业务监管办法》迟迟未能出台，但北京银保监局已经先行要进行规范了。

2019年10月12日，北京银保监局发布《关于规范银行与金融科技公司合作类业务及互联网保险业务的通知》（以下简称《通知》），对于互联网保险业务中的部分热点争议问题作出了明确的规定。

根据《通知》，保险从业人员不得通过平台从事超出其执业登记范围的保险销售，包括分享链接获得佣金或推广费的行为；第三方网络平台不得提供保费试算、报价比价、代理查勘理赔、为投保人拟定投保方案、代办投保手续、协助索赔等服务；保险机构亦不得向平台支付保险销售佣金，也不得简单以与保费规模或保单件数挂钩的结算方式变相支付保险销售佣金；且保险机构须对利用平台开展的保险销售业务合规性承担相应法律责任。

《通知》直指互联网保险业务经营中的热点问题，准确地回应各种争议。银保监会中介部主任姜波在公开场合讲话时曾指出，“2018年涉及互联网保险的投诉超过1万起，同比增加121%”，解决争议、明确标准，更好地解决消费者权益保护问题显然迫在眉睫。

然而2015年10月1日开始实施的《互联网保险业务监管暂行办法》在2018年10月1日就已经到期，在这之前，新的《互联网保险业务监管办法（征求意见稿）》已经开始在业内广泛流传，但正式版本迟迟未能出台。

为防止出现监管真空，2018年9月30日，银保监会向保险业内下发通知，宣布《互联网保险业务监管暂行办法》在新规定出台前继续有效，但面对快速发展变化的互联网保险市场，老办法已经难以解决很多新问题。

此次《通知》的出台，虽然只是北京银保监局的属地监管思路，但这其中所透露出的互联网保险监管趋势却值得关注。尤其是对于很多第三方网络平台而言，《通知》已经清晰的展示出“机构持牌、人员持证”的监管思路，如果不能获得保险相关牌照，今后很有可能没有办法再从

事有关业务，“擦边球”不好打了。

以下为《通知》要点。

严禁保险从业人员利用平台“飞单”，包括分享产品链接获得佣金或推广费

互联网保险业务模式不断进化升级，这其中，一些科技公司或者保险机构，建立的针对代理人的第三方网络平台备受关注。通过这些第三方网络平台，代理人可以向消费者推荐保险产品，消费者通过点击链接主动完成购买流程，代理人则可获得相应的“推广费用”。

从传统保险销售的视角出发，一个代理人只能在一家保险机构进行执业资格登记，如果其已经在某家保险公司进行执业资格登记，则无权销售其他保险公司的产品，一旦销售，实质构成“飞单”，而这是现有监管规定所禁止的，但在为数不少的第三方网络平台中，“飞单”却成为了一种生意，一种模式创新，形成了事实上的监管套利。

一直以来，业界对于这种现象往往“睁一只眼闭一只眼”，但此次，北京银保监局在《通知》中却给出非常明确的禁止性规定：保险机构、商业银行应当加强对保险从业人员的管理，要求保险从业人员不得通过平台从事超出其执业登记范围的保险销售，包括通过宣传推广特定保险产品或发送特定产品链接，获取佣金或与佣金相近的推广费等。

为从源头上掐断这种现象，《通知》还明确：保险机构不得通过平台变相委托未取得本机构执业证书的人员销售保险产品，不得通过平台向未取得本机构执业证书的人员支付或变相支付保险销售佣金。

通过这种规定，线上线下监管规定终于趋于一致，均严格禁止“飞单”。这对于大量针对保险代理人的第三方网络平台来说，也就意味着，必须获得保险牌照，才能继续经营相应的业务。

明确第三方网络平台不得提供保费试算、报价比价、代理查勘理赔、为投保人拟定投保方案、代办投保手续、协助索赔等服务

针对第三方网络平台，《通知》给出了明确的定义，第三方网络平台是指备案运营主体、电信与信息服务业务许可证（ICP）归属机构不是保险机构，为保险机构的互联网保险业务提供网络技术支持辅助服务的网络平台。

与此同时，《通知》也对平台的业务范围进行了禁止性的规定：

保险机构与第三方网络平台（以下简称平台）合作开展互联网保险业务应确保平台符合《办法》规定，并符合下列条件：

一是平台不得参与保险业务的销售、承保、理赔、退保、投诉处理、客户服务等保险经营或保险中介经营行为，如保费试算、报价比价、代理查勘理赔、为投保人拟定投保方案、代办投保手续、协助索赔等。

二是平台不得将保险产品与其他非保险金融

产品同时展示，或作引人误解的对比宣传。

三是平台不得代收保费，保费与其他经营项目费用合并收取的，应做到实时分账至保险机构所属专用账户。

保险业务的销售、承保、理赔、退保、投诉处理、客户服务等都被视为保险经营或保险中介经营行为，所以不具备相应资质的第三方网络平台不得提供保费试算、报价比价、代理查勘理赔、为投保人拟定投保方案、代办投保手续、协助索赔等服务，这对于很多的第三方网络平台无疑将构成致命一击，因为很多不具备资质的平台正是以上述业务作为突破口。

严禁保险公司向第三方网络平台支付佣金，或变相支付佣金

一些平台名义上不经营保险业务，而是为保险公司提供技术服务，但实际上从事的却是保险销售的行为。保险公司按照保费规模或者保单件数支付费用，但得到的发票实际上却是“技术服务费”。

对此，监管显然早已有所警惕，2018年，某知名第三方网络平台就因为保险公司支付的技术服务费中有一部分实际被用于支付注册用户的推广费而被监管部门重罚。

在《通知》中，对这种情况也作出了明确规定，保险机构不得向平台支付保险销售佣金，也不得简单以与保费规模或保单件数挂钩的结算方式变相支付保险销售佣金。

不过，在业界，有关此种行为该如何界定一直存在争议，最典型的一个观点，技术服务费其实是保险公司支付给第三方网络平台的佣金，持牌的第三方网络平台有权将这笔费用用于业务推广。

明确保险公司主体责任，即便是分支机构也不能推卸责任

第三方网络平台数量庞大，种类庞杂，且很多都不具备保险相关资质，对于人力有限的监管机构而言，要想一一盯住这些平台是不现实的。因此，自银保监会成立以来，从机构监管转向功能监管，同时强化保险公司管理责任的思路愈发明确。

在保险中介监管方面，这种监管思路已经得到贯彻，姜波在公开演讲中就表示：“保险公司和保险中介机构是保险中介市场的一体两面，提升保险公司对合作中介渠道的管理责任和管理能力是加强和改善保险中介监管的重要抓手。”

同样，在针对第三方网络平台的监管中，《通知》也紧紧抓住保险公司这一“牛鼻子”，从根本上强化了保险公司管理责任：

保险机构对利用平台开展的保险销售业务合规性承担相应法律责任。

考虑到互联网保险业务的特殊性，《通知》明确，即便是总部行为，业务落地分支机构也不能推卸责任，这意味着北京银保监局一旦发现问题，将有依据直接对分支机构进行处罚。

各保险公司总公司统一销售，落地北京地区分支机构承保或提供后续服务的互联网保险业

务，参照上述要求管理。

商业银行开展互联网保险业务的信息披露，须参照保险专业中介机构执行

近年来，很多商业银行也开始利用官网庞大的流量开展互联网保险业务，一方面方便了客户办理业务，另一方面也在某种程度上规避了“双录”等监管要求。

但由于银行本身是保险兼业代理机构，对于其开展互联网保险业务并没有相应的规定，事实上形成了一定的监管真空。《通知》补上了这一漏洞，保险机构、商业银行应按照《互联网保险业务监管暂行办法》（保监发〔2015〕69号）和《中国保险行业协会互联网保险业务信息披露管理细则》的相关要求进行信息披露后，方能开展互联网保险业务。商业银行相关信息披露要求，参照保险专业中介机构执行。

1200万名保险中介人怎么管？从管中介扩展到管销售，全渠道监管时代来临

2019年6月5日

2019年6月4日，《保险中介行政许可及备案实施办法（征求意见稿）》的下发引发业内热议，虽然就整体内容而言，与以往规定并没有本质不同，但该文件的下发，所传递出的保险中介牌照审批有据可依，或即将开闸的信息，还是让市场颇为兴奋。

银保监系统三定收官，各部门职能越发明确，各类监管条线也有了新的目标。就中介部而言，新的监管格局下，“功能监管”“全渠道监管”已经成为中介部最重要的原则之一，保险公司中介管理工作、个人代理人渠道、互联网渠道、专业中介渠道、银保渠道乃至全部保险销售从业人员等，都已经与中介部的管辖范畴相关，而中介部则会秉持“机构持牌、人员执证、透明监督、非法严打”的原则。

强监管渐行渐近，不完全统计，仅5个月时间，中介部已经先后下发四项文件（含征求意见稿，见表1），更多的规章制度还在拟定过程中。

就在近期，银保监会中介部主任姜波还两度发声阐明对中介的监管意图，包括在“2019清华五道口全球金融论坛保险之夜分论坛”上讲话时，畅谈的互联网保险的监管思路，以及“保险业风险观察”内刊上的《姜波：对当前保险中介监管工作的几点认识和思考》中，系统阐明了中介部的监管原则。

在本文中，『慧保天下』即结合姜波近期的讲话与文章，以及中介部2019年的各种发文，带读者深刻领会中介监管大趋势。2019年以来有关部门发布的有关保险销售的文件以及主要内容见表1，银保监会中介部计划未来出台的规章制度见表2。

表1 2019年以来发布的有关保险销售文件及主要内容

时间	文件名称	主要内容
1月1日	《中华人民共和国个人所得税法》《中华人民共和国个人所得税法实施条例》《国家税务总局关于发布〈个人所得税扣缴申报管理办法(试行)〉的公告》《财政部 税务总局关于个人所得税法修改后有关优惠政策衔接问题的通知》等	从2019年1月1日开始之后的3年间，保险营销员的展业成本将按照收入额的25%计算；同时明确保险营销员取得的佣金收入属于劳务报酬所得，应该按照"累计预扣法计算预扣税款"来缴纳个税
1月31日	《中国银保监会办公厅关于加强保险公司中介渠道业务管理的通知》	明确要求保险公司全面强化对于中介渠道业务的管理，要求保险公司对中介业务合规性履行管控责任，及时要求中介渠道业务主体纠正违法违规行为；严禁保险公司利用中介进行违法违规行为；要求保险公司按时报送有关中介业务渠道相关报告以及数据，并对真实性负责
2月	《商业银行代理保险业务管理办法（征求意见稿）》	《征求意见稿》对银行兼业代理机构从准入和退出、从业人员、市场行为和评价体系等方面提出系统要求，着力解决销售误导和手续费违规支付等突出问题，力图实现对商业银行代理保险业务的全流程监管
4月16日	《关于开展保险公司销售从业人员执业登记数据清核工作的通知》	本次清核包括保险公司从事保险销售的所有人员，数据清核工作将分为两个阶段进行：第一阶段，保险公司自查整改，并要求6月15日前，保险总公司向中国银保监会、保险省级分公司向所在地银保监局分别报送自查报告及附件；第二阶段，监管部门重点检查，9月30日前，中国银保监会、各银保监局结合日常监管及保险公司自查结果，分别选取部分保险总公司、保险省级分公司开展重点检查
6月4日	《保险中介行政许可及备案实施办法（征求意见稿）》	明确了保险中介相关市场准入行政行为、行政许可和备案事项的条件、程序、期限和申请材料，对几类保险中介机构申请相关牌照的条件、股东条件和禁止性条件等进行了明确。与以往有关规定相差不大

表2 银保监会中介部计划未来出台的规章制度

序号	文件名称
1	《保险代理人监管规定》
2	《互联网保险监管办法》
3	《保险销售指令》

保险销售从业人员第一次真实披露，1200万人，远远超乎想象；人员大进大出，仍是监管重中之重

《姜波：对当前保险中介监管工作的几点认识和思考》一文披露了一组非常重要的数据：

截至2018年末，全国共有保险中介集团公司5家，全国性保险代理公司240家，区域性保险代理公司1550家，保险经纪公司499家，已备案保险公估公司353家，保险兼业代理机构3.2万家，代理网点22万余家。

保险公司个人代理人800多万人，专业代理机构销售从业人员334万人，经纪机构执业人员23万人，公估机构执业人员2万人。

这意味着，到2018年末，国内各类保险中介从业人员实际上已经达1200万人。这是一个相当惊人的数据，文章透露，当前，国内就业人口总数约7.7亿人，保险中介从业人员占比高达1.5%。

当然，这些还只是目前依然在册的中介人力数据，加上那些已经离开的人员，从事过以及正在从事保险中介工作的人数会更加惊人。

过于庞大的从业人员数量，以及不断的人员大进大出，对日常监管工作形成考验，姜波也在文章中明确指出："本质上，保险中介只是提供服务并收取佣金，业务本身不会形成系统性的金融风险。但千万量级的销售从业人员直接面对消费者销售不同周期的保险产品，与其他金融业乃至非金融业有着千丝万缕的联系。因此，保险中介监管必须采取严监管措施，防止金融风险跨领域传递，损害消费者利益，危害金融安全。"

数据的真实是实施有效监管的第一步，对此，2019年4月16日，银保监会下发了《关于开展保险公司销售从业人员执业登记数据清核工作的通知》，全面清核保险公司销售人员数据，严防数据注水。当然，这还只是严监管的第一步，更多的手段还在路上。

营销员减税政策在上半年落地，或更多着眼于通过保险公司雇用更多从业人员，缓解就业压力

虽然保险中介从业人员数量已达1200万人左右，但在目前的经济形势下，这一数字仍存在进一步扩大的可能。

因为对于保险公司而言，代理人招募理论上不存在数量上限，准入门槛也较低，导致在就业压力较大的环境下，保险中介行业往往能起到吸纳就业，形成人力蓄水池的作用。

决策层显然也乐见其成，2019年，呼吁多年的营销员减税政策终于落地。1月，新版《中华人民共和国个人所得税法》《中华人民共和国个人所得税法实施条例》《国家税务总局关于发布<个人所得税扣缴申报管理办法（试行）>的公告》《财政部　税务总局关于个人所得税法修改后有关优惠政策衔接问题的通知》等文件相继落地，分别就新税法实施后个人所得税扣缴申报以及个税优惠政策衔接问题进行了明确。

根据上述文件规定，从2019年1月1日开始之后的3年间，保险营销员的展业成本将按照收入额的25%计算；同时明确保险营销员取得的佣金收入属于劳务报酬所得，应该按照"累计预扣法计算预扣税款"来缴纳个税。经历此轮减税，年收入在6万元以下的保险营销员均无须再缴纳个税，利好绝大部分保险营销员。

互联网保险增速放缓，监管最终将走向何方

姜波近期在“2019清华五道口全球金融论坛保险之夜分论坛”上的讲话指出，互联网保险投诉增长较快，2018年涉及互联网保险的投诉超过1万起，同比增加121%，其中有些问题与第三方平台相关，包括销售误导、信息安全、资金安全、消费者权益保护、服务能力不足和第三方平台违规开展保险经代业务等。

在讲话中，姜波也透露了互联网保险的监管思路：

一是坚持机构持牌、人员持证的原则。互联网保险的本质是保险，它必须由持牌的保险机构来参与，参与互联网销售的人员也必须要持证。

二是坚持监管审慎的原则。适应数字化、场景化和智能化发展的保险趋势，进一步完善监管科技，这就是我们讲的所谓“舟已行矣，剑也要行”。

三是坚持保护消费者权益的原则。切实保护消费者的知情权、自主选择权和个人信息安全。

四是坚持鼓励创新的原则。所谓监管沙盒，是监管机构以规范发展为前提，对于促进互联网保险的发展还要持一个包容的态度，对于第三方网络平台的不合规行为也要严密监管。未来监管部门将对互联网保险的发展进行重点研究，包括互联网保险的监管办法也将及时更新。

不过值得注意的是，互联网保险的高光时刻已经过去，可以看到，随着行业主动进行结构调整，保费增速放缓，互联网保险保费增速也已经放缓，互联网保险行业未来还有多大的发展空间，监管政策是否能与市场情况相匹配值得关注。

银保监会分工彻底理清监管彻底理清，中介部拟实施全流程监管

对于人身险公司来说，银保渠道就是第二大渠道，重要性毋庸置疑，因此与代理人渠道类似，此前一直处于多头监管的局面中，但现在，这一情况显然得到了解决，或划归中介部。

而中介部对于银保渠道的监管思路也已经明确。2019年2月，《商业银行代理保险业务管理办法（征求意见稿）》下发，按照银保监会“三定”后“谁审批，谁负责”原则，该办法在整合以往有关银保渠道监管多份文件的基础上，对银行兼业代理机构在准入和退出、从业人员、市场行为和评价体系等方面提出系统的要求，着力解决销售误导和手续费违规支付等突出问题，力图实现对商业银行代理保险业务的全流程监管。

值得注意的是，对于银保渠道进行全面规范是2019年银保监会保险中介监管工作的重点之一，2019年保险中介监管工作会议上已经提出，将以银行类机构为突破口，强化保险兼业代理机构规范经营。

拟制定《保险销售指令》，拿外国的药方治中国的病，从管中介扩展到管销售

2018年10月，欧盟《保险销售指令》生效，对保险产品销售所涉及的所有主体予以规范，实现消费者权益对等保护。此前，该指令的全称是《保险中介指令》，从《保险中介指令》升级为《保险销售指令》，显示出监管思路已经发生了显著变化，从原来的规范中介，拓展到规范直销和中介在内的所有销售渠道，这代表了国际监管的大趋势。

根据姜波透露，国内也将效仿欧盟出台《保险销售指令》的经验，拿外国的药方治中国的病，立足全渠道管理，研究我国《保险销售指令》制定工作，引导保险中介从销售为主转向服务为重。值得注意的是，对于保险销售的管理，以往是由寿险部直接命令公司进行，而现在也划归了中介部。

从机构监管到功能监管，加大保险公司管理责任

以往，监管部门更加注重机构监管，而现在，行为监管也成为一个重要方面，所有的中介业务行为都要纳入监管，同时，从保险公司中介渠道管理的角度出发，要求保险公司肩负更多责任。

姜波指出，强化保险公司对中介机构的间接管理，加大其管理责任，是国际保险监管的通行做法。“保险公司和保险中介机构是保险中介市场的一体两面，提升保险公司对合作中介渠道的管理责任和管理能力是加强和改善保险中介监管的重要抓手。”

实际上，在2019年1月31日，银保监会就已经向各保险公司、中介机构下发了《中国银保监会办公厅关于加强保险公司中介渠道业务管理的通知》（以下简称《通知》），明确要求保险公司全面强化对中介渠道业务的管理。

《通知》要求，保险公司要对中介业务的合规性履行管控责任，及时要求中介渠道业务主体纠正违法违规；严禁保险公司利用中介违法违规行为；要求保险公司按时报送有关中介业务渠道相关报告以及数据，并对真实性负责。

此外，《通知》还明确，银保监会及各派出机构加强对保险公司中介渠道业务的现场检查和非现场监管，对存在违法违规行为的保险公司、保险中介机构和人员依法依规进行处罚。

在传统的监管格局下，更多的是寿险部、财险部管保险公司，中介部管保险专业中介机构，是一种典型的机构监管，但保险公司与保险中介作为一条产业链上的上下游主体天生注定利益高度相关，对二者进行独立监管，并不利于从根本上解决问题。

而此次《通知》的下发似乎就是要理顺这一关系，将保险公司与保险中介紧紧绑定。这也意味着，监管理念正在发生变化，正从机构监管转向功能监管。未来，具有相同功能的机构或都将纳入同样的监管范畴。

龙头跨界潮至，同花顺、顺丰、链家、吉利、烟草总公司等皆获保险中介资质

2019年6月20日

说起同花顺，炒股的朋友一定不陌生。作为一款大家耳熟能详的股票交易软件，同花顺多年来深耕证券交易软件技术创新，已经成为国内领先的互联网金融信息服务提供商，为广大股民提供了丰富的证券市场信息及交易平台。

但现在，当登录同花顺APP时，能享受到的服务可不止股市、期货和基金。2019年6月20日， 同花顺APP悄然上线保险频道，对用户提供健康、意外、人寿和财产四大类保险产品销售。同花顺也开始卖保险啦！

值得注意的是，除互联网巨头外，近年来开始有越来越多行业的龙头企业或重要企业跨界进入保险中介领域，例如快递业龙头顺丰、房产中介巨头链家、民营车企巨头吉利、中国烟草总公司及东软集团等皆已经获得保险中介牌照或保险中介资质。

这其中，毫无疑问既有金融牌照价值水涨船高以及买到（获批）就是赚到的投机心理存在，也有监管部门在牌照审批中更倾向大型企业的结果，但更多的或许还是保险本身的特质决定的：保险作为一种风险转移的手段，可以与各行各业深度结合，不但可以“肥水不流外人田”，还能增强客户黏性。

同花顺悄然卖保险，车险与大地、阳光合作，上线来自平安健康、国华人寿、众安在线及安心保险的18款产品

从目前来看，与同花顺合作的保险公司数量还不是很多，只有国华人寿、平安健康、众安在线和安心保险4家公司。不过平台上线的产品已经比较丰富，涉及健康、意外、人寿和财产四大类，总计18款产品，涵盖重疾险、医疗险、意外险、养老险、定期寿险、账户安全险及车险等。

其中，产品数量最多的是健康类的，包括多款百万医疗险、防癌险、重疾险等，这些产品都是当下互联网平台热销的产品类型，价格较传统渠道具有一定的优势，医疗险产品中不乏尊享e生这样的“网红”产品。

人寿保险方面，平台对接了国华人寿的3款产品，分别是两款终身养老金（月交型、年交型）和一款房贷保定期寿险。

通过同花顺的保险频道，也可以投保车险，目前，同花顺与大地保险和阳光产险合作，为两家公司提供报价入口。

同花顺作为国内最知名的炒股软件之一，在广大股民中有广泛的影响力。公开资料显示，同花顺的所有者为浙江核新同花顺（300033）网络信息股份有限公司（以下简称同花顺），其前身为上海核新软件技术有限公司，成立于2001年8月24日，目前总部位于杭州。

该公司专业从事互联网炒股软件的开发以及提供炒股数据和财经信息服务，旗下拥有同花顺金融服务网、同花顺爱基金投资网等，于2009年12月正式登陆A股。

在客户资源方面，同花顺现有业务平台覆盖了证券市场上不同类型的客户群体：机构客户方面，公司的产品和服务已覆盖了国内90%以上的证券公司，此外，还覆盖了大量的公募基金公司、私募基金公司、银行、保险公司、政府、科研院所及上市公司等机构客户；个人用户方面，截至2018年末，同花顺金融服务网注册用户约44129万人；每日使用同花顺网上行情免费客户端的人数平均约为1057万人，每周活跃用户数约为1335万人。

入局保险中介早有端倪，2018年斥资2000多万元收购浙江恒诚保险经纪

其实，同花顺入手保险经纪牌照早有端倪。

2018年同花顺年报显示，其已经将“保险经纪服务”列入公司产品服务中，称“拥有完整的产品及服务体系，提供产品和服务内容主要包括网上行情及交易系统开发及服务、金融资讯与数据服务、手机金融信息服务、基金销售服务、保险经纪服务等”。

年报同时显示，其于2018年4月12日从宜城市光大农牧有限公司手中购得浙江恒诚保险经纪有限公司100%的股权，代价为2082.44万元，在这一天，其也完成了原保监会的备案变更手续，正式成为该保险经纪公司唯一的股东（见表）。

表　2018年报告期内获取的重大股权投资情况

被投资公司名称	主要业务	投资方式	投资金额（元）	持股比例（%）	资金来源	合作方
浙江恒诚保险经纪有限公司	保险经纪	收购	20824386.16	100.00	自有资金	宜城市光大农牧有限公司
合计	—	—	20824386.16	—	—	—

续表

被投资公司名称	投资期限	产品类型	预计收益	本期投资盈亏（元）	是否涉诉	披露日期（如有）	披露索引（如有）
浙江恒诚保险经纪有限公司	永久	保险经纪		-523243.03	否	2018年8月21日	巨潮资讯网
合计	—	—		-523243.03	—	—	—

根据天眼查数据，收购完成后，同花顺首先变更了其注册资本金，从原来的1000万元提升至5000万元，满足了监管对于全国性保险经纪公司注册资本金的最低要求。2018年10月，同花顺又对该保险经纪公司进行更名，从原来的浙江恒诚保险经纪有限公司正式更名为浙江核新同花顺保险经纪有限公司。

对于入局保险经纪领域，同花顺在年报中披露了持牌原因：一是为进一步拓宽金融信息服务范围，顺利进入保险经纪服务市场，促进各项业务协同发展。二是基于主业，多点布局，积极探寻新的盈利增长点。

『慧保天下』还注意到，同花顺在2018年年报中提到，公司已于2018年9月6日注册了同花顺保险公司域名，此处所指同花顺保险公司即为浙江核新同花顺保险经纪有限公司，该域名于2019年9月6日到期。

各领域龙头热衷于跨界保险中介，顺丰、链家、吉利和中国烟草总公司等皆已获批保险中介业务资质

近年来，互联网巨头相继布局保险业，成为保险业扩容当中最显眼的一个标志。无论是传统意义上的互联网巨头BATJ（百度、阿里巴巴、腾讯和京东），还是后起之秀TMD（今日头条、美团、滴滴）等，乃至携程、去哪儿、同程、途牛等旅游信息平台，国美、苏宁等家电平台，新浪等门户网站，都已经在保险领域进行深度布局。而保险中介牌照作为相对准入门槛较低的保险牌照类型，更是成为这些企业的标配。

有关互联网巨头在保险中介领域的布局，各种文章介绍得已经太多，『慧保天下』在此不做赘述。从同花顺获批保险中介牌照出发，可以看到，不只互联网巨头，其他细分行业的巨头也已经在不知不觉中，纷纷跨界进入保险中介领域，这其中就包括顺丰、链家、吉利、烟草总公司及东软集团等一大批在各自领域的龙头企业或者重要企业。

快递龙头顺丰早已获批保险兼业代理资质，“三通一达”还拟成立保险公司

作为国内首屈一指的快递企业，顺丰对保险业务早有涉猎。2013年末，顺丰成立金融保险事业部后，就推出了针对保险业的保单专送业务，先后与多家保险公司开展合作。

到2016年10月，顺丰控股集团财务有限公司开业，其经营范围中即包括“经批准的保险代理业务”，这意味着，当时其已经具备保险兼业代理资质，是真正可以销售保险产品的一家企业。

其实，在国内主流快递企业中，觊觎保险业务的不只顺丰一家。2017年10月，申通快递、韵达股份就曾齐发公告称，拟联手中通快递和上海圆通蛟龙投资等成立中邦物流保险股份有限公司，虽然截至目前，该保险公司尚未正式获批，但快递企业对于保险业务的热情由此可见一斑。

房地产中介巨头链家创始人实际控制北京安理保险经纪

众所周知，房地产中介巨头链家创始人左晖在介入房地产中介领域之前，就曾从事过保险销售工作，但很多人不知道的是，在带领链家成为房地产中介龙头企业之后，左晖又再度对保险业务产生了兴趣。

天眼查数据显示，2018年6月，链家创始人左晖实际控制的广州奕达科技有限公司从医加壹健康科技（北京）有限公司手中购得鹰社医加壹保险经纪有限公司95%的股权，并将之更名为北京安理保险经纪有限公司。

离开保险业多年后，左晖又回来了。

民营车企巨头吉利收购易保保险代理

民营车企巨头吉利近年来也已经跨界保险中介领域。2018年2月24日，保监会发布了《关于易保保险代理有限公司经营保险代理业务的批复》，易保保险代理有限公司成为2018年首个获批业务资质的保险中介。而工商信息显示，易保保险代理有限公司为浙江吉利控股集团有限公司的全资子公司，注册资本为5000万元。

其实，不只吉利一家车企在近年获批保险中介牌照，2017年9月，北汽集团还联合国寿财险成立北京安鹏保险经纪并获批业务资质；2018年3月，中国重型汽车集团斥资亿元成立的“地球村保险经纪”也已经获批保险业务资质。

在现代社会中，汽车与保险本就密不可分，车企通过布局保险中介，无疑可以加大对于下游市场、车后市场的介入力度。

中国烟草总公司旗下诚至诚保险经纪有限公司获批保险经纪业务资质

中国烟草总公司作为国内真正的巨无霸企业，其实也已经在近年布局保险中介，并收获保险中介牌照一枚。2018年6月，四川诚至诚烟草投资有限责任公司旗下的诚至诚保险经纪有限公司经银保监会审批，正式获得保险经纪业务资质。而四川诚至诚烟草投资有限责任公司是中国烟草总公司四川省公司100%控股的企业，中国烟草总公司四川省公司又是中国烟草总公司100%控股的企业。

东软集团获批保险经纪牌照

东软集团是中国领先的IT解决方案与服务供应商，总部位于大连，其旗下的睿安保险经纪也已经于2018年7月获批保险经纪业务资质。值得注意的是，东软集团对于保险中介牌照的热爱远非一个保险中介牌照所能满足，辽宁首家财产险法人机构——融盛财险的创始股东中也有东软集团的身影，持股比例高达20%。

保险作为一种风险转移的手段，可以与各行各业深度结合，对于掌握了本行业最丰富客户资源的龙头企业来说，通过获取保险中介牌照，不但能满足自身多种保险采购需求，不用再求助于人，更重要的是，还可以通过这种方式节约成本，满足客户需求，乃至增加客户黏度。

附表　2016年以来保险中介业务资质获批情况

公司名称	批复时间	股东
正达保险公估	2016年1月12日	陈水业、叶志军
安徽宏平保险公估	2016年1月26日	胡长平
天津天宜世纪保险公估	2016年1月27日	天津天宜行船舶检验技术服务、胡卜周、天津天衡海事检
枣庄红荷保险公估	2016年2月4日	刘端汉、刘兆玲
四川金坤保险公估	2016年2月4日	成都倍特贸易，成都任我行汽车服务集团、黄国胜、金祥保险销售
纵横融通保险经纪	2016年2月18日	张晓伟、朱晓丹
扬州兴和保险公估	2016年2月18日	刘同和、陆露萍
富尔保险经纪	2016年2月25日	郑世杰、王成成
江苏乐凡保险公估	2016年2月26日	上海乐凡金融信息服务、高长青、曹刘强
青岛经典卓越保险公估	2016年2月26日	张道旭、纪晨晨
山东恒正保险公估	2016年2月29日	高德国、陈文超
山东享福保险公估	2016年3月1日	张晓敏、李金甫
陕西华夏安康保险经纪	2016年3月7日	王锦、曹品、姚斐、金峰、杨毅宁
恒大保险经纪	2016年3月7日	恒大互联网
河北华圣保险公估	2016年3月11日	河北华圣保险销售服务
浙江安哲保险公估	2016年3月11日	杭州安哲风险管理技术
河北铭俊保险公估	2016年3月16日	吕花花
河北恒邦保险公估	2016年3月16日	浙江天睿祥保险经纪
河北三玉利保险公估	2016年3月21日	河北三玉利保险代理
河北得正保险公估	2016年3月21日	河北康宇保险代理
上海森昊保险代理	2016年3月21日	张晓凯、王华

续表

公司名称	批复时间	股东
重庆远见保险代理	2016年3月21日	深圳前海大道金融服务
圣源祥保险销售服务集团	2016年3月23日	石家庄圣源祥投资、陈二国、圣源祥保险代理
湖南省大鸿保险经纪	2016年3月28日	北京米浮卢森科技
中安风尚（北京）保险代理	2016年3月28日	北京博通畅达科技
东风南方保险代理	2016年3月30日	深圳市东风南方实业集团
浙江腾保保险代理	2016年3月30日	浙江腾保网络科技
万信保险代理	2016年4月5日	黄宗林、曾玉兰
山东和汇公估	2016年4月5日	日照市世盛贸易
众泰合保险代理	2016年4月13日	上海均和汇济企业管理
博弈中立保险公估（北京）	2016年4月14日	闫胜巧、任永前
天津津报鹏程保险经纪	2016年4月14日	北京达华喜元信息服务
河北大生泰丰保险公估	2016年4月21日	大众瑞安创业投资
大证保险经济股份	2016年4月21日	上海中科生命科学发展、大同证券
宁波鼎宏保险公估	2016年4月28日	鼎宏汽车保险销售
北京乐信保险代理	2016年6月1日	北京蒙歌科技
博维保险经纪	2016年6月1日	天熹资本控股集团、深圳市前海诚发科技
浙江众正保险公估股份	2016年6月13日	王钊、黄莉霞、陈汝康、李超
保勘联保险公估（北京）	2016年6月20日	平量行保险公估（上海）、徐默、薛辉
麦芬保险经纪	2016年6月21日	品钛金科（北京）信息技术
上海唯家保险经纪	2016年6月29日	上海财华保网络科技
上海华洋保险经纪	2016年6月29日	吴振会、赵燕红
大连港泰保险经纪	2016年7月15日	大连港集团
浙江传化保险经纪	2016年7月19日	传化物流集团
鹰社医加壹保险经纪	2016年7月19日	医加壹健康科技（北京）

续表

公司名称	批复时间	股东
中国人寿保险销售	2016年8月1日	中国人寿保险（集团）公司
君康保险经纪（上海）	2016年8月2日	君康人寿保险股份
中船保险经纪	2016年8月3日	中船重工财务
中石化保险经纪	2016年8月3日	中国石油化工集团、中国石油化工
英大长安保险经纪	2016年8月3日	国网英大国际控股集团
湖南瑞远保险公估	2016年8月16日	肖伶敏、陈刚、尚军
华夏在线保险代理服务	2016年9月28日	华夏人寿保险
真意保险代理	2016年9月29日	民联远东（保险代理）
易康吉保险经纪	2016年11月3日	易联众信息技术股份
安徽安腾保险公估	2016年11月15日	程钢、卜城格、吴英华
泛海在线保险代理	2016年11月22日	泛海资本投资管理集团
国美保险经纪	2016年11月29日	北京国美电器
河北燕赵保险销售服务集团	2016年11月30日	河北正祥投资、陈成章、陈宝峰、孙镇、张贺春
湖南中洋保险公估	2016年11月30日	杨华、李竖坚、杨捷茹
河北诚安达保险公估	2016年12月14日	诚安达保险销售服务股份、张建伟、王建武
辽宁诺新保险公估	2016年12月14日	金在哲、洪哲松、金兰
哈密市红星博惠保险代理	2016年12月16日	新疆生产建设兵团第十三师国有资产经营
山东正德保险公估	2016年12月16日	山东怡富保险代理股份、王盼盼、张锦秀
南京福海保险公估	2016年12月22日	南京福中电脑科技、杜加念、武卫平
兴民保险经纪	2016年12月28日	上海新浪金融投资管理、曹湛、邵帅
华强保险经纪	2016年12月28日	深圳华强资产管理集团、深圳泛隆投资管理
四川泓钏保险经纪	2016年12月29日	成都常银贸易，成都大生广文化传媒
河北万宇通保险公估	2016年12月29日	保定市新市区信达汽车修理厂、石岩、甘平
新奥保险经纪	2017年1月17日	恩纽诚服公共服务技术
华夏信达保险经纪（北京）	2017年1月20日	龙仕文化产业集团
安心致远保险代理	2017年1月20日	安心财险

续表

公司名称	批复时间	股东
杭州联恒保险公估	2017年1月20日	李委芳、李小军、何梦醒
华夏恒邦保险代理	2017年2月6日	恒邦财险
四川中领天盛保险代理	2017年2月6日	成都棠湖泊林城房地产开发、成都飞泉泵业
银建保险经纪	2017年3月3日	北京银建投资
中车汇融保险经纪	2017年3月16日	中车集团、中汇国际保险经纪
华海沣泰保险代理	2017年3月30日	北京大北农科技集团
祁安保险经纪	2017年5月8日	新明集团，浙江天茂园林工程
中建英大保险经纪	2017年6月8日	中大长安保险经纪、中国建筑
国新汇通保险经纪	2017年6月19日	国新控股、中汇国际保险经纪
北京证通保险代理	2017年6月23日	证通股份
深圳市丰收保险经纪	2017年6月30日	深圳市康达尔集团
东润保险经纪	2017年7月10日	重庆东银控股
北京农信保险经纪	2017年7月26日	北京大北农科技集团
杭州保进保险代理	2017年7月26日	蚂蚁金服
星恒保险代理	2017年8月5日	上海复星工业技术
北京大树保险经纪	2017年8月22日	拉卡拉网络技术
唯诚保险经纪（武汉）	2017年8月23日	福建恒荣集团
日立保险代理（中国）	2017年8月31日	日立保险服务（香港）
北京安鹏保险经纪	2017年9月11日	北气集团、国寿财险
微民保险代理	2017年9月28日	腾讯、富邦财险
四川华西保险经纪	2017年10月16日	四川华西集团、四川省工业设备安装公司
大地保险代理	2017年10月16日	中国大地财产保险
太平保险经纪	2017年10月26日	太平金融服务
湖南交水建保险经纪	2017年12月13日	湖南省交通水利建设集团、杨志翔
烽火台保险经纪	2017年12月13日	安徽烽火台卫星监控科技
海腾保险代理	2017年12月13日	保腾网络科技有限公司

续表

公司名称	批复时间	股东
广东合祥保险经纪	2017年12月22日	广州匠心投资控股
路航保险经纪	2017年12月29日	重庆新路航船务
国旭保险经纪	2017年12月29日	东旭集团
新华联保险经纪	2018年1月5日	新华联控股
青岛港保险经纪	2018年1月5日	青岛港（集团）
英大蒙电保险经纪	2018年1月25日	英大长安保险经纪、内蒙古电力集团
易保保险代理	2018年2月11日	浙江吉利控股集团
重庆金诚互诺保险经纪	2018年2月11日	天津三快科技
江西济民可信保险经纪	2018年2月12日	江西济民可信集团
中瑞万邦保险经纪	2018年2月12日	湖州益华纺织
贵阳山恩保险经纪	2018年3月5日	成都运力科技
建投华天保险经纪	2018年3月15日	建投华信资本、河北建设投资集团
广东众康永道保险经纪	2018年3月16日	张志生
百瑞保险经纪	2018年3月16日	均胜集团
康瑞保险经纪	2018年3月27日	北京然信科技
地球村保险经纪	2018年3月27日	中国重型汽车集团
建信保险代理	2018年4月4日	建信人寿保险
诚至诚保险经纪	2018年6月11日	四川诚至诚烟草投资
众安在线保险经纪	2018年6月21日	众安在线财产保险
太平洋保险代理	2018年7月2日	太平洋保险在线服务科技
南航保险经纪	2018年7月11日	中国南航集团资本控股有限公司
青安保险经纪	2018年7月31日	大连东软控股有限公司

46家保险机构设63家保险中介，“去中介化”是伪命题，保险业复杂博弈远未到平息时

2019年5月10日

业务发展的困难或诱惑，正导致保险公司变得越来越庞杂，往上走希望架起集团公司，往下走纷纷投资设立子公司，包括投资子公司、医疗健康子公司、房地产子公司、科技子公司及其他非保险类子公司等，更复杂的是，不少保险公司纷纷参股保险中介公司或设立专属保险中介公司。

截至2019年5月5日，共有46家保险机构设立或收购了63家保险中介公司，包括销售公司、代理公司和经纪公司三种类型，从出资方来看，财产险公司为28家，人身险公司为18家。从保险公司积极拥抱保险中介的姿态来看，“去中介化”至少在现在依然是个伪命题。

保险公司设立中介公司具有明显的阶段性特征，很大程度上是监管政策驱动

从保险公司旗下保险中介获批业务资质的时间分布来看（见图1），大致可划分四个阶段，种种变化都与监管政策密切相关。

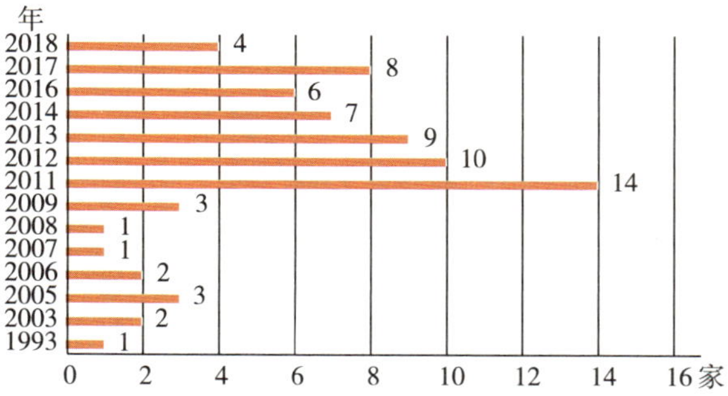

图1　保险公司旗下保险中介公司的设立时间分布情况

初创期（1993—2010年）

1993年，首家全国性专业保险中介服务企业——华泰保险经纪有限公司在北京成立，拉开了保险公司设立保险中介公司的序幕。此后一直到2009年，几乎每年都有保险公司参股或设立保险中介公司。不过这个阶段的保险公司参股或设立保险中介公司基本都是试水之作，有的以技术立足歪打正着，大部分则是找不到保险中介的运作规律和合适的生存土壤而偃旗息鼓。

2004年7月9日和12日，新华保险成立代理公司云南新华保险代理、重庆新华保险代理，以期解决保险代理人高流失率、素质参差不齐的顽疾，但是经营仅3个月后，代理公司主要负责人就更换，并由此引发母公司对保险代理公司作出了重大调整。

2006年起，中企民生保险代理、石家庄商汇民生保险代理等公司相继成立，不过这一联办保险代理公司项目在2007年之后便逐步销声匿迹了。

2009年9月成立的浙江浙商保险销售有限公司是第一家正式获批的由财产险公司（浙商财产保险股份有限公司）投资设立的全国性保险销售公司。

爆发期（2011年至2013年7月）

从2010年开始，保险中介基本每隔几年都要进行一次市场的乱象治理，严厉打击各种中介渠道套取费用，政策导向上鼓励专业保险中介的发展，保险公司出于业务规范需要，积极布局保险中介公司。

2011年初，为改变现有的营销模式，突破经营困境，以中小保险公司为主成立了以下4家专属代理公司成立：

1月14日，信泰人寿出资2000万元设立了浙江联创保险销售有限公司。

2月20日，华泰财险出资1000万元开设华泰保险销售（上海）有限公司获批。

3月24日，保监会批准紫金保险注册资金5000万元成立紫金保险销售公司。

5月23日，保监会批准由和谐健康险和安邦财险两家公司共同出资成立和谐保险销售有限公司。

低谷期（2013年8月至2015年）

2013年8月，在经历上海“泛鑫骗局”的震荡后，保险中介市场迎来监管部门的“重拳出击”，监管长达两年没有审批新的保险中介公司，通过股权转让控制保险中介公司成为主流做法。

热潮期（2016年至今）

保险中介许可放开，加上保险公司牌照审批处于“冷冻”状态，使得社会资金绕道中介渠道曲线进军保险业，再加上保险公司分支机构审批难、保险全面转向保障化、代理人队伍重新崛起等影响，保险公司或欲进军保险业的股东成为控制保险中介牌照的主力军。

保险公司设立或收购保险中介的逻辑：绕道机构设置限制，便于股权激励

保险业愈发的以“渠道为王”，渠道不再是战略层面的取舍，而是具体情境下战术层面的积极选项，保险中介有可突破的空间，这已成为行业的共识。具体逻辑上有以下几个方面。

一是资本“曲线救国”。2018年，监管对保险牌照的申请相当于“零放行”，保险公司股权新规落地，也造成有些资本通过申请保险中介牌照“曲线救国”，市场上牌照转让的价格水涨船

高，一张全国性经纪或代理牌照，市价超过3000万元。对保险公司而言，保险中介牌照是近距离接触市场、观察市场的一个风向标。

二是银保和个险渠道转型，经代成新宠。近几年，人身险产品回归保障，渠道销售转型成为主题，行业在快速地盘整重构，传统银保营销渠道萎缩已成为常态，而惯用的旱涝保收、个人代理营销模式也难以大规模再现。保险中介为保险公司创新提供了空间，在大盘子稳定的情况下，探索有发展可能的路径。目前，国寿、平安、太平、太保等老牌保险公司已经纷纷将中介牌照收入囊中，并分别赋予其不同的任务使命。

三是利用保险中介公司快速打开分支机构新局面。在当前监管政策下，保险公司设立分支机构面临较多限制，例如成立前两年只能在注册所在地经营业务，两年后方可批设省级分支机构，省级分支机构设立后还需要在地市级、县市级机构逐层设立分支机构，且在每年分支机构的批设数量上都会面临一定的限制。而中介公司则没有这种烦恼，因为其分支机构开设采用的是备案制，无须审批，因而可以快速打开市场销售局面。

四是便于实施股权激励。在现行的保险监管政策下，保险公司要想对员工进行股权激励并非易事，而中介公司的股权变更相对来说要更加灵活。

五是隔离风险。近年来，一些保险公司不愿再花时间建立营销员队伍，而是将产品销售交给中介公司代理，但由于缺乏有效的风控体系，中介公司一旦出现违规行为，保险公司往往会“引火上身”。而投保人受到损失后，只认定由保险公司负责。显然，这需要保险公司权衡利弊得失。

与此同时，由于保险公司与旗下保险中介公司源出一家，保险中介负责人往往来源于保险公司，无论是在账务处理和人员的沟通上都较其他保险销售渠道更为便利，有的中介公司也承担了费用处理的角色，通过虚挂旗下保险中介公司套费更为隐蔽，加大了监管部门查处的难度。

从银保监会行政处罚公告来看，2018年以来，共有9家保险公司参股或发起的保险销售公司遭受保监系统的“严监管”，其违规行为为编制和提供虚假材料、财务数据不真实、编制虚假薪酬发放清单套取费用、高管无任职资格、无证人员违法卖保险、临时负责人任职超期、编制虚假保险中介业务及欺骗投保人等。

经营困境与风险苗头，保险公司与保险中介终将长期博弈并存

虽然前景可期，但从目前保险公司参股或开设保险中介公司的运营情况来看，《2017—2018年保险业年鉴》数据显示，2/3的中介公司面临净利润收缩的窘境，内部两极分化明显。且到目前为止，保险公司与旗下中介公司之间的协调作用并不突出，有的财产险公司旗下中介公司更多担当了费用处理的角色；部分做得好的寿险中介公司则无一不是以传统的代理人制为安身立命之本。

原因很简单，保险公司和中介公司本身就是

两条道上的车，一个考虑长期或至少1年期的财务平衡，另一个单纯考虑即期佣金收入，而保险公司的管理层经年累月以“三差”收益思维来管理公司，很难有精力再聚焦中介业务。

对于一些保险公司只是参股中介公司而言，其又往往陷入肥水不流外人田的保守思维模式中。

那么，保险公司可以脱离中介或实现去中介化吗？答案是不能。淘宝和微信如此之成熟，下沉如此之激烈，仍然有大量的零售店和面对面交易存在。中国社会经济环境下，保险不可能做到领先于其他行业，其产品的复杂性导致保险销售要应对足够多的不同场景。

不管怎么说，保险公司占据了行业价值链上游，却不能如保险中介般地深入基层做业务，这反而成为保险中介的核心竞争力。也就是说，保险公司经营保险中介公司的不成功就预示了保险中介行业的必然存在，“去中介化”是个伪命题。

当然，保险中介也必须依法合规发展。2019年以来，银保监会持续加大对保险中介（专业中介+兼业中介）的监管力度，并出台多份文件要求保险中介强化合规经营。借此机会，保险公司需要重新审视旗下保险中介公司的商业模式、资源整合和技术创新等面临的机遇与挑战，才能找到可持续发展的健康动力。

而这必将是在保险市场上的一个长期复杂的博弈故事。

附表　保险公司参股或设立的保险中介公司

序号	公司名称	地区	注册资金（万元）	获批时间	国内保险公司股东及持股比例（%）	备注
1	华泰保险经纪有限公司	北京	5000	1993年3月3日	中国再保险（52.5%、中国太平25%）	直接持股
2	北京环球保险经纪有限公司	北京	5000	2003年8月6日	平安集团旗下平安医疗健康（100%）	间接持股
3	中元保险经纪有限公司	上海	2000	2005年5月8日	太平人寿（25%）	直接持股
4	中盛国际保险经纪有限责任公司	北京	17072.78	2005年5月30日	人保集团（92.71%）	直接持股
5	安澜保险经纪有限公司	重庆	10000	2005年2月2日	安诚财险（100%）	直接持股
6	人保汽车保险销售服务有限公司	青岛	5000	2006年1月24日	人保财险旗下人保汽车保险销售深圳市分公司（100%）	间接持股
7	天安佰盈保险销售有限公司	北京	30000	2006年12月25日	天安财险（100%）	直接持股
8	五星在线保险销售有限公司	北京	10000	2007年10月30日	华夏人寿旗下华夏保险代理（上海）有限公司（40%）	间接持股
9	国安国际保险经纪股份有限公司	北京	5000	2008年2月29日	中国人寿保险	直接持股

续表

序号	公司名称	地区	注册资金（万元）	获批时间	国内保险公司股东及持股比例（%）	备注
10	新流保险代理（苏州）有限公司	苏州	5000	2009年6月16日	人保旗下人保（苏州）科技保险创投（7.79%）	间接持股
11	浙江浙商保险代理有限公司	杭州	10000	2009年9月8日	浙商财险（100%）	直接股份
12	阳光之音保险销售服务有限公司	北京	10000	2011年12月19日	阳光人寿（20%）、阳光产险（80%）	直接持股
13	北京瑞和保险经纪有限公司	北京	5000	2011年6月2日	安邦人寿（97%）	直接持股
14	紫金保险销售有限公司	南京	5000	2011年3月14日	紫金财险（100%）	直接持股
15	华泰保险销售有限公司	上海	5000	2011年2月20日	华泰保险集团（100%）	直接持股
16	华泰伟业上海保险经纪有限责任公司	上海	1000	2011年10月11日	华泰保险集团（100%）	直接持股
17	永达理保险经纪有限公司	北京	8000	2011年5月24日	信泰人寿（10%）	直接持股
18	星利保险经纪有限公司	海口	5000	2011年9月8日	阳光人寿保险（比例不详）	间接持股
19	广东业诚保险代理有限公司	佛山	5000	2011年1月27日	中国平安旗下深圳平安金融科技（70%）	间接持股
20	阳光一家家庭综合保险销售服务有限公司	北京	10000	2011年10月12日	阳光集团旗下阳光资产管理（20%）	间接持股
21	和谐保险销售有限公司	北京	5000	2011年5月16日	安邦人寿（100%）	直接持股
22	联创保险销售有限公司	宁波	5000	2011年1月24日	信泰人寿（100%）	直接持股
23	阳光丽人保险销售服务有限公司	南京	5000	2012年1月20日	阳光人寿（80%）、阳光产险（20%）	直接持股
24	平安保险代理有限公司	深圳	5000	2012年7月17日	平安旗下深圳平安金融科技咨询有限公司（100%）	间接持股
25	永安保险销售（上海）有限公司	上海	5000	2012年3月14日	永安财险（100%）	直接持股
26	网金保险销售服务有限公司	大连	5000	2012年3月14日	百年人寿（40%）	直接持股
27	安诚保险销售有限公司	重庆	10000	2012年3月14日	安诚财险（100%）	直接持股
28	富德保险销售有限公司	北京	10000	2012年2月29日	富德生命人寿（100%）	直接持股
29	安盛天平保险销售有限公司	宁波	5000	2012年12月12日	安盛天平财险（100%）	直接持股

续表

序号	公司名称	地区	注册资金（万元）	获批时间	国内保险公司股东及持股比例（%）	备注
30	大众保险销售服务（上海）有限公司	上海	2000	2012年7月17日	史带财险（100%）	直接持股
31	永安保险销售（北京）有限公司	北京	5000	2012年3月14日	永安财险（100%）	直接持股
32	长安保险销售有限公司	深圳	10000	2013年3月12日	长安责任保险（100%）	直接持股
33	盛世合众保险销售有限公司	北京	5000	2013年6月4日	合众人寿（100%）	直接持股
34	融汇保险销售有限公司	北京	20000	2013年5月17日	弘康人寿（85%）	直接持股
35	江西佳和佳汽车保险销售服务有限责任公司	南昌	5000	2013年5月15日	阳光产险（25%）	直接持股
36	华瑞保险销售有限公司	上海	10000	2013年7月8日	国华人寿（80%）	直接持股
37	永鑫保险销售服务有限公司	上海	5100	2013年1月7日	永诚财险（100%）	直接持股
38	诚炜保险代理有限公司	淮安	5000	2013年5月6日	太平洋保险集团旗下太平洋保险在线（20.25%）	间接持股
39	前海保险销售有限公司	深圳	15000	2013年6月19日	前海人寿（100%）	直接持股
40	中煤联合保险销售服务有限公司	上海	5000	2013年1月18日	中煤财险（100%）	直接持股
41	平安创展保险销售服务有限公司	深圳	5000	2014年1月17日	平安产险（100%）	直接持股
42	信达保险销售有限公司	苏州	5000	2014年4月28日	国任财险（100%）	直接持股
43	中美国际保险销售服务有限责任公司	深圳	15000	2014年1月27日	人保寿险（75.1%）、美国AIC（24.9%）	直接持股
44	泰盛保险销售服务有限公司	济南	5000	2014年4月1日	泰山财险（100%）	直接持股
45	前海世纪保险经纪有限公司	深圳	20000	2014年1月27日	前海人寿（100%）	直接持股
46	人保社区保险销售服务有限公司	深圳	5000	2014年3月18日	人保财险（100%）	直接持股
47	都邦保险销售有限公司	深圳	5000	2014年2月18日	都邦财险（100%）	直接持股
48	华夏在线保险代理服务有限公司	北京	10000	2016年9月28日	华夏人寿（83.33%）	直接持股
49	君康保险经纪（上海）有限公司	上海	20000	2016年8月2日	君康人寿（100%）	直接持股

续表

序号	公司名称	地区	注册资金（万元）	获批时间	国内保险公司股东及持股比例（%）	备注
50	太平洋裕利安怡保险销售有限责任公司	上海	5000	2016年8月2日	太保产险（51%）	直接持股
51	中国人寿保险销售有限责任公司	北京	5000	2016年8月1日	国寿集团（100%）	直接持股
52	太平保险经纪有限公司	上海	5000	2017年10月25日	太平保险集团旗下太平金融服务（100%）	直接持股
53	北京安鹏保险经纪有限公司	北京	5000	2017年9月11日	国寿财险（40%）	直接持股
54	华海沣泰保险代理有限公司	烟台	10000	2017年3月30日	华海财险（100%）	直接持股
55	华夏恒邦保险代理有限公司	上海	10000	2017年2月6日	恒邦财险（100%）	直接持股
56	安心致运保险代理有限责任公司	北京	5000	2017年1月20日	安心财险（100%）	直接持股
57	大地保险代理有限责任公司	上海	15000	2017年10月16日	大地财险（100%）	直接持股
58	微民保险代理有限公司	深圳	35000	2017年9月30日	富邦财险（31.1%）	直接持股
59	众安在线保险经纪有限公司	广州	10000	2018年6月21日	众安在线（100%）	直接持股
60	太平洋保险代理有限公司	上海	5000	2018年7月2日	太保集团旗下太平洋保险在线（100%）	直接持股
61	爱心保险经纪有限公司	北京	5000	2018年2月6日	爱心人寿（100%）	直接持股
62	建信保险代理有限公司	郑州	8000	2018年4月4日	建信人寿（100%）	直接持股
63	华新永康保险销售有限公司	广东	5000	2012年8月21日	久隆财险	直接持股

注：华新永康保险销售有限公司于2017年12月被三一集团全额收购。

华贵人寿汪振武：中介行业未来5年将迎爆发式增长

2019年6月27日

编者按 2019年6月21日，由华贵人寿和『慧保天下』联合举办的“多彩·互联网保险高峰论坛”在贵州贵安新区北斗湾举行，本届论坛以“创新引领 互联共赢”为主题。论坛上，华贵人寿董事长汪振武发表了观点，他认为，今天的时代是加速度迭代的时代，保险人要时刻有勇气面对下一场变革。如果不面向未来，将会失去现在所拥有的一切。

在当前的环境下，华贵人寿致力于成为产品和服务领先的平台型保险公司，采取了“两高一低、四新模式、五化管理”的差异化经营模式。汪振武表示，行业发展的康庄大道不是单靠华贵保险一家前行，华贵人寿不是把各家互联网公司仅仅当成一个渠道，而是看成血脉相连、手足情深的伙伴，华贵保险愿意亮家底和坦诚相待，与互联网保险行业同仁一同前进。

以下为华贵人寿董事长汪振武在“多彩·互联网保险高峰论坛”上的演讲发言。

今天，我希望借助这个机会与各位分享一下创立华贵人寿的感受。

创业是一件痛并快乐、同样也是痛并坚持着的事情，需要承受资本的压力、渠道的调整，更要面对顶层设计的波动等，这应该是所有保险业界创业人的心路历程。但是，来到贵州以后，当我以保险人士的视角去看待华贵人寿时，我的观点发生了变化。

识局：91家人身险公司，“老八家”占85%的市场份额，中小型保险公司面临生存危机

最近两年，抖音对我触动很大。大约两个

月前，我在女儿的影响下安装了抖音APP，还鼓励公司的同事也下载抖音。为什么要提抖音呢？因为到目前为止，中国互联网出现了很多现象级的产品，例如腾讯的QQ、新浪和搜狐的微博，以及后来出现的支付宝、微信和今日头条等，抖音应该算是现在离我们最近的现象级产品。不可否认，互联网发展依然在加速，这是抖音带给我的最大感受。

在我的印象中，QQ从上线到获得2亿用户只花了不到5年的时间；微信从上线到获得2亿用户只花了不到3年的时间；但是抖音从上线到获得2亿用户只花了1年左右的时间。可以看出，互联网发展依然在加速，抖音已经成为民间各层次人群关注社会信息和了解时政动态的重要窗口。而且我在抖音上还看到了政府部门开设的账号，可以看出政府部门对抖音的响应也是非常积极的。

也许，在座的各位有人从事过10年以上保险中介，也有人专注于互联网保险5年以上，虽然资历颇丰，但如果我们不能跟上互联网发展的速度，不能面向未来，不能面向行业的变革，这是不行的。

互联网第一代人已经逐渐退隐，互联网产品更新迭代的速度非常快。在我创业之初，能请主流媒体主编吃饭是一件很难能可贵的事情，但是两个月前，我在广州街头发现曾经的主流纸媒，如今已经无人问津。

所以，回到今天论坛的主题，如果不面向未来，你就会失去现在所拥有的一切，无论你曾经在行业中拥有多么傲人的业绩和影响力，这个规律没有人可以逆转。这是通过抖音，我想给大家分享的第一个观点。

还有一件事情我想跟大家分享：日前，美国社交网络巨头Facebook对外发布一种新的加密数字货币“天秤币”（Libra），立即引发了世界金融体系的极大关注，对此各国监管机构意见不一。从国家层面来看，数字货币的合法化和普及是否意味着新一轮货币战争硝烟已起。未来，以Libra为代表的数字货币是否会渗透全球经济引人深思。借此，我想和与会的同仁分享的是：如果不关注未来，我们将会一无所有。

在91家人身险公司中，刚成立不久的华贵人寿，其体量尚属于中小型保险公司。作为贵州省第一家本土的保险法人机构，我们不想说自己拥有多少光环，如果从市场的底层去了解的话，我们非常有危机感。这种危机感来自行业现状。

在91家人身险公司中，若以规模保费来计，第一梯队“老八家”的保险公司占了85%的市场份额，拥有130%的利润总额，即这些公司利润是行业平均的1.3倍。第三梯队，即市场排名第25名以后的60多家保险公司，其市场份额不到5%，亏损率达70%，每三四年就更换股东，高管团队离职、跳槽频率很高。因此，对于中小型保险公司来说，团队凝聚不易，市场生存艰难。

一些社会资本冲着牌照而来，并未做好经营保险公司的准备，在实际运作过程中四处碰壁，最后不得不黯然离场。如果不能找到自身的发展模式，不要说面向未来，恐怕连现在都难以把握。事实上，不知道该如何把握现在的保险公司比比皆是。

作为中小型保险公司代表的华贵人寿，其成

立时间不足3年，公司员工不到300位，经营区域有限，我们如何在反复找不到差异化路径的同业里度过苦海呢？这是我跟团队开会经常讨论的事情。当然，在这个背景下，我们把握住了机会，摸索到了适合自身的商业模式，也因为这个商业模式才有了今天的华贵人寿，有了今天的这个论坛。

我借此次论坛，希望和在座的各位达成共识，今天大家如果认可我们对行业的分析，认可华贵人寿选择的商业模式，希望大家和华贵人寿一起走这条可持续的康庄大道。

与在座的各位合作的其他保险公司相比，华贵人寿在牌照资质上是相同的，但骨子里的经营思路迥异。我们既没有把渠道方当作公司的商业合作伙伴，也没当作战略合作伙伴，而是当作唇亡齿寒的手足。因为我们知道，只有和渠道方辅车相依才能走到彼岸，否则就会沉沦苦海，华贵人寿愿意向渠道方的各位朋友亮出家底，坦诚相待。

布局：顺应中介行业爆发的当口，发力网销和经代，聚焦互联网保险，打造产品和服务领先的新型保险公司

我们把保险市场的成功者分成以下三种类型：

第一种类型是国寿、平安、人保、新华、太保、泰康、太平这样的“老七家”，借助历史性的机遇和个险的快速崛起，市场地位无法被撼动，其领军人也是行业的中流砥柱。

第二种类型是通过银行、保险发展起来的保险公司，例如工银安盛、中邮人寿、建信人寿等。

第三种类型是凭借资本超车的保险公司。但是在现在的监管下，这个模式很难再走下去。

华贵人寿之所以选择今天的商业模式，是因为这是唯一的路径。我认为华贵人寿不走这条路，将无路可走。在此，我想通过与大家进行深度、真实以及发自肺腑、亮出家底的交流，会发现华贵人寿选择这条路径，并非喊商业口号。

过去5年来，中介机构如雨后春笋般破土而出，我们认为这是个很好的现象。要问近些年来保险业的什么变化最让我们兴奋？我的回答既不是监管层面的政策，也不是高大上的商业模式，而是我们观察到保险中介行业的爆发式发展。

中介行业无论是在资金和人才方面，还是在商业模式方面都比较活跃。过去一年，中介的保费增长是过去的数倍，而进入中介的资本数量也在翻番。同时，这样的现状也给了如华贵人寿一样的新型保险公司一个良好的发展契机，我们顺应中介渠道行业爆发的当口，为行业提供了一个发挥我们的价值领域，这个价值点就是——我们要打造产品和服务领先的新型保险公司。

未来市场的主角将是今天在场的各位，是今天拥有C端客户、拥有渠道资源以及拥有对客户洞察力、影响力和凝聚力的渠道公司。13年前，我就坚信，谁拥有客户，谁掌握渠道，谁就是强者。在我的心目中，早则5年，晚则10年，未来市场的主力军将是拥有大量客户和渠道的公司，而保险公司将会成为配套的公司，将会成为市场

上做辅助的公司。

如果不能认同这个观点，我认为这样的保险公司很难拥有未来。因为谁拥有客户、谁对客户的影响力最大、谁对客户的黏性最强，谁就能把握产业链的主导权。这个道理在媒介传播或电商等领域同样适用。

华贵人寿将励志成为产品和服务领先的平台型保险公司，成为掌握客户资源和渠道资源的公司。过去两年多时间，华贵人寿将所有资源聚焦于产品和服务平台的打造上。我是从保险公司的个险渠道成长起来的，深知以个险为主的保险公司，其个险部门几乎占据了整个公司的精算、IT和品牌资源，所以我们与其他同行的差别是聚焦于互联网保险。

华贵人寿是一家顺势而为的公司，追随行业变革的潮流——客户的保险意识越来越强，客户对保险产品和服务越来越挑剔，越来越多的保险中介机构涌现，越来越多的资本介入保险业。未来，将会有更多的中介公司上市、并购和整合，而华贵人寿也会为未来市场的主力军提供优质的产品和服务。

破局：未来，更多的资本势力将介入线上网销和线下经代，华贵人寿坚定走“两高一低、四新渠道、五化管理”的差异化经营模式

未来，华贵人寿将会走“两高一低、四新渠道、五化管理”的差异化发展经营模式，“两高一低”即高价值增长、高质量发展和低资本消耗的路径；采取的“四新”模式为新银保、新经代、新网销和新团险；“五化”即组织架构扁平化、团队建设专业化、经营管理集约化、运营作业集中化以及销售与服务电子化。见图1、图2和图3。

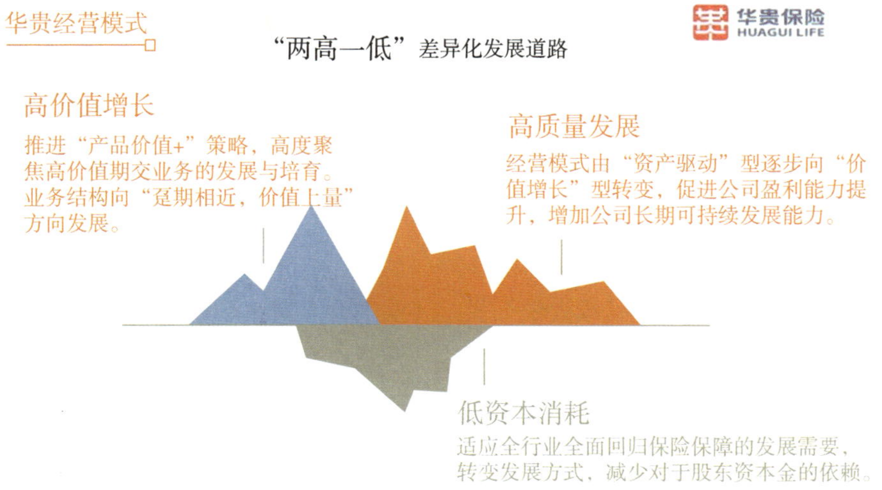

图1　华贵人寿“两高一低”经营模式

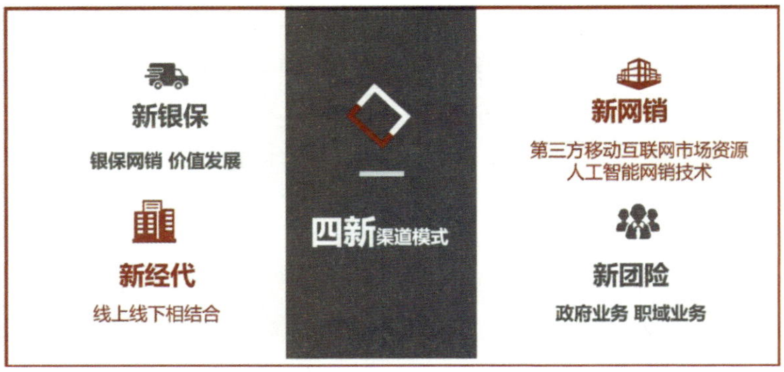

图2 华贵人寿“四新渠道”经营模式

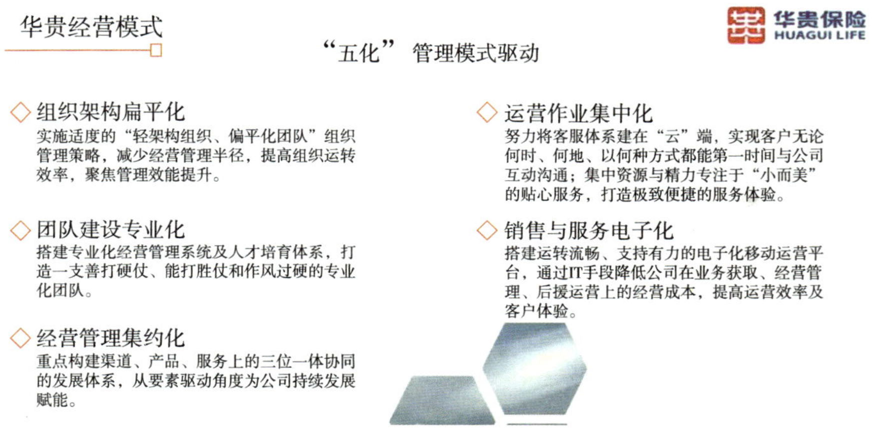

图3 华贵人寿“五化管理”经营模式

举办此次论坛表明了华贵人寿对网销和经代的重视，我相信在座的各位也非常关注我们在网销和经代领域即将推出的措施。

近两年来，华贵人寿创新推出了多款互联网保险产品，接下来也将会对线下经代模式做一些新的探索。在座的各位嘉宾，有的专注于线上发展，有的专注于线上线下相结合，但是华贵人寿未来将会在网销和线下经代两个方面着重发力。

目前，公司和四五十家渠道方合作，我希望当大家提到华贵人寿时，能够认为这不仅是一家可持续发展的公司，也是一家能够坚定合作的新型保险公司。而且，我坚信未来3~5年，无论是线下的代理还是线上的网销，都会有更多的资本势力介入其中。我们也会牢牢把握未来这3~5年的机会，无论是创业并购还是重组上市，我们将坚定地跟中介行业的发展结伴而行，成为保险业发展的参与者、资助者、提供者和服务者。

春江水暖，从泛华金控2018年业绩，看中国保险业价值资源变迁趋势

2019年3月13日

20多年前，中保集团财产险、寿险分立门户，财产险一开始压倒了寿险，大家都想窝在财产险不动，却不曾想，几年之后，人身险公司便直接甩开财产险公司一去不回头了。由此可见，判断一个市场是多么需要前瞻性。而今，20多年过去了，近几年内保险市场有了什么趋势性变化？这些变化是否得到了时间验证？北京时间3月12日，美股上市保险机构泛华金控发布2018年业绩报告。恰好，『慧保天下』认为这是一个从中窥探保险市场价值趋势变化的绝佳样本。

趋势一：领先的保险专业中介机构已经靠自身实力站稳“赛道”

保险中介热是这几年的独特现象，产销分离的呼声很高，但到底能不能独立生存并形成一条可持续发展的道路，各方都有存疑。泛华金控用业绩验证了这个发展方向，见表1、表2。

表1 泛华金控2018年第四季度财务报告

项目	2017年第四季度（人民币千元）	2018年第四季度（人民币千元）	2018年第四季度（千美元）	同比变动率（%）
总营业收入	690476	871936	126818	26.3
经营利润	62143	83392	12129	34.3
归属于公司股东的净利润	126874	112607	16378	-11.2
稀释后每股美国存托股票收益	1.98	1.99	0.29	0.5

注：每股美国存托股票收益除外。

数据来源：泛华金控2018年年报。

表2 泛华金控2018年财务报告

项目	2017年度（人民币千元）	2018年度（人民币千元）	2018年度（千美元）	同比变动率（%）
总营业收入	4088473	3471263	504874	−15.1
经营利润	273136	425743	61922	55.9
归属于公司股东的净利润	449228	609915	88708	35.8
稀释后每股美国存托股票收益	7.29	9.83	1.43	34.8

注：每股美国存托股票收益除外。

数据来源：泛华金控2018年年报。

数据显示，泛华金控2018年共实现营业收入34.7亿元，同比减少15.1%。与此同时，其经营利润却同比增长55.9%，实现4.3亿元。其中，归属于股东的净利润为6.1亿元，同比增长35.8%，每股收益（每股美国存托凭证）1.43美元，同比增长34.8%。

其中的玄妙在于，营业收入虽然同比减少，但其中价值率较高的寿险业务收入为28.7亿元，同比增长18.4%，而原来规模较大、利润率十分单薄的以车险为主的财产险业务则从13.6亿元降到2.7亿元。显然，2018年泛华金控收入下降更多是采取了主动控制措施，包括公司2017年10月处置了部分财产险代理机构；2017年第四季度开始公司实施财产险业务平台化。

财产险业务的有意收缩，直接导致经营成本下降幅度大于总净营业收入的下降幅度。数据显示，2018年，泛华金控总营业成本及费用为30.5亿元，同比减少20.2%。

综合上述因素，2018年泛华金控达成经营利润为4.3亿元，同比大幅增长55.9%。与此同时，其投资收益也实现了1.9%的同比增速，达2.0亿元。综合计算下来，泛华金控于2018年实现归属于公司股东的净利润为6.1亿元，同比增长35.8%。

值得注意的是，根据泛华金控披露的资料，2018年，其经营超过1年的省级分支机构均实现了盈利，除了公益平台e互助之外，所有子板块均已实现盈利，显示出保险中介较为活跃的市场表现。

基于扎实的经营基础，泛华金控预计，2019年第一季度泛华金控寿险新单标保同比增长30%，经营利润同比增长40%。2019年，泛华金控寿险新单标保预期增长30%，达25亿元左右；寿险续期预期增长50%，达56亿元左右；经营利润预期增长40%，达6亿元。

泛华金控走上盈利正轨之后，公司治理也更加有声有色。基于良好的业绩表现，泛华金控董事会同意公司将年度分红从2018年的每股1美元提升至2019年的每股1.2美元，同比增长20%，分4个季度派发。

此外，泛华金控还发布一项股票回购决议，称董事会授权管理层回购最高2亿美元泛华美国存托股票，回购截止日期至2019年12月31日，具体实施方案由管理层决定。

据管理层透露，公司目前拥有23亿元的现金储备，在当前以内生增长为主要发展模式的情况下，足以满足公司的业务发展需要。

趋势二：寿险业务才具有更长远的价值回报，保险中介最终突围方向为寿险

公司个人长期寿险业务内涵价值高，具有丰厚的现金价值，现金创造能力持续；分红水平与公司经营性现金流匹配，不消耗公司既有的现金储备。

从2013年开始，泛华金控开始逐步调整战略方向，将寿险作为最重要的业务方向。如今，经过5年多时间的耕耘，泛华金控俨然已经得偿所愿，成为一家以寿险业务为主的金控公司。

数据显示，2018年泛华金控的寿险、财产险和公估三大业务线分量已经明显不同。其中，寿险业务营业收入为28.7亿元，同比增长18.4%，占总营业收入的82.7%。而其财产险业务大幅收缩，营业收入主要为线上平台baoxian.com的佣金及平台模式按交易规模收取的平台服务费，2018年营业收入为2.7亿元，同比减少近80%，占比为7.9%。泛华金控旗下的公估业务则发展稳定，2018年实现营业收入为3.3亿元，同比增长6.2%，占总营业收入的9.4%，见图1。

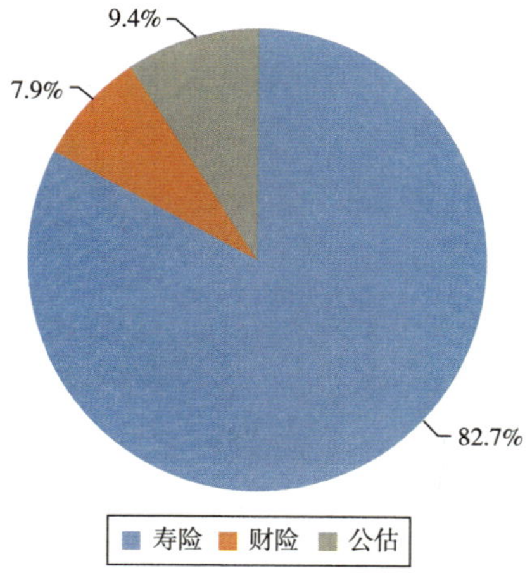

图1　2018年泛华金控各板块业务占比

泛华金控的发展之路颇具参考价值。泛华金控最早依靠汽车租赁以及车后服务起家，后续切入保险中介车险业务，其后才逐步扩展至寿险以及保险公估，乃至其他金融领域。泛华金控敏锐准确地抓住了国内保险业发展的时机。

按照泛华金控最初的构想，其是希望将泛华金控打造成为一个综合金融服务平台。截至2011年，其旗下已经形成财产险、寿险、保网、公估等八大业务板块。

保险中介最大的优势就在于可以集众家之长为消费者提供更适合的产品服务，然而以车险为主的财产险业务，产品高度同质化，在激烈的市场竞争下，价格也越发透明，保险中介的专业价值在其中发挥的空间有限，利润十分稀薄。根据泛华金控年报，2017年财产险业务收入为13.6亿元，成本为12.3亿元。

2013年，泛华金控调整了业务策略，将保险业务重点全面转向寿险领域。到2017年，泛华

金控的转型更加坚决，将线下车险业务基础设施出售给车车科技，转而通过掌中保移动终端作为车险业务的流量入口。2018年财产险收入为2.8亿元，成本为2.1亿元，较之前显著扩大了利润空间。

寿险业务由于其复杂性和长期性，相对才更能体现保险中介的专业价值。经过数年转型，泛华金控的寿险业务已经初具规模。

数据显示，2018年泛华金控实现寿险新单标保收入18.6亿元，同比增长3.8%；而续期规模保费也达到37.3亿元，同比增长119.3%；寿险总保费收入达到62亿元，同比增长46.2%。泛华金控的保费增速远高于行业平均水平。如果将其视为一家保险公司，从个险新单的指标，已经达到中型保险公司的水平。

寿险业务已经成为泛华金控最重要的业务来源，同时也是其最重要的信心来源。

趋势三：保险营销是“保险姓保”时代最为合适的扩展渠道，保险营销员不再“迷信”保险公司，选择保险中介成为潮流

寿险业务的发展，离不开营销员队伍的发展，而发展营销员也已经成为近年来泛华金控的一大发力重点。

泛华金控披露的数据显示，2018年，其全年新增营销员超过30万人，截至2018年末，总人力已经超过80万人——已经赶超数家大型上市寿险公司2018年上半年的数据。根据公开数据，截至2018年上半年，中国人寿、平安人寿、太保寿险、太平人寿以及新华保险的营销员人力分别为144万人、140万人、89万人、41万人、33万人。更需要注意的是，如表3所示，5家大型上市寿险公司在2018年上半年几乎都出现了营销员数量增长放缓乃至负增长的情况，而泛华金控的营销员数量却依然保持快速增长态势。这或许意味着，在营销员增员方面，保险专业中介与保险公司的优势地位已经发生逆转。

表3　2016年至2018年上半年5家上市寿险公司个人代理人数量

单位：万人

公司	2016年	2017年	2018年上半年
国寿	150	158	144
平安	112	139	140
太保	63	87	89
太平	26	38	41
新华	33	35	33

数据来源：上市公司年报。

大趋势面前，泛华金控为吸引优秀的营销员加盟，采取了一系列行业空前的手段，不断加码营销体制竞争。2016年，泛华金控响应国家“大众创业、万众创新”的号召，360度全领域开放了泛华创业创新资源、创业创新渠道，强势推出了“百万扩军、万店计划”。

2018年又推出“泛华幸福奋斗计划”，拿出约20%的上市股份，投入约25亿元资金，设立“泛华创业者幸福奋斗基金”，对内外勤创业者进行激励。

也正因为如此，2018年，在行业增员难、脱落快的情况下，泛华金控的百万扩军计划稳步推进，泛华金控管理层在电视电话会议上强调：坚信2019年泛华金控必将达到百万人的销售队伍。

此外需要注意的是，在强大的营销攻势下，截至2018年12月31日，泛华金控新增分支销售网点180个，总量达682个。2018年，泛华金控有5个省级分支机构的年寿险新单标保超过亿元，有10个省级分支机构的年寿险新单标保超过5000万元，泛华金控所有的省级分支机构的年寿险新单标保规模均在1000万元以上。

随着人身险行业加速转型，个人代理人队伍重回第一大销售渠道之位，越来越多的中小保险公司也开始更青睐于个险渠道，然而苦于个险渠道投入高、见效慢，中小保险公司开始倾向于借助中介渠道。保险专业中介由此迎来前所未有的历史机遇，这也成为泛华金控进一步推动营销员队伍成长的一大契机。

当然，除了中小保险公司更愿意借助专业中介渠道发展长期价值型业务，并因此愿意为专业中介渠道定制更加丰富、高性价比的产品之外，另外一个重要的因素，或者说是最根本的因素还在于，随着消费者保险意识提升，他们希望有更多的选择，而保险专业中介无疑可以满足这样的需求。

根据《中国保险统计年报》，2018年，对于人身险而言，专业代理以及专业经纪渠道，已经成为成长最快的渠道，产销分离正在加速到来（见表4）。

趋势四：寿险营销渠道从百花齐放到营销员一枝独秀，一批执着于挖掘个人营销潜能的保险中介机构正在迎来风口

泛华作为保险中介转型发展的代表，自不多言，这两年来，保险中介市场排名发生了较大的

表4　2018年人身险公司各渠道业务情况表

业务渠道	原保险保费收入（亿元）	同比增长（%）	占比（%）	占比较上年同期增长（%）
银邮代理	8032.34	30.59	-24.11	-10.06
个人代理	15452. 21	58.84	18.27	8.67
公司直销	2012.91	7.67	14.90	0.94
专业代理	234.84	0.89	30.72	0.20
其他兼业代理	273.00	1.04	-0.41	-0.01
保险经纪	255.57	0.97	38.72	0.27
合计	26260. 87	100.00	0.85	

数据来源：《中国保险统计年报》。

变化，一批提早布局的保险中介机构都炙手可热，中小保险公司成为乙方上门求合作已经屡见不鲜，保险中介攻守易势已经出现。

大童保险销售服务、明亚保险经纪从一开始就选择专注寿险营销。一批在寿险公司打拼多年的高管人员，纷纷出来创立保险中介公司试水寿险，并得到了资本的强力支持，市场形式也如借水行舟，公司初创便已有不小估值。江泰保险经纪，作为保险中介教父级的公司，其在财产险领域保持了多年优势地位，但近年来，其也已经开始发力寿险业务，将其视为转型发展的重大工程。

而根据『慧保天下』的了解，在很多省市，在车险业务竞争日益激烈的情况下，很多原来主营车险业务的专业中介公司已经开始将业务重点转向寿险领域。保险业的特色化竞争以及人身险行业的深度覆盖和保障、专业保险中介机构的崛起，已经成为一个肯定的趋势，人身险行业掘金正当其时。

附表　2018年泛华金控互联网项目关键运营指标

项目	注册用户数（万人）	同比增速（%）	保费规模（亿元）	同比增速（%）
懒掌柜	80.79	63.70	25	—
掌中保	53.76	47.20	22.6	−15.80
e互助	335.8	25.90	—	—
保网	218.4	46.70	13.1	85.70

NEW ERA OF
INSURANCE
保险新时代
〖慧保天下〗精选集

5

CHAPTER

公司志 · 重塑

在新常态下，保险业正逐渐告别过去的高增长。

增速降低，原来快速发展所掩盖的一些问题竞相涌现，到了要彻底解决的时刻，保险业的商业环境和商业逻辑悄然发生了变化，大中小公司齐上阵，改革旧模式、探索新模式。

中国人寿喊出“重振国寿”的口号，誓言打造国际一流金融保险集团；中国人保全力推进创新驱动发展战略，谋求技术变革和商业模式变革融合；中国太平新一届领导班子也提出了新时代发展战略，表态要对标先进同业；阳光保险也对集团架构进行重新调整……

转型重塑，保险公司来真的。

国寿集团提供新战略：重振再出发，建设国际一流金融保险集团

2019年2月23日

在2019年1月22日举行的国寿集团2019年工作会议上，国寿集团董事长王滨发表讲话《团结一致加油干 重振国寿再出发》，首度阐明自己主政国寿集团的“施政纲领”。

在执掌太平保险集团时，通过高标准严要求，成功推动太平规模与效益双丰收，王滨就显示出其格局宏大以及求真务实的一面。而综合多方信息，在此次的工作会议上，王滨的讲话也相当中肯，不贬低现实，不回避问题，不放弃梦想，同时解答了中国人寿在哪里，去哪里，以及怎么去等重要问题。

简而言之，王滨给国寿集团提出新的战略目标为：重振国寿，打造国际一流金融保险集团。他又进一步将这一宏大目标分解为“343战略”，即所谓“三转、四型、三化”，具体实施则是分“两步走”：

第一步，用一到两年时间，抓好战略布局，升级发展理念，突破发展格局，重构组织体系，提振品牌形象，凝聚精神力量，聚焦做强做优国寿，为建设国际一流金融保险集团奠定坚实的基础。

第二步，再用两到三年时间，基本建成综合化经营特色突出、科技化创新能力强大、国际化布局基本成型，核心主业市场引领地位稳固、服务国家战略能力和全球竞争能力卓越的国际一流金融保险集团。

“至暗时刻”后的重振国寿再出发

在国寿集团2019年工作会议上，王滨介绍了国寿集团2018年的发展概况，就集团总资产而言，国寿集团的发展似乎并不慢，截至2018年末，其合并总资产近4万亿元，较年初增长10.85%。我们在细究后会发现，一系列的问题已经开始出现，而且到了必须解决的时刻。

寿险市场份额不断下滑。在行业转型、加速回归本源和明显有利于大公司的背景下，2018年的中国人寿市场份额终于止跌回升，达到20.4%，但从最早的一家独大，到三分天下有其一，再到如今勉强维持五分之一的市场份额，只领先主要竞争对手不足4个百分点（截至2018年11月末的数据），中国人寿显然是需要高度警惕

的。事实上，2018年初，中国人寿寿险“一哥”之位一度岌岌可危。

财产险公司2018年低迷。除寿险外，财险的形势也难言乐观，其2018年的保费收入为691亿元，同比增速为4.38%，远低于行业平均水平。成立之初，国寿财险曾凭借寿险公司的网络、资源优势，实现跨越式发展，快速跻身财产险行业第二梯队。不过，随着体量的增大和市场竞争的加剧，想要进一步有所突破，国寿财险还有很长的路要走。

集团已经失去总资产第一之位。上述还只是寿险、财险市场份额的问题，从其他角度来看，国寿集团失去的已经很多：早已失去保险集团总资产、总保费第一的位置；中国人寿的市值也已经被主要竞争对手超越；中国人寿引以为傲的个险渠道核心业务数据，乃至公司业务价值、净利润等核心财务指标，也已经落后于主要竞争对手。

中心城市市场失守。由于历史原因，中国人寿拥有遍布全国的分支机构布局，成为其构建市场影响力的重要基础。在很多中小城市乃至很多乡镇，由于市场主体少，国寿的资源优势相当明显，但在中心城市市场，其却面临失守的尴尬。对于一家保险公司而言，虽然各类市场都有其价值，但中心城市市场无疑更能体现公司的发展水平和市场竞争力，因为中心城市往往是竞争最为充分的区域，客户面临更多选择，对于保险公司也有更高的要求。

金融科技短板有待进一步提高。虽然近年来，国寿集团已经加大投入，建成了“国寿大脑”、大数据平台、“国寿云”等开放的数字化平台，且寿险“新一代”系统投入运行、财险“新一代”系统模块先后上线，并涌现了“E秒”系列在线票据业务解决方案等一批创新项目，但可能是时间短的缘故，尚未在市场层面产生显著影响，亟待进一步加大投入力度。更重要的是，各个实力雄厚的保险集团都已经开始大力投资金融科技，群雄逐鹿时刻，容不得半点闪失。

除上述业界人士感受较为明显的几点之外，国寿集团值得注意的问题还包括投资收益率偏低，为客户创造价值的能力不足，从2018年前三个季度的投资收益率数据来看，国寿的投资收益率远低于其他三大上市保险公司； 广发银行在自身发展以及与集团的协同方面还存在空间，其IPO的夙愿在国寿集团入主两年多以后，依然没有明确的时间表……

当然，上述都还只是表象，更深层次的还在于导致这些表象背后的人力问题、组织架构问题及公司管控问题等系统性的问题，并非简单冲刺业务和扩大规模就可以解决的，要想根治，就必须进行一场触及灵魂的改革调整。

宗旨是“建设国际一流综合金融保险集团”，提出“三转、四型、三化”战略和“两步走”路径

针对种种问题，在这次工作会议上，王滨的施政思路全盘而出，就是国寿集团将坚定“建设国际一流金融保险集团”的战略目标，并且分两

步走实现这个目标。

有人肯定会问，主要竞争对手十年前都已经提出了“保险、银行、投资”，今天中国人寿再提“保险、投资、银行”，是不是走别人的老路？还有可能赶得上吗？『慧保天下』认为，并不是简单对比、刻舟求剑这么简单，这其中就是王滨施政的独到之处。

先看加快推进“三大转型”：一是从销售主导向销售与服务并重转型；二是从人力驱动向人力与科技双轮驱动转型；三是从规模取向向价值与规模有机统一转型。

销售、人力和规模一直是国寿集团引以为傲的资本，但如今却有些成了负担，需要求进求精。这次“三转”，就是要做增量，对于“销售+服务”“人力+科技”“规模+价值”，服务、科技、价值是短板，也是边际效应特别高的措施，稍有改进就有可能大幅提升前三者的产出效能。

再看努力在“三化”上实现重大突破。

一是综合化经营上，“基本已经形成保险、投资、银行综合化经营格局，但综合经营的广度、融合的密度及协同的深度有待进一步提升。国寿集团的目标是为客户提供一揽子金融保险服务方案，满足多元化金融保险需求。”

客观来说，国寿集团的投资板块是ToB的，竞争对手的投资板块既有ToB，也有ToC，更多的是证券、信托、P2P和私募基金，给客户的选择更多。但在当前金融去杠杆的情况下，依靠金融集团内部互相借力已经不是上策，补足产品短板、协同发展和提高产品收入不失为正确的决策。

二是科技化创新上，“围绕提升销售效率、运营效率、服务效率，加快推进‘科技国寿建设三年行动方案’，加快核保核赔、客户服务等领域的数字化、智能化”。同样如此，想在科技上迅速积累原始创新技术和战略研究能力，对标同业先进，实在是超出一家转型中的企业的能力。

国寿集团的科技创新目标明确，就是要提升集团各子公司的运行效率，改变主业经营效率低下、不符合时代需求的现状，迅速提升主业能力。科技是手段和工具，而不是主业，这样的定位不会好高骛远。

三是国际化布局上，“构建起‘一体两翼’的国际化新布局，即以香港、澳门为主体，保险业务向东南亚等新兴市场延伸，资产管理业务向欧美等发达市场拓展。切实增强现有机构的盈利能力、竞争能力和持续发展能力”。

“走出去”是很多金融企业喊的口号，但往往一心只看欧美，结果经营并不尽如人意，这次国寿集团瞄准的是东南亚充足的人口、独具优势的年龄结构以及正在起飞的制造业经济等，这将为国际业务带来可靠的收入现金流。同时，发挥资产管理的优势，将东南亚的资金运用到欧美发达国家，是输出投资能力的稳妥之计。

『慧保天下』认为，放下重担才能轻装前行。国寿集团在短时间内可比的，可能不是总资产和总收入要超越主要竞争对手，这是长远目标。短时间内，还是与其他国有金融企业相比较、与自己的过去相比较，要比增速、比价值、比效率和比资产收益率，这些做好了，赶超的底气自然就来了。

求稳，但是稳中还有进，不得不说是国寿集团最为靠谱的一条路了。如果国寿集团这次再不接地气、改革再无成果，基本上就会很难恢复往日的荣光了。改革既不是赌气和口号，也不是另起炉灶，更不是哗众取宠，改革是要争取胜利的。国寿集团，至少在现在，迈出了正确的一步。

党建引领是改革成败的关键，更加开放吸纳人才是根本

国寿集团的改革颇具悲壮，“在大中城市突围战中撕开一个口子，杀出一条血路”，这是多么震撼、多么悲壮的口号，按道理说，对于大中城市，国寿集团应该是守卫战，再不济也是阵地战，但现在已经到了突围战的份上。各个班子“一把手”都要立下军令状，寿险要夺取并稳固行业引领地位，财险要进入行业第一梯队。

雄关漫道真如铁，而今迈步从头越。国寿集团的底气在哪里？根本是人才，关键是党建，这是国有金融企业的最大优势。国寿集团必须坚持以习近平新时代中国特色社会主义思想为指导，坚持新发展理念，坚持高质量发展，才能重振国寿，以崭新面貌踏上新征程。加强党的建设才能保证国寿集团意志坚定，上下拧成一股绳，充分发挥体制优势。

2019年的“开门红”，国寿集团率先开始，提振了士气和信心，靠什么？靠人才！这也间接证明了大量的人才还是聚集在体制内，一定条件下可以激发出来。王滨的重点，自然也放在了人才队伍建设上。

根据王滨的施政纲领，『慧保天下』理解为，国寿集团即将全面转型“战斗机制”，他在工作会中也提到重点抓好组织架构优化以及市场化人力资源管理体系建设。

也就是说，一是精简总部，解决总部机构臃肿、人浮于事、职责不清和效率低下的问题，把战斗人员排到一线。二是干部调整，坚决改变用人选人不正之风，使干部能上能下成为一种常态。

这对于目前领导层较为老化的国寿集团来说，王滨这“一刀砍下去”不容易。

更加值得关注的是，王滨在工作会上提出，“寿险公司、财险公司、养老险公司的部门管理人员，必须按一定比例从分支机构选调，有前途的干部，也要到一线机构经历实战考验”。猛将起于卒伍，如果一批业绩优秀的县支公司老总，能够进入总部机关担任部门副职或处室长；如果一批业绩不好、上进心不强的省分公司老总被撤换，这次改革才是真改革，才真有希望。

当然，此次国寿再出发最关键的角色还在于王滨本人，在执掌太平时期，其就反复强调“央企的担当”“要规模也要价值”，从这一点出发，其对于体量比太平保险集团大得多的国寿集团，要求也必然会更高。反过来，由这样一位讲究格局，也讲究务实的人出任董事长，对于处于重要转型战略机遇期的国寿集团来说，或许的确是最恰当的选择。

全力推进国寿股份“市场化”

制定战略规划容易，真正落地却很难；推动1个月保费快速增长容易，实现持续成长却很难。2019年2月22日，中国人寿在北京举行2019年全球开放日活动，总裁苏恒轩携班子成员集体亮相，轮番上阵回应热点问题，详解如何重振中国人寿，涉及战略、用人、个险、银保以及中心城市等热点问题，与投资者、分析师以及媒体充分沟通意见，在介绍过往业绩的同时，未来的发展战略以及展望也逐步清晰。

对于国寿股份而言，开出的药方就是“市场化”。“市场化”虽然没有被写进国寿股份的全球开放日的PPT中，但实际其却几乎贯穿各个环节，就在活动现场，国寿股份高层也多次提及市场化。

构建“人员能进能出，职位能上能下，收入能高能低”的用人机制。对于用人问题，苏恒轩明确表态，将建立更加市场化的用人机制和薪酬激励机制，做到“人员能进能出，职位能上能下，收入能高能低”。

考核机制变革从高管层开始。与之配套，据国寿股份副总裁赵立军介绍，2019年国寿股份对激励考核机制作出了非常重大的方向性安排，公司董事会对高管人员首先特别注重价值利润指标，作为最核心的指标，占了70%以上的权重，其次才是收入等方面的指标。高管层的业绩考核导向与公司的考核紧密相关，苏恒轩和管理团队所有人的考核指标均要与公司经营的考核结果挂钩。据透露，国寿股份已经在两个大中省会城市对考核末位的高管人员进行了淘汰。

首次提出“双心双聚”，大幅进行利益调整

为达成发展目标，国寿股份确定了“三大转型”“双心双聚”“资负联动”的战略内核。“双心双聚”就是以客户为中心，以生产单元为重心，聚焦价值，聚焦大个险。

“得客户者得天下、得市场”。苏恒轩表示，在获客方面，国寿股份将发挥全渠道优势，进一步融合销售渠道与客户资源，以“个人客户群”为主体，加强对中等收入群体和年轻客户群体的开发。在留客方面，则将构建以客户为中心的服务体系，提升服务效率和质量。

“生产单元”是指一线的县支公司和营销职场，他们最懂市场，最懂客户。为充分激活其能力，国寿股份特别提出“以生产单元为核心”，体现出强烈的向销售一线倾斜的意愿。为此，据苏恒轩介绍，国寿股份将进一步优化管理环节，对县支公司和营销职场充分授权，加大投入，加大支持力度。

“双聚”是指聚焦价值，聚焦大个险。其中“聚焦价值”不难理解，几乎是所有上市保险公司的共同追求。

价值的提升，离不开销售队伍的提升，因而配套的就是“聚焦大个险”。据苏恒轩介绍，国寿股份将进一步融合资源，建立大个险，同时还要充分发挥银保、团险渠道等强大的销售队伍优势，进一步融合资源，建立大个险销售体系。

这条路，毫无疑问是对的，也是被竞争对手证明过了的，唯一的不确定性就是能否一竿子插到底。

全面回归大中城市

国寿股份开启“大船掉头”模式，与竞争对手短兵相接。

苏恒轩坦言，关于大中城市的问题，是媒体和分析师非常关注的问题，也是国寿股份历届高管层高度重视的问题。实事求是地讲，在一线城市，国寿股份的竞争力相对比较弱，但国寿股份认识到了自己的差距。

“‘船大难掉头’不是‘不掉头’。办法总比困难多，尽管压力很大，道路坎坷，任重道远，但是我们有这方面的信心”。国寿股份主要采取以下四项措施：

一是强化顶层设计，充分吸纳先进同业经验以及国寿股份自身的经验和教训。

二是对大中城市机构进行市场化改革，加快用人机制、考核方式和薪酬分配改革。

三是加大投入，不单是财务的投入，包括培训的投入、人才引进的投入和职场建设的投入，要以科技化为支撑进行这方面的投入，同时还包括服务方面的投入。

四是充分依托国寿股份的各种资源优势，开展资源整合，尤其是资产负债联动，以优质的资产配置来带动负债端的优化提升。也就是说，投资要给产品高收益提供弹药，2019年的“开门红”就是这个思路。

苏恒轩也给了严肃表态：“振兴大中城市，不仅仅是一句口号，更是我们的行为准则，我们深知作为振兴一线城市需要一个过程，但我们一旦咬定了目标就要矢志不渝。”

除了大中城市以外，国寿股份还会高度关注三四线城市的优势地位和重乡重镇的优势，守住当前的根据地。

代理人队伍仍然是国寿股份未来最为倚重的，大中城市保卫战出奇兵，新型销售队伍挖掘新客户，瞄准优质增量保费

国寿股份营销总监詹忠表示，从2016年开始，国寿股份个人代理人队伍的发展策略就是扩量提质。

在这一策略下，近年来，代理人的量上来了，质态也有所改善。例如，2017年队伍有效人力取得较大突破，较2016年提升29.8%；2018年第三季度末，保障型产品销售人力同比增速达到49.7%。保障型产品销售队伍的提升对于公司的价值贡献非常大。

未来，国寿股份还将继续坚持这一策略，在规模稳中有升的前提下会更加注重队伍质态的提升，同时，将加快建立一些新型销售队伍来应对大中城市崛起的工作。

预计在未来比较长的时间中，寿险行业的发展还是会以队伍驱动来主导，未来几年代理人队伍的增速会有所回落，但还会有一定的增量，而坚持“扩量提质”就是要在保持有一定量的前提

下大力提升队伍的质态。

如何"扩量提质"，主要包括以下四个方面：提高招募标准，尤其是加大对优质新人的招募；完善培训体系；完善管理晋升机制；协助留存代理人进一步提升。

只能打85分，另外15分的空间在哪

在国寿集团以及国寿股份经过了一系列的人事变动之后，各自迎来新一届管理层，以及新的目标、新的战略，焕然一新的精神面貌以及气势如虹的"开门红"首秀，确实"惊艳"，值得给一个高分。但为什么『慧保天下』给了一个85分呢？十分良好但又没有到优秀，因为，我们认为，还有几个问题或许需要再认识、再回答。

一是对当下严峻的市场形势的深刻认识。国寿股份认可未来10年的保费增长前景，在一个增长的市场上，国寿改革的边际效应肯定能带来总保费的增长。

但问题是从2018年开始，人身险行业保费增长已经陷入停滞，2019年大概率仍将持续，市场形势之严峻不容忽视。在这种变化的市场形势下，对于人身险公司经营者也提出了更高的要求。在一个中低速增长或没有增速的市场上，还要保持远高于同业的增速，只怕难度会更大。

二是商业模式和商业逻辑有待进化升级。良好的开局是成功的一半，但长期宏大目标的达成却有赖于全系统的升级进化。在当前这种不确定性的市场环境下，国寿股份将如何打破自身体制机制的桎梏，打破原有的利益格局，推动商业模式和商业逻辑进化升级，或者自我革命颠覆？

只有把这部分逻辑讲清楚了，国寿股份未来的发展可能才更具说服力，更有底气。

三是短期的财务数据并不能代表企业的全部。对于财务数据来说，虽然确实存在一定的操作空间，但通过财务数据来判断一家寿险公司是一项复杂的系统工程，并不是短期财务数据所能代表的。国寿股份在此前净利润下滑中也面临一些"财务洗澡"的质疑。但拨开财务数据的迷雾，我们更应该关注的是公司的核心经营价值观。

四是以时间换空间。国寿股份提到"客户需要什么样的产品，就需要我们提供什么样的产品。不应该单纯地以三五年期交产品的多少来看待发展质量"，但在行业忧虑利差损的大背景下，预定利率为4.025%的产品到底是"馅饼"还是"陷阱"，值得细细考量。

当然，如此产品策略背后的大逻辑是"以时间换空间"，那剩下的问题就是，留给国寿股份的，究竟还有多少时间。

"重振国寿"是一项系统工程，其中目标的设定、路径的选择和利益的调整等关键环节，都是王滨、苏恒轩等新一任管理层所作出的选择，也是时势的选择。

时势选择了他们，引领国寿股份这艘大船再出发，保险市场上的每个人也被裹挟着前行。

人保财险换帅！谢一群接替林智勇出任总裁，加码科技创新，人保子公司“三定”启幕?

2019年2月25日

2019年2月25日，人保财险发布公告称，林智勇先生因其他工作安排辞去本公司副董事长及总裁的职务，于2019年2月25日起生效。林先生确认与董事会并无意见分歧，就林先生辞任一事，并无任何事项需要通知本公司股东。

公告还称，林先生担任本公司执行董事、战略规划委员会和风险管理与投资决策委员会的委员职务维持不变。『慧保天下』获悉，人保集团于2019年2月22日下午宣布新的人事任命，人保集团副总裁谢一群兼任人保财险新一任总裁，人保财险原总裁林智勇则另有任用。

2019年2月25日，保险股大涨，截至发稿时，在香港上市的中国财产险股价上涨6.47%，中国人保集团上涨5.14%，而A股上市的中国人保更是已经涨停。

2017年末正式接替吴焰出任人保集团新一任董事长的缪建民，2018年率先在集团层面进行“三定”，并为集团未来发展规划了“3411”战略蓝图，在集团“三定”结束之后，还会对旗下子公司进行人事“三定”，而此番谢一群接替林智勇出任人保财险总裁，或许就是子公司层面“三定”的开始。

人保集团副总裁谢一群兼任人保财险总裁

谢一群，在人保集团内部并非生面孔，2015年，其从中国太平调任中国人保集团副总裁。资料显示，谢一群出生于1961年，现年58岁，1980年加入老人保，之后在15年的时间内，历任温州市分公司副总经理、浙江省分公司国际业务部总经理、驻法国马赛保险理赔代理部经理等职。

1995年后又先后出任中国保险在卢森堡、英国、新加坡等地的分支机构“一把手”。从2001年12月开始，先后出任太平人寿董事长、中保控股副总经理以及改制后的中国太平保险集团副总经理。其间，其还曾兼任太平养老董事长、太平资管董事长等职。在服务中国太平保险集团（及其前身）20年后，2015年，谢一群出任中国人保集团副总经理，并于2017年6月获选为执行董事。

可以看到，在进入人保集团之前，谢一群的工作与传统保险公司管理者类似，在业务、海外市场及资管等方面拥有丰富经验，但在进入人保集团后，其工作则更多与保险科技产生关联。

从2017年1月开始，谢一群就开始兼任人保金服董事长，此外，其还于2016年9月起担任中国互联网金融协会副会长，并于2017年7月起担任亚洲金融合作协会副理事长。

2018年6月28日，人保集团创新驱动发展战略发布会上，由谢一群代表公司首次披露了包含131个项目的创新驱动发展战略实施项目全景图。值得注意的是，创新驱动发展战略作为人保集团新一代领导层力推的战略规划，其中大多数项目最终都需要由人保财险来推动实施，有人甚至认为这一比例最终高达80%以上。

近年来，车联网、大数据、自动驾驶和人工智能等新兴技术受到越来越多的关注，而如今随着5G技术即将正式投入使用，变革更是变得不再遥远，这些新兴技术对于未来车险市场造成的冲击是显而易见的，甚至是颠覆性的，很有可能的一个结果就是保费“蛋糕”越做越小。

金融供给侧结构性改革拉开大幕，市场整合在所难免，中小技术公司的科技领先优势将会集中到巨无霸手中，对于人保财险而言，加大技术投入，积极拥抱变革，都迫在眉睫。而这或许正是选择谢一群的原因所在。

林智勇卸任，另有任用

谢一群兼任人保财险“一把手”之后，原总裁林智勇则另有任用，据『慧保天下』了解，其将出任人保集团高管。从2016年7月到2019年2月，林智勇担任人保财险总裁只有两年多时间。同多数高级财险职业经理人一样，林智勇有丰富的财产险公司高管履历。1980年，他加入老人保，先后担任泉州分公司副总经理、总经理，福州市分公司副总经理、总经理，福建省分公司副总经理、总经理等职，2011年获批出任人保财险副总裁，从地方进入总部，分管特殊风险保险事业部、农业保险事业部/“三农”保险部、法律部，并于2016年7月，出任人保财险新一任总裁。

其上任之时的形势对于人保财险是严峻的，作为集团主要收入来源的财产险业务，在竞争对手强攻猛打之下，份额从2010年的38.2%降至2015年的33.4%。林智勇接任人保财险总裁之时，正是商车费改逐步深入之时，在经历了10年市场份额逐步下滑的阶段后，由于市场“马太效应”进一步凸显，人保财险市场份额开始呈现出企稳回升之态，2016年末，人保财险迎来了多年未见的份额增长，但是在2017年、2018年，其市场份额又呈现出下滑趋势。

林智勇长于基层、贴近一线的背景，因此其经营风格非常鲜明。作为职业经理人，其执掌人保财险的2年多里，面临的内外经营环境都非常复杂。在一个极不确定性的环境中，对经营者的考验无疑更大。

对于行业而言，作为市场“老大”的人保财险，承受了较大的监管压力。在压力面前，林智勇不停地奔走，为全国各地的人保机构鼓劲打气。1/3的份额红线如果丢了，那就是历史上一笔沉重的痕迹，这是林智勇绝不想看到的。

对于人保集团而言，这段时间经历了新一轮人事变动。2017年4月，中国人寿集团原总裁缪建民出任中国人保集团总裁。当年12月，人保集团原董事长吴焰正式作别人保集团，缪建民出任集团董事长。2018年6月，中央汇金原总经理白涛出任人保集团总裁。

在高层人事变化的同时，人保集团还是要负重前行——人保金服成立、人保健康扩大业务以及人保寿险强力转型。2018年6月，人保集团公布“3411”战略规划。据了解，众多子项目中的大多数由人保财险负责，人保财险再次担负起推动人保高质量发展的重任。

2018年，人保财险保费收入为3880.03亿元，市场份额为33.01%；2019年1月，中国人保原保险保费收入为952.56亿元，同比增长17.73%，其中人保财险为543.17亿元，同比增长31.2%。

上周中国人保A股价上涨9.09%，中国财产险H股上涨8.42%。短暂的业绩飘红，也算是在这个时点上对林智勇壮志未酬的一丝告慰。

10年3任总裁

2009年至今，财产险行业10年间只经历了一个盈利周期，而人保财险却已经历3任总裁。由于市场手续费无序竞争，财产险行业呈亏损态势，在2008年保监会发布《关于进一步规范财产保险市场秩序工作方案》后，才得以缓解。监管部门通过严厉的管控，加强规范行业秩序，有效遏制各种违规行为，行业开始扭亏为盈，而人保财险也重新进入盈利通道。

2009—2014年，人保财险启动信息技术大集中、理赔垂直管理、财务共享平台和内控合规体系的“四大工程”建设，打在了人保流程繁冗、技术滞后和体制老化的痛点上，一番纵横捭阖，人保财险份额下降的趋势得到明显遏制。

2014年3月，郭生臣出任人保财险总裁。此后两年颇有“萧规曹随”之感，人保财险并没有因为换届而出现大的变化，市场份额开始企稳。

2016年，由于平安产险停止将小贷业务纳入保费统计，其与人保财险之间的差距越来越大。2016年前5个月，平安产险实现原保险保费收入同比增速为2.91%，市场份额同比下降了1.16个百分点，而同期人保财险的保费增速为12.58%，市场份额上升了0.97个百分点。值得关注的是，在商车费改的背景下，体量越大的公司越是具有竞争优势。国际经验显示，车险费改后市场份额有向着大公司集中的趋势。正是在这种背景下，2016年7月，林智勇接替郭生臣出任人保财险新一任总裁，郭生臣则正式退休。

2016年末，人保财险迎来了多年未见的份额增长，尽管只增长0.1个百分点，但意义重大。不过，平安产险很快就改变策略，重新将小贷业务纳入统计。2017年，人保财险市场份额再度下滑，下降0.36个百分点至33.14%，跌破1/3。

2018年，在新车销量放缓，监管不断趋严的态势下，财产险行业保费增速集体放缓，也是在这一年，行业好像回到10年前，再度出现行业性的承保亏损——2018年财产险公司承保亏损为

13.59亿元。在这样的情况下，人保财险市场份额也进一步降至33.01%，下滑态势并没有得到扭转。2009—2018年人保财险和平安产险的市场份额对比见图1。

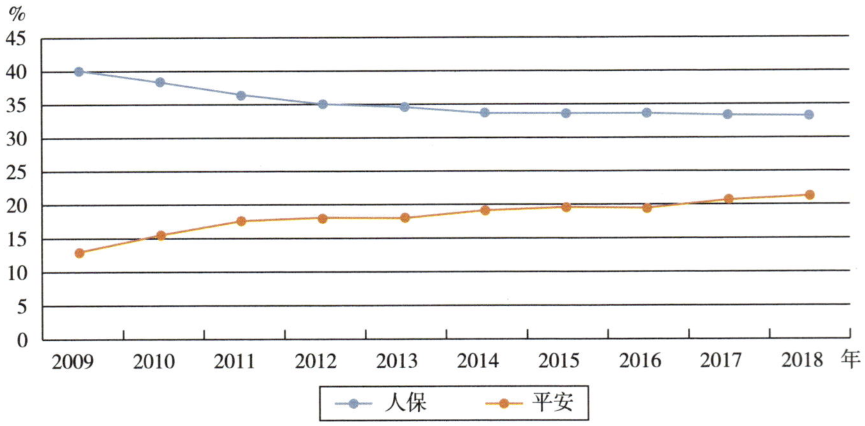

图1　2009—2018年人保财险和平安产险的市场份额对比

2019年2月，谢一群走马上任，近年来，其丰富的保险科技经验究竟会给人保财险带来什么样的改变，还有待进一步观察。郭生臣和林智勇就任人保财险总裁的时间都是两年多，而新就任者谢一群，出生于1961年，已经58岁。

人保集团子公司“三定”启幕

发起中心城市攻坚战和县域市场保卫战，对标同业开展渠道和营销改革，面向互联网推进产品服务创新，对于每一位人保财险掌舵人来说，这都是必须要面对但也是很难做好的命题。既要守住份额红线，又要为集团输送利润和投资资产，人保财险的这副担子显得相当沉重。

缪建民曾提及，集团A股上市以后，对强化公司治理结构提出了更高的要求，“我们要以此为契机，加快推进现代企业制度建设，建立健全适应集团两级法人治理特点，统一、高效、有效治理和监督的治理结构”“要适应集团两级法人治理的特点，尽管我们是两级法人，但两级法人是母子关系，不是两个兄弟，是控股与被控股的关系”。

对于谢一群来说，面对这种境况可能会游刃有余，而这都只是开始。2018年，人保集团层面进行“三定”，接下来也将对集团旗下子公司人事进行“三定”。现在财产险板块落定，人身险板板的人事调整尚未有消息。

同为国有保险支柱企业，国寿的改革近期声势浩大，新锐之气勃发。新年新气象，人保会给保险业带来多大的影响力呢?

个人的奋斗，叠加金融供给侧结构性改革的历史进程，一出好戏。

缪建民的人保进化方法论：财险“去中介”、寿险重个险，技术变革和商业模式变革融合

2019年3月25日

2019年3月25日上午，中国人保集团董事长缪建民、总裁白涛各自率队在北京、香港两地同时召开2018年业绩发布会。

按照此前中国人保公布的2018年年报，业绩并不尽如人意：人保寿险以及人保健康险的原保险保费收入均出现两位数以上的负增长；总投资收益率从2017年的6.0%下降至2018年的4.9%；导致集团归属于母公司股东的净利润同比下降19.2%，仅为134.50亿元；受此影响，集团加权平均每股净资产收益率也从2017年的12.3%下降至9.4%。

除业绩欠佳外，中国人保还正逢多事之秋。内忧外患，考验着中国人保集团领导者的定力、智慧与行动力，在2018年业绩发布会上，通过缪建民的发言仍可管窥其作为集团“一把手”，对于行业以及公司现状的判断、现在以及未来的发展路径规划。

直面真问题

“中国人保的优势是品牌、机构网点，劣势是科技赋能、市场化机制。”2019年3月25日的业绩发布会上，缪建民在回答现场记者提问时，用寥寥数语勾画出了其对于中国人保最基本的判断。这一说法，可以说是相当实在了，基本也代表了业内人士对于中国人保的整体感觉。

作为一家老牌国企，中国人保的优点和缺点都非常突出，其中很多优点几乎是其他公司永远难以企及的，但其中的很多缺点却也是经年累月层层累积起来的，要想改正，也面临尾大不掉、积重难返的困境。

如何弥补短板？缪建民的答案是针对“科技赋能”的短板，推进和落实数字化战略，“我们的数字化战略不是修修补补，不是在原来的基础上加几个APP点缀一下，而是在保持运营的基础上，重建基础架构和升级核心系统，是一个系统性工程”。

针对“市场化机制”的短板，缪建民回答，会通过深化改革，不断完善市场化的机制和体制，通过深化供给侧结构性改革，使公司焕发更大的活力。

可以看到，正是从这一基本判断出发，中国人保在2018年提出了宏大的“3411工程”，成为缪建民主政中国人保之后最核心的施政纲领，为中国人保以及旗下子公司的发展都指明了方向。

圈画出路

在介绍2018年业绩时，缪建民多次提及“高质量发展”，而这无疑正是其为中国人保圈画的未来出路，也是“3411工程”的最终目标。

回想中国人保各业务板块发展的历程，无论是寿险公司还是健康险公司，几乎都深深烙上了资产驱动负债模式的烙印。也正因如此，在近些年的转型中，这两家公司承受的压力颇大。

至于最核心的财产险公司，虽没有大力发展理财型产品，但也仍未摆脱车险领域粗放的市场竞争，在一些核心业务指标的对标中，也面临巨大的压力。

无论是从市场发展的角度，还是从顺应中国经济由高速增长阶段向高质量发展阶段转型的大趋势来看，“高质量发展”都是中国人保作为一家国企必然的选择。

需要注意的是，中国人保在A股的整体上市也要求人保必须进行高质量发展转型，因为对于上市公司，投资者更看重业务价值和盈利能力。综观国内其他上市保险公司，也基本遵循了上市前扩张规模，上市后转型发展的进化路径。

关注技术发展，推进商业模式变革

关于“推进商业模式变革”，其实在业绩发布会上缪建民并未提及，但此前在多个场合，他提出过对新技术有可能颠覆保险业现有商业模式要保持高度警惕。

在《保险研究》2018年第12期上，缪建民发表的《坚定把改革开放引向深入 推进保险业高质量发展》中指出，国内保险业仍旧粗放式发展的同时，在全球范围内，人工智能、区块链、物联网及基因技术等多种呈现出指数级发展的技术，正合力改变保险业。

“5G技术即将投入商用，自动驾驶技术也将加快落地，当多数汽车实现自动驾驶，汽车保险将出现什么变化？基因编辑技术大突破可延长人类寿命，当人类寿命翻倍，人寿保险将何去何从？长期来看，行业的主力险种，包括财产险领域的车险以及寿险领域的储蓄型产品、年金产品，都面临巨大的变化，如果现在不未雨绸缪，未来必然会被时代所颠覆”。

而在2018年6月14日举办的第十届陆家嘴论坛上，缪建民表示，正在发生的第四次科技革命将给保险业带来巨大影响，这一场新的科技革命正在动摇传统保险业经营的基础。同时，他指出新科技革命对保险业提出了很大的挑战，要很好地应对这个挑战就需要在商业模式上作出变革，把技术变革和商业模式变革结合起来。

在年报的“董事长致辞”中，他指出，我们将把握好商业模式，以强化对标牵引向高质量发展转型。把完善和变革商业模式作为集团及各子公司的重要任务，适应新时代经济社会发展和保险业新特点，对标一流、对标先进，加快转变传统发展方式。

人保财险，坚定推进“去中介、降成本、优体验、强黏性”

具体到财产险公司的发展方向，缪建民指出，人保财险将坚定推进“去中介、降成本、优体验、强黏性”。

这几个关键词无疑都是一一对应的现实问题：“去中介”针对的是财产险公司大量业务依靠中介获取，导致保险公司实际无法掌握客户，更遑论对客户进行深度开发。而反观主要竞争对手，近年来正是聚焦个人业务，在客户迁移的基础上，实现了综合金融业务的崛起，而现在更试图将客户迁移至其他科技板块，让中国人保感受到了实实在在的压力。毕竟高质量的个人客户，才是一家公司最大的财富。

缪建民在发布会上还指出，人保财险将深入抓好培育营销文化、打造营销队伍、加大直销司控渠道发展力度及保持成本领先等重点工作。

此外，降成本自不用提，这是保险公司高质量发展的题中之意，而“优体验、强黏性”则体现了强烈的客户导向。

人保寿险，坚持抓好个险等销售队伍建设，着力提升业务内含价值

“3411”战略明确了发展方向，人保寿险加速推进转型，从一家以银保渠道为主的公司逐渐向一家以个险渠道、期交业务为主的寿险公司转变。值得注意的是，对于一家公司而言，这种转型并不容易，表面上这只是业务的转型，实际却是对商业模式的重新定位。

从2018年的发展来看，人保寿险的转型初见成效，一年新业务价值达57.35亿元，同比增长0.8%，维持正增长；个险新业务价值率从2017年的16.6%提升至2018年的32.7%，显示新业务结构改善明显；内含价值达706.32亿元，同比增长14.1%；与此同时，无论是13个月继续率还是25个月继续率都有一定改善。

不过，值得注意的是，其个险营销员总人数相较于2017年末出现一定程度的下滑，从2017年的25.59万人下降至2018年末的24.56万人，显示寿险公司转型发展依然承压。

人保健康，强化专业能力建设、推进机构扁平化发展……着力推动健康管理服务

对于人保健康，中国人保集团在要求其强化专业能力建设的同时，也明确要推进机构扁平化发展，推动健康管理服务发展，释放了更为强烈的商业模式变革的信号。值得注意的是，近年来，健康险持续快速发展，已是各家保险公司产品创新、模式创新的重要实验田。其中，人保健康确有较大的创新空间。

现实也需要人保健康作出改变。数据显示，人保健康的政府委托业务规模2018年达328.82亿元，同比增长高达61.7%。不过众所周知，这是一种利润空间很小的业务类型。对于人保健康这样天然有着资源优势的公司而言，做大规模不是难题，难题是如何“不亏本”，这显然要求其提

升医保控费能力和专业服务能力。

四大战略

为推动高质量发展目标的实现，2018年中国人保抛出四大战略——创新驱动战略、数字化战略、一体化战略和国际化战略。从中国人保提供的资料来看，这四大战略在2018年都已经有了较为显著的进展。

一是创新驱动战略。大力发展“保险+服务”，努力创新保险服务模式。

二是数字化战略。中国人保已经开始对系统进行重建，这不是修修补补，而是真正意义上的推倒重建。发布会上，据相关负责人介绍，新的系统建设完成之后，将达到业内先进水平。与此同时，中国人保APP已经开发完成，将为客户提供体验一致的移动端保险服务；集团统一的客户服务平台也正在积极建设中，有助于提升客户服务能力。

三是一体化战略。中国人保一体化战略实施纲要已经出炉，正推动一体化全能型综合拓展团队建设。

四是国际化战略。目前已经派驻12个海外工作组，发挥伴随服务功能以及市场调研职能。

中心城市攻坚战

中心城市市场以“技术变革与商业模式变革融合”为重点，县域市场以“政策性业务与商业性业务融合”为重点。

中心城市市场失守是中国人保、中国人寿两家保险公司所共同面对的难题之一，因为中心城市市场上激烈的竞争才更检验一家保险公司的市场竞争力。不过值得注意的是，“3411工程”中的第一个“1”原是指“打好一场中心城市攻坚战”，但现在又在此基础上增加了一项“县域市场保卫战”，补足短板，保持优势之意尽显。

为此，缪建民在董事长致辞中指出，着力强化“两个融合”，城市市场以“技术变革与商业模式变革融合”为重点，县域市场以“政策性业务与商业性业务融合”为重点；着力培育财产险营销文化，创新营销队伍建设模式，探索按照寿险管理、激励、组训的模式，打造聚焦个人业务的创新型销售队伍；注重加强协同互动，持续推进中心城市综拓队伍试点，探索县域市场一体化网点共享与队伍建设的新路子。

从中国人保提供的数据来看，“中心城市市场份额总体稳定，22家中心城市市场份额回升”“县域车险增速超过车险整体增速”，这意味着虽然目前在中心城市市场尚未取得显著进展，但在县域领域的优势依旧明显。

人保健康换将，华山履新，健康险模式变革如何破局

2019年9月2日

2019年9月2日下午，人保健康宣布重要人事任命，人保财险原执行董事、副总裁华山将接替宋福兴出任人保健康新一任总裁。而宋福兴年满60周岁，正式退休。

这已经是中国人保集团近期第二起重大人事变动，就在8月26日，从国寿股份调任中国人保集团出任集团副总裁的肖建友被任命为人保集团旗下另一家子公司人保寿险的董事长，而此前，这一职务都由人保集团董事长缪建民兼任。

人保集团子公司层面的“三定”依然在继续，但旗下3家子公司的“一把手”任命都已完成。人保财险方面，由集团副总裁谢一群接替林智勇出任新一任总裁；人保寿险方面，肖建友出任董事长，与总裁傅安平组成新的领导班子；人保健康方面，则由华山出任新一任总裁。

“一把手”人事确定后，对于人保集团上下来说，就是要落实执行集团战略。缪建民在人保多个会议上强调保险商业模式的变革，对于多年徘徊不前的人保健康来说，面对健康险市场火热的竞争态势，这个命题更有其深刻意义。

而对于华山来说，其丰富的车险经验又会给人保健康，甚至整个健康险市场带来怎样的变数呢？

起大早，赶晚集？人保健康蹉跎14载，正是国内专业健康险公司命运的一个缩影

人保健康由中国人民保险集团公司发起设立，其2004年5月13日获准筹建，2005年3月31日正式成立，发展至今已经14年时间。作为国内首家专业健康保险公司，其见证了中国专业健康险公司完整的发展历程，其自身的发展，也因此成为国内专业健康险公司命运的一个缩影。

由于是国内首家专业健康险公司，同时又有人保寿险这一在功能上实际有一定重合的兄弟公司存在，人保健康在成立之初就将更多精力投注在了服务国家医疗保障体系建设方面，力图从对接社会医保入手，培育自身的核心竞争力。

在该领域，其先后创建了“湛江模式”“太

仓模式”“平谷模式”等典型经验做法，得到了政府高层的充分肯定，商业保险公司经办社保业务渐渐成为常态。这其中，人保健康更是凭借其自身的特殊市场地位，一骑绝尘。查询年报，可以看到那个时期，人保健康最热销的产品多为社保补充类医疗保险。

由于业务性质特殊，社保经办类业务虽然规模较大，但留给商业保险公司的利润空间其实有限，商业保险公司更多寄望于通过这种方式覆盖更多客户，通过二次开发，最终实现价值。很长一段时间内，人保健康的保费收入都起伏不定（见图1）。

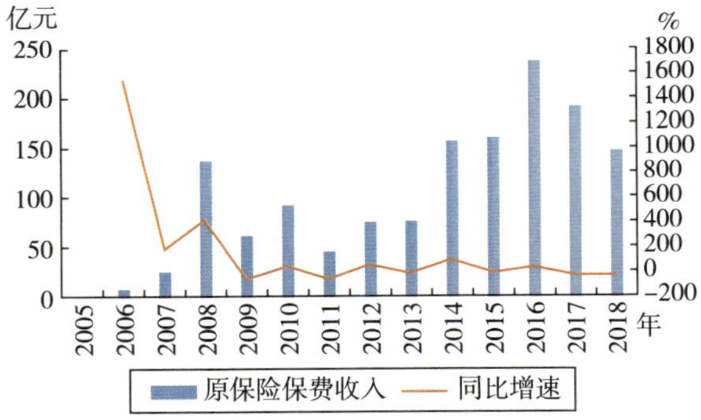

图1　2005—2018年人保健康原保险保费收入及同比增速

2012年开始，随着资产驱动负债模式的兴起，沉闷已久的专业健康险公司大多走上了规模扩张的道路，通过银保渠道、通过更类似于年金产品的护理保险，大肆销售中短存续期产品。这期间，人保健康的规模保费也快速膨胀（见图2）。

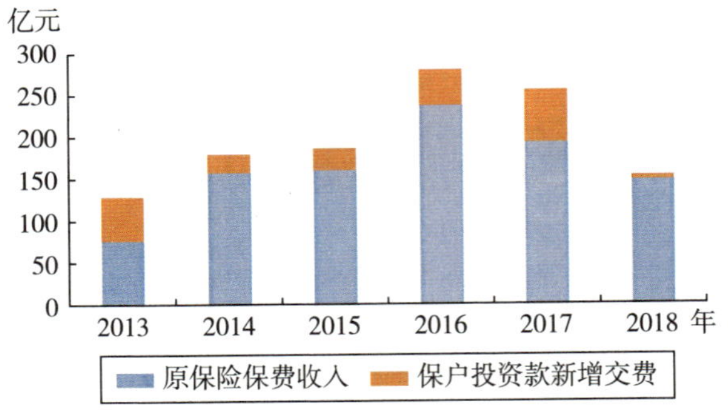

图2　2013—2018年人保健康规模保费变化

随着行业发展转向，“保险姓保”成为共识，人保健康从2017年也开始加速转型，原保险保费收入、规模保费连续两年出现负增长，但业务结构开始有所改善。

2019年上半年，在社保经办类业务的强力助推下，人保健康再度实现高速增长，实现原保险保费收入105.83亿元，同比增长43.8%，市场占有率达到0.8%，同比上升0.2个百分点。其中，大部分都来自于与基本医疗保险相衔接的补充医疗保险业务。

净利润也表现良好，达到2.64亿元，同比增长1100.0%。从2016年开始，人保健康已经连续3年实现盈利，但仅2009—2018年，其亏损额度累计就达到24.25亿元，要想弥补这些亏损额度，还需要一定时间（见图3）。

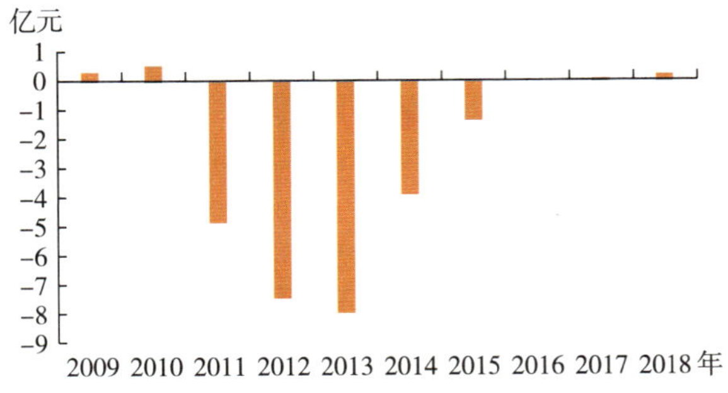

图3　2009—2018年人保健康净利润

人保健康新使命：健康管理服务的必然趋势和人保集团做强做大的重要战略支点

对于此时的人保健康而言，此时转型的一大利好因素是，健康险已经成为国内增长最快的险种之一。

数据显示，2019年前6个月，人身险公司实现原保险保费收入1.88万亿元，同比增长15.21%，其中健康险保费收入为3438亿元，同比增长近31%，远远高于行业整体水平，在全部原保险保费收入中的占比也达到18%。

健康险几乎已经成为所有保险公司的发力重点，无论是财产险还是人身险。某大型人身险公司的人士甚至坦言，其公司80%以上的业务均为健康险业务。健康险甚至一度超越车险，成为国内第一大险种。

受益于此，专业健康险公司——人保健康也表现出强劲的增长动力，如前文所述，上半年其原保险保费增速达到43.8%。

近期，银保监会下调长期普通年金险预定利率备案上限，长期普通型年金的优势将进一步被抵消，进一步利好保障型产品发展。

种种利好因素，对于人保健康而言，无疑都意味着机会。

更重要的是，健康险的高速发展也引来人保集团高层的高度重视，董事长缪建民就提及："健康险是保险业增长最快的险种，过去5年复合增速是寿险的2倍、财产险的3倍，随着人口老龄化速度加快，刚性需求会越来越大，所以我们要把健康险作为集团做强做大的重要战略支点。"

随着健康险市场发展，竞争愈演愈烈，网销百万医疗险、重疾险等产品都有重蹈价格战的趋势出现，甚至有的再保险公司已经暂停分保某些健康险。这给健康险发展敲响了警，一味地依靠产品本身，已经难以为继，必须将市场竞争从产品价格转向健康管理服务，通过差异化的服务，满足不同层次用户的需求，构建竞争壁垒。

对于这一趋势，人保集团显然也早有计划，缪建民指出："不能再走传统高佣金人海战术的模式，必须把保险产品与健康管理服务相结合，真正解决群众医疗、健康方面的痛点、难点，才能体现出专业化优势。"

按照人保集团规划，下一步，要把健康管理作为人保健康转型发展的重点之一，实现强特色、上规模、创价值，要加强与医疗机构、专家团队、健康服务提供商的合作，推进"建平台、搭生态圈"；要组建懂销售、懂健康管理的销售队伍，提升专业销售能力；要构建线上线下结合健康管理服务体系，将"人民健康"APP打造成行业领先的明星APP。

健康险发展迎来关键时刻，显然，这也是人保健康发展的关键时刻。

华山会带来什么

成立14年的人保健康，继刘健、李玉泉、宋福兴之后，迎来了第四任总裁华山。

华山，现年54岁，参加工作35年，其1984年加入中国人民保险公司，历任中国人民保险公司无锡市分公司副总经理、江苏省分公司总经理助理、人保财险江苏省分公司总经理助理、副总经理兼南京市分公司总经理等职，2009年3月升任江苏省分公司总经理。

这之后，华山长期担任江苏省分公司总经理一职，2013年12月升任总公司总裁助理之后，仍兼任江苏省分公司总经理，直到2017年升任总公司副总裁。

在人保财险系统内排名第一的省级分公司——江苏省分公司，华山主政多年，正是在其带领下，该公司在2010年率先成为全国非寿险业年度总保费收入突破100亿元的省级分公司。从市场份额来看，江苏省分公司从2011年开始，也一直处于单边上扬的态势，成为当地妥妥的“财产险一哥”。

2013年末升任总裁助理之后，华山主要负责车险业务，这几年也正是新一轮商车费改推进期间，大型保险公司凭借机构以及品牌优势，更加如鱼得水，可以看到，这几年中，人保财险车险保费收入虽然不可避免地受到市场大环境的影响，增速不断降低，但仍旧保持了承保盈利（见表1）。

表1　2014—2018年人保财险车险业务发展情况

年份	车险总保费收入（亿元）	同比增速（%）	车险承保利润率（%）	全险种总保费收入（亿元）	同比增速（%）
2014	1850.54	13.34	2.30	2530.37	13.20
2015	2042.66	10.38	3.90	2816.98	11.33
2016	2256.4	10.46	3.30	3111.6	10.46
2017	2492.32	10.46	3.50	3503.14	12.58
2018	2589.04	3.88	1.60	3887.69	10.98

对于长期操盘车险业务的华山来说，此时出任人保健康总裁，是机遇但更是挑战，毕竟，急速做大的健康险“蛋糕”上，业内外势力盘踞，玩法愈发多元，对于创新，也有着更高要求。

代理人逆势增长33%，太平人寿独撑逾七成利润，八大关键词看罗熹如何对标先进同业，划定中国太平新方略

2019年3月30日

2019年3月29日，中国太平保险控股有限公司（以下简称中国太平或太平）举行年报告发布会，给了一个不大不小的惊喜。综合来看，中国太平2018年实现股东应占溢利为68.84亿港元，同比增长12.2%，整体表现不错。

旗下最为重要的板块太平人寿更是表现抢眼，贡献了整个中国太平集团76%以上的经营净溢利，个险渠道首年期交保费收入同比增长11.15%，代理人数量更是同比增长33.52%，逆势上扬。

中国太平近年来颇受市场关注，在原董事长王滨主政的6年间，实现了看似不可能的“三年再造”，又顺应行业转型趋势，提出了“精品战略”，明确以“科技太平”应对科技化浪潮的机遇和挑战，最后以跻身世界500强完整收官。

在2018年的业绩发布会上，中国太平多位管理层人员提到，太平有个重要特点是强大的执行力。正所谓“目标决定方法”，对目标的坚定决定了在实现目标的过程中遇到困难的坚持。亦如太平人寿总经理张可所说：“只为目标找办法，不为困难调目标。在2018年的复杂形势下，太平人寿是主要寿险同业中唯一一家没有调整任务目标的公司。”

2018年9月，华润集团原副董事长、总经理罗熹出任中国太平董事长，拉开了中国太平新时代发展战略的序幕。在此次发布会上，罗熹也携新一届管理层分析解答了他们的治司方略，经『慧保天下』梳理，涉及“新时代发展战略”“国际化”“服务国家战略”“共享太平”“信息化”“提升投资收益”“保险+投资+产业经营”“对标先进同业”八大关键词。

重新构建信息化战略举措，调换各级投资岗位负责人，以28.66亿元拿下上海农商行4.78%的股权，明确“业绩上对标前一位，策略上对标前几位，能力上对标第一位”的对标先进同业的对标管理策略，履新不到半年的罗熹已然动作频频。

中国太平为保险公司年报季划上惊喜句号，太平人寿顶梁柱作用更加突出

中国上市保险公司2018年年报季可谓“愁云惨淡”，除个别保险公司受传统保险准备金折现率假设变更等因素的影响，实现净利润较快增长外，其他核心业务指标，例如总保费收入、个险首年（新单）期交保费收入、一年新业务价值等的增长都出现了放缓乃至负增长。压轴出场的中国太平却带来了不少惊喜。

2019年3月29日，中国太平发布2018年年报，数据显示，2018年，其总保费及保单费收入达1996亿港元，同比增长11.7%；总资产达7521亿港元，较2017年末增长12.8%；股东应占溢利68.84亿港元，同比增长12.2%，均实现了较快发展。

不过，各个业务板块的发展情况并不同步，太平人寿以一己之力，贡献了集团76%以上的经营净溢利，而养老及团体保险、境内财产保险、境外财产保险、再保险、资产管理等业务板块的经营净溢利均出现了不同程度的下滑。其中，境内财产保险即太平财险，2018年实现经营净溢利仅为3.40亿港元，同比下降6.2%（见表1）。

表1　2017—2018年太平人寿各个业务板块的经营净溢利

业务板块	2018年（百万港元）	2017年（百万港元）	变化（%）
人寿保险	6176.64	6081.76	1.6
养老及团体保险	67.12	95.27	−29.5
境内财产保险	340.39	362.72	−6.2
境外财产保险	453.03	465.23	−2.6
再保险	539.26	743.76	−27.5
资产管理业务	457.65	484.02	−5.4
其他	785.89	（268.51）	392.7
经营净溢利	8819.98	7964.25	10.7
非控股股东权益	（1936.41）	（1828.06）	5.9
股东应占溢利净额	6885.57	6136.19	12.2

个险渠道的续期保费收入同比增长43.19%，拉动太平人寿总保费收入同比增长11.4%

中国太平的人寿保险板块由3家子公司组成，包括太平人寿、太平人寿香港和新加坡太平，而2018年太平人寿香港和新加坡太平均出现不同程度的亏损，深耕内地保险市场的太平人寿则实现经营净溢利67.24亿港元，同比增长5.1%，占集团全部经营净溢利的76.24%。

太平人寿的良好业绩表现得益于个险业务的支撑。2018年，太平人寿保费收入由2017年的1313.34亿港元增至1463.41亿港元，上升了11.4%。其中，个人代理渠道贡献度最高，实现保费收入1121.58亿港元，同比增长32.50%，其保费收入总额在公司保费收入总额中的占比更是达76.4%（见表2）。

个人代理渠道保费收入快速增长主要是由于续期保费拉动所致，同比增速高达43.19%，同时，首年期交保费收入也实现了11.15%的正增长（见表3），这在其余上市人身险公司个险渠道首年期交保费收入均出现不同程度负增长的情况下，尤其显得不同寻常。

表2 2018年太平人寿各渠道保费收入增长对比

渠道	确认于综合损益表内之保费收入/亿港元	同比增速（%）	保费总额/亿港元	同比增速（%）	渠道保费总额在公司保费总额中的占比（%）
个人代理	1121.58	32.50	1165.4	31.25	76.40
银行保险	301.75	-30.94	318.15	-28.40	20.90
团体	5.84	119.55	7.50	62.34	0.50
多元销售	34.25	25.78	34.25	25.83	2.20

表3 2018年太平人寿渠道趸交及期交保费收入增长对比

渠道	交费方式	确认于综合损益表之保费收入/亿港元	同比增速（%）	在渠道保费总额中的占比（%）	同比变化（%）
个人代理	趸交保费	1.15	27.78	0.10	0.00
	期交保费	1121.58	32.50	—	—
	—首年	313.55	11.15	28.00	-15.90
	—续期	806.87	43.19	71.90	8.00
银行保险	趸交保费	0.55	-99.68	0.20	-99.50
	期交保费	301.75	-30.94	—	—
	—首年	55.66	-8.54	18.40	32.40
	—续期	245.54	21.61	81.40	76.20
团体保险	—	5.84	119.55	—	—
多元行销	趸交保费	0.01	-85.74	0	100.00
	期交保费	34.25	25.78	—	—
	—首年	9.85	29.10	28.80	2.90
	—续期	24.38	24.83	71.20	1.00

代理人数量逆势攀升至51.3万人，大幅增长33.52%

数据显示，截至2018年末，太平人寿代理人数量达51.30万人，相较于2017年末大幅增长33.52%，而与此同时，其他上市寿险公司的代理人数量增速都出现不同程度的放缓，甚至是负增长。

在业绩发布会上，太平人寿总经理张可详细解释了个人代理渠道人力逆势大幅上涨背后的玄机：

一是人力的有效、快速增长，将对寿险公司的基础管理形成严峻考验，2018年太平人寿之所以能够快速扩张人力，究其根本原因还在于，太平人寿多年以来严格的基础管理不断积淀，是2018年成效凸显的必然结果，正所谓“昨天的积淀，成就了今天的成功”。

二是提高了代理人增员的考核权重，把月度奖和年终奖中的增员考核权重从20%提升到25%及以上，明确的考核导向保证了增员的有效性。

三是在全系统实行业绩和增员“双轮驱动”，从以前的季度增员改为月度增员，效果显著。

但仅靠代理人数量增加，却只能保障业务粗放式发展。数据显示，太平人寿代理人每月人均期交保费收入为14365元，相较于2017年有所下降，下降幅度为6.18%。

银保渠道压缩逾百亿元趸交保费收入

在个险大干快上之时，太平人寿也在大力压缩银保渠道趸交保费收入逾百亿元，因此银保渠道保费收入出现显著负增长，2018年为301.75亿元，同比下降幅度达30.94%。同时，银保渠道首年期交保费收入也出现了一定程度的负增长。

团体渠道在1年内实现翻倍增长；虽然多元行销渠道趸交保费收入大幅负增长，但首年期交保费以及续期保费收入均实现了20%以上的正增长。

整体受累于银保渠道，太平人寿2018年首年保费收入（包括个险、银保、多元行销渠道的趸交保费收入、首年期交保费以及团险渠道保费收入）还是出现了20%以上的负增长。

不过，其续保率仍然稳居行业前列，个人代理及银保渠道第13个月保费继续率分别为96.0%及96.2%，而第25个月保费复合继续率则分别为93.1%和94.0%。

得益于价值型业务的快速成长，太平人寿的内含价值由2017年末的1173.68亿港元增至1364.30亿港元，增加了16.2%，新业务扣除资本成本后的价值为132.37亿港元，相较于2017年的136.38亿港元下降2.9%（受汇率影响，以人民币计量则增长1.7%）。

在业务快速增长的同时，太平人寿的佣金支出净额也保持了较快增长。2018年太平人寿的佣金支出净额累计达195.67亿港元，同比增长22.9%。而与此同时，其股东总权益甚至出现了一定程度的下滑，降至362.28亿港元，同比下降6.6%。

太平财险股东应占经营溢利同比下降6.2%

2018年，太平财险实现保费收入为286.84亿港元，同比增长12.7%，净保费收入同比增速为9.6%，但赔款净额增速、承保费用同比增速均达20%以上，佣金支出净额也出现了3.9%的上涨。

受此影响，太平财险赔付率相较于2017年上涨1.7个百分点达到53.9%，费用率有所下降，为45.9%，二者相加，太平财险2017年综合成本率达99.8%，同比上涨0.3个百分点，导致财产险业务的经营溢利仅为3.40亿港元，同比下降6.2%，总权益下降6.7%。

新班子新战略，中国太平新提1个战略愿景，6项战略举措

2018年是中国太平的换届年，先是1月初，国寿集团原副总裁、国寿投资控股公司董事长王思东接替李劲夫出任中国太平新一任总裁，李劲夫则正式退休。到9月，华润集团原副董事长、总经理罗熹接替王滨出任中国太平董事长，王滨则调任中国人寿集团董事长。

王滨主政中国太平6年间，先后以“三年再造”以及“精品战略”，推动中国太平业务规模与价值实现跨越式发展，而如今中国太平又将如何再上一层楼?

关键词之一——新时代发展战略

中国太平董事长罗熹在“董事长致辞”中表示，2018年，面对新形势新要求和纷繁复杂的市场环境，中国太平新一届领导班子，以为股东、客户和社会创造更大的价值为根本出发点，立足集团发展实际，着眼长远，树立了“共享太平”的发展理念，确立了以“建设具有全球竞争力的国际化现代金融保险集团”为目标的新时代发展战略，全面谋划了新时代集团发展战略，明晰了中国太平的前进方向和道路。

据他介绍，中国太平新时代发展战略的核心内容是1个战略愿景、6项战略举措。其中，1个战略愿景是指确立“建设具有全球竞争力的国际化现代金融保险集团”；6项战略举措是指增强服务国家战略的大局意识，树立“共享太平”的发展理念，确立国际化的发展方向，建立信息化的发展基础，构建市场化的发展机制和发挥国有企业的治理优势。

关键词之二——国际化

国际化是中国太平历经90年的发展，积淀形成的最鲜明特色之一，如今，其新一届领导班子又再度将“国际化”作为了新时代发展战略的核心关键词之一。

中国太平战略发展部总经理朱捷在回答分析师提问时指出，中国太平的国际化是指集团整体国际化，对标国际先进同业，借鉴吸纳先进技术和经验，增强集团整体的国际化能力；形成内地、港澳以及海外协同并进的整体国际化发展格局；推进集团国际业务发展，灵活采取跨境经营，通过与优秀保险公司合作、自建公司或者并购等方式为集团带来持续的有利贡献。

朱捷进一步表示，关于国际化，将重点关注中国对外投资活跃的地区、华人聚集的地区、中资企业和银行较多的地区及对中资友好度高的地区。具体在哪个地区开展哪种业务会在论证之后

确定。

关键词之三——服务国家战略

中国太平的6项战略举措之首就是“增强服务国家战略的大局意识”，旗帜鲜明地讲政治。当然“服务国家战略”对于企业而言，不仅仅是出于政治上的考量，同时也是因为其中所蕴含的巨大的战略机遇。

无论是服务实体经济、“一带一路”倡议还是粤港澳大湾区建设等都体现一个时期内国家的意志与发展目标，为达成诉求，国家必然会在相关方面予以政策引导和扶持，而这对于企业来说就意味着机遇。

在董事长致辞中，罗熹就表示，在重要战略机遇期的大背景下，宏观经济政策将为保险业稳定增长创造有利环境，国家战略实施将为保险业提供许多新的发展机遇，全面深化改革将进一步拓宽保险业的发展空间。

关键词之四——共享太平

6项战略举措之二是树立“共享太平”的发展理念，在中国太平官微发布的一篇题为《共享太平——我们的光荣和梦想》的文章中，曾对于“共享太平”的精神内核进行了解读，文章指出，共享太平就是要体现大担当、大情怀、大格局、大责任。

“共享太平”不仅仅是中国太平的发展理念，同时也是罗熹掌舵后，中国太平所着力打造的新的品牌形象。2018年，为打造“共享太平”的品牌形象，中国太平还发布了“为您分担风险，与您共享太平”的广告语。2018年9月19日，中国太平保险集团官微也已经变更为“共享太平”。

关键词之五——信息化

6项战略举措之中的第四项即“建立信息化的发展基础”。

在回答关于中国太平科技应用创新布局时，罗熹表示曾跟中国平安进行一次深度交流，对中国平安的科技引领战略做了比较全面的分析，未来中国太平将以科技引领战略，筑牢信息化发展基础，对标先进同业，加大投入力度。一是实施科技、运营双强计划；二是科技赋能营销，为个险代理人提供全天候、全信息后援支持；三是发起设立金融保险科技创新基金，孵化推广金融科技创新技术；四是加速人工智能、区块链等技术在保险业的创新应用；五是加快改造数据中心，未来在数据库和信息库的建设上，会使用最先进的技术，使客户信息能够得到充分构想和充分挖掘；六是加快海外机构信息化建设，实施统一的集中运营。

关键词之六——提升投资收益

2018年中国太平总投资收益率为3.85%，相较于2017年的4.48%下降0.63个百分点。

针对投资收益率低的问题，中国太平财务总监张若晗指出，经过对标先进同业后发现，中国太平一个很大的短板是在长期股权投资方面缺乏布局，同业公司有很多优秀的长期股权投资，在会计核算中使用权益法核算，使公司每年都有稳定的报表净利润表现，而中国太平由于以往在长期股权投资方面没有布局，不能使用权益法进行核算，所以这方面非常“吃亏”。

另据中国太平总经理王思东介绍，中国太平已经开始加大对优质长期股权投资项目的投资，2019年3月第一单已经落地，即入股上海农商行，由太平人寿出资的28.66亿元已经到账。

王思东还介绍，除对标先进同业发现短板之外，中国太平为提升投资管理能力采取的措施还包括对中国太平旗下6个投资平台进行梳理和改造，使其更加专业化运营和市场化运作；对各大平台和集团投资部门等一些重要岗位进行调整优化，做到人尽其才；明确2019年的任务，保险条线遵循风险可控、收益可观，服务国家战略，协同保险主业，高质量发展。

关键词之七——保险+投资+产业经营

在董事长致辞中，罗熹也表示会聚焦主业，着力构建“保险、投资和产业经营三角形业务支撑体系”，而其实质就是在保证保险主业发展的前提下，优化投资能力，同时围绕主业展开投资，加大产业布局力度，以便于公司从单纯提供保障服务向“保障+服务”方向转变。

值得注意的是，中国太平至少在养老产业领域的投资已经展开，这是否意味着中国太平会加大对于医养产业的投资还有待进一步观察。

关键词之八——对标先进同业

据业绩发布会信息，中国太平新一届领导班子已经就 “对标先进同业”作出明确要求，明确要做到全面对标，负债端对标，投资端也对标。对标的目标是，业绩上对标前一位，策略上对标前几位，能力上对标第一位。

放下央企的身段，对标先进同业，发现自身短板，有的放矢予以弥补，中国太平新战略中，虽然没有提出具体的业务规模和价值目标，却也相当“接地气”。

太平财险于泽调任人保集团副总裁，4月内中国太平财险、寿险子公司皆换将

2019年11月28日

继2019年9月太平人寿换将，原副总经理程永红接替原总经理张可之后，中国太平旗下另一家重要子公司也出现重大人事变动。

2019年11月28日上午，中国人保集团宣布了一项重磅人事任命信息，太平财险原总经理于泽将出任该集团党委委员、副总裁，这意味着于泽已经正式去职太平财险，调任人保集团。

谁将接替于泽执掌太平财险备受关注，目前，中国太平尚未正式公布。

4个月时间内，中国太平旗下两家重要子公司相继换将，程永红出任总经理的太平人寿在经历了“三年再造”以及“精品战略”之后，将如何面对更复杂分化的寿险市场？于泽去职之后，经历了高增长，保费增速又骤然回落的太平财险，又如何在阶层固化的财产险市场另寻突围路径？

而所有这一切，无疑都是摆在罗熹领导下的中国太平新一届领导班子面前的共同命题。

财险公司，于泽回归人保，4年增速高企又骤然回落的太平财险如何再突围

2019年11月28日上午，中国人保集团召开会议宣布重要人事任命，原太平财险总经理于泽正式调任人保集团党委委员、副总裁。这成为继9月太平人寿原副总经理程永红升任总经理，原总经理调任中国太平集团以来，中国太平旗下又一家子公司总经理发生变动。由于于泽同时兼任太平科技保险董事长，这意味着该公司的董事长人选也需要进行更换。

值得注意的是，于泽本身就出身于人保，因此，此次加盟人保集团，更准确的说法，应该是回归。

公开资料显示，现年48岁的于泽1994年大学毕业后即加入人保财险天津分公司，在人事处、物业中心都有任职，后转至业务条线，先后出任静海支公司总经理、天津分公司车险事业部总经理等职。

2006年12月，于泽离开任职12年之久的人保财险加入太平财险，先后担任天津分公司总经理、总公司市场总监、助理总经理等职，2015年10月开始以太平财险副总经理的身份主持工作，并于2016年9月转正，时年45岁。

25年间，于泽先后辗转人事部、物业部、车险部、市场部等多个部门，在多个岗位都有历练，这也为其出任太平财险总经理奠定了基础。

在其任职的4年间，太平财险保费增速一直表现不俗，尤其是在2015年和2017年，都达到了20%以上，在第二梯队保险公司中颇为抢眼。

有观点认为在中国财产险市场上保费增长过快，一定是加大费用投入导致的。不过从太平财险的表现来看，4年间，其车险业务一直都维持承保盈利，且承保利润不断扩大，2015—2018年，太平财险车险业务的承保利润分别达到1.92、1.39、2.67、3.92亿元。

得益于车险承保大幅盈利，自2015年开始，太平财险连续4年实现承保盈利。受此影响，太平财险2015-2018年累计净利润为17.26亿元（见表1）。

表1 2015—2018年太平财险车险业务情况

项目 \ 年份	保险业务收入（亿元）	同比增速（%）	净利润（亿元）	车险	
				保费（亿元）	利润（亿元）
2018	243.91	7.74	2.83	185.43	3.92
2017	226.39	24.34	3.17	176.29	2.67
2016	182.08	13.38	4.67	145.61	1.39
2015	160.59	20.29	6.59	127.86	1.92

需要注意的是，虽然2015—2018年太平财险持续盈利，但净利润却逐年减少，保费收入增速也在2018年降至个位数，低于行业平均水平，显示出一定的发展疲态。

商车费改背景下，车险市场竞争加剧，非车险逐渐成为新的增长点，太平财险也顺应了这一大趋势，在近年不断加大对非车业务的投入，可以看到，4年间，太平财险车险业务占比已经从79.62%降至76.02%，非车业务占比上升3个百分点。

近年来，于泽还积极开拓与互联网和科技公司的合作，典型的就是水滴公司。于泽曾旗帜鲜明地表示："我们的态度很明确，就是与互联网公司、保险科技公司进行合作。一方面，由于保险的触点太过低频，且保险公司本身的流量有限，即使是排名第一、第二的公司来自建生态圈，也无法与阿里那样的生态圈竞争；另一方面，BAT看重的并不是保险公司的客户信息，而是通过提供客户所需的各种服务，从而黏住客户。因此，放心地合作，接受科技的赋能，是最好的选择。”

值得注意的是，作为中管保险公司，高管互调并不是新鲜事。2019年6月，人保集团和国寿集团便完成了一次副总裁互换。2015年，太平保险集团原执行董事、副总经理谢一群离开了服务20多年的太平集团，出任人保集团副总裁并于2017年当选为执行董事。已于近期退休的林帆，也是在卸任太平集团董事长后转任人保集团监事长的。

寿险公司，程永红接替张可，7年历经“三年再造”“精品战略”后如何再爬坡

于泽“回归”人保，这已经是中国太平自2019年9月以来发生的第二起重大人事变动。9月5日，中国太平才宣布太平人寿原党委副书记、副总经理程永红被提任为太平人寿党委书记、总经理；太平人寿原党委书记、总经理张可则调至集团任职首席战略顾问，并兼任太平人寿副董事长。

作为中国太平旗下最重要的利润来源，太平人寿这一人事变动自然非同小可。

资料显示，程永红，现年52岁，曾任教于四川省总工会干部学校，1996 年加盟平安人寿；2002 年加盟太平人寿四川分公司，2007 年6月升任四川分公司总经理，2009 年1 月开始兼任总公司助理总经理，2012年10月起升任副总经理。

程永红与张可的履历有颇多相似之处。

张可，在加入保险业前也曾在高校任教，在四川大学哲学系任职8年之久。同样的，1993年进入行业之初，他也是先加入的平安人寿，其后才加盟太平人寿四川分公司，后逐渐升任四川分公司总经理，总公司助理总经理、副总经理等职，一度还曾出任太平财险总经理，直到2012年，正式出任太平人寿总经理一职。

可以看到，在很长时间内，张可一直是程永红的直接领导，也正是因此，此次太平人寿新旧领导班子的交接，更像是一次师徒之间顺理成章的传承。

在程永红就任太平人寿新一任总经理之前，张可在这一职位上已经停留7年时间，作为太平系统内资深的、兼具战略规划与业务实践经验的高管，在这7年间，他顺利完成了太平人寿的“三年再造”以及“精品战略”。2012—2018年太平人寿保险业务收入及同比增速见图1。

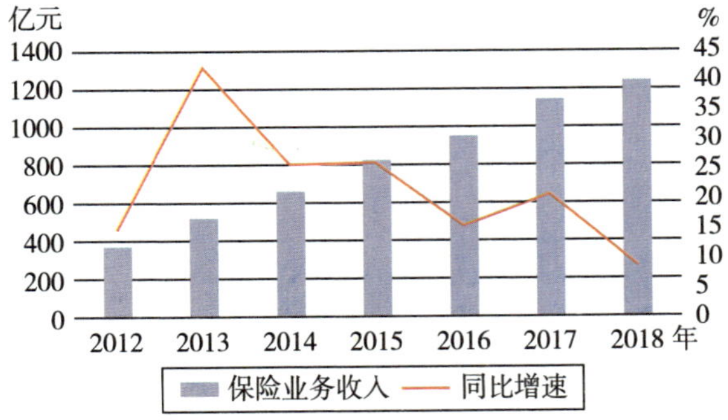

图1 2012—2018年太平人寿保险业务收入及同比增速

2011年，太平人寿保费收入为318.38亿元，到2014年达到651.46亿元，顺利达成“三年再造”。此后数年，太平人寿的保费增速也多保持

在两位数，即便是在2018年，人身险业务整体近乎零增长的情况下，其也实现了8.55%的增速。

从总资产和净资产来看，2011年末两个数据分别为1120.13亿元、94.86亿元，但到2018年末，其分别为4697.28、317.43亿元，分别是2011年末的4.19倍、3.35倍。

从净利润来看，2012—2018年，太平人寿净利润平台也不断跃升，2012年只有7.04亿元，但到2018年，达到58.52亿元（见图2）。

根据中国太平年报，2018年太平人寿几乎以一己之力，贡献了集团76%以上的经营净溢利，而养老及团体险、境内财产险、境外财产险、再保险、资产管理等业务板块的经营净溢利均出现了不同程度的下滑。

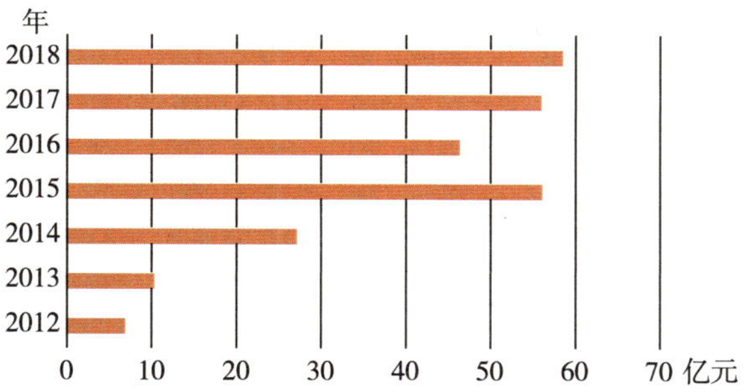

图2 2012—2018年太平人寿的净利润

也正是在他担任总经理期间，程永红从总经理助理升任副总经理，并长期执掌太平人寿最为核心的业务条线——个险渠道，并顺利达成个险渠道保费、质量高增长的既定目标。

2019年，中国太平新一任董事长罗熹提出全新战略构想，确立了以“建设具有全球竞争力的国际化现代金融保险集团”为目标的新时代发展战略，而7月18日，中国太平的年中工作会议上，其又作了题为《全面实施赋能计划 奋力推动新时代发展战略落地见效》的讲话，反复强调“赋能”的重要性。

他指出“赋能计划”是中国太平新时代发展战略确立后推出的第一个事关全局的计划，也是扎实推进新时代发展战略的首要任务。具体而言，就是要以产品赋能打造核心优势，以管理赋能推动提质增效，以科技赋能抢占发展制高点，以资源赋能实现重点突破，以机制赋能激发活力动力。而这无疑正是摆在程永红面前最重要的任务。

中国平安2018战报“封神”，但震撼之外，这已不是后进保险公司能效仿的道路

2019年3月20日

2019年3月13日，中国平安（平安）举行了中国平安2018年年度业绩发布会，集团经营层详细解读了2018年的经营业绩。『慧保天下』经过研判，给出一个结论：中国平安依靠可预见的金融业务可持续增长和多点布局的科技业务突发式成长，已经跻身全球金融集团前列，但中国平安距离最想成为的那个自己，依然存在不小的差距。

2018年是中国平安成绩优异的一年

截至2018年末，中国平安总资产达7.14万亿元，相较于2017年末增长10%，股东权益即净资产达6836.43亿元，同比增长16.3%。集团合并内含价值为10024.56亿元，同比增长21.5%。而2018年全国银行业、保险业总资产分别增长6.4%、7.2%，平安横跨银行业、保险业，增长却又分别超越银行业、保险业，确有独到之处。

2018年中国平安共实现营业收入9768.32亿元，同比增长9.6%，实现归属于母公司股东的净利润为1074.04亿元，在2017年高基数的基础上同比增长20.6%。这是非国有金融机构历史上第一次净利润突破千亿元。

回顾平安自2004年上市以来的这15年，业绩十分强劲：

归属于母公司股东权益复合增长率为23.7%；

基本每股收益复合增长率为24.5%；

ROE 15年算术平均为15.5%；

内含价值复合增长率为26.5%；

股息分配复合增长率为25.7%；

总资产复合增长率为26.5%。

平安各项主要财务指标15年来年复合增长率超过20%，这在世界上也是一个奇迹。『慧保天下』经过分析认为，平安的业绩是在特定的社会经济背景下，在千千万万的投保人支持下孕育出来的，其背后，是平安精准地找到了一条中国式金融发展的最佳道路模式，可以借鉴的主要有以下三个经验。

平安经验之一，是定位于国际领先的科技型

个人金融生活服务集团，最为直接的表现就是个人业务利润在营运利润中的占比约为87%。

先看一组数据：2018年，中国平安个人业务营运利润达977.29亿元，同比增长31.1%，占集团归属于母公司股东的营运利润的86.8%，占比同比猛增8.1个百分点，主要得益于个人客户数和客均营运利润的稳定增长。截至2018年末，个人客户数达1.84人，较年初增长11.0%；客均营运利润为531元，同比增长18.1%；客均合同数2.53个，较年初增长9.1%。可以说，平安集团几乎是完全服务于个人消费者金融需求的。见图1。

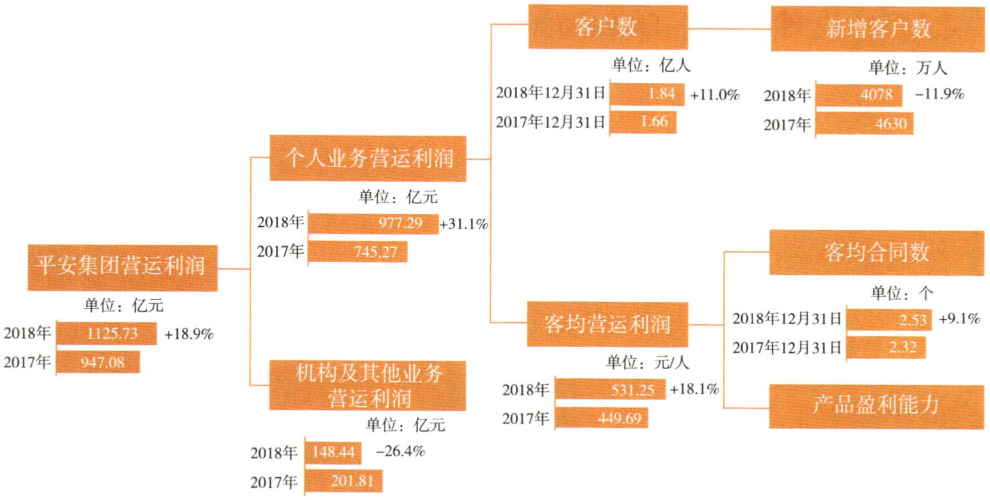

资料来源：中国平安2018年财报。

图1 平安集团营运利润增长核心驱动因素

历数平安多年的年报，2011年提的是中国领先的综合金融集团，2012年、2013年提的是中国领先的个人金融服务集团，2015年、2016年提的是国际领先的个人金融生活服务提供商，2017年、2018年提的是国际领先的科技型个人金融生活服务集团。可以说，这个模式是平安逐步精准定位的，是将个人业务的稳定性和人口红利、消费升级相结合的产物。

平安经验之二，是紧紧抓住寿险和健康险这个关键点，以个人代理人队伍来驱动整个寿险板块，进而向整个金融板块导流客户。

“寿险为王”已成为保险业的普遍真理。平安2018年寿险及健康险业务归属于母公司股东的营运利润为703.20亿元，同比增长34.9%，在总营运利润中占比为63.38%；截至2018年12月31日，寿险及健康险业务剩余边际余额为7866.33亿元，较年初增长27.6%，主要来自新业务贡献。

从分渠道、分业务来看，代理人渠道增速虽不尽如人意，但在个人寿险及健康险业务中依然举足轻重。2018年，代理人渠道用来计算新业务价值的首年保费为1127.12亿元，同比减少7.5%；新业务价值为644.01亿元，同比增长5.9%；代理人渠道新业务价值率为57.1%，同比提升7.2个百分点；月均代理人数量为132万人，同比增长4.8%；代理人全年人均新业务价值为48789元，同比增长1.1%。

2018年，中国平安寿险及健康险业务实现新业务价值为722.94亿元，同比增长7.3%，代理人渠道贡献了89.1%。见表1。

表1　2017—2018年平安寿险业务和健康险的新业务价值

项目	用来计算新业务价值的首年保费收入			新业务价值		
	2018年（百万元）	2017年（百万元）	变动（%）	2018年（百万元）	2017年（百万元）	变动（%）
个人业务	133417	142361	（6.3）	71874	67027	7.2
代理人渠道	112712	121798	（7.5）	64401	60786	5.9
长期保障型	51701	53588	（3.5）	48975	46933	4.4
短交保障储蓄混合型	44717	51842	（13.7）	7577	8113	（6.6）
长交保障储蓄混合型	9365	9204	1.7	5192	3431	51.3
短期险	6929	7163	（3.3）	2657	2309	15.1
电销、互联网及其他渠道	16091	13071	23.1	6608	5524	19.6
银保渠道	4613	7492	（38.4）	865	716	20.7
团险业务	32030	29186	9.7	420	330	27.2
寿险及健康险业务合计	165446	171547	（3.6）	72294	67357	7.3

注：（1）因四舍五入，直接相加未必等于总数。

（2）长期保障型指终身寿险、定期寿险、疾病险、长期意外险等保障类产品；短交保障储蓄混合型指主要交费期为10年以下的两全保险、年金保险等产品；长交保障储蓄混合型指主要交费期为10年及以上的两全保险、年金保险等产品。

（3）电销、互联网及其他渠道包含电销、互联网及平安健康险个人业务。

资料来源：中国平安2018年财报。

平安依靠保险板块打下的坚实基础，使其成为国内金融巨头中的佼佼者。平安兴于保险，并以保险向银行、信托、互联网平台输出人力、资金和资源支持，但今天，保险板块不仅没有衰落，反而越发强大。

平安经验之三，是耐心布局金融科技创新，在稳固传统金融的基础上投入大量资金。

2013年新春讲话时马明哲首度提出“平安未来最大的竞争对手，不是其他传统金融企业，而是现代科技行业”。当时行业中很多人都不明白平安在下什么棋，但若干年后，平安构建起了“金融服务、医疗健康、汽车服务、房产服务、智慧城市”五大生态圈。

2018年12月，中国平安正式更换LOGO，将原有的“保险、银行、投资”六个字更换为“金融、科技”。

从整体来看，2018年中国平安金融科技与医疗科技实现盈利为77.48亿元，同比增长41.18%。在这个科技生态圈里，平安对每个细分领域都进行了布局，尽管进度有快有慢、表现有好有差，但在多数“赛道”上都有一个估值领先的布局，既远远甩开了金融业的竞争对手，还与“假想敌”阿里、腾讯开展了错位化的竞争。以陆金所控股为例，完成C轮融资后估值达394亿美元，估值甚至超越中国太保。平安既能西装革履地讲传统金融资产负债匹配，也能衬衫牛仔地讲互联网估值。

平安的弱点，在于“金融全牌照+互联网布局”下的内核，实质上仍是一家寿险公司独撑局面

在眼花缭乱的布局和光鲜亮丽的报表下，也必须看到现时的中国平安并不是无懈可击，至少，距离其自己的目标还存在巨大的差距。

平安的金融全牌照业内闻名，但金融全牌照真的能产出巨大价值吗？抛去内部的协同、关联交易和体系内循环的便利不谈，单从利润角度来看，金融全牌照并不是那么“美”，寿险的一枝独秀掩盖了其他板块差强人意的表现。2017—2018年中国平安归属于母公司股东的营运利润见表2。

表2　2017—2018年中国平安归属于母公司股东的营运利润

项目	2018年（百万元）	2017年（百万元）	变动（%）
寿险及健康险业务	70320	52128	34.9
财产保险业务	12215	13307	（8.2）
银行业务	14394	13449	7.0
资产管理业务	12871	13104	（1.8）
其中：信托业务	3008	3953	（23.9）
证券业务	1599	2043	（21.7）
其他资产管理业务	8264	7108	16.3
金融科技与医疗科技业务	6770	5420	24.9
其他业务及合并抵消	（3996）	（2700）	48.0
集团合并	112573	94708	18.9

注：因四舍五入，直接相加未必等于总数。

资料来源：中国平安2018年财报。

平安银行是中国平安原来的三大支柱之一，但在2018年其支柱的作用越发不明显。平安银行的零售战略转型功过两分，全年零售业务营业收入占比为53.0%，同比提升了8.9个百分点，零售业务净利润占比为69.0%，同比提升了1.4个百分点。但在利润方面却是表现一般，2018年平安银行实现营业收入为1167.16亿元，同比增长10.3%；归属于母公司股东的营运利润为248.18亿元，同比增长仅为7.0%，跑输寿险及健康险业务的34.9%。

财产险业务则陷入分裂。2018年，平安产险实现原保险保费收入为2474.44亿元，同比增长14.6%，但归属于母公司股东的营运利润仅实现122.15亿元，相较于2017年负增长8.2%，这也从另一个角度表明了车险市场的价格战没有幸存者。

平安信托和证券则是双双两位数负增长。平安信托的信托资产管理规模为5341.24亿元，较年初下降18.2%，主要受资产管理新规下业务结构调整的影响。信托手续费及佣金收入为38.01亿元，同比减少11.4%，归属于母公司股东的营运利润为30.08亿元，同比减少23.9%。平安证券归属于母公司股东的营运利润为15.6亿元，同比下降21.7%。

资产管理业务净利润为26.62亿元，同比增长3.1%；金融科技和医疗科技营运利润为77.48亿元，同比增长41.18%，这两块业务算是有亮点，但不惊艳。

平安发力金融科技，可以说是管理层智慧和勇气的绝佳表现，如今金融科技的硕果小成，为平安积累了大量的估值释放储备和员工激励基础。但要看到硬币的另一面，如今宏观经济形势下行压力较大——国家治理网络借贷、房住不炒、汽车销量下滑等压力都对金融科技各板块的触角延伸带来重大影响。

陆金所继续保持增长，但大形势并不有利。陆金所平台注册用户数达4035万人，较年初增长19.3%；受资产管理结构调整和产品主动清理的影响，资产管理规模为3694.14亿元，较年初下降20.0%。在国家整治互联网金融、现金贷，“3·15”晚会又揭露“砍头息”的大环境下，互联网借贷平台举步维艰，陆金所如何定位值得考量。

平安好医生2018年净亏损为9.13亿元，亏损缩小了8.9%。医疗是长周期强监管的行业，平安重金投入发展重资产的互联网医疗，对错仍未可知。

汽车之家发展进入快车道。2018年，其实现营业收入为72.3亿元，同比增长了35.4%；净利润为28.71亿元，同比增长了43.4%。2019年初，汽车之家因涨价陷入“封杀门”，几大著名的汽车销售集团——中升集团、运通集团、上海永达集团、庞大集团都宣布调整或者解除与汽车之家的合作关系。

平安好房更是命运多舛。自2019年1月11日起，平安好房网站停止运营，新房租房等频道关闭，原网址进入之后被转到平安城科官方网站；同时，平安好房APP也直接转为平安城科。

拉长周期看，这4年来，中国平安财产险业务的净利润在集团中的占比稳步下滑，从2015年的接近20%到目前的约10%；银行业务的净利润则是从接近1/3滑落到仅有12.8%；唯有寿险及健康险业务一家独大。不得不说，平安的寿险板块才是最得益于金融科技驱动的，是行家最为看重的，也是中国平安估值的压舱石。如果利润分布的比例继续难以改观，平安仍难以摆脱一家寿险公司的底色，“金融+科技”也只能是停留于口号。

中国平安是后进保险公司的学习榜样吗

多年来，保险业从上到下都弥漫着业务不好做，但还得年年做的感觉。虽然前途光明，保费收入每年递增，大量资本人才鱼贯而入，但是大量的公司却仍游走在亏损的边缘，成本一直居高不下。保险业尤其是寿险行业是最好的布局综合金融的载体。但是，目前金融牌照收缩，唯资本论已不符合当下的形势，保险公司再行平安之道难上加难，以下三个最主要的驱动力已经难以再现。

一是产品价格。平安产品价格较高，是行业公认的，『慧保天下』也曾有过此观点。平安依靠强大的综合销售能力，赚取了产品的超额利润，同时形成相对博弈，使行业的主流产品价格居高不下。

2018年保险业净利润接近3000亿元，而两倍于保险业资产的工商银行，净利润也才在3000亿元这个量级。两相对比，保险业赚钱的效率是工商银行的两倍。

然而产品价格过高必然是不能持久的，长期利润过高会成为金融供给侧结构性改革的“靶子”。

二是人力资源。平安依靠极致化个人销售潜力来挖掘个人业务利润，通过大量的培训和高额的激励政策，在销售端和客户端都最大限度地利用人口红利优势，取得了巨大的利益留存，可以说，营销体制在平安手里已经用到极致。如今，人口增长逐步趋于停滞，劳动力成本上升，后进的保险公司很难再走大规模营销之路。

三是竞争策略。平安业务主要集中在城市居民，利润主要来自大中城市的客户，是过去十几年城镇化发展的受益者，平安的这个竞争策略，逼迫得人保、国寿纷纷开打大中城市的保险保卫战。

然而，在当前大力推动普惠金融的背景下，保险业主要资源出于利益考虑，纷纷向主要城市聚集，是不是和政策背道而驰尚无定论，保险业公共社会价值和企业利益本身需要摆平位置。

除以上三个最主要的驱动力外，诸多保险公司在战略、信仰、坚持、管理力和执行力等诸多方面，与平安更是相差甚远。

平安是时代的产物，再复制几无可能。保险业众多后进公司，只能走差异化道路，学透平安的战略能力和执行能力，寻找特色化发展道路。至于平安，下一步的收入和利润已经不再是惊喜，观众更期待的，是平安如何走出一个超强的综合发展轨迹，实打实的给企业家、观察家展示一个经营管理学的经典样本。

净利润增47%、续期占比近八成、新业务价值四年翻番……一条可复制的新华保险转型路径

2019年3月21日

作为一家专注于寿险的保险公司，新华保险在原董事长兼CEO万峰的主导下，在近年提供了一个非常清晰的、近乎标本式的转型发展范式，从战略目标、产品策略及业务推动等方面都给出了明确的操作方案，对于业内广大深陷转型之苦的保险公司而言，反而具有较强的参考价值。

2019年3月21日，新华保险举行2018年年报发布会，详细的业务数据悉数公布，让人们对这家公司的转型实践有了更直观的感受。不过对于新华保险本身而言，2018年转型收官之后首战告捷，2019年开年却传出原董事长兼CEO万峰辞职的消息，正式的接班人选2个多月仍未出现。

人事变动，新华保险显然再度走到一个抉择的关口。

2018年人身险行业保费收入增长不足1%，新华保险增长11.89%

2018年，在134号文、货币流动性趋紧和资本市场不景气等诸多因素的影响下，国内人身险行业发展再陷低迷状态，全年原保险保费收入同比增速竟不足1%，不少保险公司原保险保费收入更是出现显著的负增长。

在这种情形下，新华保险却得以彰显——过去数年，转型中的新华保险由于规模保费陷入停滞，不是没有遭受过非议，但当2017年转型收官，2018年行业发展遭遇困境，其转型之后稳健的特质终于得以彰显，典型的先苦后甜。

2018年，新华保险实现净利润为79.22亿元，同比增长高达47.2%；归属于母公司股东的加权平均净资产收益率为12.25%，相较于2017年显著上升3.49个百分点；总资产达7339.29亿元，同比提升3.3%；总投资收益率为4.6%，相较于2017年下降0.6个百分点，净投资收益率为5.0%，相较于2017年下降0.1个百分点。

2018年新华保险实现原保险保费收入1222.86亿元，同比增长11.89%，远高于行业整体水平，在“老六家”保险公司中，这一增速也仅次于平安人寿和太保寿险。

分析其首年保费构成，与其他公司类似，虽然短期险保费仍保持了高达42.1%的同比增速，但长期险首年保费还是出现了负增长，下降幅度达27.3%，其中，趸交首年保费已经不足亿元，几乎可以忽略不计，期交长期险首年保费则为207.34亿元，同比下降26.4%。不过，10年期及以上期交保费收入为126.03亿元，在长期险首年保费中占比达60.6%。

经过彻底转型，续期保费已经成为新华保险保费收入增长的“推动器”。2018年，新华保险续期保费收入958.60亿元，同比增长24.9%，在总保费收入中的占比达78.4%。

2017—2018年新华保险总保费收入见表1。

表1　2017—2018年新华保险总保费收入

指标	2018年（百万元）	2017年（百万元）	增减变化（%）
总保费收入	122286	109294	11.9
长期险首年保费	20811	28618	-27.3
趸交	77	435	-82.3
期交	20734	28183	-26.4
十年期及以上期交保费	12603	18311	-31.2
续期保费	95860	76725	24.9
短期险保费	5615	3951	42.1

注：为更准确体现业务结构情况，本次披露将短期险保费单独列示。根据上述变化，本次披露对2017年的保费进行了回溯。

数据来源：新华保险2018年年报。

从业务渠道看，2018年新华保险的个险、银保、团险三条渠道均实现了同比正增长。个险渠道实现保费收入为991.66亿元，同比增长13.6%；银保渠道保费收入为207.93亿元，同比增长4.3%，其中续期保费收入为160.43亿元，同比增长19.3%；团体保险业务收入为23.27亿元，同比增长12.2%（见图1）。个险渠道在新华保险已经占据绝对主导地位。

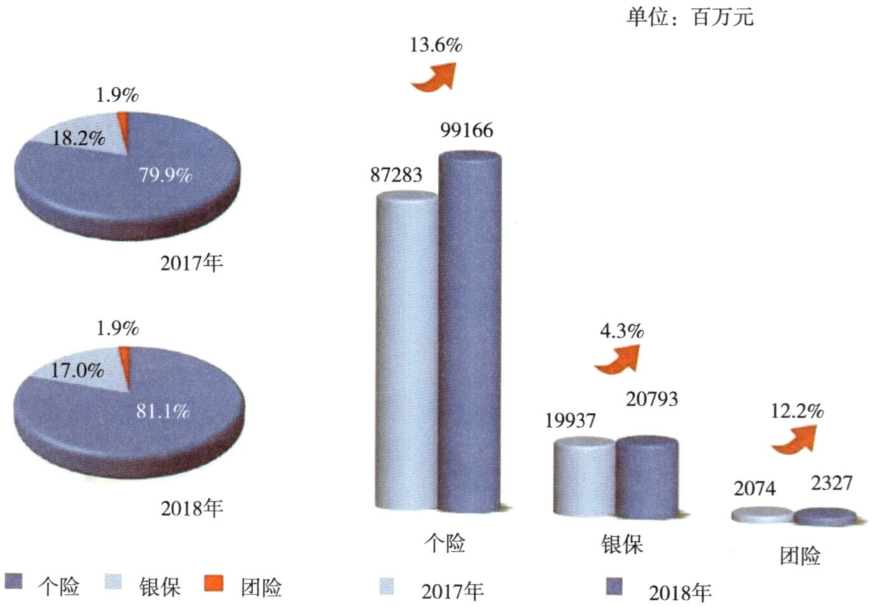

数据来源：新华保险2018年业绩发布会材料。

图1　2017—2018年新华保险的个险、银保、团险的保费收入和占比

从个险人力来看，截至2018年末，新华保险规模人力达37万人，相较于2017年末同比增长6.3%，在2018年个险人力增长普遍陷入停滞的状态下，这一数据已颇为难得。月均举绩人力、月均举绩率等核心指标也有显著提升，不过，其人均综合产能仍无可避免地出现了较为显著的下滑，仅为4372元，同比下降24.6%（见表2）。

表2　2018年末新华保险人力情况

◆ 规模人力	37万人	6.3%	↑
◆ 月均举绩人力	17.5万人	15.9%	↑
◆ 月均举绩率	52.8%	6个百分点	↑
◆ 月均人均综合产能	4372元	24.6%	↓

数据来源：新华保险2018年业绩发布会材料。

规模锁定、结构调整、产品调整……新华保险提供寿险公司转型新范本

2018年业绩稳健发展的背后，是新华保险持续2年的转型实践。自2016年3月出任新华保险董事长后，万峰即大刀阔斧地推动新华保险实现彻底转型——公司不仅要大，还要强，所谓“强”体现在业务结构良好，且具备持续健康的业务发展能力。为达成这一目标，万峰认为保险公司应着力调整五个方面的结构：保费结构、年期结构、产品结构、费用结构和利润结构。

作为一名从业超过30年的寿险公司职业经理人，万峰以其多年的从业经验总结出了一套清晰的转型逻辑与实施路径，如今来看，即便是对于

其他公司也具有较强的参考价值。

规模保费锁定

2017年8月，万峰在出席『慧保天下』主办的“慧保思享会”时指出，在转型期，一定要锁定首年规模保费，因为在首年规模保费锁定的前提下，再去调整首年趸交保费和期交保费的结构，总保费结构调整才会很快收到成效。

数据显示，由于转型，首年规模保费被锁定，新华保险的原保险保费收入长期徘徊不前。2014年，新华保险原保险保费收入达1099亿元，然而2015—2017年，原保险保费收入一直都在1100亿元左右徘徊。2018年，完成转型的新华保险原保险保费收入才终于首度突破1200亿元。

值得注意的是，从2018年原保险保费收入来看，“老六家”保险公司中，除中国人寿、平安人寿和太保寿险达2000亿元以上，太平人寿、新华保险和泰康人寿3家公司的原保险保费收入都在1200亿元左右，这也就意味着，这3家公司之间的市场地位之争在2019年乃至未来的一段时间，都将变得极具看点。

业务结构调整

锁定首年规模保费不是目标，而是为了对首年业务结构进行更好更快的调整，以着力发展长期期交业务。数据显示，2015—2018年，新华保险的业务结构调整成效明显：

从续期保费在总保费中的占比来看，从2015年的53.2%持续提升，到2018年达78.4%。这意味着，虽然新华保险总保费“按兵不动”，但业务结构却已经发生实质性变化，续期拉动型保费增长模式初步确立（见图2）。

同时，这也意味着“稳健”，即便当首年保费因一时的宏观经济因素出现慢增长甚至负增长，在续期保费的强力拉动下，保险公司总保费也能保持较为平稳的增长。2018年的数据已经证明了这一点。

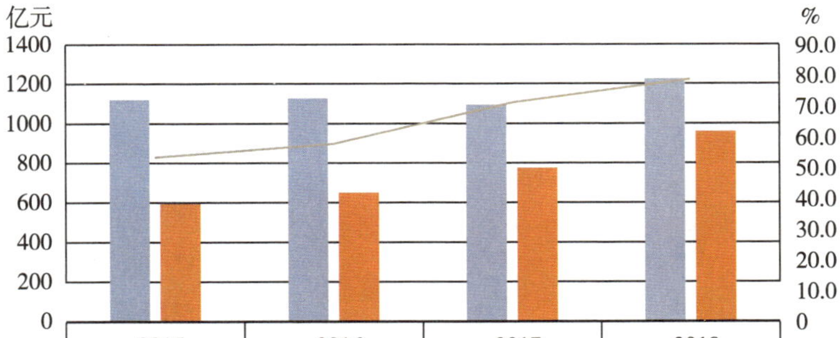

	2015	2016	2017	2018
总保费收入（亿元）	1118.59	1125.6	1092.94	1222.86
续期保费（亿元）	594.7	648.81	774.67	958.6
续期保费收入占比（%）	53.2	57.6	70.9	78.4

图2　2015—2018年新华保险续期保费在总保费中的占比

从新业务价值和新业务价值率来看，2015—2018年，新华保险也始终保持正增长的态势，其中，新业务价值已经从2015年的66.21亿元增长至2018年的122.1亿元，4年时间翻了一番。新业务价值率也从2016年的22.40%提升至2018年的47.90%，3年时间也翻了一番（见图3）。

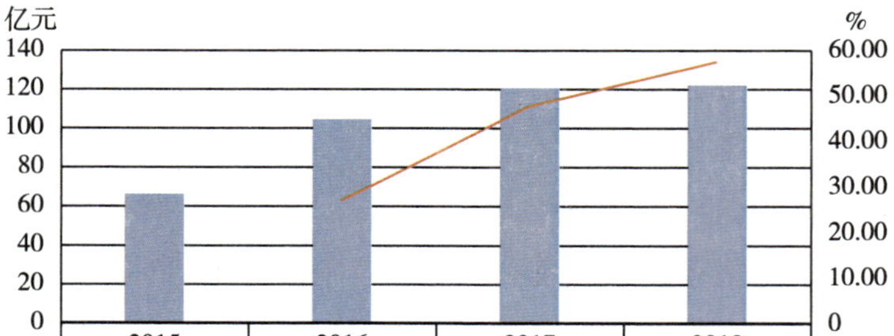

	2015	2016	2017	2018
新业务价值（亿元）	66.21	104.49	120.63	122.1
新业务价值率（%）		22.40	39.70	47.90

图3　2015—2018年新华保险新业务价值和新业务价值率变化情况

力推健康险

在产品方面，转型中的新华保险则力推健康险，看重的就是崛起的中产阶层对于健康险的强劲需求，以及长期期交健康险对于人身险公司扩大死（病）差益，改善业务结构以及利润结构的巨大作用。

针对邻近香港的深圳、广东和福建的“地下保单”，新华保险在业内首推多倍保健康保险系列产品，并形成品牌系列；2018年又首推心脑血管疾病附加险，明确提出“以附促主”的销售策略，通过不断完善附加险产品体系，通过多元化的产品策略，进一步推动主险销售；在此基础上，新华保险还进一步总结出一套“铁三角”的营销模式，即“健康险+年金险+附加险”，以满足不同客户的差异化需求。

从2018年年报来看，健康险产品对新华保险保费收入尤其是首年保费收入的贡献明显。在原保险保费收入居前五位的保险产品中，有3款为长期型重疾险，其中，“健康无忧重大疾病保险（C1款）”“多倍保障重大疾病保险”两款产品的首年保费收入分别达38.35亿元和29.51亿元，居前两位。

首提风险规划师概念

为配合产品策略的实施，新华保险还在行业首推风险管理师概念，要求营销员按照“三全”原则为客户提供全程、全面和全家的风险保障服务，重新定位营销队伍的职业形象。

新华保险的转型路径清晰可见，似乎每一家公司都可以进行参照。但能否顺利达成转型目标的关键还取决于股东以及管理层是否有足够的战略定力，选择的同时一定意味着舍弃，现实中有些公司萎靡不振的主要原因是在规模与价值之间举棋不定。

新华保险人事更迭，下一步的故事如何讲述

2017年转型收官，2018年初见成效，2019年初，新华保险原董事长兼CEO万峰却因个人年龄原因选择辞职。新华保险董事会推举副总裁黎宗剑代行董事长职责，同时指定副总裁杨征代行首席执行官职责，直至产生新任董事长和CEO为止。

要规模还是要价值

新华保险虽然如期完成转型，但在目前业内仍普遍看重业务规模的情况下，仍招致不少争议。新的董事长上任后，新华保险面临重新选择的机会，是要规模还是要价值，无疑将是其需要回答的首个难题。

值得注意的是，新华保险控股股东为中央汇金，其旗下大企业众多，包括工商银行、中国银行、建设银行等。在中央汇金庞大的子公司体系中，身为大型寿险公司的新华保险也只能算是一个“小老弟”，要想在其中证明自身的重要性，难度颇大，需要综合考量各种因素。

医养的故事要不要讲

近年来，医养概念持续火热，大型保险公司纷纷发力，其中一些大型公司在养老社区建设、大健康产业链布局方面已经初具规模。反观新华保险，近些年专注于业务转型，对于医养产业布局方面发声甚少。

实际上，新华保险在医养方面也已经有所布局，例如从2013年至今，新华保险已先后在西安、武汉、青岛、济南等城市建立健康管理中心；2014年还在北京延庆建设了“新华家园”现代化养老社区，其还将北京莲花池大厦改建为可提供各类护理服务设施的高端养老公寓；2016年，新华养老险公司也正式获批开业。如今，业务转型初定，发展基础已经巩固，新华保险会否重新大力投资布局医养产业值得关注。

新技术应用力度如何进一步提升

新技术对于人身险行业的推动作用越发不容小觑，近年来，保险巨头也纷纷在这方面加大投入，并上升至战略高度。

就新华保险而言，在万峰掌舵时期，也已经开始着手补短板，发力新技术。在2017年的公司开放日上，新华保险有关负责人曾透露将成立一家专业科技公司，集中开发AI、大数据、云计算等相关技术，为业务发展提供支持。新华保险新的董事长上任后将如何审视以及定位新技术，也值得关注。

新华保险作为一家“有故事”的公司，从典型的民营保险公司到国有大型保险公司，再到后来完成上市，达成转型，奠定坚实的业务基础，成立20多年来，在身份的转换中快速发展。这一次，随着人事的更迭，新华保险显然再一次走到了抉择的路口。然而无论如何，其给出的转型路径图具有相当的参考价值。

太保寿险换帅，徐敬惠辞别，迎“孔庆伟+潘艳红”组合

2019年6月24日

2019年6月23日，中国太保集团发布公告称，控股子公司太保寿险于2019年6月21日收到徐敬惠的书面辞职报告，徐敬惠因年龄原因辞去太保寿险董事长、董事职务，自2019年6月21日生效。根据『慧保天下』的了解，徐敬惠从太保寿险正式退休后，仍不会离开保险业，会继续在保险业发光发热。

另据了解，接替徐敬惠出任太保寿险新一任董事长的，将是现任太保集团董事长孔庆伟，5月的董事会上，其已经被任命为太保寿险董事。与孔庆伟搭档，将正式出任总经理一职的是潘艳红，3月，其已经被任命为公司董事、临时负责人，5月又被董事会聘任为总经理。目前，其任职资格尚待监管部门最后批准。

徐敬惠掌舵太保寿险8年多时间，最为业界所津津乐道之处在于他主导了太保寿险的转型1.0，推动太保寿险聚焦营销，聚焦期交，实现了业务价值的显著提升。自2017年太保集团以董事长孔庆伟、总经理贺青领衔的新的领导班子就位以来，已经开始着手推动太保集团的转型2.0，而这或正是太保寿险未来一段时间的主要目标。

徐敬惠从太保寿险正式退休，仍将在保险业发光发热

资料显示，徐敬惠1957年3月出生，现已经年满62岁。他服务中国太保长达28年时间，曾任太保公司国内业务二部总经理，大连分公司总经理，总公司总经理特别助理以及电子商务部总经理，太保寿险副总经理兼上海分公司总经理，太保集团副总裁、常务副总裁，太保寿险董事、总经理，长江养老董事长等职。

自2011年开始出任太保寿险董事长，他在该位置上任职超过8年，在新的公司临时负责人潘艳红上任数月，并且正式成为拟任总经理之后，其终于完成“扶上马送一程”的最后任务，从太保寿险正式退休。

据『慧保天下』了解，在近期中国太保举办的第二季度分公司总经理视频会议上，徐敬惠还在会议结束后，进行了简短的告别演讲。在演讲中，其对公司同事一直以来的支持与帮助表示感谢，对于工作中的不足表示歉意，并且动情地表示“太平洋保险将成为我心中永远的家”，同时

也传达了一个非常重要的信息："尽管我将离开太保并正式退休，但我还将继续为保险业发光发热，会继续关心太保的发展和大家的成长。"

从2018年2月保监会针对安邦保险组建接管工作组至今，徐敬惠一直在担任副组长。这一安排显示了监管工作组对于徐敬惠专业能力的认可。

掌舵8年，徐敬惠主导太保寿险转型持续深入，从1.0到2.0

自2011年开始，徐敬惠掌舵太保寿险发展8年多时间，这期间其最为人所熟知的成就在于主导了太保寿险公司的转型。徐敬惠上任时，国际金融危机已经过去3年时间，中国太保上市也有2年多时间，顺势而为，推动太保寿险从规模扩张型保险公司向价值发展型保险公司转型，以期降低对于经济周期的敏感度，实现可持续稳健发展成为摆在徐敬惠面前的首要任务。

在这种情况下，徐敬惠领导下的太保寿险提出了"聚焦营销、聚焦期交"的发展战略，开始下大力气压缩银保渠道和低价值的趸交业务，着力培养营销队伍，加大对于期交业务的资源投入。

转型初期，其银保趸交保费收入一直在逐渐减少，2012年相较于2011年甚至直接减少了100亿元。到2014年末，太保寿险取消了银保渠道，将其与原来的团险渠道合并为法人渠道；2015年，更是将其所有的需要在银行柜台进行的业务取消，专注于银行后台业务，即可以接入银行后台的业务，例如借款人意外险等。银保渠道的大幅收紧，导致太保寿险原有的银保渠道人员大量流失，而个险逐渐成为该公司最重要的渠道。个险渠道在全部保费收入中的占比达80%以上，这一比例已经相当接近于平安寿险个险渠道的占比。

转型的最直接结果之一就是保费收入放缓及市场排名下降，其寿险市场位居第三的位置就是在此期间被新华保险反超的。

转型是痛苦的，但成果也是喜人的，最直接的体现就是新业务价值从2014年开始恢复快速增长，到2015年首度突破百亿元。到2016年，转型收官的太保寿险，持续发展能力初步建立，保费收入再度反超新华保险。而徐敬惠凭借坚定不移的转型，也赢得了市场对其专业能力的认可。

2017年，太保集团新一任董事长孔庆伟、总经理贺青组建起新一届领导班子，开始着力推动太保集团新一轮的深化改革，启动"转型2.0战略"，徐敬惠作为寿险公司董事长再度身兼重任。数据显示，转型2.0时期的太保寿险依旧保持快速增长，其2018年年报显示，太保寿险2018年归属于母公司股东的净利润为139.92亿元，同比增长38.9%；保费收入为2024.14亿元，同比增长15.3%。作为中国太保最核心的利润来源，2018年太保寿险为中国太保贡献了超六成的保费收入和近八成的净利润。

集团董事长或将亲自挂帅，太保寿险迎来"孔庆伟+潘艳红"组合

太保寿险作为国内第三大寿险公司，也是中

国太保集团最重要的利润来源，在徐敬惠掌舵8年以后，谁又堪此大任?

根据『慧保天下』的了解，徐敬惠正式辞职后，中国太保集团董事长孔庆伟或将亲自出任太保寿险董事长，与此前已经到位的董事、拟任总经理潘艳红一起，结成太保寿险新一任领导班子。2019年5月，孔庆伟已经被董事会任命为太保寿险董事，潘艳红也已经被董事会聘任为总经理，正式任职资格只待监管批准。集团董事长亲自挂帅，显示了集团对于寿险公司的高度关注。

孔庆伟，有着丰富的工作经验，其1960年出生，曾任上海外滩房屋置换有限公司副总经理，上海久事置换总部总经理，上海市公积金管理中心党委副书记、常务副主任，上海市城市建设投资开发总公司副总经理，上海闵虹（集团）有限公司副董事长，上海世博土地储备中心主任、党委副书记，上海世博土地控股有限公司总裁、党委副书记，上海市城市建设投资开发总公司总经理、党委副书记，市金融工作党委书记等职。

2016年8月至2017年4月，孔庆伟出任上海国盛集团党委书记，2017年4月，转任太保集团党委书记，与集团总经理贺青一起组成中国太保集团新一届领导核心，其后又获批出任集团董事长。

与孔庆伟搭班子主导太保寿险下一个阶段发展的将是潘艳红。2019年3月18日，中国太保公告称，太保寿险董事会指定潘艳红女士作为临时负责人代行太保寿险总经理职权。至此，潘艳红作为太保寿险新一任总经理人选正式浮出水面，到5月，其又被董事会聘任为总经理。

根据公开披露的信息，出生于1969年的潘艳红在太保体系内有着多年的从业经历，是一位地地道道的“老太保人”。她自1994年从上海财经大学获得硕士学位之后即加入太保，从一般的会计人员干起，历任预算处处长，太平洋安泰财务部总经理，太保寿险计财部总经理、太保寿险副总经理兼财务总监、财务负责人。2013年末，她调至太保集团，担任副总裁兼财务负责人，2018年10月升任太保集团常务副总裁兼财务负责人。

对于一家寿险公司而言，转型永远是没有止境的。可以看到，自2017年掌舵中国太保集团以来，孔庆伟正着力推动中国太保实施“转型2.0”战略。

孔庆伟指出，要把握好“变”与“不变”。其中，“不变”就是不忘初心，固守本源，他指出，近年来保险业市场主体发展模式分化，太保依然保持了既有的发展方向。而对于“变”，孔庆伟提出了太保“转型2.0”战略，即围绕人才、数字、协同、管控及布局这五大关键词，将转型进行到底。

从现在看将来，以改革求进步，张维功开启强司战略“重塑阳光”

2019年3月6日

挥别改革开放40年的宏大叙事，2019年新时代起点意义如此鲜明，“金融是国家重要的核心竞争力”一锤定音，要求正确把握金融本质，正式拉开了金融供给侧结构性改革的大幕。

无论是建设银行“在下一盘很大的棋”，还是“重振国寿”的大转身，金融机构都明确发出了改革再出发的信号，金融改革，形势急迫，时间不等人。

成立于2005年，作为第79家开业的阳光保险，只能归于“中生代”。但10多年来，阳光保险一直是少年老成、锐意进取的形象，公司价值已成为同期公司的绝对领跑者，公司的品牌形象低调稳健。但显然，阳光保险敏锐地捕捉到了改革的信号，先知先觉地嗅出了发展的危机。

面对行业大变局以及竞争形势复杂胶着，特别是大数据时代对传统保险业的冲击，客户与市场层面都已发生深刻变化，小型保险主体的生存空间越来越小，数据科技跟不上的公司更没有未来。不同的志向便有不同的追求，近期，阳光保险提出“重塑阳光，三年强司”战略，重启阳光增长引擎，强身健体再攀登。正如阳光保险董事长张维功所说：“从外部打破是一种毁灭，从内部突破是一种升华。”从2019年2月15日发布改革方案到3月4日，集团的机构改革全面调整到位。这场自集团成立12年以来决心最大、力度最强、涉及人数最多的改革，仅用了17天时间。

重塑阳光第一步，大刀阔斧地调整组织架构，理顺生产关系，解放生产力

在企业不断发展壮大、业务越发多元化的过程中，如何才能克服大企业病，克服效率下降的弊病，永葆创业激情？或许最好的方式就是时不时地来点“刺激”。可以看到，2018年，BAT、小米、美团、京东和网易等多家互联网巨头企业先后对组织架构进行大幅调整，强迫自己走出舒适区，使其更适应当下以及未来的市场竞争需要。中国保险市场也已然到了一个转型升级的关键时期，金融供给侧结构性改革大幕开启，大家才发现，原本预期中的中小保险公司以速度优势压制大型保险公司的以快打慢的道路已经行不

通。大型保险公司的规模效应、风险应对能力和资源支持更具优势，几家大型保险公司明显重新起势，而中小保险公司正面临增长困难、机构僵化及创业热情削减的窘境。

如何变革，才能再度跟上节奏，甚至引领行业？考验企业领导人的战略眼光。阳光保险集团在成立后的第12年，紧锣密鼓地完成了创业以来最大的一次组织调整：把集团推向主战场。

改革都是有原因的，阳光保险集团认为，这些年来，集团战略落地指向不够清楚、工作着力点不清晰、主攻方向不聚焦，难以发挥领航作用。阳光保险集团创始人、董事长张维功在公司会议上毫不客气地指出，“近两年来，阳光虽然有进步，但也有诸多不足；有创新，但只是在缩小与时代的差距；有心气，但斗志还不够昂扬”。

问题就在那里，需要新注入、新启动和再重塑。2019年初，阳光保险吹响了“重塑阳光”3年强司的战略号角，而作为3年规划的开局之年，集团组织架构改革是此次“重塑阳光”的第一步。

所谓“组织架构改革”，就是要通过改革管理模式，调整组织架构，整合母子资源，全面强化平台的组织、指挥、支持和作战能力，充分盘活公司资源，让组织运转得更有效率。改革后，阳光保险集团主业将形成“1+4”结构，即“一本部+四中心（指挥中心、作战中心、支持中心、科技中心）”的架构。

具体来说，“四个中心”的核心是“两个战场、叠加支持”。

组建指挥中心，由策划部、参谋部、后勤部、督导队把集团领导的发展意志贯彻落实到传统板块子公司的行动中，并采取条件优化落实措施，实现整个系统的一致性。

组建作战中心，该中心由集团亲自负责，全面聚焦新的市场形式，以超越传统的获客形式直接获取优质的客户资源，直达现有渠道难以抵达的“蓝海”，同时为集团子公司提供最新的市场信息反馈，全面聚焦、培养市场竞争能力。

组建支持中心，集中统一全面负责客户服务等工作，提升运营效率和服务质量。

组建科技中心，瞄准一流的金融科技技术，为主业赋能，承担智慧医疗、智慧信用、智慧旅游及智慧城市建设等重要任务。

阳光保险的改革不是走形式，而是实实在在有太多亮点，阳光集团设立了三个特别的“部门/处室”——实体经济发展支持部、扶贫处和“90”处。

阳光保险认为，服务国家大政方针是金融企业的立身之本，在此次变革中，在指挥中心平台上设立专门的实体经济发展支持单元，就是要积极响应国家号召，协调整合全系统资源，有效支持实体经济发展。

精准扶贫是各家金融机构必须承担的责任，但以往的落实参差不齐。打赢脱贫攻坚战是党和政府实现“两个一百年”承诺的重要内容和必然要求，作为一家有社会担当的企业，阳光保险自成立以来一直坚持在发展壮大的同时，践行社会责任，积极投身各项扶贫事业，结合自身优势，探索、创新扶贫模式，真正做到实现精准扶贫，助力党和政府决胜小康社会。在以往成绩的基础上，阳光保险继续加码精准扶贫，在这次改革中专门成立“扶贫处”，未来将负责统筹推进公司精准扶贫方案落地的相关工作。

“90”处则是重视、重用年轻人的重要标志。这次改革特别为年轻员工的发展设立了专门的“90处”，未来将专门负责制定和完善公司青年人才发展培养方案，并进行动态追踪管理。从整个改革的制度上为优秀的年轻员工创造机会，提供舞台。通过公开竞聘、公开投票的方式，让年轻的管理人才脱颖而出。公司员工积极踊跃参与，纷纷为此次改革的公开、公正点赞。据悉，此次改革，有一名“90后”28岁的优秀员工，在公开竞聘中脱颖而出，走上了总部中层领导岗位。

如果说“90后”中层是企业变革的信心，“75后”的王润东出任阳光人寿新一任总裁则显示了这家公司队伍年轻化的决心。

重塑阳光第二步，从客户服务、科技创新、风险管控入手规划新路径，将新战略落到实地

除了架构改革和“重塑阳光”新战略针对该公司面临的挑战和困惑外，还在提升客户服务、科技创新及风控等方面进行了新的路径规划。

将“一切为了客户”作为公司的核心价值追求。在互联网、大数据时代，人们的消费意识、购买方式都发生了颠覆式的变化，客户思想显得越加重要。客户思想的本质是优化客户体验，实现客户价值，让客户说好。因此，阳光保险强调，在开发产品、提供服务的同时，都必须以客户思想体现阳光的价值观，把客户需求始终放在第一位，要时刻考虑产品能带给客户怎样的价值，实现客户利益的最大化。

再度明确“科技是第一生产力”。在阳光保险看来，客户需求个性化、客户消费线上化、保险定价精准化、风险防范前置化和信用建设体系化都需要科技数据的研究突破，客户服务的情趣化、人性化和智能化都需要AI技术的创新应用，而这一切将决定公司的市场判断能力、客户选择能力、员工成长价值和企业的生死存亡。科技金融在一定的历史阶段决定的是企业的效率、品牌和发展，但长时间的科技落后必然带来企业的灭亡。

所以，“重塑阳光”战略在原有基础上再度明确“科技是第一生产力”，规划描述出阳光科技发展的路线图，瞄准行业科技领先企业的战略创新方向，逐步形成独有的信息科技优势。

防范化解金融风险是当前的重大任务，这次改革也有相应的举措，着力强调风控体系是金融企业的核心竞争力。众所周知，风险控制能力与风控体系的建设是金融企业的命根子，任何时候都不能大意。对于阳光保险在行业内以稳健、低调著称的公司来说，自成立以来，就秉持风险底线是公司生命线的风险管控理念，遵循分工明晰、权责明确、协调统一、有效制衡的原则，强化底线思维、严防系统性风险。

根据“重塑阳光”战略，未来，阳光保险的风控体系还将继续加固，并围绕建设、丰富与升级三个方面展开：一是学习国内外大型金融集团

的风控体系和标准，全面升级阳光的风险管理体系；二是打通集团体系，建立统一的风险管理机制，实现资源共享、人才共享及标准共享；三是科技数据化建设能力的全面提升。不仅能在市场上攻城略地，还能守护好客户的宝贵财富。

重塑阳光第三步，始终坚持文化引领，将创业“基因”注入灵魂

改革都是知易行难，要做到“重塑”，不可避免地要把旧架构彻底打破，再按照新时代的要求以及公司战略规划的愿景要求，将其重新捏合。说起来风轻云淡，实际行动起来却注定是风雨如磐，因为这必然涉及对惯性的打破、人力资源的重新调配、旧利益的破局……这是一次刮骨疗毒，也是一场直指灵魂的改革。

这次“颠覆式”变革的起点，是在2018年12月24日。当天，阳光保险召开了全系统战略落地会议。在这次内部会议上，阳光保险集团董事长张维功既肯定了阳光保险前十年的发展，也指出了近年来发展的不足，同时提出了“重塑阳光，三年强司”的重大战略。

值得注意的是，2018年12月24日，对阳光保险来说是一个特殊的日子，是其当年拿到“准生证”的日子，阳光内部将其定为“阳光升日”，意指聚集能量、冉冉升起。

阳光保险之所以高度重视这个日子，是因为其凝聚了阳光保险的企业文化基因。创业初期，阳光保险的创始人带着一支仅有6人的小团队，在自费的情况下，8个月跑遍17个省，谈了389家企业，寻找股东筹建公司……正是这种与行业内其他企业完全不同的创业历程，造就了阳光保险特殊的创业文化基因，那就是不断挑战、自我变革、高速前行。而这种文化基因也已经成为阳光保险最核心的精神财富和阳光保险最核心的优势所在，甚至奠定了企业的发展基础。

在“升日”当天提出“重塑阳光”，这无疑就是阳光人对于阳光企业文化基因最好的一种诠释和继承。因此，“坚持文化引领”成为此次“三年强司”战略的核心要素，“三年强司”的首要核心就是“坚持文化引领，强化理念，注入灵魂”，要注入文化的“强声音”。

具体而言，坚持文化引领包括实质推进分项文化与岗位文化建设，以文化衡量和校正事业追求、价值追求和工作行为，建立科学的文化培训体系，制定重点突出与接地气的机构文化执行方案。也就是说，改革不能失去阳光文化基因本色，而是要对其进一步充实、丰富和提升，坚持用文化来凝聚人、激励人、检验人和提升人，通过一系列机制进一步明确和强化文化的核心地位，凝聚共识、坚定理念，以“头脑”升级带动“肌体”再造。

经过十几年的发展，阳光保险给人的印象是创新、进取。十几年来，阳光保险在加快发展的同时，也反复强调“农民心态、工匠精神”的企业心态，一直保持低调、稳健的作风。

以利益驱动的改革都会分崩离析，以优秀文化内核驱动的改革，才能使企业行稳致远。

“每一天的阳光都是新的”，唯有如此，才不负“阳光”二字。

华泰保险大变局：外资强势增持，变身国内首家外资保险集团，全新治理格局下新问题待解

2019年3月15日

2019年3月4日，银保监会发文批准华泰保险集团公司变更股东，安达百慕大保险公司（以下简称安达保险）受让华泰保险集团2.48亿股股份，占总股本的6.1772%，加之此前其通过3家子公司持有的华泰保险集团20%的股权，安达系对华泰保险集团的持股比例合计达26.1772%，并拥有了一票否决权，实现了对华泰保险集团的控股。由此，华泰保险集团的性质由中资变为合资，成为国内首家外资保险集团/控股公司。

而据『慧保天下』了解，安达保险对此并不满足，仍在寻求增持，2018年12月中国一拖集团挂牌公开转让华泰保险集团0.547%的股权，也已经被安达保险摘牌。

外资强势增持，打破了华泰保险集团一向多元分散的公司治理格局，也让职业经理人主导的经营管理模式迎来更多不确定性，对于华泰保险集团的上上下下来说，这究竟是“利大于弊”，还是“弊大于利”？

资本暗战华泰保险集团控股权，安达保险最终胜出

由于自身股权分散且多元化的特点，多年来，华泰保险集团一直为各类资本所青睐，近些年，保险业快速发展时期，华泰保险集团更是相继引来多股资本。

据『慧保天下』了解，彼时，至少有以下三股资本势力有意获得华泰保险集团的控股权。

第一股资本势力，安达保险。2018年6月至8月，其通过旗下公司两度斥资20多亿元，从中小股东手中收购股权，控股华泰保险集团的意图不言自明。

第二股资本势力，以房地产起家的阳光城也对华泰保险集团显示出浓厚的兴趣，2018年6月，其试图通过旗下公司北京朗净天环境工程咨询有限公司受让武汉当代金融控股集团有限公司所持有的华泰保险集团4.9043%的股权。

第三股资本势力，据『慧保天下』了解，在

上述两股资本势力围绕华泰保险集团的股权展开激励角逐之时，某大型国有企业对华泰保险集团进行尽职调查。

如今，随着银保监会公布批文，一切都尘埃落定，最终胜出者是布局华泰保险集团时间最长的安达保险。

2018年，安达保险从深圳市亿鑫投资有限公司、江苏悦达投资股份有限公司分别购得华泰保险集团19842.6034万股股份（占华泰保险集团总股本的4.9339%）、5000万股股份（占华泰保险集团总股本的1.2433%），再加上之前就通过旗下3家公司持有的20%的股权，其在华泰保险集团的持股比例累计达26.1772%，超过25%的外资保险公司定义界线，推动华泰保险集团正式变身外资保险集团——国内首家外资保险集团。

在一些熟悉股权交易的人士看来，安达保险最终能在这场激烈的资本竞争中取得胜利，既有自身目标明确以及“肯下血本”的因素，也有诸多偶然因素。

安达保险布局国内保险市场多年，熟谙华泰保险集团以及中国保险市场。2002年，安达保险进入中国市场，成功受让华泰财险22.13%的股份，成为其战略投资者；2009年，又获得华泰人寿24.2165%的股权，由于华泰财险控股华泰人寿，安达保险对华泰人寿的实际持股比例升至40%左右，华泰人寿率先从中资保险公司转为外资保险公司；2015年7月，安达保险宣布收购丘博保险，后者在国内的子公司丘博财险，也因此改称安达财险。

浸淫中国保险市场多年，同时作为战略合作伙伴，伴随华泰保险集团成长多年，安达保险在华泰保险集团控股权的争夺中可谓“近水楼台先得月”。

近年来，国内外经济形势巨变，为应对种种变化，中国加速扩大对外开放，并于2018年初的博鳌论坛上首度公布相关决定，对外开放力度之大、速度之快，超出各界预期，而保险业作为市场化程度最高的金融业之一，又再次走在了对外开放的前沿。此后有关部门快速放行一批外资保险公司入华申请，安达保险对于华泰保险集团的增持也无疑赶上了这辆“顺风车”。

当然，无论有多少主客观因素，最重要的是，安达保险肯为相关交易付出巨额资金。按照公开数据，仅是收购深圳市亿鑫投资有限公司、江苏悦达投资股份有限公司所持有的6.1772%的股权，安达保险就付出了超过22亿元，合计每股价格接近9元。

根据公开交易信息，2017年华泰保险集团估值在240亿元左右，而到2018年，其估值已经超过360亿元，一年时间，上涨50%。对于一向谨慎的外资保险公司而言，肯于“追高买入”，可谓“下了血本”。好在，目标终获达成。如今，两项交易均获得监管批准，这意味着，华泰保险集团正式变身为国内首家外资保险集团。

股权从分散走向集中，治理新格局下，华泰面临新变局

对于安达保险而言，成功控股华泰保险集团或许还只是一个开始而已，对于股权一向多元且

分散的华泰保险集团而言，相对控股容易，被其他股东掣肘也容易。

华泰保险集团的起点是1996年成立的华泰财险，这是国内第一家按照现代企业制度建立起来的全国性股份制财产险公司，成立之初就拥有63家股东。其后在长达20多年的时间内，经过改制、引入外资等方式，其资本来源越发多元，国有股东不断减少，民营股东不断增加。

在多元分散的股权结构下，以华泰保险集团创始人王梓木为代表的管理层虽然始终不曾持有公司股权，但实际上却一直掌握着公司的经营权。在一群职业经理人的把控下，华泰保险集团也体现出了与其他保险公司迥然不同的发展思路。

最突出的一点就是华泰保险集团既没有为市场所裹挟，也没有体现出强烈的规模冲动，而是始终坚持“质量效益型”的发展模式。以最核心的华泰财险为例，即便市场竞争越发激烈，中小财产险公司的综合成本率也随着水涨船高，但华泰财险却从1996年成立至今持续盈利，无一年亏损。“一千个人眼中就有一千个哈姆雷特”，华泰财险在坚持自我的同时，市场份额一再下滑，在市场上也招致不少质疑。

公司的治理格局往往决定了一家公司的气质，如今，华泰保险集团变身外资保险集团，治理格局的改变，无疑也会将华泰推向新的变局之中。

安达保险的并购基因与华泰是否兼容

资料显示，安达保险于1985年在百慕大注册成立，总部位于苏黎世，1993年在纽约证券交易所挂牌上市。此后，该公司通过一系列的并购逐渐发展成为全球保险企业。

2004年，中国保险业界所熟知的老格林伯格的次子埃文·格林伯格（Evan G. Greenberg）出任安达保险总裁及CEO，在他的带领下，安达保险更是开启并购高潮。资料显示，2007—2014年，安达保险在全球范围内总投入约70亿美元完成了14项收购业务。2015年7月，其还以283亿美元收购了丘博保险集团。

在2018年世界500强排行榜上，安达保险以322.43亿美元的营业收入排在第366位，同期，同样以财产险为主的中国人保以715.79亿美元的营业收入排在第117位。靠并购开启全球保险事业版图的安达保险，如今又将华泰保险集团收入囊中，二者基因能否相容？这是个问题。

管理层会否变动

2019年2月，华泰保险集团董事长兼CEO王梓木在接受腾讯新闻采访时提起，“中国保险企业做过20年以上的董事长和CEO的就三个人，泰康的陈东升、平安的马明哲，还有我”。

的确，一手打造华泰并伴随其成长20多年的王梓木已经成为华泰保险集团难以取代的灵魂人物。而如今，新的控股股东出现，治理格局发生改变，对于华泰保险集团来说，最大的变数莫过于王梓木的去留。公开资料显示，王梓木出生于1953年，已经66岁。

据新浪财经报道，2016年末王梓木出席“三亚·财经国际论坛”，在谈到外资人才的使用时，他曾公开表示："华泰保险的外资股东曾经是第一大股东，现在是第二大股东，华泰保险对外资的政策就是我们以中资为主外资为辅，充分向他们学习利用人家的优势，但是不能把命脉交到外资手里面。"

在同一篇报道中还提及，王梓木透露，他曾请麦肯锡就要不要外资控制华泰做调研，调研的结果是不能，理由是"近十多年来外资特别成功的案例没有，外资本身受限很多"。而除王梓木外，华泰保险集团其余高管又会作出何种选择无疑也值得关注。

安达会否继续推进华泰保险集团上市

上市一直是华泰保险集团管理层的夙愿，王梓木曾在公开场合多次提及上市目标，然而迄今，这一目标仍未达成。对于王梓木而言，如果能够在退休之前亲手敲响华泰保险集团上市的铜锣，或许才算是给自己的职业生涯画下一个圆满的句号。

然而新晋控股股东安达保险持有华泰保险集团的股份不过26%有余，如果华泰保险集团上市则将进一步稀释其股权，安达保险愿意在多大程度上继续推动华泰保险集团上市，值得关注。况且，安达保险本身已经是一家美国纽约证券交易所上市企业。

华泰现有业务模式能否延续

在多元分散的公司治理格局下，华泰保险集团多年来一直保持自己的发展节奏，在发展模式上，也多不走寻常路。对于成立最早的华泰财险而言，其目前主推以EA门店作为载体的专属代理人模式。这种模式相较于一般的代理人模式前期需要更高的成本投入，虽然其中大部分需要加盟者自身承担，但华泰财险也须因此支付更高的佣金。目前，华泰财险探索EA门店模式已经持续多年，市场上褒贬不一，新的控股股东出现后，对于这个主要业务模式将采取何种态度，值得关注。

其他民营股东会否袖手旁观

虽然安达保险已经在华泰保险集团取得了超过26%的股权，且拥有一票否决权，但只能算是相对控股，其他民营股东对于华泰保险集团的影响力也不容小觑。例如，内蒙古君正通过旗下2家子公司合计持有华泰保险集团15.30%的股权；当代系通过旗下3家子公司持有华泰保险集团12.08%的股权（当然，其已经决定将其中的4.9043%股权转让给阳光城旗下公司，只是尚未获批）。

值得关注的一点是，华泰保险集团小股东之间的股权腾挪仍在不断进行。例如，2018年12月，中国一拖集团即在北京产权交易所挂牌公开转让华泰保险集团0.547%的股权。而据『慧保天下』了解，摘牌这部分股权的，正是安达保险。当安达保险一步步增持，对于华泰保险集团的实际控制力逐渐增强，君正系、当代系会甘于成为小股东吗？须知，在股权市场上，对于公司的影响力直接关系着该部分股权的实际价值。

可以确定的是，一旦华泰保险集团内部出现分歧，这些大比例持股的民营股东将成为最大变量。

华泰财险如何整合安达财险

对于安达保险而言，其相对控股华泰保险集团后，首先要面对的一个问题就是，如何处置其在国内的另外一家独资财产险公司——安达财险。

如前文所述，2015年，其成功收购丘博保险集团，从而将后者在中国境内的财产险子公司丘博财险更名为安达财险。按照国内有关规定，同一资本不能同时控股两家相同性质的保险公司，最多“一参一控”，安达保险通过控股华泰保险集团间接控股华泰财险（华泰保险集团100%控股华泰财险）后，安达财险变得尤其尴尬。

外资保险公司“水土不服”问题如何破解

当然，对于保险业界广大的“吃瓜群众”而言，最关注的还在于安达保险如何带领华泰保险集团走出外资保险公司普遍的“水土不服”怪圈。

毕竟，从过往的经验来看，外资保险公司在华的发展普遍不算顺利，自第一家外资保险公司——友邦保险入华近30年来，虽然数量上实现了由零到50家的跨越，但其市场份额却没有大的增长。根据银保监会公布的数据，2018年末，外资人身险公司的市场份额仅占寿险整体市场的8.10%，相较于2017年末的9.84%下滑近2个百分点；2018年末，外资财产险公司仅占财产险市场的1.94%，相较于2017年末的1.85%略有上浮。

在安达保险的持续增持下，华泰保险集团股权正逐渐从分散走向集中。其资本结构、资本性质的改变势必影响公司的治理格局，而治理格局的改变又将直接作用于公司的发展模式、日常的经营管理……能否适应这种新的治理格局已经成为摆在华泰保险集团管理层面前最现实的问题之一。而作为国内首家外资保险集团，华泰保险集团之后的表现无论如何，无疑都将成为公司治理和左右公司经营的最佳观测样本。

6年首次承保盈利，排名上升49位！一家中小财产险公司的求变图存之路

2019年9月5日

中国内地保险市场已经拥有80多家财产险法人公司，但过去，其中的绝大多数公司都挤在一个“赛道”里，是时候改变了。

财产险行业的粗放发展模式已不再奏效。新一代财产险职业经理人必须要面对“新常态”，分析判断宏观环境走势和市场逻辑演化，结合股东独特资源禀赋，辅之以高管团队的专业经营能力，最终培育构建出公司的核心发展能力。

在一片唱衰财产险行业的论调中，『慧保天下』还是注意到了几家公司一些值得关注的变化，并且这些公司都有一些共性：几轮股权更迭之后，股东关系得以理顺，控股股东的发展思路也更明确，再引入专业的职业经理人团队，确立新的战略定位和策略手段，具体成效就交给时间来验证了。

当然，必须要承认的是，这些公司的探索也并不是完全创新的模式，正如有句话：中国所有的生意，都值得重新做一遍。

对于中国财产险行业而言，用专业的经营团队，结合股东资源和公司现实，精耕细作重新做一遍。这对绝大多数中小财产险公司而言应该都适用。『慧保天下』将全方位介绍、聚焦分析一家中小财产险公司，如实呈现其近一年的思考实践，以期对其他公司有些镜鉴启发。

从大盘面数据看，永诚保险上半年规模保费波澜不惊，并无亮点，但“内有乾坤”，业务结构极大优化，6年来首度实现承保盈利

2019年8月30日，新三板上市公司永诚保险发布半年报，数据显示，该公司2019 年上半年实现原保险保费收入35.03亿元，同比增长0.19%，规模保费在83家财产险公司中排第17位，市场份额为0.52%，排名及市场份额与上年末比均无变化。

车险方面，永诚保险上半年实现保费收入12.04亿元，同比负增长近四成，达36.96%。

不过即便如此，车险依然是永诚保险的第一大险种，只不过业务占比进一步下滑，只剩34%。非车险则成为公司最主要的增长动力，上

半年实现保费收入22.99亿元，同比增长44.96%，业务占比由2018年上半年的45%上升至66%。

具体到不同的非车险种来看，企财险以24.07%的同比增速增长最快，意健险保费收入为2.73亿元，同比正增长近11.0%，除此之外，排名靠前的责任保险、工程保险也遭遇一定程度的缩减（见表1）。整体来看，2019年上半年，其财产险排名全国前十，国际业务更是排名全国第五。

对于这种车险业务和非车险业务收入的变化，永诚保险解释称，由于近几年来机动车辆保险亏损较高，2019年初以来，公司主动清理亏损业务3.13亿元，其中车险业务减少1.83亿元，非车险业务减少1.3亿元；与此同时，公司推进理赔打假减损，上半年打假减损1.18亿元，车险手续费和佣金支出也从2018年上半年的3.2亿元降至1.66亿元，有效控制支出和赔付成本。

表1　2019年上半年永诚保险前五大险种保费收入及增速

险种	保险业务收入（亿元）	同比增速（%）
车险	12.04	-36.96
企财险	10.98	24.07
意外健康险	2.73	11.00
责任保险	2.85	-0.70
工程保险	0.7	-18.60

业务结构调整之下，得益于承保亏损减少，永诚保险2019年上半年保险业务盈利4101万元，为6年来首次承保盈利——不要小看这4000多万元的承保盈利，仅凭这一点，永诚保险就足以抗衡国内大多数保险公司，2019年上半年，永诚保险的承保盈利在全国财产险公司中排第14位，较2018年末上升49位。

在此助推之下，该公司2019年上半年实现利润0.89亿元，较2018年上半年-0.27亿元增长1.16亿元，其中投资收益为1.08亿元，半年财务收益率为4.22%，均创近3年新高。

虽然规模保费波澜不惊，但保费收入结构却有了显著变化，得益于公司的电力能源背景优势，更加自主可控的财产险业务占比大幅提高，可以说是“内有乾坤”。

15年徘徊不前，2019年开启转型，永诚保险确立三条主轴：聚焦核心业务打造专业能力，深耕传统业务改善盈利能力，布局战略业务培育竞争能力

永诚保险是谁?

纵观国内财产险市场，永诚保险并不是一家没有“背景”的险企，其13家股东中，多为国有电力能源公司，其中国有重要骨干企业华能集团旗下华能资本服务有限公司为大股东，深圳能源集团股份有限公司、北方联合电力有限责任公司、中国大唐集团资本控股有限公司、中国华电集团资本控股有限公司、国电资本控股有限公司、国家电投集团资本控股有限公司、国华能源投资有限公司、南方电网资本控股有限公司等知名电力能源企业也赫然在列（见表2）。

表2 永诚保险股权结构

股东名称	性质	持股比例（%）
华能资本服务有限公司	国有	20
枫信金融控股责任有限公司	外资	14.95
深圳能源集团股份有限公司	国有	7.98
北方联合电力有限责任公司	国有	7.91
中国大唐集团资本控股有限公司	国有	7.60
中国华电集团资本控股有限公司	国有	7.60
国电资本控股有限公司	国有	6.57
国家电投集团资本控股有限公司	国有	6.57
瑞士再保险股份有限公司	外资	5
福建省投资开发集团有限责任公司	国有	4.75
国华能源投资有限公司	国有	3.99
北京信远业隆投资管理有限公司	民营	3.80
南方电网资本控股有限公司	国有	3.28

这些电力能源类企业合计持有永诚保险高达72%的股权，可以说，永诚保险就是国内最早成立的一家扎根于电力能源行业的保险公司，其后，同样由电力能源企业主导发起设立的鼎和财险、英大财险等才相继成立。

雄厚的股东背景资源构成了永诚保险的业务核心，2019年4月，其有关负责人在接受媒体采访时曾透露，目前，永诚保险承保的各类发电保险项目超过2400家，占国内发电保险市场承保份额已近1/3，独家、首席承保的发电项目占比达2/3。

但就是这样一家看起来资源禀赋有着相当突出优势的保险公司却一直徘徊不前。回顾过去15年的历程，其发展表现或许也正是过去国内中小财产险公司命运的一个缩影。

永诚保险成立于2004年，迄今已经成立15年时间，目前注册资本为21.78亿元，分支机构遍布全国主要地区，包含34家分公司、270余家中心支公司及营销服务部。

从近9年的财务数据来看，总资产、总负债、净资产、保险业务收入等财务指标，都在跨上一个平台之后，多年保持在同一个水平，几乎没有成长性可言（见图1）。

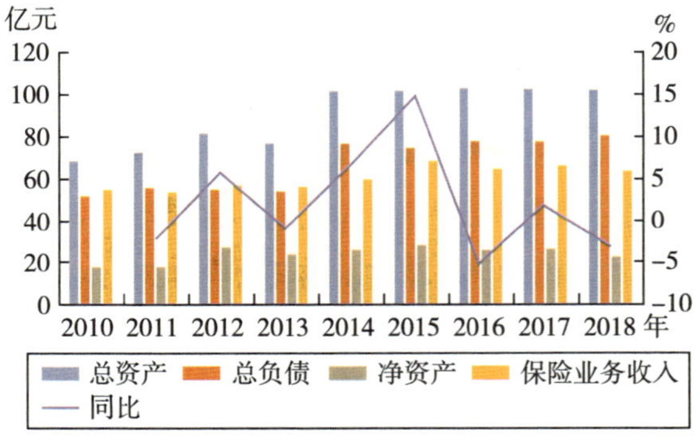

图1 2010—2018年永诚保险主要财务指标

就总资产而言，在2014年突破百亿元关口之后，此后数年规模就一直停留在百亿元出头水平，连103亿元都未能突破。

总负债在2014年跨上70亿元平台之后，一直到2018年，基本陷入停滞状态，始终未能突破80亿元大关。

净资产在2012年就达到26.56亿元，但到2018年却只有21.64亿元，不升反降。

至于保险业务收入，2010—2014年，一直维持在50亿~60亿元的水平，到2015年，终于跨上60亿元平台，达到67.53亿元，但此后未能再有突破，2018年，这一数字只有62.48亿元，同样是有所下降。从净利润的表现来看，永诚保险也一直在微盈利与亏损之间徘徊。

股东资源优势没把握住，既没作出专业特色，也没作出规模效应；车险及其他高风险业务，没体现出专业经营水平，亏损严重；意健险、信用保证保险等互联网业务，没有培育出“第二曲线”竞争能力……可以说，永诚保险过去面临的这些问题，也正是其他中小财产险公司困境的通病。

2018年7月，永诚保险迎来新一任董事长——许坚，其开出了三大药方：

其一，聚焦核心业务。作为电力能源企业发起设立的保险公司，电力能源行业保险业务的优势对于永诚保险而言必须保持，努力建立行业领导者地位，坚持电力能源承保技术能力领先于同业，电力能源市场份额领先于同业。

事实上，依托于股东在电力领域的行业优势，永诚保险一直加大推进电力能源保险业务。2019年半年报显示，永诚保险向关联交易方的销售保险保费收入为8.55亿元，在总保费收入中占比为24.43%，较2018年的15.07%增加9.36个百分点（2017年为13.05%），连续3年来比重不断增加。同比增速达到19.5%，发电行业保险市场份额超过30%，行业排名稳居第一，独家、首席承保的发电项目占比达2/3，坚定地成为电力能源行业风险管理领导者。

其二，深耕基础业务。车险市场虽然竞争激烈，但庞大的业务规模决定了其对于大多数保险公司而言始终是“吃饭业务”，有规模才能有费用，才能养活诸多分支机构，依然不可或缺。因此，永诚保险将车险业务视为基础业务之一，并努力提高车险精细化管理水平，保持车险可持续、有价值的发展。与此同时，支持大型非车财产险业务发展，赶追市场平均水平，铸就保费基石。

其三，布局战略业务。永诚保险在布局核心业务、基础业务之余，积极进入健康险、保证保险领域，加快发展创新业务，探索国际业务，同时积极尝试互联网保险，构建线上销售服务平台，加快建立与第三方互联网平台的合作关系。

数据显示，2019年上半年，永诚保险创新业务实现保费收入5.83亿元，较2018年末增长181.4%，迅速成长为永诚保险的另一重要保费收入来源。

永诚保险的改革在于深刻觉醒，保险宿将许坚推动“3668”战略，专业人员治司成为中小公司突围的当然选项

许坚是谁?

徐坚最早供职于中国人民保险公司，后加盟平安产险15年，先后担任江苏分公司副总经理兼苏州分公司总经理，江苏分公司总经理等职。2008年受江苏政府邀请，成为首家地方法人保险公司紫金保险的创始人，担任党委书记、法人代表、总经理，直到2018年转战永诚保险。

近30年的财产险从业经历，感知过的各个市场阶段的发展特征，以及履职过的不同大型、小型财产险公司，都不同程度地塑造了其经营理念

和市场认知，而这正是他主导的永诚保险这场改革转型的价值观和方法论所在。

保险业的发展要承认一个前提：我国经济增长在“十三五”期间仍将保持中高速增长，但经济已经步入新常态，加快推进经济结构战略性调整，实现增长动力转变是大势。

基于此，监管部门也开展了一个长周期的车险费改。车险费改，就是针对车险市场竞争混乱、无序、低效率的一场改革。一个较为显著的结果就是，保费向人保、太平洋、平安3家靠拢，前十名以外的中小保险公司只能去激烈争夺剩余不到15%的市场份额。人保、太平洋、平安3家的绝对实力导致其市场占有率呈现出提高的趋势，阻止了新的保险公司挑战的可能性。在此情况下，中小保险公司无法与人保、太平洋、平安等公司正面竞争，需要建立细分市场的专业能力，形成差异化的核心竞争力。

与此同时，行业的高速发展往往都是通过费用驱动来实现的，这导致保费上升的同时费用率居高不下，一直在30%~40%波动。费用驱动模式下，保险公司的利润会被各种代理渠道、粗放经营等蚕食，面对愈演愈烈的竞争，要实现有效益的规模增长具有很大挑战。

在这样的环境趋势下，对照观察永诚保险所做的种种探索，其实正是从市场现实出发、基于自身优势的一种转变：扬长补短，同时做大价值，努力创新。

出任董事长半年后，许坚提出他的调研思考结果——“3668”战略：

其中“3”是指永诚保险、永鑫销售、永诚资管三大经营法人协同发展。

第一个“6”是指六大发展理念，包括以人才为基础的人本理念、以成本为中心的价值理念、以客户为导向的服务理念、以效益为前提的销售理念、以科技为驱动的创新理念、以合规为底限的风险理念。

第二个“6”是指六大经营战略，包括精英化人才战略、渠道化客户战略、专业化营销战略、特色化产品战略、精细化成本战略、数字化创新战略。

最后“8”是指永诚保险将八大业务领域（跑道）作为重点发展，包括电力能源业务、重客/经纪/银保业务、国际业务、保证险业务、微营销业务、专兼代业务、电商平台以及健康险业务。

永诚保险改革的经验有亮点，但比较难复制，其股东背景和业务结构允许其大刀阔斧地调整，能发挥出自己的核心竞争力并扬长补短。

中小保险公司要想财务报表好看，日子过得舒坦，如何摆布好车险业务是个大问题，转型的时间不多了，转型任务极重。从永诚保险的经验来看，除了背景要过硬，给转型一个缓冲期，关键还在于人才，真正的内行人才有机会窥得生机，才能有一个波谷走上波峰的可能。

财产险行业混日子的时代不存在了，供给侧改革就是能力博弈。市场博弈必须出现能力强者，否则，则会被市场大潮所淘汰。一场由市场主导的优胜劣汰，才是最好的进化选择。

紫光重仓保险业，28亿元拿下诚泰财险，大手笔再取幸福人寿

2019年11月21日

自2017年以来，保险业似乎正逐渐远离高光时刻，走向平淡，但保险公司牌照作为一种金融牌照，尤其是人身险公司牌照，仍受到资本界的热捧，甚至不乏“痴迷者”。紫光集团就是其中的一个。

在2018年以28亿元的价格获得诚泰财险33%的股权，成为其第一大股东之后，紫光集团最近在保险业又有大动作。

2019年10月12日，中国信达正式以75亿元的底价在上海联合产权交易所挂牌出售幸福人寿50.995%的股权，目前有关挂牌信息已经撤下，而摘牌人就指向了近年来积极寻求保险牌照的紫光集团。据悉，其是通过旗下诚泰财险，同时联合某地方国资作为主体来竞逐幸福人寿的股权。

一般在摘牌后的数日之内，转让方与受让方就可以签订协议，但最终紫光集团能否借助诚泰财险入主幸福人寿，还取决于监管部门的审批——考察受让方是否真正符合监管有关保险公司股东资质的要求。

多方势力角逐幸福人寿股权，紫光集团旗下诚泰财险携手地方国资胜出

在经历了2018年巨亏68亿元的惨痛教训之后，中国信达终于决定出手所持有幸福人寿的全部股权。

2019年6月11日，中国信达发布公告称，公司拟通过省级以上产权交易所对外公开转让公司所持有的全部幸福人寿股权，股权占比为50.995%。

中国信达称，此举是为了落实有关监管精神，优化整合子公司平台资源。全部转让股份将面向同一竞买人或联合竞买团一次性转让。

到2019年10月12日，更准确的信息传来，上海联合产权交易所发布消息，中国信达拟以75亿元的价格出售幸福人寿50.995%的股权，以此估算，幸福人寿估值约147亿元。

自从中国信达拟转让幸福人寿近51%股权的消息传出，各路资本闻风而动，仅就『慧保天

下』的了解，就有多方势力对其表示出了浓厚的兴趣，多家企业都对其进行了尽调。

例如，某互联网巨头，已经斩获一张财产险牌照，仍想谋求一张人身险牌照。

又例如，某大型国有企业，近年来一直在寻求一张保险牌照，然而由于种种原因，也一直未能成功。

还有几家房地产公司也对幸福人寿表示出浓厚的兴趣，但最终因为股东的资质问题中途退出。

再例如，有媒体公开点名报道的招商局、深投控，二者旗下都已经有保险牌照，前者直接或间接已经拥有招商仁和、招商信诺两家人身险公司，后者和中国信达已经有过交情——2017年受让信达财产险41%的股权，后更名为国任财险。

然而从目前了解到的情况来看，这些公司均未能进入最后的竞价环节，最终胜出的，还是紫光集团旗下的诚泰财险以及某地方国有企业。

蹉跎12载，幸福人寿累计亏损数十亿元

将企业视为一个有机生命体，投资方就决定了企业的基因，尤其是掌握企业大部分股权，对于企业经营有着巨大话语权的控股股东，其对企业基因的塑造更有决定性影响。

这也正是资管公司做不好保险公司的根本原因所在，其主业经营模式与保险公司经营模式之间，天然存在巨大差异，这或多或少都对保险公司经营产生了直接的影响。

中国信达旗下的两家财产险公司——信达财险（现为国任财险）、幸福人寿相继被出售，也正是这一论断最鲜活的证明。

幸福人寿是中国信达在2007年为了救助问题金融机构，进行问题机构托管过程中组建的。工商信息显示，其成立于2007年11月，注册资本最初仅11.59亿元。

在公司成立初期的2007—2010年，通过快速铺设机构，幸福人寿保费收入快速增长，到2010年，其已经设立省级分公司22家，保费收入在行业内的排名也达到第17。

但在快速扩张的同时，亏损始终如影随形。2009—2014年，幸福人寿净利润分别为-2.45亿元、-4.5亿元、-7.37亿元、-7.91亿元、-7.53亿元和-3.93亿元，连年亏损。

由于长期亏损，一些股东渐渐失去耐心，2014年一度传出幸福人寿拟引进战略投资者的消息，彼时，还曾有消息称阿里巴巴有意入股。

但之后到来的中短存续期产品盛宴，让幸福人寿的股东们重燃信心。2015年借助万能险的东风，在负债端以及投资端的双重提振之下，幸福人寿终于扭亏为盈，2015—2017年，其净利润分别达到3.35亿元、0.18亿元、0.49亿元。

2011—2017年，幸福人寿股东几乎每年都会对其进行增资，2015年开始盈利后，股东增资力度更是空前，仅2016年末、2017年3月的两次增资中，股东就累计出资近70亿元，最终助推幸福人寿注册资本金迈入百亿元大关，达到101.30亿元。

但好日子很快就随着股市的走熊覆灭了，

2018年，受累于权益类投资大规模损失，幸福人寿巨亏68.28亿元，高居人身险公司之首。

成立12年，股东方先后投入注册资本金101.3亿元，累计亏损数十亿元……这或许正是中国信达决定彻底放弃幸福人寿最主要的原因之一。

截至2019年第二季度末，幸福人寿总资产为636.39亿元，总负债为584.87亿元，净资产仅51.52亿元。基于此，评估机构针对中国信达所持幸福人寿50.995%的股权给出的估值为69.66亿元（见表1），最终中国信达溢价数亿元，要价75亿元。

表1　2019年第二季度末评估机构对幸福人寿的估值

主要财务指标	年度审计报告	年度	2018	营业收入（万元）	1051330.607957
		营业利润（万元）	-688008.002280	净利（万元）	-680125.429132
		资产总计（万元）	6784095.067234	负债总计（万元）	6317485.725550
		所有名权益（万元）	466609.341684	审计机构	安永华明会计师事务所（特殊普通合伙）
	企业财务报告	报表日期	2019-06-30	营业收入（万元）	719123.099598
		营业利润（万元）	-20689.654723	净利润（万元）	-20770.860718
		资产总计（万元）	6363896.451016	负债总计（万元）	5848738.720872
		所有者权益（万元）	515157.730144		
资产评估情况	评估机均	北京天健兴业资产评估有限公司			
	核准（备案）机构	财政部			
	核准（备案）日期	2019-09-25			
	评估基准日	2019-03-31			
	基准日审计机构	安永华明会计师事务所（特殊普通合伙）			
	律师事务所	北京市天元律师事务所			
	内部审议情况	其他			
	项目	账面价值（万元）		评估价值（万元）	
	资产总计	6508540.860000		业务无法提供	
	负读总计	5942539.790000		业务无法提供	
	净资产	566001.070000		1366100.000000	
	转让标的对应评估值	696643.000000			

幸福人寿虽然业务不振，但是根据公开资料，其目前已经在全国设有22家省级分公司，开设各级分支机构253家，同时还拥有4400名员工。

更重要的是，中国信达一口气出让50.995%的股权，按照现行规定，单一接盘方虽然不能全部接盘，但有望获得第一大股东之位。在一些业内人士看来，在当下市场环境下，幸福人寿依然是相当有吸引力的一个投资标的。

大手笔下注幸福，紫光集团志在必得

事实上，自2016年以来，紫光集团就一直在积极布局保险业，谋求财产险、人身险的牌照。

而这所有的一切都与一位资深保险人士密切相关——人保资本原董事长王慧轩，2016年，其加盟紫光集团出任董事、联席总裁，成为紫光集团布局保险业的核心操盘手。

公开资料显示，王慧轩出身政府部门，曾任共青团新疆区委常委，中共新疆乌鲁木齐市市委委员等职。2006年9月进入保险业，在分公司历练数年后升任总公司副总裁，2015年6月任人保资本董事长、总裁。

加盟紫光集团、拿下诚泰财险后的2019年6月，他又获批出任诚泰财险董事长。

相对而言，紫光集团在财产险市场的进展相对顺利。2018年，其通过参与定增的方式，以28.368亿元的代价获得云南省首家地方法人保险公司——诚泰财险33%的股权，成为其第一大股东（见表2）。

表2　诚泰财险股权结构

股东或认股人名称	增资扩股前（总股份数40亿股）		本次认购股份数（股）	增资扩股后（总股份数59.7亿股）		出资方式
	持股数量（股）	持股比例（%）		持脱数量（股）	挣股比例（%）	
紫光集团有限公司	0	0	1970000000	1970000000	33.00	货币
云南省城市建设投资集团有限公司	800000000	20	0	800000000	13.40	货币
昆明产业开发投资有限责任公司	800000000	20	0	800000000	13.40	
昆明发展投资集团有限公司	800000000	20	0	800000000	13.40	货币
昆明市国有资产管理营运有限责任公司	520000000	13	0	520000000	8.71	货币
昆明市交通投资有限责任公司	280000000	7	0	280000000	4.69	货币
云南冶金集团股份有限公司	190000000	4.75	0	190000000	3.18	货币
云南xx控胶集团有限公司	190000000	4.75	0	190000000	3.18	货币
云南xx集团有限责任公司	120000000	3	0	120000000	2.01	货币
云南省工业投资控股集团有限责任公司	100000000	2.5	0	100000000	1.68	货币
云南xx投资开发有限公司	100000000	2.5	0	100000000	1.68	货币
大连百年xx有限公司	100000000	2.5	0	100000000	1.68%	货币

在谋求财产险牌照的同时，紫光集团也一直没有放弃对于人身险牌照的企图。

2017年3月，中国保险业协会官网曾对拟设立保险公司进行预披露，其中一家名为“中青人寿”的发起股东中就出现了紫光集团的身影。

筹建方案显示，“中青人寿”的注册资本为30亿元，其中，紫光集团拟出资6亿元，出资比例为20%，是“中青人寿”的第一大股东。西藏银必信资产管理“中青人寿”持股18%，为第二大股东。

但一直到今天，“中青人寿”仍未获批筹建，不了了之。

其后，还有紫光集团拟收购安邦保险集团旗下和谐健康的传闻，不过最后和谐健康却被总部位于大连的民营企业福佳集团收购。

最终，紫光集团将目标投向了幸福人寿。目前的市场情况下，新公司难获批，同时市场上合适的标的并不多，中国信达愿意出让控股权，对于急于在人身险牌照方面有所斩获的紫光集团而言，无疑是不可多得的投资标的。

从上海联合证券交易所公布的信息来看，中国信达对于受让方的要求是十分苛刻的，紫光集团、诚泰财险能够接受，展示了极大的诚意和志在必得的决心。仅举其中的几个关键要求为例：

意向受让方应在挂牌公告截止日16：00时前交纳保证金人民币15亿元到上海联合证券交易所指定银行账号。

意向受让方应递交履约保函，履约保函应满足以下四个标准，履约保函的出具方为一家或几家资产总额40000亿元人民币以上的大型银行或提前经上海联合产权交易所和转让方认可的全国性股份制商业银行……

受让方应在产权交易合同签署次日起10个工作日内，将除保证金外的其余交易价款一次性支付至上海联合产权交易所指定银行账户。

在本合同签署后12个月内，如果乙方未能取得监管机构对本次产权交易的批准，则甲方有权于上述12个月期满之日起书面通知乙方终止本次产权交易；由于上述原因导致本次产权交易终止的，乙方应向甲方一次性支付相当于交易价款10%的金额作为补偿金。

谋求保险集团架构，紫光巧打诚泰财产险牌

虽然一个愿卖，一个愿买，但最终交易能否成行还取决于监管的审批。

为强化保险公司的公司治理，防止保险公司沦为股东的“提款机”，近年来，监管不断从根源入手，大幅提升对于保险公司股东的准入门槛要求。

紫光集团希望借助诚泰财险入主幸福人寿，等于是在谋求保险集团架构，监管如何看待这一交易将直接影响最终结果。

2018年4月，人民银行、银保监会以及证监会联合发布的《关于加强非金融企业投资金融机构监管的指导意见》明确，对金融机构股东按重要性不同实施差异化监管，明确准入和资质要

求，穿透识别实际控制人和最终受益人，加强对股权结构的持续管理，强化资金来源的真实性、合规性监管。

根据这一文件，企业投资金融机构，应当符合法律法规以及金融监督管理部门关于法人机构股东条件的规定。企业成为控股股东时，应当符合下列条件：

一是核心主业突出，业务发展具有可持续性。

二是资本实力雄厚，具有持续出资能力。原则上需符合最近3个会计年度连续盈利、年终分配后净资产达到全部资产的40%、权益性投资余额不超过本企业净资产的40%等相关行业监管要求。

三是公司治理规范，组织架构简洁清晰，股东、受益所有人结构透明。出资企业为企业集团或处于企业集团、控股公司结构之中的，须全面完整地报告或披露集团的股权结构、实际控制人、受益所有人及其变动情况，包括匿名、代持等相关情况。

四是管理能力达标，拥有金融专业人才。

截至2018年末，诚泰财险总资产为90.6亿元，幸福人寿总资产为678.41亿元，以诚泰财险的体量收购幸福人寿，颇有“蛇吞象”之感，但从诚泰财险的数据来看，其成立于2011年，从2015年就开始实现盈利，2016—2018年，其净利润分别达到0.37亿元、0.87亿元、0.24亿元，满足最近3个会计年度连续盈利的要求；2018年末，其净资产为77.9亿元，总资产为90.6亿元，净资产在总资产中的占比为85.98%，也达到了“年终分配后净资产达到全部资产的40%”的要求。

此外，2018年末，其股权型投资在净资产中的占比尚不足20%，也符合“权益性投资余额不超过本企业净资产的40%“的要求。

相对于诚泰财险，紫光集团的业务要更加多元。

紫光集团虽然是清华大学旗下的高科技企业，但其业务布局相当广泛，涵盖了计算机及相关设备制造、电子元器件及设备制造和能源环境业务等。

据紫光集团发债文件，截至2018年9月30日，纳入紫光集团合并范围的各级子公司总计518家，其中，仅上市公司就有3家，包括紫光股份、紫光学大和紫光国微。

值得注意的是，紫光集团还投资了不少房地产业务。根据《经济观察报》2018年末的一篇报道，不完全统计，近年，紫光集团累计获取土地总面积为2617.57亩，总建筑面积达到364.58万平方米，累计耗资177.3亿元，其中50%以上为园区配套住宅，平均楼面价只有4863.29元/平方米。

另外，根据紫光集团发布的2018年度债券报告，其2018年末总资产达2772.83亿元，总负债达2035.81亿元，资产负债率达73.42%，扣除商誉及无形资产后的资产负债率为97.59%。

NEW ERA OF INSURANCE

保险新时代

〖慧保天下〗精选集

6

CHAPTER

小趋势·风起

新时代，新环境，孕育新趋势，在行业的表面平静之下暗自胎动，准备着在某个时机破壳而出，成长为引领行业的新生势力，看懂这些小趋势，也就把握住了中国保险业发展的大趋势。

历时一年多时间，银保监系统大三定、小三定全面收官，人员调整到位，部门职能明晰，这对于保险业而言意味着什么？

2019年第一季度，保险、证券为代表的非银行金融业引领股票市场，涨幅接近50%，成为当仁不让的“大牛股”，但一篇报告却又令中国人保连续跌停，资本市场依旧风云诡谲。

网络互助领域聚集起更多的互联网巨头，向保险业的跨界也正如火如荼，网络互助平台最终会成为保险公司强有力的竞争对手吗？

银保监会保险条线“小三定”收官，机构准入划归财险部、寿险部，监管总部职能夯实，互联网业务“花落谁家”

2019年4月3日

银行保险监管机构改革已经持续一年。2018年11月13日，银保监会“三定”方案正式发布，据媒体公开消息，当时各部门人员已到位履职。

但职能部门的设置与人员的分配还只是银保监系统“三定”的第一步，对于银保监系统而言，各个部门之间如何分工协作，以提升监管效率，并在最大程度上达成此次监管机构改革的目的，显然还需要更长时间的探索与磨合。毕竟，机构合并，职责交叉，必然会造成权责脱节，甚至会出现漏项和误判。在打好防范化解金融风险攻坚战的紧要关头，必须有一个“如臂使指、令行禁止”的执行体系，在内部做到“最优控制”。

『慧保天下』获悉，2019年3月，银保监会系统对保险条线监管职责进行了一次调整，内部“小三定”终于收官。整体来看，此次调整的力度是温和的，主要是重新划分监管事权特别是理顺市场准入机制，明晰内部职能定位，并从两个维度对内部职能进行细化、整合和规整。

纵向维度，部分保险公司法人层面的审批事项授权派出机构实施，意在建立上下互动的保险条线流程框架。

横向维度，则对内设部门的职责配备进行了调整和划转，落实了监管总部的职能体系。

从“小三定”出发，总结近一年的改革推进，可以清晰地看到在银监会、保监会整合的过程中具有以下几条清晰的逻辑思路：一是以机构监管为轴线划分职权，做实“权责一致”的要求；二是功能调整坚持主次分明、统分结合，同类事项归口管理；三是稳妥下放职权，逐步实行属地化监管。

机构监管为轴：夯实监管责任制，财险、寿险两部门职责扩容

按照国家机构改革要求，“一类事项原则上由一个部门统筹，一件事情原则上由一个部门负责”，这便于明确责任，落实监管问责制度。从目前的情况来看，此次改革显然是对上述要求的

落实。

据『慧保天下』了解，这次保险条线的融合重整，其核心理念是以机构监管为轴线划分准入事权，即将入口、出口和日常非现场监管等都放在一起统筹安排，以便监管部门能从整体上更好地掌握保险机构的风险状况。

简单来说，一家机构以后都主要对口一个监管部门，该机构出现问题，也是一个“主治大夫”的责任。

这显然与原保监会的监管思路截然不同。原保监会以功能监管为主，职能配备上纵横交织，部门间协调配合的事项较多。

以财产险公司为例，据『慧保天下』了解，以前的监管方式是：法人机构准入由发改部牵头，另有其他几个部门配合；产品审批备案归财险部负责，但经营短期意外险或大病保险则还需接受人身险部的规则或资格认可。

如果该公司想要新增设立省级分公司，则需向发改部报送相关规划，在规划之下向财险部提交具体申请。如果想投资设立一家子公司，则需要资金部和发改部分别审核。董事长和总裁的任职资格由财险部核准，但独立董事和部分高管由不同部门分别负责。如果引入外资，还涉及国际部审核。

“小三定”之后，新的制度设计，则打通了从机构准入、业务资格、人员资质直到退出市场的完整链条，形成密切的工作闭环。

财险部、寿险部全程负责财产险公司、寿险公司、再保险公司的机构、业务、人员审批和监管。对保险集团公司的监管放在了公司治理部，包括机构筹建、“董事、监事、高管”资格以及发债、资金运用等审批事项。

这也意味着，机构监管部门对各自条线、领域有了更加强大的统筹协调能力。不过，有权必有责，机构监管也容易导致自我封闭和外部围猎，需要功能监管条线的流程制约。

对一些特殊市场机构的归口监管部门也有了新的调整，例如国内唯一的政策性保险机构——出口信用保险公司已经划归政策性银行部管理，而养老金公司的监管则由银行条线转移到人身险部。政策性金融机构、养老金受托机构实现同一部门全覆盖管理，为执行统一规制标准打下了基础。

另外，根据『慧保天下』对银保监会“三定”方案的分析，发现相关部门还新增了调查职能，这是以前没有的。根据《保险法》，其调查权还可以延伸到股东、外包等相关单位人员，这为穿透监管提供了支持。

同类职责归口管理：理顺功能监管条目，减少交叉重复

在机构监管为轴的基础上，此次整合也对不同监管部门之间的功能监管条目进行了调整，以减少不同部门在职能上的交叉重复，进而实现同类职责的归口管理。

例如，从大的方面来看，按照国家机构改革方案的要求，保险业“重要法律法规草案和审慎监管基本制度的职责”划入了人民银行。不过，据『慧保天下』了解，目前，有关外资机构的法

规和部分监管制度的修改，仍由银保监会推进，重要法律法规和审慎监管制度的清单和类别，也仍需要与人民银行协调合作。

从具体的部门来看，原银监会由法规部负责统筹市场准入规则的制定和评估，而新的法规部吸收了原银监会审慎规制局的部分职能，统一制定市场准入管理制度，在规则制定上权限大为扩展。

变化最大的部分，还体现在对于外资保险机构的监管上，银监会、保监会合并之前，原保监会由发改部制定公司治理规则，国际部负责外资保险机构的规则执行。而按照新颁布的《外商投资法》，外资公司的“组织形式、组织机构及其活动准则”适用《公司法》，且有可能只在5年内保留原企业组织形式。所以这次调整后，外资保险机构均按照业务性质由财险部、寿险部或公司治理部中的一个部门承担监管职责。

中介部的职能则具有特殊性。从国家“三定”方案看，中介部的主业是保险中介机构监管。中介部现已主导出台了加强中介渠道业务管理的相关文件，重申和强化监管要求，启动了中介业务的功能监管。显然，这是基于保险市场现实的一种回归。

值得注意的是，从目前了解到的情况来看，银保监会各部门一些职责的调整仍然保留了历史痕迹，有的也不乏过渡色彩。

在原发改部基础上成立的公司治理部，职责是协调开展公司治理功能监管，统一拟定相关规则，但显然与法规部、各机构监管部门存在较长的协调边界。

原银监会脱胎而来的创新部，负责协调开展保险业机构资产管理业务功能监管，与资金部也需要交接和磨合。

金融监管改革大的逻辑是宏观审慎、微观审慎与行为监管的分离，这是后金融危机时代监管改革的重心。具体到监管部门，则是机制和流程的科学化、规制、执行和监督的相互制约以及非现场监管和现场检查的分离。在构建以机构监管为主轴的职能体系后，这些命题仍然需要在一个新的平台上考虑。

部分权力下放：开启保险属地化监管和联动监管，对派出机构履职进行评估

近期，银保监会向各地派出机构下放部分审批权，“属地化监管”一时成为行业热词，但显然对于保险监管而言，相较于真正的“属地化监管”还存在相当距离。

原保监会曾对安华保险的机构监管、保险公司直接经营保险业务和资金运用三个领域试行属地监管，但没有形成制度突破，有的更是不了了之。

保险公司推行属地化监管最大的困难，是机构注册地集中在北京、上海、深圳，三地法人总资产占保险业的95%以上，这与银行业的分散布局存在较大差异。

机构编制限额不能支持监管资源进行这样的集中投入，对于属地监管所需要的精算、公司治理和风险管理人才，派出机构的储备在人才数量

和能力上也未必跟得上。

所以可以看到，虽然银保监会下放了部分审批权，但主要是普通保险公司在省区内迁址，省级分公司开业，除董事长、总经理以外的“董事、监事、高管”任职资格核准，与业界预期还存在一定的距离。

不过，根据『慧保天下』了解，银保监会未来或仍将小步迈进，继续推进属地化监管，部分监管、服务职能或将继续下放。因为按照原银监会的惯例，对授权事项，会跟进准入后的评估监督，不排除做动态调整。

不过值得注意的是，权力下放后，规则的细密有效变得异常重要，如果各地派出机构执行标准各行其是，对于同一事项的监管尺度大相径庭，甚至对没有先例遵循问题的监管结果南辕北辙，将有损市场的开放统一。

融通工作风格：更新监管规则体系，塑造机关新面貌

工作程序和风格的统一，是机构内在融合融通的主要标志。基于原银行、保险监管部门在影响力和体量规模上的差别，随着改革推进，原银监会的一些做法，从工作方式、风格甚至词汇和概念体系上，都体现出对保险条线的再塑造。

以现场检查为例，原保监会的职责布局高度分散、多头开展，大多数内设机构都有自行检查的权力，带有一定的随机性和应激性。根据『慧保天下』了解，2019年的保险市场现场检查由非银行机构检查局统一组织协调，各条线的检查计划都已经列入年度方案的大盘子。

不过，这种工作风格的融通显然不是一蹴而就的，而是需要一个长期的、相互磨合影响的过程。例如，原来银保监会“南北楼”的行政审批和处罚工作流程，以及被监管机构的高管职位设置、监管文书体例等也都有较大差别。监管部门对于完善市场准入制度体系、建立内部议事协调机构、理顺主办和会签范围等事项，还要投入不少资源。

空白犹存：互联网和保险科技由谁主掌

值得注意的是，虽然各条线职责分工纷纷敲定，但是最为瞩目的互联网保险监管，目前仍然悬空。

数据显示，截至2017年末，经营互联网业务的保险公司多达131家，持牌的专业互联网保险公司4家；接近60%的全国性保险代理（经纪）公司拥有互联网业务资质，超过30家互联网企业成立或控股保险代理（经纪）公司，包括公众号、小程序、APP和网站等各种形式的第三方网络平台早已超过1500家。

而目前，头部保险中介机构通过一个APP的业务销售规模每月达5亿~7亿元。保险科技创业热潮不退，不少保险科技公司的经营与保险业务只隔一层窗户纸。

原保监会的互联网保险及创新业务监管，大体以发改部为主，负责互联网保险公司牌照审批，产品按照“线上线下一致”原则分别由财险

部、寿险部负责，中介部则从保险销售渠道的角度对互联网保险经营进行监管，主导代理（经纪）公司互联网经营资格备案。

互联网保险或许会出现新的分治格局。根据银保监会“三定”方案，互联网保险公司及业务由财险部、寿险部分头审批；由原银监会脱胎而来的创新部负责为“保险业创新业务的日常监管提供指导和支持”，承担保险科技等“新业态监管策略研究”工作；而取缔“变相从事相关金融业务”，则涉及打非局的权限。

面对互联网创新业务风起云涌的时代，是严格规制还是适度放任、原则监管，主事者的判断和风格会强烈影响监管逻辑。

“药医不死病，佛渡有缘人”，监管只能在市场配置资源的基础上发挥作用，厘清合法与非法的界限，通过沙盒试验等新型监管工具，为自发生长的保险“新战场”提供正向的制度力量。

机构设置需要因时而变，随事而制。但纸面上的“三定”方案，需要实践的沟通和磨合，才能从“纸面规则”变成“行动中的法律”，直至走进人心，才算是融入了监管文化。

同时，也需要给予市场稳定的预期和便捷沟通的渠道，行业有理由期待更优质的监管服务。

时间是一架天平，它会称量改革成效。

从幸福人寿51%的股权被出售，看国有金控、民营金控齐“瘦身”，又一波保险公司股权交易潮将至？

2019年6月14日

近期，一则信达资管拟出清幸福人寿50.995%股权的消息引发热议，信达资管的解释是“为落实有关监管精神，优化整合子公司平台资源”，称此举是围绕“突出主业”作出的战略选择。

在一系列的风险事件后，在严格监管以及下行的宏观经济环境下，快速发展数年的金控企业正走向一个尴尬的境地，无论是对于国有金控还是对于民营金控而言都是如此。减持或出清部分金融机构股权，彻底“瘦身”，然后回归主业正成为一些企业的共同选择，海航集团、中植集团和九鼎集团等莫不是如此，而幸福人寿股权出售的问题，只不过是这大风大浪中的一朵浪花而已。

先是信达财险再是幸福人寿，信达资管出售旗下保险公司股权

2019年6月11日，信达资管发布公告称拟转让所持幸福人寿的全部股份。根据公告，其拟通过公开挂牌的方式，一次性转让持有幸福人寿50.995%的全部股份，挂牌底价不低于幸福人寿的资产评估备案结果，评估基准日为2019年3月31日。

幸福人寿2019年第一季度偿付能力报告显示，截至2019年第一季度末，公司净资产为58.30亿元，净利润为2.63亿元，核心偿付能力充足率和综合偿付能力充足率分别为116.65%和216.19%。工商信息显示，幸福人寿成立于2007年11月，先后历经多次增资，注册资本从初始的11.59亿元增至101.3亿元，股东包括中国信达（持股50.995%）、三胞集团（持股14.182%）和深圳市亿辉特（持股9.271%）等17家公司。

然而近10年来，幸福人寿几乎连年亏损，仅在2015—2017年实现短暂盈利。2009—2017年，公司净利润分别为-2.45亿元、-4.76亿元、-7.37亿元、-7.91亿元、-7.53亿元、-3.93亿元、3.35亿元、0.18亿元、0.49亿元，2018年净亏损为68亿元，10年来累计亏损近98亿元。也就是说，10年来幸福人寿不但没有盈利，反而累

计几乎亏掉全部资本金。

资料显示，2007年末，幸福人寿成立时，其注册资本金为11.59亿元，从2011年开始，股东几乎每年都在为其增资，一直到2017年末，其注册资本金达101.30亿元。

然而对于股东来说，巨大的资本投入显然并没有换来相应的回报。值得注意的是，这已经是信达资管第二次出售保险公司股权。2016年12月，信达资管作价42.2亿元将信达财险41%的股权转让给深圳市投资控股有限公司，自己只保留10%的股权。随着控股股东的变更，信达财险更名为国任财险。年报显示，2009—2016年，国任财险累计亏损3.51亿元。

监管要求专注主业，国有金控信达资管“瘦身”弃“幸福”，会否引发其他国有资管公司效仿

虽然成立10余年累计亏损近百亿元被视为幸福人寿被大股东出清的主要原因，但信达资管的解释却是“落实有关监管精神，优化整合子公司平台资源”，并称此举是围绕“突出主业”作出的战略选择。

企查查股权结构显示，信达已经从最初的单纯的资管公司，发展成为拥有多个金融牌照的金控企业。其旗下共有22个控股子公司，横跨金融业、房地产业、住宿和餐饮业、租赁和商务服务业、批发和零售业等多个行业，并拥有银行、证券、保险、信托、租赁、基金及期货等金融牌照，同时还持有25个“新三板”或A股上市公司股票，涉及领域从煤炭开采、化工到文化传媒、航空航天等。

无论是出售信达财险的部分股权，还是此次出清幸福人寿的全部股权，毫无疑问，信达资管已经开始“瘦身”转型。值得注意的是，与信达资管类似，四大国有资管公司均已经发展成为拥有多种金融牌照的金控企业，且除华融资管外，信达资管、东方资管和长城资管3家旗下都有保险公司。2007年、2009年，信达资管旗下幸福人寿和信达财险相继成立，2009年长城资管收购长生人寿50%的股权；2012年东方资管入主中华联合控股。

而且，从目前来看，信达财险易主、幸福人寿被抛售，中华联合人事更迭不断，长生人寿停滞不前，资管公司在保险领域未能大放异彩。三大国有资管公司的保险之路走得并不顺利，这其中或有行业、监管等客观因素存在，但其大股东对公司经营的影响也不可忽略。

资产管理公司的运营模式可以概括为收购资产，通过追偿、出售及重组，发现并提升不良资产价值以获取收益，相对于人身险公司“七平八盈”、财产险公司“三平五盈”的盈利周期相对较短。

资管公司的“快”作风与保险公司的“慢”盈利决定了不同的用人理念。资管公司的核心能力在于价值发现和处置能力、买进环节的精准眼光和估值体系和卖出环节的多样化手段。因此，其对人才判断的标准是敏锐，是对机会的把握能力。

而保险业的经营往往慢工出细活，需要经久

的打磨，逐步调整业务流程，优化人员配置，管理效益在点滴进步中凝结。因此，其对人才判断的标准是韧性，是对长线条的统筹能力。毕竟，几万人的队伍和几千人的队伍不是一个打法。

不同金融业务间不同的经营特点加剧了业务协同的难度，而从几家资管公司所经营的保险公司来看，甚至在一定程度上拖累了母公司的业绩表现，这或者正是金融监管部门要求其“专注”的原因所在。

2019年2月1日，银保监会主席郭树清赴信达资管调研时强调，各会管经营类机构要强化风险防控，更加专注主责主业，在新形势下推进业务拓展创新，通过质量变革、效率变革和动力变革，健全可持续高质量发展模式。

在回归主业的号召下，作为几乎拥有全金融牌照的四大资管公司之一，信达资管已然准备舍弃寿险牌照，其他金融资管公司是否会跟随，值得关注。

“严监管+流动性紧张”，三胞集团等民营金控忙“瘦身”

在信达预备出清幸福人寿的股权时，幸福人寿的第二大股东三胞集团也拟出清幸福人寿的股权。截至目前，三胞集团持有幸福人寿14.18%的股权。

三胞集团与信达资管不同，是一家民营企业，不过，经过多年的扩张，其已经发展成为一家拥有多种金融牌照的金控企业。据统计，截至目前，三胞集团控股或参股的金融企业包括紫金商业保理、江苏汇通担保、南京宏图科技小额贷款，以及江苏银行、华泰证券、南京证券、紫金信托和锦泰期货等。

不过，保险才是其最为青睐的金融牌照。三胞集团官网资料显示，其还是上海同人保险经纪股份有限公司的控股股东。天眼查数据显示，该保险经纪公司还100%控股青岛元和通达保险代理有限公司，同时持有天下同安保险代理有限公司30%的股权。除以上3家保险中介公司外，三胞集团旗下上市公司宏图高科2015年还曾投资100万元参股恒泰保险经纪公司，不过持股比例较低。对于一家对金融有执念的企业来说，保险中介牌照显然并不能满足其对于保险牌照的向往。

2014年12月31日，保监会正式批准幸福人寿增资事宜，三胞集团斥资10亿元，成为幸福人寿的第二大股东。2016年8月16日，三胞集团又与美国利宝互助保险集团签署合资经营合同及股权转让协议，欲收购利宝保险（中国）公司51%的股权。协议达成后，三胞集团很快派人入驻利宝保险，不过由于该项交易迟迟未能获批，2017年11月，三胞集团决定彻底退出。

扩张的美梦最终被债务危机惊醒。2018年7月，三胞集团被爆634亿元债务危机，多家江苏省外金融机构要求未到期债务提前还款，并对三胞集团及关联企业采取起诉及查封、冻结账户、资产和股票等手段，相关诉讼、执行案件达50多起，企业流动性凝固。

受流动性问题的影响，2018年三胞集团旗下多个项目或停滞或延期，多个短期债券和在P2P融资平台的理财计划也出现延期。

对此，三胞集团掌门人袁亚非提出“100亿元资产减肥计划”，专注健康产业，出售或清理现有资产，陆续出售非核心资产，以解决阶段性的流动性问题。截至2C18年末，三胞集团已经通过处置多个国内外项目回笼资金，其中包括紫金信托约4.89%的股权。2019年，三胞集团的“减肥计划”仍在继续，其目标是在2020年，将负债率降到50%以下。

从传统产业起家，为追逐更多利润，开始进行多元化扩张，并逐步构建起自己的金控平台，三胞集团的发展轨迹其实也正代表了很多民营企业，所谓“明天系”‘安邦系”“复星系”“海航系”“中植系”等都是其中的典型代表，但不健全的公司治理结构以及监管机制，也为这些机构突破监管防线埋下了隐患。

在2018年的“中国发展高层论坛”上，人民银行行长易纲就曾表示：“少数野蛮生长的金融控股集团存在风险，抽逃资本、循环注资、虚假注资，以及通过不正当的关联交易进行利益输送等问题比较突出，带来跨机构、跨市场、跨业态的传染风险。”

民营金控俨然已经成为近年来监管重点关注的对象。2018年3月，中央全面深化改革委员会第一次会议召开，审议通过《关于加强非金融企业投资金融机构监管的指导意见》，直指金控企业，尤其是民营金控的合规问题。

严监管叠加不景气的大环境下，很多民营金控都开始“瘦身”。海航集团已陆续出售多个金融机构股权，包括新光海航人寿的全部股权、广州农村商业银行全部股份以及部分德意志银行股份和部分皖江金租股权等。

据《中国经济周刊》报道，海航集团高层在接受采访时表示，海航集团将陆续放弃手中持有的所有金融机构股权，从一家拥有保险、信托、券商等牌照的大型金控集团回归航空主业。安邦保险集团被接管后，也已经陆续售出多个金融机构股权，其中和谐健康已经被出售给大连的福佳集团。

九鼎集团也将香港富通保险的全部股权一次性出清。至于明天集团，根据银保监会最新发文，截至目前，已将其持有的潍坊银行、泰安银行、中江信托等10余家金融机构的股权向新的投资者转让。

国有金控在“瘦身”，民营金控也在“瘦身”，在这个齐齐“瘦身”并回归主业的时代，有多少保险公司的股权会被抛弃，又会有哪些拥有足够实力的新资本涌入？

树上花开，还是心中花开？中国人保7涨停2跌停，被市场裹挟的保险股将往何处去

◎戚海鹏 | 2019年3月12日

2019年第一季度，保险、证券为代表的非银行金融业引领股票市场，涨幅接近50%，成为当仁不让的“大牛股”，很多投资者把保险股当成了“牛市”的旗帜。其中，中国人保更是从2月25日开始，在9个交易日内达成7个涨停板。

正当市场又嗅到“牛市“的气味时，2019年3月7日，一份《财险龙头，但A股显著高估》的研报给市场硬生生地踩了一脚刹车，中国人保连续在两个交易日跌停，市场整体亦下跌136点，跌幅为4.4%。

一份报告导致市场蒸发万亿元，缘何有如此大的能量？归根结底，2019年第一季度，保险业树上的花没有开，开的，只是人们心中的花。2019年的保险业，无论是对于财产险还是对于人身险而言，依然充满了不确定性。

第一季度股票市场近30%的涨幅源于何处

股市从2015年的波峰跌落后，又经过了2018年的下跌，市场的投资者损失惨重，散户、基金、私募和专户都在股市中伤痕累累，数千家私募旗下产品跌到清仓线以下，众多投资经理封仓远离市场。

市场的最底部往往不是在人们纷纷抱怨的时候，而是在人们连抱怨的兴趣都没有，抽身而去的时候。2018年下半年，整个市场仿佛是已凝固的岩浆一点点变成黑色，一点点冷却，全年市场换手率只有4倍左右，日均成交量仅为4000亿元左右，长期的“熊市”使人们的心理预期降至冰点。这个时候，随机性的一条导火索，都可能会引发股市一轮上涨。

在具体的投资策略分析中，通常把股市涨跌的内因归纳为估值、流动性和业绩3个简单的要素；外因为政府政策影响和投资者心理预期。5个因素中，只要有2个以上因素正向推动，就有孕育股价上涨的可能。如上所述，当人们的心理预期已降至冰点，估值、流动性、业绩和政策4个因素呈现的向上势头，最终推动股市在第一季度大涨30%。

估值

回顾2018年末股市的状况，彼时的沪深300指数处于2935点，市场整体的PE（TTM）只有11倍，而近10年PE（TTM）的最低点为10倍，最高点为32倍，除沪深300指数外，其他各类市场、风格和行业指数的估值也大多位于最低区间，股市处于估值底部是不争的事实。

流动性

2019 年伊始，人民银行宣布下调金融机构存款准备金率1个百分点，一次100个焦点的降幅较为罕见，清晰地向市场传递了一个信号，人民银行对市场流动性的态度从“紧控转向”，降准大约释放资金规模在1.5万亿元左右，再加上定向中期借贷和普惠金融定向降准动态考核，作为衡量流动性指征的10年期国债到期收益率从3.3%下降至3.15%，市场流动性改善已经成为市场的共识。

业绩

业绩是5个因素中最尴尬的一个，众多券商研究所的2019年投资策略预测中，都不看好第一季度上市公司的业绩，毕竟整体经济环境降速的大环境下，多数行业的业绩增速在走下坡路。

政策

2018年是资本市场严监管的一年，但从第四季度开始，敏锐的投资者已经感觉到空气的味道在改变，市场鼓励保险资金、券商资金长期配置A股，以及券商减税降费、两融平仓线松绑，而其中最重要的，是科创板以前所未有的速度“开闸”。从上层传递的信息清晰地表明，政策开始转向对资本市场友好的一面，2019年2月25日，《中国证券报》头版显著位置清楚地写着：“股市将成为国家重要核心竞争力组成部分”。

寻找最便宜的非银行金融股

2019年第一季度券商股和保险股的股价上涨引领市场，某种程度上，是市场选择了它们。

2018年下半年，对所有行业的估值由高到低排列，非银行金融业在最下面的那几行，而且在那个位置已经待了很长一段时间，既然市场需要一次上涨，而估值低也是理由之一，那找最便宜的非银行金融业，盘它。

过去的几轮上涨，似乎形成了一个习惯，视非银行金融业为股市的“探测器”“侦察兵”。2009年，非银行金融业先于市场一个月启动，引领股市一波上涨；2015年，非银行金融业再次先于市场启动，引领股市一波上涨。

尽管银行业与非银行金融业相似，估值也最低，但体量太大，盘不动，而非银行金融业的券商股和保险股同样直接受益于流动性的改善和政策的转向，但上市公司家数少，流通市值少，天生是最好的“侦察兵”人选。

股市上涨，会有诸多理由支持其继续上涨，市场交易量增大，带动佣金量增多，促进券商业绩增长。市场整体投资收益率提高，使利差益扩大，促进保险业绩增长，索罗斯的反身性原理在这里发挥得淋漓尽致。

股价是高还是低

中信证券分析师在《财险龙头，但A股显著高估》的研究报告中，正面公允地描述了中国人保，从其业务结构入手，细论各业务板块的发展特点和优势，其中不乏“龙头优势”“精细化管理”“提升价值率”这样的正面分析，真正看空中国人保的内容浓缩到不满一页纸，核心逻辑也非常的简单清晰，“中国人保的股价太高了”。

保险股价高或低有它自己的秤杆，与同业比一比，与过去比一比，如果偏离不大，那就还算公允。股票相对比较法中，多数行业用P/E、P/B作为标尺，保险业由于业务复杂度更高，业界通常使用具有行业特色的P/EV（内含价值倍数）作为标尺。

概念的具体算法不重要，重要的是结果。上市的5家保险公司，中国人寿的P/EV是1.0倍，中国平安是1.1倍，中国太保是0.8倍，新华保险是0.8倍，而中国人保的P/EV是2.5倍。

在监管机构的文件中，也数次诟病行业产品的同质化太严重，既然同质，那价格也应在一条水平线上。

心中花开还是树上花开

是否有另外一种可能，保险业在2019年有更好的预期，可以支撑起更高的股价?

2019年财产险业务展望

2019年的财产险业务会压力重重，占比为70%的车险业务受汽车销量和监管政策的影响较大。

第一，汽车销量经过近30年的上升后，2018年第三季度首次出现同比下滑。截至2019年1月，汽车生产总量为236万辆，环比减少了4.7%，同比减少了12.1%。汽车销量为237万辆，环比减少了11.1%，同比减少了15.8%。

汽车销量的下降不会马上影响保费收入，非车险业务的拓展和续期保费会对车险保费形成支撑，但一定会增加车险业务市场竞争的激烈程度，导致中间销售费用的提高，从而影响中期车险业务的利润率。

第二，从政策轮回的角度来看，车险综合成本率并不处于下降周期。作为衡量财产险业务盈利能力的指标，从图1可知，中国人民财产保险股份有限公司（以下简称中国财险）历年综合成本率的周期性。

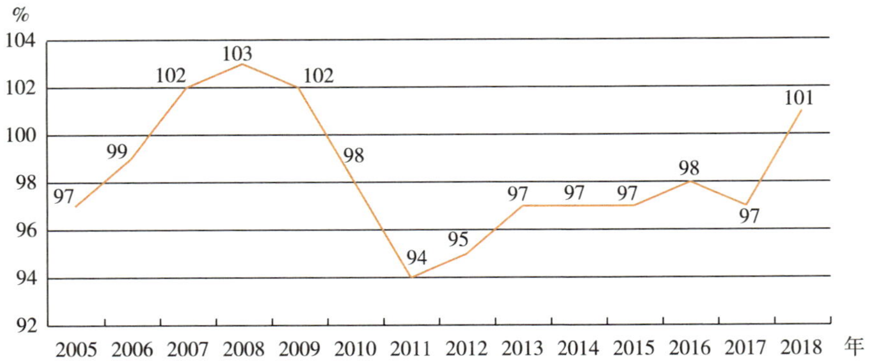

数据来源：中国保险行业协会。

图1　中国财险历年综合成本率

从2003年首轮商业车险保费市场化改革开始，车险费率由保险公司自己制定，由保监会备案审查，各家保险公司迅速开始了价格战，为了抢占市场份额，车险价格一路走低，综合成本率飙升到100%以上。

保监会2006年发布限价令，同年，保险行业协会制定标准化的车险条款和费率，市场竞争生态重回2003年之前的模式，各家车险价格一样。2007—2011年，财产险行业进入了春天，综合成本率一路走低，在一定程度上支撑了中国财险股价在港股市场上持续上涨。

2017年6月是一个重要节点，保监会发布《关于商业车险费率调整及管理等有关问题的通知》，开启第二轮商车费改，政策的核心一是下调商业车险费率浮动下限，二是控制保险公司的费用使用，这使商业车险保费收入下降，纯风险保费收入降幅接近30%。从趋势来看，在第二轮商车费改的过程中，综合成本率基本是一个缓慢上升的过程。

2019年综合成本率是否到达高点无从猜测，但它不处于下降的周期是一个不争的事实，财产险行业仍会在艰难中前行。

2019年寿险业务展望

2019年各保险公司仅公布了1月寿险保费收入数据，从“开门红”来看，平安寿险保费收入的同比增速为5.6%，而2017年这一数据为22.0%；新华保险保费收入同比增速为6.9%，2017年为9.9%；太保寿险同比增速为2.9%，2017年为24.4%。“开门红”缺少了一些热热闹闹的气氛，各家公司将其解释为淡化“开门红”概念，注重全年保费收入的均衡增长。

宏观上，通常认为人身险行业保费收入与GDP、居民可支配收入等宏观因素有一定的正相关关系。从图1和图2可以看出，GDP和可支配收入的同比增速显著降低，宏观数据不支撑对寿险保费收入的乐观预期。

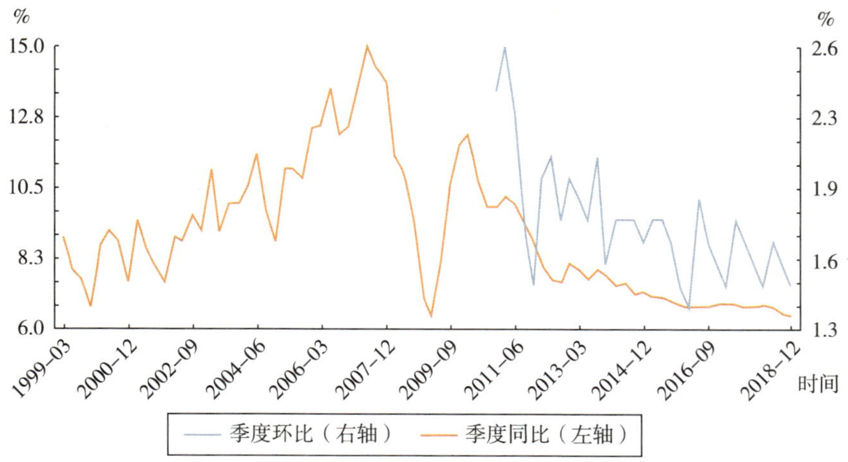

数据来源：中国保险行业协会。

图2　GDP增长情况

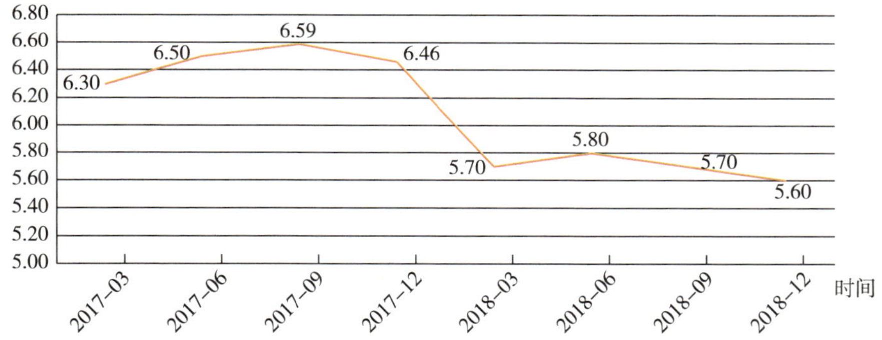

数据来源：中国保险行业协会。

图3　2017年3月至2018年12月城镇居民人均可支配收入累计同比

国泰君安研究所所长黄燕铭有直指人心的一问：股价上涨，是树上花开，还是人心中花开。2019年第一季度，保险业树上的花没有开，开的，是人们心中的花。

“牛市”不会因一篇报告而夭折，如果它结束，只能说明股票市场过去3年积蓄的力量，还不足以支撑起一轮“牛市”。对于该报告，无论人们是赞同还是反对，股市有它自己的节奏，不急、不慢。

“两罪”并罚近百万元，银保监会盖棺论定“相互保”

2019年4月12日

2018年10月30日，深受爱戴的一代武侠宗师金庸去世，他的名言“大闹一场、悄然离去”与其去世的消息一起，瞬间刷爆朋友圈。

信美人寿董事长杨帆也在朋友圈转发了这句话，但没想到一语成谶，这竟然也成了信美人寿联手蚂蚁金服打造的“相互保”命运的最真实写照。

“相互保”迎来大结局，监管历数“两宗罪”，罚款93万元

2018年10月16日，信美人寿相互保险社（以下简称信美人寿）牵手发起会员单位蚂蚁金服在杭州举行发布会，宣布二者深度合作开发的创新型重疾险产品“相互保”正式上线开售。在发布会前，该产品就已经在圈内引发不少关注，因为截至2018年10月15日，产品正式开售的前一天，预约投保该产品的人就已经超过千万人。该产品上线一个多月，人数突破2000万人。

前所未见的产品形态、疯狂的扩张速度，一时引得整个保险业侧目，“相互保”当之无愧成为2018年保险业的最大爆款。不过有关对产品的争议也开始充斥行业间，挺之者有之，谤之者有之。

这也引发了监管部门的高度关注，2018年11月27日，蚂蚁金服、信美人寿双双发布声明称，由于监管指后者涉嫌存在未按照规定使用经备案的条款和费率等问题，要求其停止以“相互保大病互助计划”的名义销售《信美人寿相互保险社相互保团体重症疾病保险》，而曾经的“相互保”将更名为“相互宝”，成为一个纯粹的网络互助计划。网络互助与保险再度被分割。

虽然判定“相互保”违规，但监管部门对于信美人寿以及相关责任人的处罚迟迟没有落地。经过近半年时间后，监管部门对此方才盖棺论定。

2019年4月12日上午，银保监会官网发布针对信美人寿的《中国银行保险监督管理委员会行政处罚决定书（银保监罚决字〔2019〕3号）》（以下简称3号行政处罚决定书）。

根据3号行政处罚决定书，银保监会曾对信

美人寿涉嫌违法案进行了调查、审理，并依法向当事人告知了作出行政处罚的事实、理由、依据以及当事人依法享有的权利。

在法定期限内，当事人信美人寿董事长杨帆和信美人寿总精算师曾卓提出了陈述申辩，银保监会在对陈述申辩意见进行了复核后，给出最终结论：经查，信美人寿存在以下违法行为。

未按照规定使用经批准或者备案的保险条款、保险费率

信美人寿在“相互保”业务中通过产品参数调整的方式改变了产品费率计算方法以及费率计算所需的基础数据。

时任董事长杨帆和时任副总经理兼总精算师曾卓对上述违法行为负有直接责任。

欺骗投保人、被保险人或者受益人

信美人寿在“相互保”业务中向保险消费者传达“相互保”产品依法合规的错误信息，以及第一年参与成员分摊金额仅需一两百元的误导信息。

时任董事长杨帆和时任副总经理兼总精算师曾卓对上述违法行为负有直接责任。

在杨帆和曾卓进行申辩后，监管部门还是坚持对当事人的陈述申辩意见不予采纳，并决定作出如下处罚：

一是信美人寿未按照规定使用经批准或者备案的保险条款、保险费率的行为，违反了《中华人民共和国保险法》第一百三十五条规定，根据该法第一百七十条的规定，对信美人寿处以罚款40万元；根据该法第一百七十一条的规定，对杨帆给予警告并处罚款8万元，对曾卓给予警告并处罚款8万元。

二是信美人寿欺骗投保人、被保险人或者受益人的行为，违反了《中华人民共和国保险法》第一百一十六条规定，根据该法第一百六十一条的规定，对信美人寿处以罚款25万元；根据该法第一百七十一条的规定，对杨帆给予警告并处罚款5万元，对曾卓给予警告并处罚款7万元。

也就是说，银保监会合计对信美人寿以及当事人罚款共计93万元，其中，针对信美人寿的罚款为65万元，针对个人的罚款为28万元。

在3号行政处罚决定书发布之后，信美人寿很快发布一则声明：

作为一家初创的新型保险机构，信美人寿一直努力于普惠金融和共享经济的实践探索，本着自助、互助、助人的初心，让更多消费者享受到保险保障是我们前进的动力与使命，从未想过、更不会有意欺骗消费者。然而我们在创新过程中确实还有很多东西需要进一步学习与思考，接下来我们会加强对各项监管制度的细致研究，与监管保持密切联系，加强汇报沟通，在业务发展中不断加深对监管制度和政策的理解。今后我们也会不忘初心，在监管指导和社会监督下继续坚持创新，为会员和消费者带来更好的产品与服务。

大闹一场，悄然离去，“相互保”事件论定，但其引发的故事仍在继续，其引发的热烈讨论也足以让行业思考些什么。

转型网络互助，“相互宝”成员已经突破5000万人

2018年11月，监管对“相互保”违规的判定，但似乎并没有影响之后“相互宝”的发展，如今，故事仍在继续，“相互宝”总用户量已经突破5000万人。

这一发展速度甚至超过了早年蚂蚁金服的另一利器——余额宝，余额宝上线半年时，用户数量尚未突破5000万人。

余额宝上线于2013年，“相互宝”上线于2018年，二者间隔的五年恰恰是中国互联网金融高速发展的五年，从单纯的理财，到寻求风险保障，中国消费者对于互联网金融产品的接受度已经大为提高。

在“相互宝”的示范下，在诸如蚂蚁金服这样的流量巨头的加持下，一度因为监管严格切割网络互助与相互保险，并严厉打击“擦边球”行为而沉寂的网络互助再度受到资本热捧，而且不同于以往中小平台鱼龙混杂的局面，这一次，更多是流量巨头主动加入“战局”。

就在“相互保”上线不久，京东即联合众惠财险推出“京东互保”，不过上线仅一天即遭下架。

在“相互保”被定性为违规，“相互宝”上线后，滴滴金融悄然上线网络互助计划“点滴相互”。虽然远远不及当初蚂蚁金服推出“相互保”那般轰轰烈烈，但很快也已经有超万人加入其中。

最近引发众人关注的是，2019年4月9日，电商巨头苏宁推出“宁互宝”互助计划并展开内测，称“0元即可加入，最高可获30万元的抗癌互助金和最高10万元的身故互助金”，计划在产品成熟后再向公众推出。

以网络互助起家的水滴公司也受到资本的青睐，2019年3月，其宣布完成B轮融资，总融资金额近5亿元，由腾讯领投，高榕资本、IDG资本、DST Global创始人尤里·米尔纳等知名投资人跟投。

巨头的入场或许意味着，网络互助行业已经走到了一个较为成熟的阶段，收获的季节也许就要到了。

市场经济中，商业机构的行为，往往都有市场需求在支撑，而有需求就意味着有痛点。网络互助所要解决的痛点无疑就是人们对于健康的担忧，对于日益提高的医疗费用的担忧，以及传统保险服务信息不透明、价格高企等弊端。

传统保险公司为寻求利益最大化，往往将目标聚焦于中高收入阶层，因为其风险保障意识较强，而价格敏感度较低，但现实中，往往是中低收入阶层才更需要风险保障，网络互助的出现，为提高这些人的风险保障程度创造了新的可能。

蚂蚁金服提供的数据显示，“相互宝”的5000万名成员中，有31%来自农村和县城，47%为外出务工人员。而已经获得救助金的24位成员中，也有一半来自低线城市和农村，大部分是儿童和外出务工人员。

或许从目前来看，网络互助这一类互联网产品尚不足以动摇保险公司传统业务模式，但不容忽视的是，随着技术的发展，信息越发透明，传

统的保险商业模式正面临前所未有的挑战。

资合？人合？中国特色相互保险在矛盾中创新

在有关“相互保”的这场博弈中，最受伤的非信美人寿莫属，该公司为“相互保”筹备近一年时间，将其视为公司业务取得突破发展的一大契机，结果最终却被监管判定违规。

信美人寿获批筹建于2016年，是同期获批的3家相互保险社中唯一一家寿险类相互保险社，也可以说是国内首家聚焦寿险的相互保险社。

作为国内首批相互保险社，因为无前车之鉴，信美人寿、众惠财险、汇友财险（原名汇友建工财险）自诞生伊始就自然肩负着探索中国特色相互保险公司发展路径的重任。这其中，因为信美人寿发起单位中有蚂蚁金服这一流量巨头，因而更受关注。

2017年5月正式营业后，信美人寿先后进行多种尝试，例如瞄准校友群体，与中央财经大学联合打造针对校友群体的定制保险计划等。更重要的还是其与蚂蚁金服之间的合作，包括为支付宝会员定制“宝贝守护计划”，允许支付宝会员用自己的会员积分来兑换这款保险，并在这款产品的理赔服务中尝试“陪审团”制度，也一度引发不少关注。

众惠财险也在创新方面做了不少尝试，深入各种互联网场景进行产品定制，其也是率先尝试与网络互助平台合作推出保险产品的公司，只是由于试点范围较小，并未引发大的关注。

尽管创新不断，但除个别产品外，3家相互保险社整体并未在市场上激起大的“水花”，这也引发了市场关于国内相互制保险公司发展模式的重新思考。值得注意的是，一开始定位于专注建筑工程领域的汇友建工财险，在2018年还进行了更名，拿掉了“建工”二字，或者也是对自身定位的一种重新审视。

不容忽视的是，虽然在2015年1月保监会就已经发布《相互保险组织监管试行办法》，但一些核心问题，仍然存在争议。

相互保险是国际主流的保险商业模式，一般而言，股份制公司属于“资合性”组织，最高权力机构是股东大会，按股份多少进行表决，而相互保险属于“人合性”组织，最高权力机构是会员大会，一般实行一人一票的表决方式。

在组织形式上，相互保险公司与股份制公司有着本质的区别。也正因为如此，相互保险公司的资金准入门槛往往较低，然而从3家相互保险社的初始运营资金来看，汇友财险为1亿元，众惠财险为2亿元，信美人寿达10亿元，远超一般相互保险组织1亿元的门槛，几乎与股份制公司无异。于是从一开始就有人说，门槛太高，背离了相互保险的初衷。

当然，监管部门这种折中而又创新的做法，保守之余，也有好处，在抬高了门槛的同时，也有效防范了风险，但“资合”与“人合”之间根本性的矛盾关系，也将长久困扰相互保险公司的发展。

初心不忘，求仁得仁，记录相互宝这场声势浩大的风险保障知识普及实践

2019年8月16日

肇始于2013年的网络互助，至今已是第二波高潮，但这次明显不同，由草根野蛮生长而来，互联网巨头集体下场“踢球”，其玩法和态势自然迥异。这也是『慧保天下』提出“保险公司和互联网平台真正竞争才刚刚开始”的原由。

至少可以拷问如下几个问题：一方面，保险公司目前的牌照保护会长久持续？技术的非线性突破会对中国社会造成哪些制度性的破壁？只怕新的技术手段将赋能给不同金融牌照截然不同的力量；另一方面，互联网平台对于“下沉市场”“增量市场”的培育和影响力，传统保险公司又该作何反应？

不可回避，对于“步履蹒跚”的传统保险业，『慧保天下』确实倾注了更多的情感因素。

保险消费需求正在觉醒，保险经营主体的玩法也在进化，保险监管也更“立公为民”，这都必将带来一个更普惠、更能在国计民生中发挥重要作用的保险业。有助于这个目标的所有努力，都值得关注和支持。

蚂蚁金服旗下的相互宝，已是目前网络互助中的最大平台，正如相互宝团队所宣称的，“这是一场借助互联网进行的风险保障知识普及实践”。以下介绍相互宝团队在其会员近8000万人大关时的所思所想，选择这个时点推送此文，既是如实记录，也是鞭策鼓舞。

初心不忘，求仁得仁！一起来关注相互宝这场实践，也是见证网络互助终局的一步步演化。

经过9个月时间的发展，相互宝成员数量如今已经攀升至7800万人左右。这一数字还在快速增长之中。这是前所未有的纪录，相互宝当之无愧地成为全球第一大网络互助社群。

这一成绩无疑是非常亮眼的。因为相互宝所解决的是重疾保障这样一个社会难题。9个月让8000万人获得重疾保障，即便是对于蚂蚁金服这样的巨头公司来说也足够傲娇一把。而且相互宝的发展速度甚至超越了余额宝，上线9天用户数就超过1000万户，半年成员数量即突破5000万人。

但对于相互宝团队本身而言，在告别了最初的兴奋之后，成员规模的扩大意味着责任的扩大，他们比以往任何时候都更加的清醒和敬畏

风险。

相互宝的定位是一款互联网普惠风险保障产品，此前从没有人将其做到如此规模，很多问题也没有可借鉴的经验。更何况，公众对于商业保险等风险保障产品本身就不是很了解，对于网络互助的理解也更容易出现偏差。而在高度透明的互联网世界，任何的误解都有可能造成一场风暴，这意味着相互宝团队每走一步都要如履薄冰。与其说这是一个“蓝海”市场，更贴切的说法或许是，这是一场借助互联网进行的风险保障知识普及实践。

情与理：一次赔审引发的思考

明确的规则，似乎可以让一切都有据可依。但世界的复杂之处就在于，很多事情不是非黑即白的，没有一个完美的规则可以穷尽所有争议点和可能性。这让规则有了可探讨、优化的空间。在相互宝团队，规则运营的同学们对此的感受最深。

2019年3月26日，一位相互宝成员因一次意外导致双股骨折，身体不适陷入昏迷状态。家人报案后，相互宝迅速组织调查。调查员很快发现，该申请人加入相互宝前按照医生要求需要长期服药。虽然其服用的药物与意外导致的昏迷之间并没有存在直接关联，但因为其未履行如实告知义务，初审结果认为不符合互助规则。

成员家属对初审结果存有异议，发起了赔审。首个赔审引发了网友的热烈讨论，超过25万名相互宝赔审员围观和参与了此次审议，支持者、反对者各执一词。

支持初审结论的赔审员认为，凡是不符合健康告知者就应该严格按照规则拒绝赔付。对个别人的宽容是对其他人的不公平；支持申请人者则认为，其所服用药物与其昏迷并没有必然联系。既然如此，从道义的角度出发，也应该予以救助。

赔审进行到5个小时的时候，申请人撤回了赔审申请，赔审提前结束。投票结果显示，在参与投票的25万人中，支持申请人的占42.231%，支持调查员的占57.769%。这意味着，申请人最终无法得到互助金。

申请人撤回的原因在于，赔审过程中申请人和家属要面对巨大的舆论压力。有些评论认为没有如实进行健康告知就等同于欺诈。在申请人家属看来，这样的评论过于主观和恶意，对于他们来说不公平。

每一次的赔审都是一次情与理的纠葛。但真理越辩越明，在持续的参与中，相互宝规则也日趋完善。例如，首次赔审就推动了相互宝规则、机制的完善。一个月后，相互宝优化了一般健康告知，将其中有关“连续服药”的规则进一步进行明确。

再如2019年6月，相互宝的第二个赔审案开始审议。相比第一次赔审，第二次赔审的机制进行了明显的优化：首先，增加案情考试，赔审员只有通过考试对案情完全了解才能参与赔审。其次，增加爱心接力功能，赔审失败的申请人可以发起爱心捐赠，上限为5万元。同时，对恶意评论进行过滤，保持赔审观点的平和、客观，减轻赔审申请人所要面对的舆论压力。

每次赔审除了解决争议，也是一次大规模的健康保障知识教育。

高度透明：观点交锋推动保障意识进阶

人们形容商业保险最常用的词之一就是“信息不对称”，一套复杂的、凝结着对于过去风险发生概率总结的精算制度，让商业险，尤其是人身险有了不同于其他金融产品的特质。难懂，常常是人们对于保险的第一印象。

而互联网，天然具有消除信息不对称的功能，构建在信用基础之上的网络互助对信息对称则有更高的要求。相互宝，是纯粹开放式的机制设计，各个环节都公开透明。这意味着，所有成员都可以监督计划的运行，提出自己的建议。

信息的高度透明公开，从一定程度上降低了由于物理距离带来的不信任感。但，这也要求平台做更多的用户教育工作，让更多“小白”用户明白大病保障这个专业服务背后的原理和规律。

作为一个重疾互助平台，相互宝的运行要受用户年龄结构、重疾发病率、理赔调查、分摊金额等几个核心要素的影响。例如，一个群体是存在重疾发病率的，这会导致人数规模越大生病的人越多。这就决定了相互宝的救助人数会逐步增长，再趋于稳定。但“小白”用户并不清楚其中原理，疑问背后是大众对健康保障的认知水平在逐步提升。

救助人数为什么增多了？是不是审核不严？

——其实，由于用户年龄结构较年轻，目前相互宝成员的重疾发病率还远远低于社会平均水平。

救助人数为什么这么少？能不能发挥保障作用？

——也有成员有这样的困惑。

救助额度能再提高吗？

——相互宝的定位就是普惠，一味提高保障金额也会带来分摊金额的上升。而且，不能寄望于相互宝解决所有的保障需求，有更高保障需求的用户应该去配置更高保额的商业险。

……

相互宝在短短时间内积累近8000万人，也成为民众风险保障意识的试金石。保险公司遇到的一些误解，相互宝也都会遇到。但相互宝因为公开透明，所有问题都可以开诚布公地进行深入探讨，而每一次的探讨，对于所有参与的用户来说，都是建立科学保障认知和习惯的机会。

保持敬畏心：科技手段，公益心态

相互宝的出现、快速成长，让一度沉寂的网络互助赛道重新热闹起来，各类互联网平台纷纷推出更高互助额度的网络互助产品，资本市场对此也青睐有加。

但对于相互宝来说，热闹是他们的，互助不是一门生意。从商业的角度来看，相互宝距离盈利也确实还存在较大距离。按照相互宝规则，目前相互宝依靠8%的管理费来维持产品的运行。相较于保险公司20%~40%的管理费，相互宝8%的管理费比例较低，还不能覆盖成本。

蚂蚁金服副总裁、保险事业群总裁尹铭表示，做相互宝必须坚持公益心态。如果未来通过技术手段能够降低成本，到时会进一步降低管理费。尹铭谈到最多的一个词就是“敬畏心”：“一个聚集了几十万用户的平台与一个聚集了数千万用户的平台，已经完全不是一个物种，而这个数据还在快速扩大，必须给予足够的敬畏。”

要保证一个近亿用户产品的稳定运行，离不开强悍的技术能力。蚂蚁金服保险事业群产品负责人立勇说：“就像造房子，两层楼用木头结构框架去搭就可以，但上百甚至上千层的高楼就必须要用巨型钢架结构。楼越高，底层负荷越大，风的影响也越大，需要完全不一样量级的能力。”

例如，分摊扣款看似是个简单的事情，但对支付技术也有很高的要求。过去，一些互助计划就常有扣不到钱的情况发生，它们的用户量级还远低于相互宝。相互宝则充分利用支付宝的技术优势，创新产品设计和运营规则，从以下几个方面有效控制风险：一是引入“信用评价”，以“芝麻分”作为履约参考；二是依托支付宝的支付技术，平稳、准确地完成七八千万笔的分摊扣款，而且将单笔分摊扣款的成本降至一两分钱。

同时，为了保证信息公开透明，相互宝引入了区块链技术，通过区块链技术实现高透明，保证案件信息永久有效、不被篡改。

虽然用户数已经接近亿级，但相互宝团队依旧保持着谨慎和清醒：10个月的时间，对于相互宝这样一款旨在提供大病风险保障的网络互助产品来说还太短，没有走完一个完整的小周期，还有很多考验需要经历。

互助卖保险是个好生意？水滴、轻松晋升流量巨头，带货后的风控怎么破

2019年10月30日

保险业难点多、痛点多，是老生常谈，产销分离，促进专业化分工，被视为彻底改变这一现状的最主要方式之一。尤其是习惯了注重用户体验的互联网科技势力的介入，在让人们感受到压力的同时，也感受到更多的希望，但对于保险公司来说，各种互联网平台果真是好的销售渠道么？

不能忽视的风险在于，持牌互联网平台作为销售渠道，其销售产品按比例获取手续费收入，但对于赔付并不负责，这就造成了一种脱节，导致其权利与责任并不对等，最终的责任都指向保险公司，而保险公司却很难去掌控销售端的风险。所以有人说，产销分离根本就是个“伪命题”，因为对于保险来说，销售不是根本问题，风控才是。

轻松、水滴保险业殊途同归

2012年前后，在深化市场化改革的大背景下，中国迎来一轮金融自由化改革，保险业对此并不陌生。在那个阶段，“放开前端，管住后端”的口号下，费率市场化改革、保险资金运用市场化改革的双重放松下，规模保费突飞猛进。而这一轮的金融业发展高潮，与以往不同的一点是，互联网金融也崛起了，网络借贷、众筹、互联网保险等都进入高速发展期。

2014年是公认的中国“众筹元年”，国内众筹募资总额为1.88亿元，共有1423个众筹项目，参与人数超过10.9万人。也是在这一年的8月，IDG原副总裁杨胤、原总监于亮领衔的轻松筹正式上线，并于2014年12月，获得来自老东家IDG数百万美元的A轮融资。

同样是在2014年，另外一种商业模式也在悄然发酵。国务院发文鼓励保险业发展提速，明确提出“鼓励开展多种形式的互助合作保险”，趁此东风，2015年1月23日，保监会颁布《相互保险组织监管试行办法》（保监发〔2015〕11号），到2016年6月22日，宣布批筹3家相互保险公司：众惠财产相互保险社、汇友建工财产相互保险社和信美人寿相互保险社。

彼时的保险业在中短存续期产品的助推下，正处于高光时刻，在互联网金融以及相互保险政

策的双重影响之下，网络互助也开始逐渐兴起，涌现出一大批网络互助平台，包括e互助、壁虎互助等，同时这一模式也引发诸多资本的兴趣。

进入2016年，在资本的加持下，网络互助平台数量一时达到顶峰，水滴就诞生于这一年。其由出身美团的沈鹏初创于2016年5月，获得5000万元天使轮投资，由腾讯、美团点评、高榕资本、IDG资本、点亮基金、真格基金和30多位知名互联网公司创始人共同投资。

在水滴互助上线的几乎同一个时间，轻松也上线了互助业务——轻松互助，并在两个月后，获得2000万美元“B+”轮融资，腾讯、IDG、德同资本、同道资本共同投资。两个月后，水滴又跨界打造众筹平台——水滴筹。

在众筹、网络互助平台相继搭建并初具规模之后，二者选择了相同的变现方式——卖保险。

2016年8月，轻松的两个创始人杨胤、于亮以个人名义完成对广东宏广安保险经纪有限公司100%股权的收购，并将公司注册资本金从1000万元提升至5000万元。轻松取得保险经纪牌照后，上线保险销售平台“轻松e保”开始销售保险。

水滴收购保险经纪牌照晚了一步，在2017年5月才正式完成对于保多多保险经纪有限公司（这是一家总部位于陕西的全国性保险经纪公司）100%股权的收购，并上线“水滴保”，后又改造升级为水滴保险商城。

就这样，轻松和水滴，一个从众筹出发，一个从网络互助起家，后来却在互联网保险“赛道”走向了殊途同归。体量也颇为惊人，据水滴保险商城10月公布的数据，仅其第三季度的年化签单保费就达到20.5亿元，其中9月保费收入中，长险保费也首次突破6000万元。

轻松目前没有公布最新的保费数据，但根据公开报道，在2018年10月，其投保人数就已超500万人，保险规模保费单月突破3亿元。

“网络互助+保险”模式成风，前端引流、后端变现

在完成对保险领域的布局后，轻松、水滴相继获得资本青睐。

2017年7月，轻松筹获2800万美元C轮融资，由IDG资本旗下成长期基金领投，德同资本、同道资本、腾讯、道生资本等老股东跟投。

水滴2017年8月获得A1、A2两轮融资，合计融资1.6亿元，由腾讯、蓝驰创投联合领投，高榕资本、创新工场、IDG资本、美团点评、彤程公益基金会等机构跟投；2019年3月，又获得由腾讯领投，高榕资本、IDG资本、DST Global创始人尤里·米尔纳等知名投资人跟投的5亿元B轮融资；紧接着6月12日，又宣布已完成由博裕资本领投的超过10亿元C轮融资。半年内完成两轮融资，此时水滴的估值已经突破10亿美元。

水滴、轻松凭借网络互助、众筹晋升新的流量平台，蚂蚁金服旗下的相互宝也大火之后，“网络互助+保险”的模式彻底火了。

因为这种模式看起来太“完美”。前端借由网络互助/众筹引流，有效解决了保险的获客难题，后端销售保险，则能帮助平台快速变现。更妙的是，无论是网络互助还是众筹，其聚集的都

是关注健康、关注风险的用户，也是保险的潜在客户。还有更多的想象空间在后面，这些平台成长为一家相互保险公司，或连接各种服务平台，构建服务生态，切入大健康产业——只要解决了流量入口问题，其他问题都能迎刃而解。

可以看到水滴、轻松之后，“网络互助+保险”的模式正在迅速被广为复制，如今网络互助这个“赛道”已经聚集了太多的高阶玩家。

轻松互助和水滴互助用户数量都达到数千万之众；蚂蚁金服的相互宝用户已突破9000万人；美团推出的美团互助用户也超过1400万人；就连滴滴推出的点滴相互用户也超140万人；360推出的360互助历时3月也迎来用户数量破百万人大关的关键时刻。近期，新浪微博旗下的创投基金完成对于“壁虎互助”的新一轮投资，而在这之前，新浪已经拿下一张保险经纪牌照，还正拟与申通等公司申请设立新浪人寿，很明显也是想复制“网络互助+保险”的模式。

产销分离“伪命题”？平台只负责销售不负责赔付，保险公司难控风险

保险业痛点多，是老生常谈，产销分离，加速专业化分工，被视为彻底改变这一现状的最主要方式之一。尤其是当被认为更注重用户体验的互联网科技势力介入这一领域，让业内人士感受到压力的同时，也感受到更多的希望。

转型之中正苦苦求索的保险公司也仿佛看到了新的希望，紧紧地抓住这波潮流，与各类平台密切合作，但保费的痛苦解决了，其他痛苦还在，例如，手续费越来越高……

保险公司与各式各样中介公司的合作似乎最终都将走向一个“死胡同”，随着保险中介本身的做大，地位愈发强势，保险公司愈发被动，要么减少业务量压缩成本，要么花高价买业务。

对于保险公司来说，还有更深一层的风险在于，中介公司作为销售渠道，其销售产品按比例获取手续费收入，但对于赔付并不负责，这就造成了一种脱节，导致其权利与责任并不对等，最终的责任都指向保险公司，而地位上被动的保险公司却很难去掌控销售端的风险。有观点因此指出，产销分离根本就是个“伪命题”，对于保险来说，销售不是根本问题，风控才是。

2015年税优健康险刚刚推出之时，因为前所未有地允许投保人带病投保，一度引发业界哗然，认为对于投保人如此友好的保险产品一定会大卖，然而事实上，这类产品销量并不高。

一位保险公司健康险从业者很形象地作了一个假设：“我们去医院门口摆一张桌子，给大家介绍这款产品，很多人都会投保的，因为这款产品对于投保人确实很友好，销售根本不是问题，但问题是保险公司不能这么干，因为去医院的很多都是高风险用户，保险公司无法控制风险，卖的越多亏的越多。”

大数据、云计算等技术的发展，给保险业产品设计带来了更大的想象空间，可以看到已经开始有越来越多的产品指向已经患病的人群，但无论形式如何变化，对于保险公司来说，风控始终是关键所在。

互联网路径依赖下的轻松水滴，兴也用户，危也用户

从风控的角度再重新审视互联网平台水滴、轻松，或许会另有一番感受。

水滴公司创始人沈鹏，号称是美团的第10号员工，其在美团6年时间，在地推方面立下汗马功劳，曾率领美团外卖团队从10人草根项目组蜕变为6000多人的大团队。

在美团的经历深刻影响了沈鹏，他离开美团后创立水滴，而水滴运营公司真正的名字是北京纵情向前科技有限公司，据说取自于美团创始人王兴常常讲的一句话“既往不恋，纵情向前”。水滴的“狼性”文化由此可见一斑，以下两个方面表现尤为突出：

一方面是肯烧钱培育用户。水滴上线之初，就在多个平台大力推广，甚至推出了“0元加入”“3元补贴”的活动。在这种攻势下，水滴互助会员数量增长迅猛。但在保险业界却引发争议：网络互助用户道德风险高，且实际花费将高于最初宣传的费用，可能会超出用户预期，如果大量的人退出，则存在不能兑付的风险。

另一方面是将美团的地推模式成功移植。在全国200多个城市设立志愿者团队，到大小医院推广水滴筹，其平台沉淀的用户质量，因此也更为人们所质疑。

同样的经营风格也延续到保险业务经营中。用户一旦加入水滴互助就会收到有关保险产品的推送，有的用户在不甚明了的情况下就买了一份保险。相对于水滴，轻松看起来要更稳健一些，在很多人看来，这与轻松创始人杨胤是一位成熟的职业女性，出身投资机构，且轻松筹定位于公益平台有关。

不过对于轻松的质疑也并没有因此减少——轻松筹的用户，多是因为自己身边人患上大病而加入平台的，对于需要严格风控的保险公司来说，质量同样堪忧。单从数据来看，网络互助平台的确是更受三线、四线以下城市和乡镇人群的欢迎。水滴保险商城保障用户数近2000万人，这其中有67%来自三线、四线及以下城市，相互宝公布的数据也印证了这一点。

虽然水滴以及轻松两家公司殊途同归，但由于创始人的背景不同，公司发展路径不同，二者在保险业经营思路方面也大不相同。但对于保险公司而言，疑虑却是相同的，一方面是成本问题，另一方面是风控问题。

当然，在疑虑的同时，面对新兴事物，也不能忽略其积极意义，作为普惠金融的一种，“网络互助+保险”的模式推动了保险市场的下沉，给中小城市以及农村地区带来风险解决方案，这是保险公司所难以（不愿）做到的。

同时，也要看到其仍在快速发展变化中，今天的问题也许明天就不再是问题。例如，轻松先后引入安心保险原总裁钟诚、弘康人寿原总经理张科坐镇，水滴也引入大都会人寿中国创始人之一李佳，这些传统保险职业经理人的风控意识将给轻松、水滴带来何种变化，同样值得期待。

互联网巨头借道网络互助销售保险，强大获客能力直戳保险公司软肋

2019年8月12日

当资产驱动负债的热潮退却，车险费率市场化改革取消互联网的渠道优惠，互联网保险保费增速立刻萎靡不振，所谓的“互联网颠覆保险业”似乎成了一句笑话，随之而来的是大型保险公司、传统渠道的扬眉吐气，个人代理人渠道的迅速回春。

然而凡事从量变到质变总是要经历一个过程，牌照如同围城，给了保险公司经营保险业务的绝对正当性，但牌照掩护之下长达几十年的激进营销策略，也让行业口碑跌至谷底；互联网带着打破信息不对称的特质呼啸而来，挑战传统保险营销“替天行道”，成为其以解决用户痛点为出发点的思维模式的必然结果。

这种质变或许正在到来，以网络互助为例，显然已经成为所有的互联网保障模式中的佼佼者，蚂蚁金服、腾讯、滴滴、360、美团等先后涉足，其后付费或提前少量预存的模式大大降低了商业保险先付费模式所带来的消费者决策成本；同时因为迎合了当下社会的健康焦虑，迅速发展成为引流利器，解决了保险公司不掌握客户的尴尬；“网络互助+保险”的模式，又顺理成章解决了流量变现的问题。

值得注意的是，国务院最新发文明确表态支持互联网平台申请保险兼业代理资质，进一步降低互联网平台的保险业准入门槛。从国家层面来看，提升全民乃至全社会的风险管理水平才是终极目标，至于通过何种企业、何种方式来实现，或许并不是很重要。

如今，国内主流的网络互助平台均已收获大量客户，其中大多数也已经获得保险中介牌照，个别平台背后的资本甚至已经参股保险公司。

一个所有保险公司都将恐惧的对手正在浮出水面。

互联网巨头高调入场，借道网络互助展示强烈上位诉求

2018年11月，监管部门责令商业保险与网络互助彻底划清界限，相互保变身相互宝，却并未动摇其根基，相反，在蚂蚁金服这样的流量平台极力推动之下，相互宝已然发展成为全球最大的互助社群，最新的数据显示，成员已经突破8000

万人，且数字仍在快速成长之中。

同时，在相互宝巨大的示范作用下，一度沉寂的网络互助“赛道”“战火重燃”，诸多互联网平台纷纷入场“厮杀”，其中不乏互联网巨头：

2019年1月2日，滴滴保险频道上线重大疾病网络互助产品“点滴相互”以及大病筹款平台“点滴求助”。

2019年4月，苏宁上线低调内测网络互助计划“宁互宝”。

2019年6月，奇虎360旗下网络互助产品360互助悄然上线。

2019年7月，美团旗下金融服务平台美团钱包上线美团互助好青年大病互助计划。

网络互助也再度吸引了资本市场的高度关注，不少主打网络互助概念的互联网平台在2019年获得资本方青睐：

6月，悟空保在宣布上线悟空互助社和悟空筹两项新业务的同时，其也正式对外宣布获得新一轮融资，额度为6000万元，由易宝支付、58集团联合领投，梅花创投跟投。

水滴公司2019年仅上半年就获得两轮融资：3月获得近5亿元B轮融资，腾讯领投，高榕资本、IDG资本、蓝驰创投、创新工场、DST Global创始人尤里·米尔纳（Yuri Milner）、原腾讯电商控股公司CEO吴宵光等知名投资人跟投；6月完成超10亿元的C轮融资，博裕资本领投，腾讯公司、中金资本、高榕资本等投资机构跟投。

此外，几乎所有的网络互助平台都毫不掩饰对于保险业务的热衷：

轻松互助2016年就开始从事保险相关业务。

水滴公司早在2017年5月就上线了商业保险平台“水滴保”。

蚂蚁金服旗下的相互宝在宣布用户破8000万人的同时，也宣告将面向保险公司开放。

显而易见，“网络互助+商业保险”正成为大型网络互助平台的标准配置，商业保险已经成为网络互助平台最重要的变现途径。

值得注意的是，这些平台为了光明正大地开展保险业务，往往会申请相应的保险牌照，无论是蚂蚁金服、轻松筹、水滴公司还是美团等，均已斩获保险中介牌照。以后甚至不用如此大费周章，近期，国务院发文，允许有条件、有实力的互联网平台申请保险兼业代理资质，无疑是为这类平台开展保险业务大开方便之门。

与众不同的保险经营套路，直指超过九成的保险公司软肋

客户是保险公司的最大筹码，国内越大的公司往往客户也就越多。早在2017年，中国人寿就曾声称客户超5亿人（含各个渠道）；2018年，中国平安也曾声称个人客户数量近2亿人；2018年，中国太保也称客户数量超过1亿人。

按照传统模式，新组建的保险公司都是有资本无客户，开业后砸资本获取客户，过程非常慢。先行几步的大型保险公司凭借成立时间早、市场竞争压力小的优势，充分享受人口红利，早早建立起庞大的个人代理人队伍，对于推动积累个人客户居功至伟；但对于后来者，难度则大大

增加，“七年盈利”一说，侧面反映的也正是这种状况。

部分新兴保险公司意图借助银行实现弯道超车，资产驱动负债的模式虽然一度令其规模保费骤增，却依旧不能助其掌握客户资源，阻碍了保险公司长期可持续发展。“不掌握客户”成为保险业迫切需要解决的一个根本性问题。

网络互助的出现，似乎给了这个问题一个较为理想的答案。

有知名经济学家坦言，保险是最难卖的，因为需要客户付出金钱在前，享受服务在后，而不像银行客户，先享受（获得贷款），再付出（还贷）。网络互助让这一切不再是问题，大多采用后付费，或者先期少量缴费的模式，有效减少“前期需要付出大量金钱”所带来的决策成本，获客效率大为提升。

当然，更重要的是，网络互助这一模式迎合了社会对于健康的焦虑情绪，同时也贴合了国内大多数人平均收入依然较低的社会现实。

支付宝、微信向客户推销保险尚且存在一定的心理障碍，因为这些客户都是奔着交易、支付、社交而来，平台不好肆意开发，但网络互助的客户不同，都是为了保障聚集在一起，与商业保险的属性天然契合。

各主要网络互助平台以及他们的资本方显然都已经发现了这其中的巨大商机。腾讯投资与并购部相关负责人在解释投资水滴公司的原由时，就直言不讳地表示，水滴找到了一个互联网和保险较好的结合点。

事实证明，主要网络互助平台确实有着强大的引流能力和保险客户转化能力，数据显示：

2019年6月，水滴公司宣称，成立3年，独立付费用户已经破2.5亿户，水滴保险商城的保障用户数量也突破1200万户。其中，90%的用户会通过水滴保险商城完成自己的首次线上投保，水滴保险商城用户的复购意愿高达73%。

2019年4月，轻松筹旗下保险平台轻松保有关负责人也公开宣称，其已经积累保险用户1500万户。

“网络互助+商业保险”的模式在某种程度上已经触动了行业敏感的神经。近日就有传言称，众安保险正在和轻松筹接触，计划投资后者8000万美元。如果传言非虚，则无疑意味着众安保险正努力通过网络互助的形式加强对“保险场景”的掌控力，从源头上破解长期发展难题。

网络互助接下来的路径预判，初心悖论，挑战你是为了拥有你

当然，从目前来看，这些网络互助平台的保险销售目前还多是通过保险中介公司来实现的，毕竟凭借对客户资源的绝对掌握，利用中介模式也完全可以实现出色的盈利水平。技术起家的这些网络互助平台，无论是在获客能力上还是在用户体验上，显然都是多数保险专业中介难以媲美的。

对于保险公司，网络互助平台目前多秉持开放的态度，接入多家保险公司，根据平台用户需求，合作定制产品、销售产品。

值得注意的是，随着中介业务模式逐步做

大，与保险公司合作的过程就是不断为网络互助平台训练模型、精准数据的过程，保险公司很难避免成为网络互助平台崛起的垫脚石。假以时日，网络互助平台走向保险公司或许就将成为大概率事件。

可以看到，目前，多家网络互助平台背后的资本都已经将手伸向了保险公司牌照。

就在近期，现代财险公布了新的增资方案，滴滴与联想赫然在列，一旦获批，二者将合计持有现代财险64%的股权。

不过，形势看起来虽然紧迫，但对于保险业而言或许并非坏事，行业需要创新，进取心不强的公司也需要一记重锤。

历经长达几十年的激进营销后，保险业形象一度跌至谷底，至今还未改变“赎罪者”的形象，人人都能拿保险来说事，挑战保险来“替天行道”。荒谬的是，还是要拿一份牌照来变现。

不过对于监管而言，如果网络互助平台及其相关保险中介遵纪守法，申请保险公司牌照，也没有不让进入的理由。毕竟，就监管者而言，终极目标一定是实现全社会风险保障水平的提高，而不是保险公司做大做强，能提高消费者利益的，就值得探索。近期，国务院发文进一步激活互联网平台经济，允许有条件、有能力的互联网平台申请保险兼业代理资质，所释放的正是这种信号。

互联网平台驱动的对传统保险公司新一轮挑战已经开始，蚂蚁金服，腾讯、滴滴、360、美团……资本驱动之下，越来越多的网络互助平台开始逆袭，保险公司与互联网平台的真正竞争才刚刚开始。

有头有脸的互联网平台都开始卖保险了

2019年9月11日

互联网时代，言必称流量，如何实现流量变现也成为各大平台的必修课，广告、理财业务相继涉足，随着人们保险意识的提高，保险业务也逐渐为各大“有头有脸”的平台看上。

从早期把线下保险业务直接搬到线上销售，到场景类保险、理财类保险在互联网流量平台崛起，再到如今一些互联网平台开始尝试销售长期复杂的健康险、寿险、年金险业务，互联网保险业务不断演变，转化难度不断加深。

其背后的逻辑是，随着中国人口红利派生出的互联网流量红利逐渐消失，过去那种瞄准一个领域，即可“跑马圈地”、简单粗暴发展的时代一去不返，互联网产业也开始进入存量时代，需要在泛流量中进一步挖掘精准流量，并深耕细作，寻求更深层次的流量变现。

在销售简单的理财产品，包括股票、基金以及理财类保险之后，互联网平台最后一步销售的一定是长期价值型的保险产品。这类产品虽然转化难度大，频率低，但单价高、利润率高，无论是对于平台还是对于保险公司来说，都更有价值。

在这种逻辑下，可以看到无论是泛流量平台还是精准流量平台，都已经开始对长期价值型保险产品发力（见表1）。

表1　持有保险牌照的互联网平台

平台名称	目前所持保险牌照
内容类	
新浪网	兴民保险经纪公司
东方财富	众心保险经纪
同花顺	浙江同花顺保险经纪
今日头条	北京华夏保险经纪
百度	黑龙江联保龙江保险经纪
搜狗	搜狗（汕头）保险经纪
社交类	
微信	微民保险代理、腾诺保险经纪；众安保险、和泰人寿、香港英杰华
电商类	
蚂蚁金服	国泰保险、信美相互、众安保险、蚂蚁保保险代理
唯品会	国富人寿、广东品诺保险代理
苏宁	苏宁保险销售
国美	国美保险经济

续表

平台名称	目前所持保险牌照
美团	重庆金诚互诺保险经纪
京东	京东安联保险、京东保险商城
其他类	
联想	现代财险、大树保险经纪
小米	小米保险经纪
出行类	
12306	铁路自保
携程	携程保险代理
途牛	途牛保险经纪
同程	天圆地方（北京）保险代理
滴滴	现代财险
网络互助平台	
水滴公司品	水滴保险商城
轻松筹公司	轻松e保

注：不完全统计数据。

泛流量红利见顶，转向深耕细作

过去20多年，随着中国人口红利的逐步释放，中国互联网产业蓬勃发展，涌现出一大批各式各样的互联网平台，而基于流量变现的需求，这些平台中的很多几乎都将销售保险作为重要的业务布局。以几种较为常见的互联网平台为例来说明。

内容平台

这一类平台是很早就成立的门户网站，包括网易、搜狐、新浪等，虽然随着移动互联网的普及，这些门户网站逐渐沦为“传统产业”，但在市场上仍是不容小觑的存在；也包括相对细分的东方财富、同花顺等，主要面向股民；当然，更包括近些年崛起的今日头条等新型内容聚合平台。

百度、搜狗等作为搜索引擎，也可将其归类为内容类平台。

可以看到，这一类互联网平台几乎是最早试水互联网保险的，例如新浪、网易，作为中国最早成立的互联网公司，很早就开始试图依靠自身流量销售保险，其中新浪已经拿下保险中介牌照；而东方财富、同花顺等作为面向股民的内容平台，也都已经拿下了保险中介牌照；今日头条对于保险业务也倾注了相当的热情，2018年成为华夏保险经纪的单一股东，保险平台已经上线。

搜索引擎中，百度在保险领域也投注颇多热情，其曾试图通过和安联保险、高瓴资本发起成立名为“百安保险”的互联网保险公司。未果后，2017年9月，其还通过全资子公司百度鹏寰资产管理（北京）有限公司入手一张保险经纪牌照——黑龙江联保龙江保险经纪有限责任公司。

社交平台

以微信、微博为代表的社交平台在移动互联网时代崛起，并成为国内用户活跃度最高的社交网络平台，在流量变现的过程中，也将保险等金融产品作为重要突破口之一。

这其中，聚合了强大支付功能的微信尤其积极，微信背后的腾讯先后涉足多家保险公司以及保险中介公司，包括2张中介牌照，微民保险代理、腾诺保险经纪；3家保险公司，即众安保险、和泰人寿、香港英杰华人寿。

公开资料显示，截至2019年6月，微保小程序月活用户达2900万户。

电商平台

相对于内容平台以及社交平台，电商平台天然具有鲜明的销售属性，销售保险更是理所应当。这其中，依托于淘宝、天猫的蚂蚁金服首屈一指，其除了入股众安保险，还投资了国泰保险、信美相互，此外手中还握有一张保险中介牌照——蚂蚁保保险代理有限公司。

公开资料称，蚂蚁金服保险服务平台成立于2015年，其保险事业群团队已超过200人。截至2018年末，用户通过蚂蚁金服保险平台获得保险保障近200亿单，全年线上理赔超过40亿笔，且已同100余家保险机构深度合作。

销售3C类产品起家的京东，销售服饰见长的唯品会，从线下转到线上的苏宁、国美等，在聚集了相当的流量之后，也将目标投向了保险，其中多家已经拿下保险类牌照。

从团购起家的美团、主攻下沉市场的拼多多近年来也吸引了不少眼球，成为互联网平台中的后起之秀，也开始寻求流量变现，其中美团已经涉足保险领域。

其他类

其他类型的互联网平台经过发展，其流量也蔚为可观，如通过杀毒软件起家的360、以提供上网服务起家的WI-FI万能钥匙、从电脑销售起家的联想、从硬件手机开始的小米以及近年来大火的滴滴、摩拜等。这些平台如今也开始逐渐将触角伸向保险领域。例如，360早在2014年11月就上线了保险平台，小米也已经拿下保险中介牌照，联想在退出安华农险后，又决定携手滴滴入股现代财险。

尽管诸多泛流量平台在寻求流量变现过程中都将保险作为重要业务，但不同平台由于属性不同，在保险业务开拓方面的表现也有显著不同。

BATJ等老牌流量巨头以及TMD等后起流量新秀，因为超强的引流能力在保险业务的经营中一路领跑，经历了几乎互联网保险发展的各个阶段。

对于这些泛流量平台而言，在介入保险业务的初期，会倾向于销售“短平快”的标准化产品，包括意外险、理财险等。

这些大的流量平台虽然拥有海量的流量，但由于用户的跨度较大，所以一开始很难做到精准分层。但随着互联网技术的发展，流量巨头积累的数据量逐渐增加，其开始可以很容易地依据用户的行为以及标签进行筛选分类，这为其精准开发、销售保险奠定了基础。碎片化的场景类保险应运而生，但由于过于碎片化、单价过低，其对于市场的影响整体有限，对于有关保险公司的价值贡献也很低。

随着互联网泛流量红利见顶，泛流量平台经营保险业务的思路也开始发生变化，开始转向难度更大的长期价值型保险业务，包括中长期的健康险、寿险、年金险等险种。

泛流量平台经营保险业务的另外一个显著趋势是，由于其平台整合资源能力较强，资金实力雄厚，加之流量充沛，拥有很强的溢价能力，能够连接各方服务资源，构建完整的服务闭环。

例如腾讯，在布局保险，试图解决医疗支付问题的同时，在医疗领域、健康管理领域乃至养老领域也有诸多布局，大健康养老生态初步形成。这种资源的整合能力显然是一般的互联网平台所不具备的，保险公司在与这类平台合作的时候，也会更加被动。

精准流量平台价值受青睐，如何提升转化率是难题

当泛流量的红利已过，精准流量的价值开始被更多发掘。在泛流量巨头开始深挖自身场景机会的同时，一些垂直细分领域的互联网平台也开始崛起，由于这些平台的用户标签鲜明，保险需求也相对集中，开始吸引很多保险类企业的关注。

出行平台

12306作为铁路总公司唯一正规售票平台，其所聚集的流量是相当精准的，都是有着明确出行需求的人，旨在为出行提供风险保障的交通意外险理所当然成为销量最大的险种。为满足这其中的风险保障需求，铁路总公司甚至还在2015年出资成立了中国铁路财产保险自保有限公司。

与12306类似的旅游类OTA类网站很多，包括携程、去哪儿、同程、途牛、途家等网站，也都是销售各种与出行、住宿等密切相关险种的最佳场景，包括航意险、航延险、意外险等险种，而这些平台对于经营保险业务也都充满兴趣，其中携程更是因此获利颇丰。

母婴类平台

美柚、宝宝树，对于这类准爸妈关注的平台，其用户高度聚焦，且正处于人生中风险保障意识最强烈的阶段，对于健康险等长期价值型保险业务有着强烈的保险需求，对于保险公司来说，意义重大。

而这类平台也开始注意到保险业务的价值，可以看到美柚服务板块中直接就有宝宝首份保险的推荐。

网络互助平台

水滴、轻松筹等作为新兴互联网平台，通过后端发起救助，圈起了亿级别的流量，而这部分流量因为对周围亲人生病有痛感，也对健康问题比较关注，从而激发了这部分人群对健康类保障的诉求，对于保险业而言，也属于精准用户。

垂直自媒体

自媒体也可以划分为多种类型，其中一些对于保险公司而言也有很高的开发价值。例如，一些专注于保险消费者教育的自媒体，一些专注于旅游的自媒体，一些专注于健康知识的自媒体等。

对于这些平台来说，其受众与保险的连接可强可弱，需要借助有效运营，完成用户教育以及转化。据了解，近日风险管家就启动了一项星球动力计划，与诸多行业媒体以及自媒体合作，通

过自媒体内容生产以及多渠道发布，实现流量的共享。

与泛流量平台相比，这些垂直于某一领域的互联网平台显得有些“势单力薄”，获取保险中介牌照尚有可能，参股保险公司则往往面临比较大的压力。对于它们来说，最好的方式无疑就是与保险公司以及保险中介公司合作，对用户进行转化。

值得注意的是，由于平台属性不同，不同平台对于保险企业的价值也明显不同。

例如，以12306、携程等为代表的出行类平台，其用户的保险需求是非常明显的，但往往集中于意外险、延误险等，一些险种对于保险公司价值贡献并不大。尤其是这些平台往往基于自身的流量优势，拿走大部分利润，对于保险公司而言，有时候只能是赔本赚吆喝。

相较之下，宝宝树、美柚等母婴平台，对于保险公司而言，显然更具长期价值，不过如何转化也考验保险公司的能力。

一些垂直于保险消费者教育的自媒体，虽然自身流量较小，但由于非常专业，往往也能够聚集一批忠实的用户，有利于其销售长期价值型保险。

虽然垂直细分领域的互联网平台很多时候难免需要站队互联网巨头，成为其生态圈的一部分，但其作为独立平台所体现出的垂直细分领域的保险机会，对于很多保险公司而言，目前尚存在一定的红利期。可以看到，一些保险公司、中介公司以及保险科技类公司，实际上已经抓住了这一机会。

对于很大一部分垂直领域的平台而言，其自身并没有保险销售资质，即便持牌平台，它们对于重运营及服务的保险板块很难形成闭环，它们会选择与保险中介或者类似于风险管家这类互联网保险经纪平台合作，由其进行赋能，提供线上保险解决方案，包括前端运营、平台的投放、用户跟踪服务与转化等，从而为其平台用户提供闭环服务。

尽管中国的流量红利在消失，但是中国网民足够多，且上网的频次足够高，存量市场足够巨大，对于包括保险公司在内的各类企业而言，关键就在于精准地找到自己的目标客户。

保险并不是海量流量的生意，尽管一些泛流量平台有海量流量作支撑，但受限于客单价较低以及转化率不高等因素，如果仅是停留在浅层的销售，保险业务对其而言或许并不是一门长久的好生意。这些平台需要大浪淘沙，通过层层漏斗淘出目标性一致的客户。精准流量平台，自带这个属性，从而对保险营销转化有更高的价值。

数万保险大V崛起，明星基金扎堆投资，“教育+社群”试图破解传统销售难题

2019年10月31日

人人都在说资本寒冬来临，但金钱永不眠，永远都在寻找新的热点。

据『慧保天下』不完全统计，2019年以来，国内共有30余家与保险相关的互联网平台发布融资成功的消息，融资额超过40亿元，其中，以知识付费、消费者教育切入保险价值链的保险决策购买型平台尤为受到资本垂青。

10月15日，维尼保宣布完成数百万元的种子轮融资，并发布其社群品牌“维尼保”。

9月17日，长期保险购买决策平台多保鱼宣布完成超2亿元B轮融资。

8月，小帮规划宣布完成2亿元B轮融资。

4月，蜗牛保险获融资。

……

这类平台多设置微信公众号、抖音、小程序等自媒体平台，并形成矩阵，通过发布具有专业性的保险科普文章、小视频和保险产品测评内容以及测评小工具来吸引流量，同时接入保险产品购买渠道，依靠保险机构给付的佣金来实现盈利。

红杉资本副总裁李张鲁曾对这种趋势作出概括，指出互联网保险创业已经进入第二个阶段：第一个阶段是B2B2A（代理人）时代，主题是赋能保险代理人；第二个阶段是B2B2C时代，主题是将保险产品更高效地销售给C端用户。

不过，对于这些保险销售大V而言，难度正在增加，最明显的一点即在于随着数量达到数万家之众后，私域流量红利也被迅速挤压；对于获得融资的头部机构而言，资本的介入也像一把“双刃剑”，如何不断复制成功经验持续扩大业务规模成为一大考验。一些前期获得融资的平台，疲态已经开始显现。

红杉、BAI及蓝驰等明星创投连续加码，保险决策购买型机构受垂青

近年来，随着互联网创业浪潮的兴起，互联网保险创业模式逐渐演变，早期最为资本所青睐的是各种B2B2A平台，通过赋能代理人，掌握代理人，掌握销售渠道。

而近来，资本对于互联网保险创业企业的兴趣显然又转向了B2B2C。2019年开始，以知识付费、消费者教育切入保险价值链的保险决策购买型平台尤为受到资本垂青。例如多保鱼、蜗牛保险、小帮规划、创必承等，已先后获得融资（见表1），其中，多保鱼在短短半年时间内先后获得两轮融资，小帮规划、蜗牛保险也都已获得B轮融资。

表1 以知识付费切入保险价值链并获得融资的互联网平台

公司名称	成立时间	创业团队背景	规模	融资时间及轮次	融资额	投资方	平台类型
多保鱼	2017年	章垚鹏，创始人，毕业于浙江大学，曾为泛城科技早期核心成员、知彼科技联合创始人	400万关注用户，总保费规模超过5亿元，总保额超过20亿元	2019年9月（B轮）	2亿元	云锋基金领投，拍拍贷跟投，A轮股东追投	长期保险购买决策平台（持保险经纪牌照）
				2019年4月（Pre-A轮）	千万美元	光速中国创业投资基金领投，贝塔斯曼亚洲投资基金（BAI）、真格基金跟投	
				天2018年12月（A轮）	数千万元	贝塔斯曼亚洲投资基金（BA1）领投、真格基金跟投	
小帮规划	2014年	徐彬，创始人兼CEO，毕业于哈佛大学统计系，曾在投资银行、对冲基金工作，有金融领域连续创业经历	小帮保险服务超10万人次	2019年8月（B轮）	2亿元	领投方为腾讯，A轮投资者全部跟投	第三方财富管理
				2018年11月（A轮）	数百万美元	红杉资本中国种子基金、美国再保险集团（RGA）联合投资	
				（天使轮）	未公开	蓝驰创投	
创必承	2011年	孙明展，北美侯选精算师，曾任ING精算，香港第三方理财机构GIA大陆首席代表	从普通用户到专家理财咨询的转化率为9.3%，2017年投顾业务约有10万用户，其中智能投顾用户超4.6万户	2019年1月（B轮）	未公开	麓谷创投、经纬中国投资	第三方财富管理
				2017年（A轮）	数千万元	考拉基金投资	

续表

公司名称	成立时间	创业团队背景	规模	融资时间及轮次	融资额	投资方	平台类型
蜗牛保险	2013年	尚萌萌，创始人，CEO，此前曾在新华保险工作	已盈利，蜗牛保险亿元的用户转化率约为10%	2019年4月（B轮）	未公开	纪源资本、前海再保险领投，源码资本跟投	保险咨询服务和解决方案平台（持保险经纪牌照
				2019年1月	数千万元	源码资本投资	
				2017年6月（天使轮）	750万元	未公开	
长投学堂	2011年	杨乐，创始人及CEO，曾就职于巴克莱银行、英国朗讯	月付费人数4万，总付费规模超200万人	2018年9月（A轮）	1亿元	涌铧投资领投	第三方财富管理
维尼保	2018年	CEO全俊树，“90后”，曾任51信用卡某事业部运营总监	搭建数百个社群和自媒体矩阵	2019年10月（种子轮）	数百万元	投资方系个人投资者	保险决策社群平台
大令保	2018年	黄诤，大令保首席执行官，资深保险规划师，曾担任蚂蚁保险业务部负责人	拥有全职保险规划师60人，服务用户超10万	天使轮	1000万元	睿森资本	保险咨询、评测、推荐的第三方平台
彩贝学堂	2016年	张伟，采贝科技创始人及CEO，2016年创业前担任网易副总编辑	课程收入超过2000万元，与华泰证券合作	2019年7月（天使轮）	未公开	瓜子二手车杨浩涌投资	第三方财富管理

资料来源：根据公开资料整理。

这些平台的销售能力不容小觑，一些布局较早的平台年保费收入达到数千万元乃至数亿元的规模，最常见的业务模式就是通过微信公众号、抖音等平台发布优质内容或者课程，实现对消费者的教育，吸引流量，再通过组建社群乃至线下交流活动的方式销售保险。

虽然都是保险决策购买型平台，但不同的平台还是会呈现出不同的特点，从业务复杂度的角度切入，一些平台专营保险业务，但也有一些平台定位于综合的财富管理平台，例如小帮规划、创必承等。

从其融资金额整体态势来看，这些新兴平台融资额度大都在千万元以上，有的甚至在亿元之上。

从资本投资方向来看，资本更趋于理性，已经从最初的盲目撒网转为集中火力转投优势项目，专注投资商业模式已经成型的平台，相比方向上的创新，更加重视平台对布局整个生态链的作用。

随着资本的注入，这些平台也开始通过投放广告的方式吸引流量，迅速发展壮大，一些规模较大的头部平台已经获得保险中介牌照，例如多保鱼、蜗牛保险等。

值得注意的是，随着这些平台的崛起，一些平台也开始转向为其提供互联网保险销售备案服务、销售工具服务等功能，例如慧择、薄荷保等。而这些平台也受到资本青睐，其中慧择拟赴美上市，而薄荷保也在近期获得融资。

以下对3家典型平台商业模式进行简单剖析，这些公司成立时间分布于2011—2017年，在过去2年内密集获得资本垂青。

案例1：小帮规划（IP人设 课程讲师 打造权威和专业）

小帮规划是较早通过微信做互联网保险销售的平台，其核心在于打破了以往保险业“销售找客户”的业务模式，让客户主动找到保险销售。

商业模式上，其从财商知识付费平台切入产品交易，收取过程中的顾问咨询费、财商规划课程费以及最终成单的推广服务费，建立内容—服务—交易的完整闭环（见图1）。

从业务链条前端来看，小帮规划通过爆款课程不断强化在家庭理财垂直领域的头部IP，吸引更多流量。

其主打课程为《哈佛投资实践课》，在吴晓波频道、有书、喜马拉雅、千聊等50多个平台上线，全网销量超20万份；此外还有《14天财商训练营》《基金投资训练营》《10堂课教你买对保险》等，积累课程用户约50万户。

上完课的意向用户会进入一对一咨询环节，保险顾问会根据用户的情况，量身定制保险配置方案，帮用户筛选适合他们的产品，协助用户完成投保流程，并且提供后续的协助理赔服务。

根据小鹅通的数据，小帮规划创始人、CEO徐彬的课程排在“理财/楼市”类的第一名，累计学习超过40万人次。全网累计学习超过100万人次。保险咨询用户数接近1万人，最终成功引导购买的用户转化率约30%～40%。

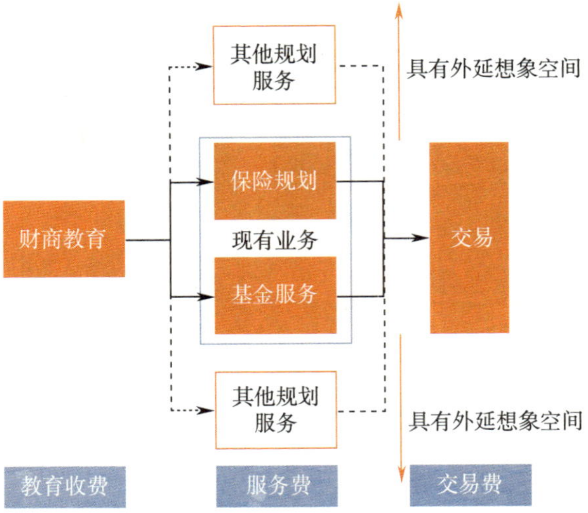

资料来源：宁圣企业管理研究院，根据公开资料整理。

图1 小帮规划商业模式

案例2：多保鱼（瞄准25~40岁需要长期健康险的人群）

长期健康险目前以线下成交为主，且单价高、购买决策难，打破这种知识盲点成为多保鱼的入场券。

多保鱼以微信公众号“多保鱼服务号”为载体，抖音、快手等第三方平台为媒介，向目标群体提供健全的保险知识体系，进而推出智能化的保险测评、分析工具和个性化的顾问咨询服务，最终促成目标群体变成实际用户。

据悉，该平台自2018年通过微信公众号、抖音、小红书、微博、快手等多个渠道累积关注用户超过400万户，成交用户成本一直维持在300元以内，客单价超过5000元，投资回报率达20倍（见图2）。

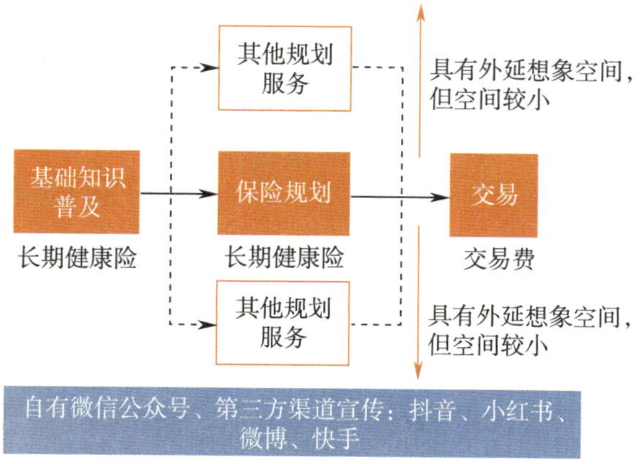

图2 多保鱼商业模式

案例3：创必承（内容运营切入财富管理）

创立之初，创必承以“孙明展—真理财”公众号为获客平台，直接引流到其代理合作的上游产品端，其实则是以个人影响力获客，进而促成交易进行变现。

后续，创必承打造“理财巴士App”，实则是自成体系的“内容+自有渠道”导流（即理财巴士自带上游产品端）；又打造飞慕课APP，成为独立的知识付费平台，不具有自带渠道。

最终在主营代理保险和自研股票中介平台的谱蓝建立后，开始向三大平台的核心业务普蓝进行导流，其中“普蓝保”主要通过销售保险进行套现（见图3）。

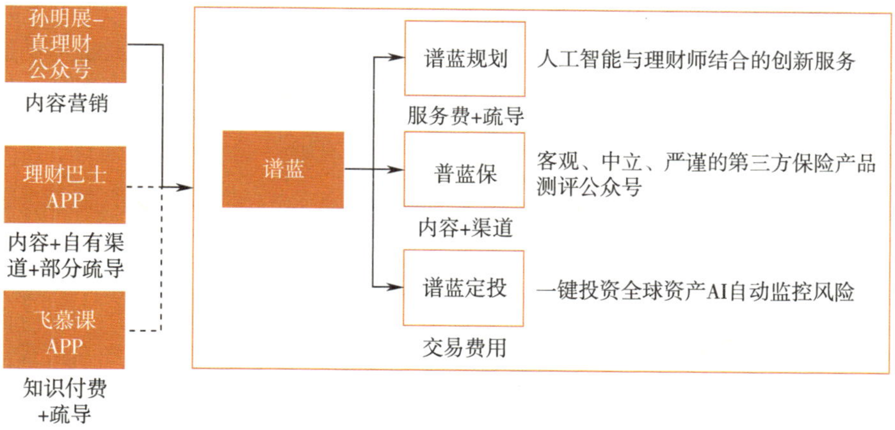

图3 创必承商业模式

数万保险销售大V崛起，私域流量空间迅速挤压，模式复制成难题

通过微信公众号、抖音、小程序等平台，以优质专业内容、工具引流，同时接入保险产品购买渠道，依靠保险机构给付的佣金来实现盈利，以知识付费、消费者教育切入保险价值链的保险决策购买型平台的崛起，所反映的正是保险类私域流量的崛起。

所谓私域流量，是相对于公域流量而言的，简单理解即自己可以掌控的私人流量，其特点有三个：属自己所有、可免费触达、可反复使用。

各种网红、自媒体大V的出现是私域流量崛起的开始，相对于成本日益高涨的公域流量，其最大的特点就是成本低、定位精准且转化率高。

2019年上半年，私域流量的概念突然走红，也几乎是在这个时间，微信公众号、头条号、抖音等各类平台上的保险大V数量也快速增长，一些原本专注于第三方财富管理乃至现金贷的平台也看到这其中巨大的利润空间，纷纷插上一脚，一时之间，形形色色的保险销售大V，达数万家之众。

随着业务模式日益成熟，头部机构开始受到资本青睐。

门槛低、利润高、市场大，看起来这实在是一个黄金行业，但数量的急剧增加，快速挤压着市场空间，而监管相对市场的滞后，又让原本看似简单的业务模式中出现了不少的灰色地带，问题逐渐显现。

首先，流量获取渠道越来越窄，成本越来越高。成本低是私域流量的一大特点，但是随着越来越多的机构和人加入这一“赛道”，流量被更多的“分食”，加剧了引流的难度和成本。

其次，融资后规模化的复制是个难题。资本的注入为这些平台注入了兴奋剂，但很多时候也意味着双刃剑，因为一些平台主打一对一的定制服务，一旦需要扩大规模，如何将个性化的服务模式进行标准化的复制将是一大难题。

而且，一些平台目前主要经营长期险。长期险经营属于细水长流的生意，短期内的大笔融资，有可能在一定程度上扰乱平台节奏，这与长期险的经营逻辑相违背。

因此也有观点指出，这些平台只要积累几千位忠实的粉丝，也可以活得很滋润，其实并不需要融资。

当然，影响这些平台生存状况最关键的因素还来源于监管。目前除个别规模较大的头部机构已经获得保险中介牌照外，大部分的机构仍是通过投靠合法的互联网保险销售机构，由对方向监管进行备案，进而获得互联网保险销售身份。

新版《互联网保险监管办法》尚未发布，监管最终的态度尚未明了，但北京银保监局已经先行发声，其发布的《关于规范银行与金融科技公司合作类业务及互联网保险业务的通知》明确指出，第三方网络平台不得参与保险业务的销售、承保、理赔、退保、投诉处理、客户服务等保险经营或保险中介经营行为，如保费试算、报价比价、代理查勘理赔、为投保人拟定投保方案、代办投保手续、协助索赔等。

一旦北京银保监局的做法被推广至全国，对于形形色色的保险销售大V来说，何去何从仍是未知数。

值得注意的是，随着各种各样的私域流量先后切换至保险销售“赛道”，不可控的因素也在快速增加，通过微信公众号销售境外保险产品的情况已经出现，而这显然与现行的规定相抵触。

“逆周期”PK见功力，新政策红利源源不断，外资人身险能逆转一波奇迹吗

2019年6月21日

新时代的中国金融保险业正在展现前所未有的信心和气度，金融业对外开放再度按下“快进键”，保险业新一轮对外开放进入了实质性推进阶段。

公开数据显示，自2019年以来，至少有4家外资保险公司增资获批，增资金额约为17.3亿元。另外，银保监会批准美国安达集团增持华泰保险集团股份有限公司股份，批准多家外资保险机构筹建省级分支机构的申请，还批准安联集团筹建安联（中国）保险控股有限公司，降低外资保险的准入门槛要求。外资保险公司申请批筹的热情趋高，其看好中国保险市场并继续加码。

当然，在传统保险人的印象里，相较于中资动辄几千亿元的规模保费增量，外资保险始终有些不温不火。但在『慧保天下』看来，外资人身险公司却表现出了非同一般的发展质量，甚至可以说是“为中资师”。

2018年是保险业不多的增速极低的年份，人身险负债端承压，整体保费收入增速到年末才勉强由负转正，实现0.85%的正增长。从积极意义上来看，2018年是经济进入新周期后对人身险行业的一次“逆周期”压力测试，在中资人身险公司与外资人身险公司的竞争中，外资人身险公司更像是赢家。

保费和利润双占优，外资人身险整体上表现好于中资

目前，我国人身险行业已形成中资人身险公司和外资人身险公司并存发展的格局。截至2019年5月，我国共有91家人身险公司，其中，中资人身险公司为63家，外资人身险公司为28家。2018年，从保费增速来看，中资人身险公司和外资人身险公司合计保费增速仅为0.85%，而28家外资人身险公司的合计保费增速达9.98%。

2018年，28家外资人身险公司原保险保费收入同比上升的有22家，共实现原保险保费收入为1673.85亿元；同比下降的有6家，共实现原保险保费收入为452.69亿元。

从规模保费来看，工银安盛凭借特有的银行

渠道共实现原保险保费收入为336.81亿元，位居榜首；排名最后的是中法人寿，原保险保费收入仅为11.3万元，同比下降37.43%，原因在于其偿付能力不足，停止开展新业务。

同比增长最快的是复星保德信，实现原保险保费收入为12.60亿元，同比增长90.34%，主要原因在于其健康险和个人年金业务的快速发展，健康险保费收入同比增加192.59%；同比降幅最大的是交银康联，同比下降38.94%，业绩下滑主要是由于趸交保费被大力压缩，由2017年的83.55亿元下降到15.04亿元，下降幅度高达82.0%。

从净利润来看，外资人身险公司表现得更优秀。数据显示，28家外资人身险公司合计净利润同比增速高达69.04%，远高于行业平均水平。从净利润增速来看，2018年排名前十的人身险公司分别为同方全球人寿、国寿养老、华泰人寿、新华养老、中德安联人寿、中荷人寿、人保健康、利安人寿、陆家嘴国泰人寿、阳光人寿。其中，5家为外资保险公司。

从亏损面来看，31家人身险公司在2018年出现亏损，合计亏损为146.78亿元，其中，仅有7家外资人身险公司亏损，合计亏损为9.29亿元。

不看规模，只从发展质量来看，2018年外资人身险原保险保费收入和利润表现双双占优。2018年外资人身险公司原保险保费收入、净利润及市场份额对比见表1，2017—2018年外资人身险公司原保险保费收入前十名见表2。

表1　2018年外资人身险公司原保险保费收入、净利润及市场份额对比

排名	公司名称	成立时间	2018年原保费收入/亿元	同比增长（%）	2018年净利润/亿元	同比增长（%）	市场份额（%）
1	工银安盛	2012年7月	336.81	−15.06	6.98	11.86	1.28
2	恒大人寿	2006年5月	323.72	15.2	17.54	41	1.23
3	友邦保险	1992年9月	261.34	25.89	43.43	118.24	1
4	中信保诚	2000年10月	153.84	27.97	11.04	5.04	0.59
5	招商信诺	2003年8月	150.62	17.54	10.43	56.37	0.57
6	中意人寿	2002年1月	140.12	49.13	6.41	39.96	0.53
7	中美联泰	2005年8月	116.02	15.56	15.96	101.52	0.44
8	中宏人寿	1996年11月	80.97	20.1	6.93	30.75	0.31
9	交银康联	2000年7月	80.18	−38.94	3.24	26.56	0.31
10	中英人寿	2003年1月	79.6	8.02	4.54	7.08	0.3
11	华泰人寿	2011年8月	53.19	18.74	1.3	712.5	0.2

续表

排名	公司名称	成立时间	2018年原保费收入/亿元	同比增长（%）	2018年净利润/亿元	同比增长（%）	市场份额（%）
12	中德安联	1999年1月	49.46	22.38	6.57	212.86	0.19
13	中荷人寿	2002年11月	46.94	16.73	0.74	212.12	0.18
14	平安健康	2005年6月	37.03	72.46	1.44	−7.69	0.14
15	同方全球	2003年4月	36.81	36.41	1.32	2540	0.14
16	恒安标准	2003年12月	32.79	24.83	1.56	−9.3	0.12
17	中银三星	2015年10月	28.66	−26.01	0.34	78.95	0.11
18	陆家嘴国泰	2004年12月	23.24	46.03	0.12	125	0.09
19	长生人寿	2003年9月	23.16	24.98	−2.6	−94.03	0.09
20	北大方正	2002年11月	20.91	2.75	0.38	8.57	0.08
21	汇丰人寿	2009年6月	14.25	20.28	−2.06	−283.93	0.05
22	复星保德信	2012年9月	12.6	90.34	−1.11	9.02	0.05
23	君龙人寿	2008年12月	6.11	−20.7	−0.11	62.07	0.02
24	德华安顾	2013年7月	6	44.95	−2.82	−46.88	0.02
25	中韩人寿	2012年11月	5.65	22.44	−1.19	15.69	0.02
26	瑞泰人寿	2004年1月	5.6	46.3	0.02	105.41	0.02
27	新光海航	2009年3月	0.93	−6.01	−0.79	10.22	0
28	中法人寿	2006年3月	0	−37.43	−0.67	9.46	0
小计			2126.55	9.98	128.94	69.04	8.1

表2　2017—2018年外资人身险公司原保险保费收入前十名

2018年				2017年			
排名	公司名称	原保费收入/亿元	市场份额（%）	排名	公司名称	原保费收入/亿元	市场份额（%）
1	工银安盛	336.81	1.28	1	工银安盛	396.51	1.52
2	恒大人寿	323.72	1.23	2	恒大人寿	281.01	1.08

续表

2018年				2017年			
排名	公司名称	原保费收入/亿元	市场份额（%）	排名	公司名称	原保费收入/亿元	市场份额（%）
3	友邦保险	261.34	1	3	友邦保险	207.6	0.8
4（升2）	信诚人寿	153.85	0.59	4	交银康联	131.31	0.5
5	招商信诺	150.62	0.57	5	招商信诺	128.14	0.49
6（升2）	中意人寿	140.12	0.53	6	信诚人寿	93.96	0.46
7	中美联泰	116.02	0.44	7	中美联泰	100.4	0.39
8（升3）	中宏人寿	80.97	0.31	8	中意人寿	93.96	0.36
9（降5）	交银康联	80.18	0.31	9	中英人寿	73.68	0.28
10（降1）	中英人寿	79.6	0.3	10	中宏人寿	67.42	0.26

“逆周期”大环境下沉得住气，弃规模而取保障的做法值得中资人身险公司学习

2018年，由于行业转型艰难，原保险保费增速难以提振，发力投资型险种成为一些人身险公司加大现金流的共同选择。

47家中资人身险公司和27家外资人身险公司公布了保户投资款新增交费数据，74家人身险公司总计实现保户投资款新增交费为8953.73亿元，同比增长34.98%。

中资人身险公司保户投资款新增交费为7749.80亿元，同比增长38.38%，占人身险公司保户投资款新增交费的97.44%；而外资人身险公司保户投资款新增交费同比下降30.19%，至203.93亿元，占人身保险公司保户投资款新增交费的2.56%。

经济大环境下，外资人身险公司保户投资款新增交费不升反降，这与外资人身险公司一直注重保障型产品发展的经营方式有关，也与主流的外资人身险公司已经形成了稳定的规模与现金流匹配关系，从而可以从容按部就班地发展有关。抗风险能力一直是外资人身险公司强调的，稳健发展，尽早进入利润回报周期，比做估值、抢规模更加有说服力。

外资股权结构、治理体系也是差别不小，但背后最根本的是经营能力

近年来，随着中外公司股东更迭，尤其是一

些国企退出后，一些民企进入，股权来源逐渐多元化，外资人身险市场亦显示出新的特点，中字头的外资保险公司都发展得不错，比如中信、中粮、中石油等也都尊重外方的经营能力，但也有一些激烈冲撞者。

『慧保天下』看到了一些外资人身险公司背后的真实故事，市场开始走向分化，不大的人身险外资市场，有枯木逢春者，有改弦易张者，亦有命悬一线者。归根结底，谁遵循了正确的经营规律、谁掌握了真实的经营能力，谁就能赢。

独资大佬友邦保险

开业时间：1992年9月1日

注册地点：香港

经营区域：上海、广东、深圳、北京、江苏、东莞、江门

根据友邦保险中国区（以下简称友邦保险）2018年年报数据，其实现原保险保费收入为261.34亿元，同比增长25.89%；净利润为43.44亿元，同比增长118.31%。虽然发展迅速，但其规模保费仅为中国第二大人寿保险公司——平安人寿2018年原保险保费收入（4469亿元）的7%左右。目前，友邦保险在中国市场的占有率约为1%，与国内传统保险巨头相比，目前还有一定的差距。

近期，国内拟推出12条对外开放新措施的消息发出的第二天，友邦保险的股价曾一度上涨2.5%，报81.95港元，股价创上市以来新高，总市值为9903亿港元。作为中国唯一一家外资独资的保险公司，友邦保险被市场寄予厚望。友邦保险是否能再次借中国金融开放的浪潮开启新的百年传奇，外界拭目以待。

中外资股东各退一步，转中资（主导）的新光海航

注册资本金：12.5亿元

成立时间：2009年3月2日

注册地点：北京

经营区域：北京、海南、陕西、江苏

股权结构：

股东名称	出资额（%）	持股比例（%）
新光人寿保险股份有限公司	31250	25
深圳市柏霖资产管理有限公司	25000	20
深圳市前海香江金融控股集团有限公司	25000	20
深圳市国展投资发展有限公司	17500	14
深圳市乐安居商业有限公司	13750	11
上海冠浦房地产开发经营有限公司	12500	10

成立于2009年的新光海航人寿，因资本金补充长期陷于困境，导致偿付能力与日俱下，业务难以开展。2018年10月，新光海航人寿股权变更尘埃落定。具体而言，海航集团将其持有的38%的股份转让给香江金控，将其持有的12%的股份转让给冠浦地产；新光人寿将其持有的15%的股份转让给柏霖资产，将其持有的10%的股份转让给国展投资。

新光海航人寿注册资本从5亿元增至12.5亿元，并请来了行业大佬万峰助阵，气势如虹。不

过，虽然新光海航人寿股权变更及增加注册资本金已完成，解了偿付能力之围，但是经营重回正轨仍然长路漫漫。

毅然决然由中资变身外资的华泰保险

注册资本金：32.325亿元

开业时间：2005年3月

注册地点：北京

经营区域：北京、浙江、四川、江苏、山东、上海、河南、福建、湖南、广东、江西、内蒙古、河北、湖北、安徽、辽宁、黑龙江、天津、陕西及重庆（筹）等20个省市开设了400余家分支机构和营业网点。

股权结构：

股东	持股比例（%）
华泰保险集团股份有限公司	73.8228
美国安达集团	26.1772

2019年3月，银保监会官网发布了华泰保险股份有限公司股权变更的批复，同意深圳市亿鑫投资有限公司及悦达投资股份有限公司将其分别持有的华泰保险的4.9%、1.2%的股权转让给集团总部位于瑞士苏黎世的安达集团旗下的安达百慕大保险公司。

据了解，转让后安达百慕大将持有华泰保险2.48亿股股份，占总股本的6.1772%，而亿鑫投资、悦达投资则不再持有华泰保险的股份。

值得关注的是，若加上安达集团此前通过包括安达北美洲保险控股公司在内的3家子公司持有的20%的股权，诞生迄今已有227年历史的安达系对华泰保险的持股比例共计为26.1772%。由此，成立于1996年的华泰保险的性质将从中资变为合资，即国内首家中外合资的保险集团。随着华泰保险由中资转为合资，人们才明白，2019年3月华泰人寿转为外资保险公司的真实用意。

高度依赖股东资源的银行系老大工银安盛

注册资本金：125.05亿元

开业时间：1999年5月

注册地点：上海

经营区域：上海、广东、北京、江苏、辽宁、天津、浙江、四川、山东、河北、河南、湖北、陕西、山西、福建、安徽、重庆、广西及云南。

一些合资人身险公司借助新股东的优势异军突起，最引人注目的是银行系合资公司的崛起。自从工商银行接手金盛人寿60%的股权，将其更名为工银安盛人寿之后，这家原本发展困顿的小型合资人身险公司，迅速走上业务狂飙的快车道，规模保费跃居合资人身险公司首位。据了解，工银安盛人寿设有银保部主要对接工商银行，工商银行则在网点大力推广其产品。理财顾问几乎不用自行开发客户，主要维护工商银行渠道和开发工商银行现有的客户资源，就能顺利达成业绩目标。

银行系的外资保险公司基本都是由银行占据主导地位，经营管理也是完全的中资思维，可以说，这是一类集合了中资、外资优势的保险企业。

外资人身险在中国市场份额仍显弱小，中国开放的大门越开越大，最优结果是促进中资、外资双赢

尽管外资人身险公司数量约为中资人身险公司总数的三成，但市场份额占比却不足一成。这表明，目前外资人身险在国内还有很大的增长空间。此外，经营区域较少、网点分布有限和业务范围有一定的局限性是外资人身险公司在中国发展面临的“瓶颈”，也在一定程度上制约了外资人身险公司的业务规模。2004—2018年中资人身险公司与外资人身险公司的市场份额对比见图1。

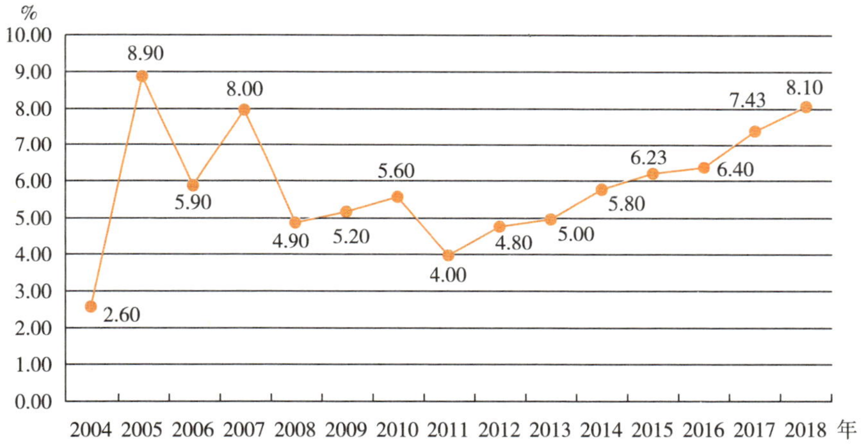

图1　2004—2018年中资人身险公司与外资人身险公司的市场份额对比

2019年5月1日，中国银保监会主席郭树清在接受媒体采访时表示，中国近期拟推出12条对外开放新措施，其中包括允许境外金融机构入股在华的外资保险公司以及允许外国保险集团公司投资设立保险类机构等。

随着金融业的进一步对外放开，保险市场会发生什么大变化？一个显著趋势是，已有多家合资人身险公司打破“50∶50”的股权架构，基本呈现出中资持股比例上升、外资持股比例下降的态势。其中，更有合资公司变身中资公司，比如光大永明人寿和建信人寿。国内金融业加大对外开放已是必然，国内大型保险公司均拥有渠道、品牌等优势，外资公司继续走“大而全”已经是“此路不通”，而结合中外资优势，主动转换身份，不求主导、但求共享，专注“小而美”则较为成功。外资公司想快速提升市场份额、挤压中资几无可能，但牢牢抓住中国市场和中国消费者的趋势，依靠创新能力赚钱还是大有可为的。

外资将不惧环境、中资也不怕竞争。公平的市场规则，就是对中资、外资的最大礼遇。

“狼”真的来了？外资巨头抢滩中国市场：安达百亿元绝对控股华泰，友邦天价年薪挖角平安

2019年11月27日

2019年11月下旬，多件与外资保险公司相关的新闻引发业界高度关注。

2019年11月25日晚间，君正集团公告称，拟以107.89亿元的价格将所持华泰保险集团全部股权分两次出售给安达天平，一旦该交易获得监管批准，安达系所持华泰保险集团股权将直接上升至53.26%，从第一大股东彻底变身为绝对控股股东。

而就在这消息发布的3天前，2019年11月22日下午，中国平安、友邦保险的两则人事公告也迅速引发刷屏——中国平安首席保险业务执行官李源祥辞职，转投友邦保险。

当然，最令广大“吃瓜群众”感兴趣的是，友邦保险给李源祥开出的天价年薪——近5000万元的年薪+近2亿元的离职补偿——此前，在中国金融界，中国平安高管已经是高薪的代名词。2016年、2017年，李源祥的年薪也都在千万元以上，但很显然，与友邦保险这样的外资保险公司相比依然是小巫见大巫。

而在更早的时候，“四安”的概念也持续引发关注，除安达成为华泰保险集团第一大股东，成功将华泰变身国内首家外资保险集团外，首家外资独资保险集团安联中国近期也正式获批开业，与此同时，媒体也曝出同样来自德国的安顾保险集团在华参股德华安顾人寿后，正有意参与泰山财险战略投资，而来自法国的安盛保险，也早已经在国内左右开弓，拿下一产一寿一资管等多张金融牌照。

无论是获取集团牌照，还是高薪聘请职业经理人，所反映的无非都是国家进一步扩大金融保险业对外开放的大背景下，外资保险公司再度掀起一波入华小高潮，其介入之深，扩张之快，必将深刻影响中国保险市场格局，包括保费格局、人才格局等。

2001年前后，那波外资扩容潮曾引业界人士高呼“狼来了”，但之后外资保险公司普遍的水土不服又让业界人士松了一口气，但这回，“狼真的来了”？

君正系彻底退出，安达斥资百亿元拟绝对控股华泰保险集团

安达对于华泰保险集团股权的执着有些超乎市场预料，其不甘于只做第一大股东，还要做绝对控股股东，掌握绝对的话语权。

就在2019年11月20日，安达保险宣布，最新的股权交易已获得监管批准，其在华泰保险集团的持股比例将从26.2%增加到30.9%，之后不到一个星期的时间，更劲爆的消息来了。

2019年11月25日晚间，华泰保险集团的第二大股东君正集团公告，公司及全资子公司君正化工拟向安达天平分两次转让所持华泰保险集团全部股权，合计8.99亿股股份，占总股份的22.36%，交易金额合计107.89亿元。

具体而言，2019年11月25日，君正集团及君正化工与安达天平签订股份转让协议，拟向安达天平合计转让持有的华泰保险6.16亿股股份（占总股份的15.3%），每股价格为12元，交易总价为73.87亿元。

同时，前者又与安达天平签订股份购买意向性协议，协议约定当华泰保险股份首次转让获得中国银保监会批准后，将继续向安达天平合计转让华泰保险2.84亿股股份（占总股份的7.05%），交易总价为34.02亿元。

这意味着，若上述交易全部完成，君正集团及其全资子公司君正化工将不再持有任何华泰保险集团股份。而安达系对华泰保险集团的持股比例将从30.9%进一步上升至53.26%，从第一大股东彻底变身为绝对控股股东，真正掌握华泰财险、华泰人寿、华泰保险资管等一系列金融牌照。

君正系作为第二大股东，在华泰保险集团内部也一直有着举足轻重的地位，其与安达系、当代系一起，曾被视为角逐华泰保险集团控股权的三大势力之一。实际上就在2019年9月27日，君正集团还曾公告称旗下公司君正能源化工拟于9月26日参与华泰保险集团1.64%股权转让项目的竞价，但最终未能摘牌。此举被业界解读为，其仍有意在华泰保险集团话语权上与安达系一较高低。

没想到的是，仅仅两个月时间，君正系的态度就发生了180度的大转弯。当然，从君正集团与安达天平的交易细节来看，安达天平为了此次交易也可谓是下了血本。

根据公开数据，2014年、2015年以及2018年君正集团及旗下子公司数次收购华泰保险集团股权累计耗资65.38亿元，据此估算，当时华泰保险集团的估值尚不足300亿元。

即便是安达系图谋华泰保险集团第一大股东之位，而在2018年、2019年展开的一系列收购中，华泰保险集团的估值也不过360亿元。但现在，其以107.89亿元的价格收购君正系所持22.36%的股权，华泰保险集团的估值已经达到483亿元。

安达系绝对控股，君正系退出，华泰保险集团内部的权力格局正发生着翻天覆地的变化，而这种变化最终也必将体现在发展理念上。

华泰财险是“92派”企业家王梓木于1996年完全按照现代化的企业治理制度打造的一家保险企业。公司成立之初，股东数就高达63家。高度

分散的股权治理结构造就了华泰保险独具一格的经营理念，在国内一众保险公司中颇有与众不同之感，而现在，这一切或许都要发生变化了。

除安达外，安联、安顾、安盛也在持续加码中国市场，布局集团化

近年来，国家不断扩大对外开放，保险业再度走在对外开放的前沿，外资保险巨头也再度掀起一波入华小高潮。

在这其中，美国上市保险公司安达及其关联公司成为典型代表，“蛰伏”华泰保险集团多年后，在对外开放的进程中一马当先，通过一系列的并购交易，终于在2018年拿下华泰保险集团超过25%的股权，推动其在2019年初成为国内首家外资控股保险集团。

而除美国上市保险公司安达外，来自德国的安联、安顾，来自法国的安盛等，也开始全面出手，拿下财产险、人身险等多种保险牌照，朝着集团化经营迈进。

德国安联获批首张外资保险控股公司牌照。在2018年11月获批筹建安联（中国）保险控股有限公司后，2019年11月14日晚间，德国安联集团正式宣布，该控股公司正式获批开业，这意味着，首家外资独资保险控股公司在中国出现了。

此前，安联集团在国内保险市场已多有布局，旗下企业包括财产险公司（京东安联财险）、人身险公司（中德安联人寿）和专业健康险公司（太保安联健康）。随着如今安联中国控股公司的开业，安联在华发展进入新的阶段。

德国安顾左右开弓。日前，德国安顾拟以8.82亿元参与泰山财险混改，而根据其混改方案，泰山财险本次增资对应的持股比例为24.9%，增资完成后，原股东持有泰山保险75.1%的股权，甚至有相关人士称“泰山财险总经理未来很有可能由外方派驻”。

此前，德国安顾在国内已经拥有一家人身险公司——总部位于山东济南的德华安顾人寿，若此次能顺利参股泰山财险，其将成为继安联之后，另一家在华集齐财产险、人身险牌照的德国保险公司。

法国安盛集团化架构已显。2019年，老牌保险公司法国安盛集团全资收购安盛天平剩余50%股权的交易正式获得监管部门批准，其将安盛天平保险正式更名为安盛保险，并在全国范围内推出崭新的品牌宣传广告。

至此，其在国内保险市场已经拥有一家财产险公司（安盛保险），一家人身险公司（工银安盛），一家资管公司（工银安盛资管），集团化的架构也已经非常清晰。不过目前，法国安盛尚未提出在国内筹建保险集团或控股公司的申请。

集团化综合经营的好处不言自明。通过集团化运作，保险公司能够最大限度地整合自身旗下各种资源优势，对客户资源进行深度开发，既节省成本又能提高效率，一举两得。

很明显，在扩大对外开放的背景下，外资保险公司正在全方位加速渗透中国市场。

政策加持下，外资抢滩中国市场，保费格局、人才格局生变

外资加速渗透，其对于中国保险市场格局的影响其实已经显现。

保费方面，2017年以来，国内主流保险公司普遍开启转型进程，保费增速显著下降，外资保险公司却始终保持高速增长态势。数据显示，2019年前三个季度，人身险公司合计实现保费收入24751.25亿元，同比增长13.26%。其中外资保险公司实现保费收入2145.51亿元，同比增长35.85%，保费增速远远高于同期行业整体增速，市场份额也进一步提升，从2018年末的8.10%上升至8.64%。财产险行业实现原保险保费收入9768.46亿元，同比增长10.90%，其中外资保险公司实现原保险保费收入182.72亿元，同比增长11.94%，也是高于行业平均水平。市场份额也有所提升。

与此同时，高端人才涌入保险业，成为2019年备受关注的趋势之一，而这些人才很多都进入外资保险公司，也引发了正处于转型期的中资保险公司的高度关注。这其中的佼佼者——友邦保险，以数万代理人获得数十亿元保费，更引得一众保险公司侧目。某头部人身险公司高管就忧心忡忡地表示，现在他们更担心的不是传统意义上的“对标对象”，而是友邦保险，其高素质、高产能的代理人队伍，几乎是所有主打个人代理人渠道的人身险公司所梦寐以求的。

国内一系列的政策也给友邦保险进一步扩张国内市场创造了新的发展机遇，就在2019年，其已经新开石家庄以及天津两家营销服务部。

根据中国政府网2019年7月3日晚间发布的《李克强在第十三届夏季达沃斯论坛开幕式上的致辞》，国内将深化金融等现代服务业开放举措，将原来规定的2021年取消证券、期货、人身险外资股比限制提前至2020年，这或意味着未来将允许设立更多外资独资的人身险公司，这对于外资企业无疑又是一大利好。

加码中国保险市场，需要熟悉本土市场的高级管理人才的支持。李源祥离开中国平安、加盟友邦保险，因此被普遍视为友邦保险高度重视中国内地市场，有意加码内地市场的有力注脚。

2019年11月22日，中国平安曝出重大人事变动，李源祥因为个人工作安排原因将辞去公司执行董事、联席首席执行官、常务副总经理及首席保险业务执行官职务。随即，友邦保险发布公告，李源祥已获委任为候任集团首席执行官兼总裁，并于2020年3月1日起生效。其将于2020年6月1日起接任黄经辉为集团首席执行官兼总裁。

众多的“吃瓜群众”为友邦保险给李源祥所开出的年薪所吸引——根据公告，李源祥的年度目标薪酬约为4942.72万元，此外，针对离职造成的损失，友邦还将在6年时间内以受限制股份单位及现金支付形式补偿其约1.98亿元——这种水平的薪资在发达市场或许并不少见，但在国内市场却已经是“天价”。

不过也有人站在职业经理人的角度，认为这将也成为一个标志性事件，对于行业内的高级管理人才格局也会产生深刻影响。

这一次，或许“狼真的来了”。

记录保险大转型时代的人事变动：2017年至今，108家保险公司董事长、总经理更迭，涉及近200人

2019年6月12日

随着中国经济进入新常态，保险业也进入了新的时代，新的监管环境，新的发展理念，而人才，作为左右行业发展最关键的要素之一，也随之发生变化。

伴随保险复业成长起来的一批最早的职业经理人渐渐达到退休年龄；各类资本在过去十几年间的持续涌入带动了一批职业经理人的成长，但不同的业绩表现也造就了不同的人生际遇，有人选择彻底离开，有人被迫颠沛流离，有人仍在选择坚持。

从2017年至今，保险业发生翻天覆地变化的这两年多时间，都有哪些人告别，哪些人仍在坚持？『慧保天下』——进行梳理。

统计显示，从2017年至今将近两年半的时间里，共计有108家保险公司的董事长或总经理发生变动，涉及的保险职业经理人数量近200人。大多数公司人事变动次数为1~2次，但也有个别公司在短短两年多时间内就发生多次人事变动。

中小公司相对于大公司，明显面临着更多的不确定性，资本的原因，业绩的原因，都裹挟着这些公司不断向前。

51家财产险公司发生人事变动，涉及38名董事长、41名总经理

统计显示，从2017年至今，共计有51家财产险公司的董事长或总经理人选发生了变动，具体而言，有38名董事长、41名总经理（见表1）。

就董事长这一职务而言，其中，只有12家财产险公司的董事长没有发生变化，另有1家财产险公司的董事长目前仍空缺，即安邦财险。

就总经理这一职务而言，只有9家财产险公司总经理在过去两年多时间没有变化，多家财产险公司总经理呈空缺状态，包括国泰财险、中华联合、合众财险、永诚保险和中路财险。

另有多家公司总经理的任职资格尚未获得监管部门正式核准，包括人保财险谢一群、国寿财险刘安林、长江财险孙明清和中煤财险王建宏。

大多数财产险公司的人事变动幅度并不大，但也有个别公司比较例外。

国泰财险，在蚂蚁金服入主后，从2017年至今两年多时间内两换董事长，先是2017年3月，蚂蚁金服副总裁赵颖出任董事长，一年之后，又改由同样是出身于蚂蚁金服副总裁的韩歆毅担任。与此同时，其总经理的职务变化也较大，2017年6月龙泉获批出任总经理，不过在2018年，其选择了离开，回归平安产险出任副总经理。目前，该公司总经理职务仍处于空缺状态。

中意财险也两度更换总经理，2017年9月，冯天佑获批出任总经理，到2018年8月，袁颖晖又获批出任总经理。

但最具代表性的还属长江财险，两年多时间内，其已经三度更换总经理人选。2017年3月彭柱石获批出任总经理，一年后，宋静刚拟接替彭柱石。对于这一安排，银保监会罕见进行了公开否决，于2018年6月发文称，宋静刚不符合《保险公司董事、监事和高级管理人员任职资格管理规定》第十一条规定，不予核准宋静刚担任长江财险总经理的任职资格。长江财险又拟任命孙明清出任总经理，不过从2018年7月至今，其任职资格仍未获得监管部门核准。

表1　51家财产险公司的董事长或总经理变动情况

公司名称	公告时间	董事长变更	公告时间	总经理变更
汇友互助	2017年9月12日	阎波	2018年1月23日	刘昆
渤海财险	2017年9月8日	许宁	—	阳建军
紫金保险	—	无变化	2018年8月3日	顾士新
久隆保险	2017年1月1日	向文波	2017年11月1日	徐践
国泰财险	2017年3月1日	赵颖	2017年6月1日	龙泉
	2018年4月4日	韩歆毅	2018年至今	空缺
海峡金桥财险	2017年5月17日	杨方	—	无变化
乐爱金财险	2017年6月1日	KIM HYUN	2017年6月1日	KIM HYUN
中国大地保险	2017年6月1日	袁临江	—	无变化
中石油专属	2017年7月1日	魏国良	2017年8月1日	潘国潮
诚泰财险	2017年7月1日	张萍	2019年3月1日	徐哲
中华联合	2019年3月28日	徐斌（拟任）	2018年8月1日	空缺
中意财险	2017年9月1日	陈鹏	2017年9月1日	冯天佑
	—	—	2018年8月	袁颖晖

续表

公司名称	公告时间	董事长变更	公告时间	总经理变更
合众财险	2017年10月30日	陆峥嵘	—	空缺
中国铁路财险	2018年1月19日	黄桂章	—	无变化
中煤财险	2018年1月1日	郭建民	2018年3月1日	王建宏（拟任）
黄河财险	2018年3月	荣志远	2018年3月1日	程蘖
人保财险	2018年4月	缪建民	2019年2月1日	谢一群（拟任）
华泰财险	—	无变化	2018年4月20日	孙元彪
日本财产保险（中国）	2018年4月	SATOTADASHI	2017年10月17日	Fumihiko Utsunomiya
三星财险	2018年7月	KIM CHANG SOO	2018年4月	KILKYUNGSUB
永诚保险	2018年4月28日	许坚	—	空缺
长江财险	—	—	2017年3月1日	彭柱石
			2018年5月1日	宋静刚（拟任）
			2018年7月	孙明清（拟任）
太保产险	—	无变化	2018年6月20日	盛亚峰
阳光产险	—	无变化	2018年6月20日	秦卫星
日本兴亚财险（中国）	—	无变化	2018年7月	铃木隆之
安联财险	—	无变化	2018年7月	DR SCHA FERRUDIGER ERHARD
国任财险	2019年4月8日	房永斌	2018年4月20日	王新利
亚太财险	—	无变化	2018年7月	蒲海成
融盛财险	2018年9月	刘积仁	2018年8月	徐广哲
众惠相互	2017年7月24日	李静	2018年9月17日	孙荣和
建信财险	2018年8月	王云	—	无变化
美亚财险	2019年2月1日	Pamela Yeo Suan Imm	2018年9月	孙立群

续表

公司名称	公告时间	董事长变更	公告时间	总经理变更
中航安盟财险	—	无变化	2018年9月	刘明志
中国人寿财险	2019年1月	袁长清	2019年1月	刘安林（拟任）
中路财险	2018年12月	杨敏	—	空缺
安邦财险	—	空缺	2019年4月10日	施辉
中国出口信用保险	2019年1月	宋曙光	2018年7月1日	王廷科
泰康在线	2015年11月	刘经纶	2018年12月	刘大为
易安财险	—	无变化	—	无变化
前海联合	2017年11月	黄炜	2016年7月	张云飞
太平科技	2018年9月	于泽	2018年2月	林喆
中远海自保	2017年2月	王大雄	2017年2月	郑晓哲
粤电自保	2017年11月	温淑斐	2017年11月	刘韦华
信利保险	—	无变化	2018年8月	薛菲
史带财险	—	无变化	—	无变化
瑞再企商	2018年	Jonathan Rake	—	无变化
三星财险	2018年7月	金昌寿	—	无变化
日本财险	2018年4月	Tadashi Sato	—	无变化
利宝互助	2017年9月	徐德洪	2017年9月	徐德洪
安盛天平	2018年11月	Xavier Veyry	2018年11月	Xavier Veyry
苏黎世	2017年8月7日	BRUCE NIGEL JAMES	2019年1月1日	柴铁波

57家人身险公司人事变动，涉及54名董事长、55名总经理

57家人身险公司在过去两年中发生了董事长或总经理人选的变动，其中涉及董事长54名，总经理55名。

具体来看，57家人身险公司中，除友邦保险不设董事长外，其余56家人身险公司中，只有4家人身险公司的董事长没有发生变化，包括阳光人寿、瑞泰人寿、大都会人寿及太保寿险（见

表2）。

57家出现董事长或总经理人事变动的人身险公司中，也只有8家公司的总经理人选在过去两年多的时间内没有发生变化，其余公司都在两年时间内出现了1~2次的总经理人事更迭。迄今，仍有7家公司总经理空缺，包括幸福人寿、长城人寿、新光海航、东吴人寿、三峡人寿、交银康联及英大人寿。

其中，尤其是英大人寿，2017年4月更换董事长之后，2018年6月又迎来新任董事长丁世龙。事实上，不只是董事长两次变动，公司的总经理人选也多次发生变动，2016年4月，刘占国从英大人寿总经理一职离职后，先是聘任马骅为总经理，后监管批复的却是谭宁；2018年6月，又变更为吕珂。

表2　57家人身险公司的董事长或总经理变动情况

公司名称	公告时间	董事长变更	公告时间	总经理变更
幸福人寿	2018年3月15日	刘明	2018年3月	空缺（万鹏离任）
长城人寿	2017年10月25日	白力	2017年10月	空缺（原总经理白力改任董事长）
君康人寿	2017年9月11日	路长青	2017年1月20日	郭自光
			2019年2月15日	于卫红
光大永明	2019年1月28日	张玉宽	2019年4月8日	刘凤全
友邦保险	—	—	2017年6月1日	张晓宇
北大方正	2017年6月28日	施华	2012年9月18日	李平
新光海航	2019年4月	万峰	2019年初	空缺（原拟任总经理黄志伟离任）
阳光人寿	—	无变化	2017年8月28日	宁首波
			2019年3月	王润东（拟任）
百年人寿	2017年1月17日	何勇生	2017年8月4日	邹水平
			2018年2月11日	单勇
中邮人寿	2017年6月17日	党秀茸	2017年11月20日	党均章
前海人寿	2017年9月	张金顺	2018年8月	沈成方
东吴人寿	2017年11月21日	沈晓明	2018年10月	空缺（徐建平离任）
吉祥人寿	2018年4月	黄志刚	2017年11月6日	唐玉明
渤海人寿	2017年8月21日	汤亮	2018年7月20日	马昕
	2019年1月3日	闻安民		

续表

公司名称	公告时间	董事长变更	公告时间	总经理变更
中华人寿	2018年7月6日	丁建平	2017年4月7日	孙玉淳
			2018年5月14日	安逸民
三峡人寿	2018年4月2日	黎已铭	2018年12月14日	空缺（安逸民离任）
横琴人寿	2017年3月31日	兰亚东	2018年2月22日	李国栋
信美人寿	2017年7月17日	杨帆	2017年10月27日	胡晗
华贵人寿	2017年4月12日	汪振武	2018年10月24日	刘卫平
爱心人寿	2017年7月27日	张延苓	2018年5月8日	潘华刚
和泰人寿	2017年4月12日	刘鑫	2017年4月28日	王浩
			2017年11月22日	李玉泉
招商仁和	2017年12月14日	李建红	2017年10月12日	彭伟
北京人寿	2018年3月23日	郭光磊	2018年3月23日	汪军
海保人寿	2018年7月4日	潘细亚	2018年8月1日	李高峰
国富人寿	2018年7月17日	崔薇薇	2017年1月	刘校君（拟任）
国宝人寿	2018年5月14日	易军	2018年5月30日	邱毅
工银安盛	2018年4月11日	马健	2018年6月11日	吴茜
中信保诚	2017年9月	Nic Nicandrou	2019年3月	空缺（吕涛离任）
交银康联	2018年8月30日	张宏良	—	空缺（张宏良暂代）
中英人寿	2019年1月23日	孙彦敏	—	无变化
瑞泰人寿	—	无变化	2017年7月	Omer Abdullah
中法人寿	2017年4月28日	袁宏林	—	
华泰人寿	2018年3月30日	王梓木	2018年2月12日	刘占国
陆家嘴国泰	2017年6月8日	黎作强	—	无变化
大都会人寿	—	无变化	2017年11月	孙思毅
恒大人寿	2018年7月	朱加麟	—	无变化
汇丰人寿	2018年11月	Bryce Johns	2017年1月7日	雷浩然
君龙人寿	2019年5月	王文怀	2017年8月	林炫圻

续表

公司名称	公告时间	董事长变更	公告时间	总经理变更
复星保德信	2017年9月	康岚	2019年3月	陈国平（拟任）
	2019年3月	李涛		
中韩人寿	2017年4月27日	叶秀昭	2018年2月6日	卢海燕
太平洋人寿	—	无变化	2019年5月1日	潘艳红（待批准）
新华保险	2019年6月10日	黎宗剑（暂代）	2019年1月	杨征（暂代）
中国人寿	2018年12月16日	王滨	2019年4月2日	苏恒轩
太平人寿	2018年11月15日	罗熹	—	无变化
建信人寿	2018年9月21日	段超良	—	无变化
中融人寿	2017年11月27日	余庆飞	2017年7月19日	孙建军
信泰人寿	2018年9月6日	邹平笙	2018年5月4日	李国夫
农银人寿	2017年9月18日	肖彬	2017年11月17日	刘世安
人保寿险	2018年5月16日	缪建民	—	无变化
英大人寿	2017年3月31日	辛绪武	2017年4月	谭宁（2018年离任）
	2018年5月10日	丁世龙	2018年6月	吕珂
平安养老	2017年12月29日	甘为民	2017年9月	甘为民
国寿养老	2018年2月12日	袁长清	2018年9月21日	崔勇
长江养老	2019年1月3日	苏罡	2019年2月	徐勇（主持工作副总）
人保养老	2017年12月29日	唐志刚	2018年1月5日	张海波
新华养老	2017年2月4日	刘亦工	2018年6月27日	王练文（主持工作副总）
太平养老	2018年10月9日	任生俊	—	无变化
瑞华健康	2018年7月4日	陈剖建	2018年6月27日	孙伟光

保险业南北方差异大PK：总保费六四开，长三角、京津冀、东北地区份额下降明显

2019年4月22日

北秦腔、南越调，一派豪放、一派温婉，秦岭淮河一线把中国划分为南方和北方，人们的脾气秉性、饮食习惯迥异，反映到经济发展中，也呈现出诸多差异，有专业人士以2017年GDP情况对南方、北方城市经济发展情况进行对比后发现，北方虽然占据中国领土的60%，但GDP却只有南方的65%左右，且二者之间的差距有进一步扩大的趋势。

折射到保险业，『慧保天下』发现，这一发端于人的需求的服务业，也隐约有着差异，而这种差异又衍生出不同的发展趋势和走向。

保险公司注册地以往扎堆在北方，近年来呈现出明显的南迁和分散化趋势，尤其是财产险公司的变动趋势更为明显。从保费收入来看，北方地区的保费收入呈现出份额下降的颓势，尤其是长三角（上海、浙江、江苏、宁波四个地区）、东北（黑龙江、吉林、辽宁、大连四个地区）和京津冀（北京、天津、河北三个地区）三个区域的下降趋势明显，这也意味着其他地区的崛起之势。

南北差异明显，对于保险公司的经营管理者而言，需要考虑的是，无论是公司选址还是区域策略和险种发展策略，都需要结合国家经济战略和发展方向，顺势而为，才能有所为。

公司注册地南迁化、分散化趋势明显

财产险公司分布广。目前，88家财产险公司中，注册地在北方的有39家，南方有49家，其中，北京20家，上海17家，贵州、湖南、青海、内蒙古和大连等地区尚无法人机构注册（见表1）。地方政府普遍有农业保险、基建、大型项目、大病医保等相关的保源，而保源又是税源的根本源头，再叠加财产险公司普遍盈利周期短于人身险公司，于是地方政府对财产险公司的筹建积极性较高，财产险公司基本达到了广覆盖。

从注册时间来看，2009年以来成立了47家财产险公司，此前成立的有41家；2009年以来成立的财产险公司中注册地在南方的占比为59.6%，北方的仅为40.4%；2008年以前，北方注册成立

的公司占比为51%，南方占比为49%。这一南迁化和分散化的趋势符合地方政府的切实需求，也与我国省域的地理分布有关。

表1　财产险公司注册地分布情况

注册地	数量（家）	注册地	数量（家）	注册地	数量（家）
北京	21	新疆	2	甘肃	1
上海	17	吉林	2	江西	1
深圳	8	江苏	2	广西	1
广东	5	辽宁	2	宁夏	1
山东	3	陕西	1	河北	1
重庆	3	安徽	1	厦门	1
浙江	2	黑龙江	1	福建	1
天津	2	宁波	1	河南	1
四川	2	山西	1	西藏	1
湖北	2	云南	1		

人身险公司分布集中。目前，91家人身险公司中，注册地在北方的有44家，在南方的有47家，其中，北京34家，上海21家，安徽、西藏、云南、贵州、江西、福建等15个地区尚无法人机构覆盖（见表2）。考虑到人身险的经营主要依赖经济发展程度、民众可支配收入以及对保险的认知度和接受度，因此人身险公司的注册地集中度较高，主要集中在中心城市和经济发达地区。

从注册时间来看，2009年以来成立的人身险公司有41家，此前成立的有50家；2009年以来成立的人身险公司中注册地在南方的占比为49%，北方的占比为51%；2008年以前，北方注册成立的人身险公司占比为46%，南方占比为54%。较长的盈利周期和经营的复杂性导致部分资本望而却步，人身险公司的成立热情低于财产险公司。

表2　人身险公司注册地分布情况

注册地	数量（家）	注册地	数量（家）	注册地	数量（家）
北京	34	浙江	2	湖北	1
上海	21	海南	2	山西	1
深圳	5	重庆	2	香港	1

续表

注册地	数量（家）	注册地	数量（家）	注册地	数量（家）
广东	4	大连	2	广西	1
天津	3	山东	2	河北	1
江苏	3	厦门	1	贵州	1
四川	2	湖南	1	辽宁	1

上海更受外资公司青睐。目前，50家外资公司中，注册地在南方的有35家，其中上海有23家，北方有15家。

总保费收入，南北方六四开

就总保费收入而言，南方、北方呈现出较大差异，整体趋势与GDP趋势类似，这在某种程度上印证了经济实力依然是影响保险业发展最根本的要素之一。

2018年的3.8万亿元原保险保费收入中，南方包揽2.2万亿元，业务占比为58.4%；而北方仅有1.6万亿元，业务占比仅为41.6%，南方、北方基本呈六四开的局面。

回望10年前，2008年南方业务占比为57.6%，北方业务占比为42.4%，经过10多年的发展，北方业务份额下降近1个百分点。

从更微观的角度来看，南方地区除了长三角和福建外，其他地区的业务份额全部提升，也就是说复合增长率高于全国平均值；而北方除了内蒙古、山东、河南和陕西外，其余省、自治区、直辖市的业务份额则基本原地踏步或者略有下降。

长三角、东北、京津冀保险市场份额下降明显

从数据来看，三个区域的保险市场份额快速下降，从2006年至今，这些区域的保险市场份额合计下降了8.8个百分点。

长三角区域，2006年保费收入份额为22.9%，2018年份额仅为18.4%，拱手让出4.4个百分点的市场份额。

东北区域，2006年保费收入份额为9.0%，2018年份额仅为7.2%，拱手让出1.9个百分点的市场份额。

京津冀区域，2006年保费收入份额为13.8%，2018年份额仅为10.9%，拱手让出2.9个百分点的市场份额。

不难发现，保险市场份额下降较为明显的三个区域中，不但有近年来因为经济不振、人口外流的东北区域，也有以北京为核心的京津冀区域，甚至还包括公认的中国第一经济区长三角经济带。

是什么原因导致这些曾经或现在仍然是中国经济发达地区的保险业市场份额下降？或许最好的解释就是伴随着经济结构的调整，之前GDP基数较低的省份超常规发展等，导致这些区域的先发优势已经不再。

而诸如河南、湖北和四川这样的人口大省，后发优势明显，保险市场份额也处于快速提升之中。

2006—2018年保费份额上升、下降最快的三个地区见表3。

表3 2006—2018年保费份额上升、下降最快的三个地区

份额上升榜		份额下降榜	
地区	份额变动（%）	地区	份额变动（%）
河南	1.4	上海	−3.6
湖北	1.0	北京	−2.7
四川	0.8	辽宁	−1.2

上海、北京的寿险业务市场份额下降显著

2018年寿险业务（含健康险、意外险）保费收入合计为2.7万亿元，在原保险保费总收入中占比达72%，由于是“基本盘”，因此寿险业务在各地区呈现出的特征基本与总保费收入情况一致，即南北方六四开。

上述三个市场份额下降的典型区域，其寿险业务份额下降更为明显，从2006年至今已合计让出市场份额达9.7%。

这在某种程度上说明，寿险业务与国民收入水平更具相关性。只有经济发达地区人群保险意识崛起，对保险保障和安全的需求才会喷薄而出。

2006—2018年寿险保费份额上升、下降最快的三个地区见表4。

表4 2006—2018年寿险保费份额上升、下降最快的三个地区

份额上升榜		份额下降榜	
地区	份额变动（%）	地区	份额变动（%）
河南	1.5	上海	−4.0
广东	1.3	北京	−2.9
深圳	1.2	辽宁	−1.2

财产险业务增速南北大分化

对于财产险业务，南方、北方出现分化的节点在2010年，此后的8年间，南方的复合增长率为14.3%，北方的复合增长率仅为12.5%。南方的市场份额由58.6%升至61.7%，北方的份额则由41.4%降至38.3%，彼此交换了近3个点的市场份额。

财产险业务的发展经历了两个轮次，第一轮是交强险推出和汽车消费热带来的车险业务爆发，第二轮是随着法制健全和社会管理需求的增长，非车险业务尤其是治理类业务的爆发。

而这两轮都明显利好于南方地区，北方地区

地广人稀，无论是汽车消费还是汽车下乡，消费总量有限，而南方仅从人口密度方面就完胜。此外，对于非车险业务，南方在创新、社会治理等方面更具备保险发展的土壤。

2006—2018年财产险保费份额上升、下降最快的3个地区见表5。

表5 2006—2018年财产险保费份额上升、下降最快的3个地区

份额上升榜		份额下降榜	
地区	份额变动（%）	地区	份额变动（%）
河南	1.2	北京	-1.6
湖北	0.7	内蒙古	-0.7
贵州	0.7	辽宁	-0.7

北方财产险业务输在车险

具体到车险业务，不难发现，这才是北方财产险业务输给南方的关键所在。2018年，北方车险业务保费收入为3000亿元，占比为38.5%，而8年前这一占比为42.6%，车险市场份额下降了约4个百分点。

从车险保费增速来看，南方车险业务8年的复合增长率为13.7%，北方仅为11.3%。

从具体地区的车险保费复合增长率来看，超过15%的地区主要集中于南方，如贵州、湖南和湖北等地区；增长率为个位数的有7个地区，北方占据五席，如辽宁、内蒙古和北京……南北方差异不可谓不大。

整体来看，北方车险保费收入下降有几个原因：

一是北方体系化的经济带不利于车险业务发展，东北三省近年来经济发展不振，京津冀地区则面对限购加职能纾解；经济结构调整中，去落后产能的过程中，山西、内蒙古等地的货车停驶严重，商用车的保费受限。

二是北方的车险保费折扣较大，在商车费改的大趋势下，单均保费降幅明显。

三是地区机构铺设得较早，注册地在南方的保险公司，无论如何也要先扎下一个驻京办或者整个双总部，所以北方的竞争激烈程度不亚于南方。

四是新车的车险机会在三四线城市甚至乡村，黑龙江一人分50亩地，浙江一人分8分地，请问汽车下乡的数量谁更有优势?

北方的天然资源优势在农业保险上发力明显，2018年，北方农业保险保费收入为328亿元，业务占比为57.3%，份额较2010年提升了近10个百分点。北方8年复合增长率为23.6%，远高于南方的17.9%。北方的农业大省，山东、河南、新疆、山西和陕西等地区8年复合增长率均超越40%。

36个中心城市保费大排名：合计贡献43%的保费，北上广深稳居一线

2019年6月10日

中心城市市场一向是保险公司的兵家必争之地，尤其是对于国寿、人保而言，近些年更是将发力中心城市市场视为重要战略目标。

这里聚集着最富裕的人群，是保险公司最重要的目标客户；这里聚集着数量最多的保险公司，激烈的竞争是检验保险公司发展水平的最重要的试金石。

数据显示，将27个省、自治区的省会或首府城市（不含香港、澳门和台湾）、4个直辖市、5个计划单列市（大连、青岛、宁波、厦门、深圳）视为36个中心城市的话，那么2019年前4个月，这36个中心城市累计实现原保险保费收入为8266.48亿元，贡献了同期全国保费收入的43.37%。中心城市对于保险公司的战略意义可见一斑。

毫无疑问，谁能在中心城市市场取得成功，谁才能真正赢得未来市场。

那么36个中心城市各自的保险业发展水平究竟处在什么样的水平？究竟哪个中心城市的保费收入比较高或者最具发展潜力？就以2019年前4个月的数据为例，一睹国内36个中心城市真实的保险实力。

36个中心城市贡献占全国保费收入的43.37%

整体来看，36个中心城市2019年前4个月累计实现原保险保费收入8266.48亿元，贡献了同期全国保费收入的43.37%。中心城市市场的重要性由此可见一斑。

不过，不同城市之间保费总量差异巨大。其中11个中心城市2019年前4个月总保费收入尚不足百亿元；11个中心城市为100亿~200亿元；14个中心城市则达200亿元以上，见图1。

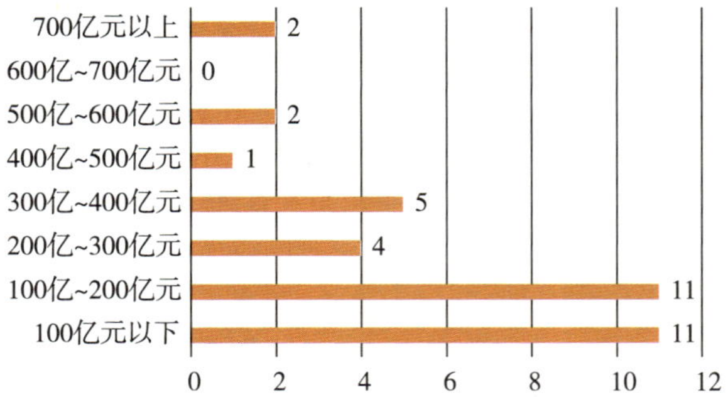

图1 2019年前4个月36个中心城市原保险保费收入分布区间

北、上、广、深成一线保险城市

从2019年前4个月的保费总量来看，北、上、广、深就是名副其实的“一线保险城市”，稳坐中心城市保费收入排名榜前四位，累计保费收入为2705.56亿元，在全国保险市场上占比为14.20%。其中，北京以866.21亿元高居榜首，相较于第二名上海高出160.94亿元。北京是保险公司总部最密集的地域所在，截至目前，注册地在北京的保险公司达55家，上海居其次，为38家。

广州和深圳也是保险公司总部较为集中的区域，二者保费总量也较高，其中广州以579.31亿元的保费收入在全国中心城市中排名第三，深圳则以554.77亿元居于第四位。

值得注意的是，这四个城市的保费增速也保持了较高水准，均高于同期行业整体水平。其中较低的北京、深圳同比增速分别为18.38%、18.35%，而广州则高达24.06%，上海甚至高达38.08%（见表1）。

表1 2019年前4个月原保险保费收入300亿元以上的中心城市排名

城市	前4个月原保险保费收入（亿元）	排名	同比增速（%）	排名
北京	866.21	1	18.38	11
上海	705.27	2	38.08	2
广州	579.31	3	24.06	5
深圳	554.77	4	18.359	12
成都	456.81	5	16.40	16
重庆	399.57	6	5.19	34
武汉	350.33	7	25.78	4
南京	346.95	8	39.10	1
杭州	345.30	9	26.65	3
郑州	338.53	10	3.79	35

中西部城市总保费收入垫底

11个中心城市2019年前4个月的累计原保险保费收入低于100亿元，其中，除南昌、厦门、海口位于南方，呼和浩特在北方之外，其余7个城市，几乎都位于西部地区，具体包括新疆的乌鲁木齐，广西的南宁，甘肃的兰州，贵州的贵阳，宁夏的银川，青海的西宁，西藏的拉萨。西部地区，依然是中国保险业的洼地。

从这些城市的同比增速来看，与位居前四的北、上、广、深差距颇大，其中保费增速最高的是拉萨，同比增速达22.22%，但其保费收入只有个位数（见表2）。

表2 2019年前4个月原保险保费收入低于100亿元的中心城市排名

城市	前4个月原保险保费收入（亿元）	排名	同比增速（%）	排名
乌鲁木齐	96.74	26	7.21	32
南昌	95.79	27	11.73	21
厦门	94.87	28	8.15	31
南宁	86.64	29	-1.91	36
兰州	74.98	30	14.34	19
贵阳	74.30	31	10.31	26
呼和浩特	57.05	32	10.28	27

续表

城市	前4个月原保险保费收入（亿元）	排名	同比增速（%）	排名
海口	54.31	33	17.10	14
银川	49.79	34	10.56	25
西宁	28.45	35	12.53	20
拉萨	6.90	36	22.22	7

南京、上海等经济发达城市增长动力十足

在一般的理解中，原保险保费收入低的地区保费增速往往高，但实际情况并非如此，反而是一些竞争激烈的地区，依然保持强劲的增速。例如，南京、上海的原保险保费同比增速分别为39.10%、38.08%，是发展最快的两个城市。杭州、武汉、广州也是经济较为发达的城市，其原保险保费同比增速排名前五（见表3）。经济发展水平依然是保险业发展最重要的基础。

表3　2019年前4个月中心城市原保险保费增速排名

城市	前4个月原保险保费收入（亿元）	排名	同比增速（%）	排名
南京	346.95	8	39.10	1
上海	705.27	2	38.08	2
杭州	345.30	9	26.65	3
武汉	350.33	7	25.78	4
广州	579.31	3	24.06	5
石家庄	191.68	15	23.39	6
拉萨	6.90	36	22.22	7
宁波	158.66	20	21.99	8
长春	122.86	23	19.97	9
济南	214.48	14	18.58	10

32个中心城市财产险保费收入不足百亿元

从2019年前4个月财产险公司原保险保费收入来看，36个中心城市累计实现原保险保费收入为1970.21亿元，贡献了同期全国财产险公司原保险保费收入的43.75%。

与整体原保险保费收入分布情况类似，2019年前4个月只有4个中心城市的财产险公司原保险保费收入突破百亿元，其余32个中心城市则都在100亿元以下，分布相当不均衡（见图2）。

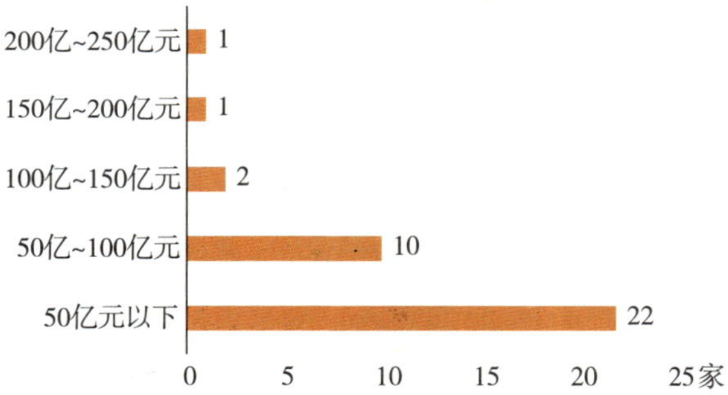

图2　2019年前4个月36个中心城市实现财产险原保险保费收入分布区间

上海财产险发达，北京人身险发达

虽然就整体原保险保费收入而言，北京要远远超过上海，但就财产险原保险保费收入而言，上海却远远超过北京。从财产险和人身险的比例可以看到这一点，2019年前4个月，北京财产险保费收入为人身险保费收入的25%；而同期上海财产险保费收入为人身险保费收入的49%。

这显示出北京、上海在保险业务结构上存在

明显差异，相对而言，北京人身险行业更发达，而上海财产险行业要更发达。

在财产险方面，深圳2019年前4个月实现财险原保险保费收入为135.58亿元，超过广州的122.68亿元，居第三位，相对而言，深圳的财产险行业相较于广州更发达。

除此之外，就整个原保险保费总收入而言，武汉排名第七，杭州排名第九，而在财产险原保险保费收入方面，杭州排名第七，武汉排名第九，相对而言，杭州的财产险行业相较于武汉发达（见表4）。

表4　2019年前4个月10个中心城市的财产险原保险保费收入排名

城市	前4个月原保险保费收入（亿元）	排名	同比增速（%）	排名
上海	230.83	1	24.65	6
北京	175.59	2	8.78	22
深圳	135.58	3	9.31	21
广州	122.68	4	19.21	9
成都	89.98	5	5.67	27
重庆	84.01	6	-3.06	34
杭州	81.82	7	5.35	29
南京	69.34	8	19.51	8
武汉	68.23	9	13.54	13
郑州	63.26	10	2.59	32

多个中西部城市增速喜人

2019年前4个月，全国财产险公司累计实现原保险保费收入为4503.51亿元，同比增长11.24%，从增速来看，36个中心城市中，有19个中心城市都超过了行业平均水平。

西部地区、东北地区多个城市的表现可圈可点。例如长春、拉萨、乌鲁木齐和哈尔滨的财产险公司原保险保费增速都达到18%以上。

财产险原保险保费收入超过百亿元，同时增速又排前十名的只有上海和广州2个中心城市，其中上海的财产险公司原保险保费同比增速达24.65%（见表5）。

相比较之下，深圳、北京的表现不佳，二者的财产险原保险保费增速都只有个位数。

重庆、昆明和西安三者2019年前4个月财产险原保险保费收入甚至出现了一定程度的负增长，同比增速分别为-3.06%、-3.29%和-4.53%。

表5　2019年前4个月财产险原保险保费增速排名前十的中心城市

城市	前4个月原保险保费收入（亿元）	排名	同比增速（%）	排名
长春	39.42	19	33.65	1
拉萨	4.54	36	27.96	2
石家庄	56.35	13	27.91	3
济南	41.45	18	26.99	4
乌鲁木齐	24.65	29	25.94	5
上海	230.83	1	24.65	6
合肥	44.39	15	22.77	7
南京	69.34	8	19.51	8
广州	122.68	4	19.21	9
哈尔滨	29.7	25	18.72	10

15个中心城市的人身险原保险保费收入不足百亿元

36个中心城市的人身险公司2019年前4个月

累计实现原保险保费收入为6296.26亿元，在全国原保险保费收入中的占比为43.26%，略低于财产险公司的贡献度，显示在人身险领域，中小城市市场乃至县域市场是不容忽视的存在。

对于人身险原保险保费收入的分布区间而言，15个中心城市的原保险保费收入不足百亿元；另有10个城市为100亿~200亿元；原保险保费收入高于200亿元的中心城市数量达11家（见图3）。

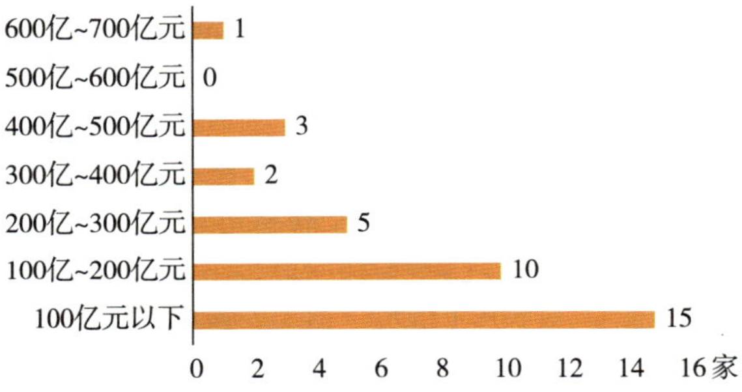

图3 2019年前4个月36个中心城市实现寿险原保险保费收入分布区间

北京人身险保费收入一骑绝尘，郑州反超杭州

就人身险原保险保费收入而言，北京实现原保险保费收入为690.62亿元，排名第一，而排名第二的上海，同期只有474.44亿元，仅4个月时间，二者相差超过200多亿元。

值得注意的是，就人均收入而言，北京其实是低于上海市的，2018年，上海市人均可支配收入为64183元，而北京为62361元。不过二者均超出全国平均水平1倍以上。

人身险原保险保费收入排名前十的中心城市与原保险保费总收入排名前十的城市相同，唯一不同的在于原保险保费总收入方面，郑州低于杭州，而在人身险原保险保费收入方面，郑州却高于杭州。

表6 人身险原保险保费收入排名前十的中心城市

城市	前4个月原保险保费收入（亿元）	排名	同比增速（%）	排名
北京	690.62	1	21.10	10
上海	474.44	2	45.72	1
广州	456.63	3	25.43	7
深圳	419.19	4	21.60	9
成都	366.83	5	19.38	13
重庆	315.56	6	7.63	32
武汉	282.10	7	29.14	5
南京	277.61	8	45.03	2
郑州	275.27	9	4.07	34
杭州	263.48	10	35.14	3

人身险“强者愈强”，上海、南京、杭州增速居首，南宁全线负增长

2019年前4个月，人身险公司累计实现原保险保费收入为14555.82亿元，同比增长16.10%，就36个中心城市而言，有15个中心城市的人身险原保险保费同比增速都高于行业平均水平。

从人身险原保险保费增速排名靠前的城市来看，经济发达地区，依然维持较高的增速，例如上海、南京同比增速都在45%以上，杭州在其次，但同比增速也在35%以上。此外，昆明、武汉、宁波、广州、石家庄、深圳及北京的人身险原保险保费增速也都排在前十名（见表7）。

表7 2019年前4个月人身险原保险保费增速排名前十的中心城市

城市	前4个月原保险保费收入（亿元）	排名	同比增速（%）	排名
上海	474.44	2	45.72	1
南京	277.61	8	45.03	2
杭州	263.48	10	35.14	3
昆明	79.66	25	29.33	4
武汉	282.10	7	29.14	5
宁波	101.31	21	27.47	6
广州	456.63	3	25.43	7
石家庄	135.33	16	21.61	8
深圳	419.19	4	21.60	9
北京	690.62	1	21.10	10

而中西部以及东北部的一些城市，虽然保费基数较低，但增速也并未能超过行业平均水平，例如，就人身险增速而言，重庆、哈尔滨、郑州、乌鲁木齐及南宁在36个中心城市中垫底。

其中，南宁人身险原保险保费收入不但没有正增长，反而呈负增长3.65%，受累于此，其整体原保险保费收入也呈负增长1.91%。

附表 2019年前4个月36个中心城市保费收入排名表

城市	保费收入合计（亿元）	排名	同比（%）	保费收入累计（亿元）	排名	同比（%）	保费收入累计（亿元）	排名	同比（%）
北京	866.21	1	18.38	175.59	2	8.78	690.62	1	21.10
上海	705.27	2	38.08	230.83	1	24.65	474.44	2	45.72
广州	579.31	3	24.06	122.68	4	19.21	456.63	3	25.43
深圳	554.77	4	18.35	135.58	3	9.31	419.19	4	21.60
成都	456.81	5	16.40	89.98	5	5.67	366.83	5	19.38
重庆	399.57	6	5.19	84.01	6	−3.06	315.56	6	7.63
武汉	350.33	7	25.78	68.23	9	13.54	282.10	7	29.14
南京	346.95	8	39.10	69.34	8	19.51	277.61	8	45.03
杭州	345.30	9	26.65	81.82	7	5.35	263.48	10	35.14
郑州	338.53	10	3.79	63.26	10	2.59	275.27	9	4.07
天津	269.74	11	10.70	57.24	12	11.03	212.50	11	10.61
西安	232.12	12	15.17	38.78	20	−4.53	193.34	12	20.15
青岛	216.80	13	16.74	43.81	16	12.94	173.00	14	17.74

续表

城市	保费收入合计（亿元）	排名	同比（%）	保费收入累计（亿元）	排名	同比（%）	保费收入累计（亿元）	排名	同比（%）
济南	214.48	14	18.58	41.45	18	26.99	173.03	13	16.72
石家庄	191.68	15	23.39	56.35	13	27.91	135.33	16	21.61
长沙	186.90	16	11.61	53.54	14	13.24	133.36	17	10.97
大连	167.77	17	9.56	29.41	26	4.65	138.36	15	10.67
哈尔滨	162.47	18	7.15	29.70	25	18.72	132.78	18	4.87
沈阳	158.95	19	11.54	38.82	21	12.59	120.83	19	11.21
宁波	158.66	20	21.99	57.34	11	13.38	101.31	21	27.47
福州	146.73	21	9.59	36.58	22	13.34	110.15	20	8.40
合肥	141.15	22	18.07	44.39	15	22.77	96.75	22	16.03
长春	122.86	23	19.97	39.42	19	33.65	83.43	24	14.44
昆明	121.25	24	15.92	41.59	17	−3.29	79.66	25	29.33
太原	112.05	25	9.02	25.55	28	8.01	86.50	23	9.32
乌鲁木齐	96.74	26	7.21	24.65	29	25.94	72.09	27	2.02
南昌	95.79	27	11.73	22.37	30	5.22	73.42	26	13.88
厦门	94.87	28	8.15	30.13	24	8.70	64.74	28	7.90
南宁	86.64	29	−1.91	30.88	23	1.39	55.76	29	−3.65
兰州	74.98	30	14.34	21.34	31	13.74	53.65	30	14.58
贵阳	74.30	31	10.31	28.33	27	5.38	45.97	31	13.58
呼和浩特	57.05	32	10.28	13.83	34	6.90	43.22	32	11.41
海口	54.31	33	17.10	16.92	32	12.02	37.39	33	19.55
银川	49.79	34	10.56	14.29	33	14.98	35.49	34	8.87
西宁	28.45	35	12.53	8.34	35	8.55	20.12	35	14.26
拉萨	6.90	36	22.22	4.54	36	27.96	2.35	36	12.47

NEW ERA OF
INSURANCE

保险新时代

『慧保天下』精选集

7

CHAPTER

真问题 · 升维

保险业该向何处去？这个问题在最近两年显得越发迫切。行业保费增速下滑，发展驱动因素减弱，社会形象被严重消耗，一些深层次矛盾和问题开始制约行业发展。同时，国家对金融保险业提出新的要求，价值评判由资产利润转为服务国家经济社会战略，供给侧结构性改革倒逼行业开展优化整合。

站在历史的大时点上，保险业需要深入开展一次解放思想的大讨论，在庞杂的信息中，梳理出真正的行业未来发展之路。

保险商业模式会怎么变，缪建民说了这几点

◎缪建民 | 2019年4月27日

编者按 近期，中国人民保险集团董事长缪建民在CF40年会上发表题为《大变局下的保险商业模式变革》的主题演讲，被誉为“这可能是关于保险业未来，讲得最清楚的一篇文章”，在保险业内引起广泛关注和热烈讨论。『慧保天下』认为，这种关注和讨论反映出文章观点切中了保险业目前的痛点和焦虑。

保险业该向何处去？这个问题在最近两年显得越发迫切。行业保费增速下滑，发展驱动因素减弱，社会形象被严重消耗，一些深层次矛盾和问题开始制约行业发展。同时，国家对金融保险业提出新的要求，价值评判由资产利润转为服务国家经济社会战略，供给侧结构性改革倒逼行业开展优化整合。

站在历史的大时点上，保险业需要深入开展一次解放思想的大讨论，缪建民的文章适逢其时。

得其时、得其势。缪建民文章的一个主题，就是绝不能低估外部变化，外部形势变化之大，远超想象，甚至可以重构保险商业模式。他提到了保险业态“重构”、保险价值链“重塑”、保险体验“重新定义”、保险经营基础“重整”，连用四个“重”字，都是破坏性创新范畴，分量很重。对行业来说，需要整体性的迁徙及转型，跟得上则生，跟不上则亡。往更深处看，世界保险业正在面临新的技术革命的冲击，范式创新已是必然，中国保险业理应抓住机会，有引领下一轮保险业革命的自觉和担当。

保险业问题复杂，就在于既要考虑长远也得适应当下，既要考虑理想也得顾及现实。抛开行业整体的顶层设计，缪建民也对行业当前的发展形势进行了精准诊断，把行业的问题归结为3个不匹配，即投入与产出不匹配、供给与需求不匹配、市场掌控力与价值链地位不匹配。

3个不匹配是表象，但行业“老兵”都知道，这3个不匹配至少持续了二三十年，那这背后的原因应归入中央会议提出的“体制性”问题。银保监会组建，显然是保险监管理念革新的最好机会。

在数字化的当下，缪建民认为，保险业商业模式的变革有3个发力点，即数字社会保障者、风险减量管理者和高品质服务的提供者。概括起来，就是利用数字科技装备自身，增强保险的存在场景，挖掘保险的社会功能，只有如此，才不会在激烈的科技变革中被取代、被边缘化。

保险业这两年的问题千头万绪、纵横交错，缪建民鲜明提出并锚定“保险商业模式变革”，不失为一种追根溯源式的追问和思考，这种对于行业发展第一性原理和市场底层逻辑的研究思考，具有重要的启发和借鉴意义。

以下为缪建民演讲的全文。

保险是金融的重要组成部分，作为一名保险从业者，我想从一个相对中观的视角谈几点想法。

全球保险业孕育大变局，传统保险商业模式面临被颠覆的风险

保险自诞生以来，从海上保险到火险再到车险，从财产险到人身险，抽样定价、低频交互及事后补偿的传统保险商业模式已经盛行了几个世纪。特别是第二次世界大战后与社会保障、社会治理的更紧密结合，赋予了保险更重要的使命，树起了高准入门槛，保险业陷入了既往成功所带来的舒适区。

2007年，美国竞争企业协会曾不客气地批评保险业，“自1959年以来，从未向个人客户介绍任何全新的财产险产品”。但近年来，人工智能、区块链、物联网和基因技术等多种呈现出指数级发展的技术，正合力改变全球保险业，正如普华永道的调研结果显示，如今比保险业遭受更大颠覆的行业恐怕只有娱乐与媒体业。概括而言，全球保险业面临的困境包括以下4个“重”。

保险业态“重构”

从历史长周期的角度来看，科技可改变风险集中点，带来市场需求变化，重构保险主流业态。比如，第一次科技革命，大机器取代了手工业，出现了财产险；第二次科技革命，内燃机和交通工具产生，财产险发展出了车险。正在发生的第四次科技革命，保险业态也必将发生与时俱进的变化。其中，对财产险行业影响比较大的是自动驾驶技术。

随着5G技术投入商用，自动驾驶技术将加快落地，当多数汽车实现自动驾驶的时候，交通事故率自然会大幅下降，进而大幅拉低汽车保险的风险保费。美国国家公路交通管理局（NHTSA）调查数据显示，自2015年安装自动驾驶技术装置以来，特斯拉汽车的碰撞率下降了40%。考虑到车险在财产险业务中的高占比，特别是目前车险占我国财产险业务的2/3，传统财产险公司急需在新经济中寻找新的发展动能。

保险价值链“重塑”

就寿险行业而言，从1693年英国天文学家、数学家哈雷发明生命表，到1762年世界上第一家真正科学经营的寿险组织——伦敦公平保险社创立，300多年间，人寿保险更多的是提供人身事故之后的赔付，而缺乏对客户生活质量的关怀。基因编辑、靶向治疗和可穿戴设备等生命科学技术将刷新寿险的客户价值主张。

2018年末，被民间称为长寿药的NMN首次通过了美国联邦药物管理局（FDA）GRAS的安全认证。未来人类有可能高质量地活到120岁，就像黄帝内经上说的“上古之人，春秋皆度百岁乃去，而尽终其天年”，当人类寿命大幅延长甚至翻倍，人寿保险将何去何从?

客户已经给出了答案。德勤2018年开展的调研结果显示，持有人寿保单的美国家庭数量处于50年来新低。美国多家大型寿险公司也未雨绸缪地探索新的寿险商业模式，比如美国恒康人寿保险公司2018年9月宣布，将停止承保传统寿险，转而销售基于可穿戴设备跟踪健身和健康数据的交互式新型保险。财产险行业也面临同样的问题，人工智能与传感器将实时创造高度定制化的保单，推动财产险价值链从损失后的赔偿向阻止损害发生转变。例如，根据麦肯锡的研究，2018—2030年，保险理赔岗位将减少70%~90%。

保险体验“重新定义”

保险是低频交易，除货运险外，其他险种的保单是不能转让的。人身险长期性保单往往是在到期了才会和客户打一次交道，财产险一年期产品如果不出险一般也不与客户接触，保险公司总体上与客户的互动频率处于1~2次/年的“弱接触”区间。

而伴随数字化技术快速发展而成长的“数字原住民”，偏好通过互联网获取信息、消费、投资和社交，期望简单、无缝、个性化和频繁地与他们的服务提供商互动。可以说，“数字原住民”与数字化企业的每一次互动，从购物到拼车，都会改变消费者与保险公司互动的预期。从某种意义上说，客户已经被“惯坏”。

IBM商业价值研究院的调查结果显示，41%的受访客户更换了保险公司，原因是之前的保险公司无法满足他们的需求。埃森哲的调研结果则显示，如果Gafa开始提供保险服务，那么近1/3的消费者将转向Gafa。未来保险公司在客户体验上不仅要对标保险同业，还应该扩展至对标新兴的数字化企业，依托现代科技增加客户服务触点，提升与客户互动的频次，优化客户体验。

保险经营基础“重整”

传统保险经营的基础是大数法则，只有抽样样本足够大，对财产险损失率、人身险死亡风险的统计才比较可靠。从14世纪地中海贸易中萌生海上保险以来，保险的主流始终是“人人为我，我为人人”的分摊互助形式，以低风险投保人补贴高风险投保人。

但是在万物互联和数字化的大背景下，以大数法则抽样为原则的大众化公平定价，就可以变成全数据样本的个性化定价，细化体现每个用户的特殊需求和保险场景，实现“千人千面，千人千险”。以前一个人的人身风险怎么样，是用生命表来衡量的，现在有了基因技术，可以个性化定价；有了车联网，车险定价不再看车型，而是看人，看他的驾驶行为。目前，这一模式在国外正成为越来越流行的定价方式，但是前提是保险公司有长期、全面和精准的数据积累。

过往补偿式的高增长时代已基本结束，中国保险业进入高质量发展的新阶段

从我国保险业的情况来看，在面临全球普遍困境的同时，还面临自身特有的问题。改革开放40年来，我国保险业在发展定位、体制机制、行业功能和人民获得感等方面实现了根本性转变，行业规模保费世界排名跃升至第2位，成为名副其实的保险大国，补上了西方发达保险市场发展了数百年的“课”。

但实事求是地讲，改革开放40年来保险业的高速增长，很大程度上是依靠外部增长红利“水涨船高”的结果，粗放型、外延式的低水平竞争模式一直没有得到根本性转变，在外部动力弱化、监管政策转变的大环境变化下，原来的商业模式难以为继，主要体现为“3个不匹配”。

发展方式粗放，投入与产出不匹配

目前，市场上的保险机构超过200家，这些公司在核心竞争力上差异很大，但总体上仍处在粗放式发展阶段，存在高投入、高成本、高消耗的三高现象。

高投入的突出表现为机构设置上不计成本的“占市场，铺摊子”，除几家新兴的互联网保险公司、自保公司外，保险公司无论大小，都是从全国到省、市、县这样层层设立分支机构，结果就是管理成本虚高，大多数保险公司背上了沉重的投入包袱。这与海外保险业形成了鲜明对比，20世纪90年代我刚赴香港工作的时候就发现，很多本地财产险公司也就几千万港元注册资本金，一二十名员工，没有分支机构，但是日子过得很滋润。

高成本的突出表现为业务开拓上大打低水平的价格战，2018年财产险行业综合费用率高达40.7%，大量收取的保费被用于低水平的渠道竞争；寿险营销队伍大进大出，营销员13个月留存率不足30%，销售成本虚高，个代营销的生命力下降。

高消耗的突出表现为销售误导，对保险资源进行破坏性开发。

“三高”的结果是投入产出不成正比，效益不高，2018年保险业亏损面高达43%，其中财产险接近于全行业亏损。商业模式的核心是要形成“投入—创造—盈利—再投入”的正反馈，行业大面积亏损，说明目前的保险商业模式走入了死胡同。近两年，保险牌照申请热退潮，不少保险公司投资人离场，背后有金融严监管的因素，但根本上在于传统保险商业模式丧失了正反馈效应。

产品同质化，供给与需求不匹配

无论是财产险公司还是人身险公司，都存在同质化竞争、一险独大的现象，许多与国计民生密切相关的保险业务没有得到应有的重视和发展。

财产险公司“扎堆”发展车险，2018年财产险行业车险业务占比仍高达2/3；对于专业性强的非车险业务，很多公司不敢做、不会做；其中，与国家治理密切相关的责任险占比仅为5%，远低于美国责任险1/3的市场份额；护航数字化社会的网络安全险仍处于起步阶段，占全球市场不到1%。

寿险公司偏重发展理财型产品，死亡、健康和养老等保障型业务发展不足，比如，根据瑞再的测算，2017年中国家庭的死亡保障缺口高达50万亿元，相当于GDP的85%，与人民“幼有所育、病有所医、老有所养”的美好生活需要不相适应。供需不匹配的后果已经显现，以前我们都说保险业是一个朝阳行业，每年的规模保费和队伍都是两位数的增长，但现实是我国保险业已开始出现走下坡路的迹象。

2018年，行业原保险保费收入增速仅为3.9%，近40年来首次显著低于GDP增速；其中，人身险行业连续11个月负增长，到2018年末才勉强实现0.8%的微增长。保险业只有创新商业模式，走出同质化竞争的泥沼，提高供给侧的有效生产能力，才能重返快速发展通道。

严重依赖中介，市场掌控力与价值链地位不匹配

为什么保险与银行比起来相对被动？因为银行业资产和负债都不通过中介，资产负债两端基本都可控，而保险业不仅资产端收益率不可控，其中财产险负债端成本也不可控。这对行业来说，挑战很大。

为了抢占市场份额，市场上很多财产险公司包括一些大型财产险公司，过多地依赖汽车4S店等中介渠道，这是财产险成本居高不下的重要原因。以航意险为例，卖一张保单，90%以上的保费作为手续费被中介机构拿走。再以车险为例，保险公司作为“财大气粗”的汽车后市场支付方，本该是产业食物链的最顶层，理论上并不需要支付那么高的渠道费。但保险公司苦于没有构建起直通客户的有效渠道，很多时候只好投入巨大的费用向4S店等中介“买业务”，有的新车获取成本甚至高达保费收入的65%，结果就是4S店、车商和汽车维修店皆赚钱，唯独作为支付方的保险公司不赚钱，陷入“小店面绑架大机构”的尴尬境地。

事实上，考虑到客户对车险的刚性需求，以

及大型保险公司遍布全国的分支机构和电网销，4S店等中介渠道在保险销售上并不能创造额外的社会价值，反而是使大量的利益漏损在中间环节，形成了投入“黑洞效应”。随着客户保险意识的提升，从客户的角度来讲，这样低效率的商业模式长期来看显然是缺乏生命力的。

把握经济社会发展趋势，与时俱进优化商业模式

面对全球保险业的大变局，站在中国保险业恢复国内业务40年的历史节点，“居不安而思危”，只有打破束缚发展的传统商业模式，与时俱进优化商业模式，行业才能脱胎换骨，以崭新的姿态迎接未来。而保险商业模式变革，涉及客户关系、销售渠道、价值管理、风险管理、资产负债管理以及背后的技术支撑，是个系统工程。

从单个保险企业来讲，就是要把数字化作为优化商业模式的灵魂，以提高效率、优化客户体验为出发点和落脚点，把数字变成数据，把数据变成资产，挖掘数据的潜力，释放数据价值，在前中后台都拥抱数字化技术，实现效率变革；把直销渠道建设作为优化商业模式的抓手，以销售成本大幅下降且可控为方向，培育营销文化，建设直销队伍，系统布局电网销渠道，绕开非理性的中介机构，实现新旧动能转换；把精细化管理作为优化商业模式的关键，强化成本意识精打细算，以专业能力建设为方向精耕细作，实现质量变革。但是在大变局下，更根本的是要把握好经济社会发展对保险的角色变迁要求。

数字社会保障者

诺贝尔经济学奖得主约翰·希克斯曾经说过，“工业革命不得不等候金融革命”。回望历史，现代保险与工业革命相伴相生，为工业化的蓬勃发展、城市化进程的推进、汽车等现代化交通工具的普及推广以及世界市场的形成，起到了不可或缺的保障支撑作用。

当前，全球正跑步进入数字化社会，中国在数字经济领域正在从跟跑者、并跑者逐渐变为领跑者，也必然要求保险在保障数字化革命中发挥“助推器”“稳定器”的作用。在这方面，我国保险业作了一些有益的探索。但实事求是地讲，保险业对数字化新事物的追踪与跟进不够，还没有形成与数字经济、数字生活的紧密结合，这在一定程度上成为数字化革命进一步推进的短板。

下一步，无论是推广普及无人驾驶汽车技术，还是推动物联网大规模走入家庭，抑或是实现基因技术的大规模应用，这些数字化新事物的发展在初始阶段都面临消费者接受度低的问题，需要保险的提前介入和安全背书。因此，对数字化时代的新兴风险保持敏感性，在主动参与、深入洞察的基础上创造新的险种和业态，无缝嵌入各种数字化商业和生活场景中，支撑护航中国的数字化进程，应该成为新时代保险人的历史使命。

风险减量管理者

传统保险商业模式下，保险业往往是被动接受客观存在的风险，组合成风险池，并在全社会

进行转移和分担。但是随着科技进步，在万物互联、一切都是“全”监测的世界，保险业在风险管理中可以更加主动地作为，从简单的“险后”补偿转向险中响应、险前预警，构建风险减量管理的新商业模式。

例如，中国人保在宁波试点开展的电梯安全综合保险，通过加装NFC芯片，自主开发“电梯卫士”维保过程监控系统，全程参与电梯的日常风险管理，建立了包括电梯安全的事前维保质量把控、事中紧急专业救援、事后经济赔偿等在内的一体化风险管理，实现了电梯故障率和电梯管理成本的明显下降。

下一步，保险业还需要更积极地与政府、企业和个人客户合作，运用现代科技，引领推广风险减量管理思维，提供防赔并重的风险管理一揽子解决方案，努力在对被保险人作出经济补偿前，主动提前管理好损害风险，让社会更安全、人民更安心。

高品质服务的提供者

国发〔2014〕29号文首次将保险业定位为现代服务业，凸显了保险在风险管理属性和金融属性之外的服务属性，为行业商业模式变革指出了新的方向。

美国营销大师菲利普·科特勒认为，“客户购买的不是钻头，而是墙上的洞”。保险也是如此，客户购买保险，表面上是为了出险后的赔款，但背后的逻辑是希望出险后得到服务。举例来说，客户购买车险，是希望出事故后保险公司能帮助修好车，乃至在车修好前有车开；购买健康险，是希望保险公司能够帮助早发现、早诊断和早治疗；客户购买养老险，是希望年纪大了之后能够得到长期、专业的照护服务。

当然，客户在获得赔款后也可以自己去市场上采购相应的服务。但是与普通消费者比起来，保险公司作为付费方，在服务采购上，具有更强的识别能力和议价能力，可以为自己的客户争取更多、更好和性价比更高的服务资源。

随着向往高品质生活的新生代客户逐渐成为主流客户群，面对互联网企业跨界生态圈对客户心智的争夺，保险有必要也有条件构建以保险为起点、以服务为终点的“保险+服务”闭环新商业模式，不仅仅向客户提供保险产品，也不仅仅是以理赔为终点，而是以保险为工具，连接乃至自建优质的生活服务提供商，为客户提供与保险相关的高品质生活服务。这方面，中国人保也有很好的探索，比如对于车主，我们可提供代驾、代步车和救援等服务；对于病人，我们可提供预约挂号、就医、二次诊疗意见和慢病管理等服务。但是这些探索更多的还是以增值服务形式存在，还没有成为主流业务。

展望未来，包括中国人保在内的保险业，将充分发挥海量客户资源优势和付费方优势，以车辆、“三农”和健康养老等保险客户群体最广泛、客户连接最紧密的领域为切入点，布局完善保险服务生态圈，为人民群众提供生活化、实体化的综合性服务，提高保险与客户互动的频次，以对客户的“可感知价值”黏住客户，应对科技带来的颠覆性冲击。

可能颠覆你90%的保险认知，“保障+储蓄”的产品捆绑才是保险业的终极问题

◎张科 | 2019年5月13日

产品是保险市场乱象和问题的总开关，但被人贴上了“高压危险”，长期以来触碰不得。

保险业从20世纪90年代初到现在，客户平均保额变动不大，已经远远落后于时代需求

目前保险业存在多重问题，想要厘清问题的根源，首先就要回归事实的本源。一个基本的事实是，从20世纪90年代初到现在，老百姓的平均保额变动不大，重疾险平均理赔额仍在8万元左右，寿险平均理赔额也不到10万元。

面对这一基本事实，行业已经习以为常，一直漠视处之。张科认为，这种情况显然是值得引起高度重视的：“20世纪90年代初期，那时的房价还很低，假设20万元就能买套房，10万元的理赔额，替代率就能达50%。而现在房价高涨，比如对于200万元的一套房来说，10万元的理赔额如杯水车薪，其替代率仅为5%。”

“20年时间，在几代保险人的努力之下，保险替代率从50%降到了5%，而且与此同时，大家都感觉过得很艰难，即便大公司也是如此。”

产品是保险市场乱象的重要根源之一，“产品捆绑”则是终极问题

产品捆绑销售是市场营销中常见的情况，不少行业确实给消费者带来了实惠，但处于目前阶段的中国保险业，恰恰是产品捆绑带来了大麻烦。产品捆绑，导致没人能把保险产品说清楚，保险产品追本溯源，其实只有两项功能，即保障和储蓄。

老百姓不懂保险不是风险保障意识的问题，而是保险产品条款晦涩难懂，产品设计越来越复杂，保险公司将保障功能与储蓄功能捆绑在一起，最终的结果是把消费者搞晕。“我们脑子里关于保险的认知90%都是错误的”。

产品捆绑，导致老百姓买不起足够的保障。在张科看来，保险公司习惯将保障险和储蓄险进行捆绑销售，才导致保费高企，导致消费者无法获得充足的保障。同时，这也导致交易成本过

高，客户利益受损。

一份10万元保额的重疾险，如果单纯按照保障险计算费率，年均缴费可能只有数十元或一两百元，然而如果与储蓄险捆绑在一起，则保费高达数千元。“好比消费者买一双袜子（保险保障），但销售人员却要求他必须同时买一双鞋子（储蓄功能）。这样捆绑销售导致的第一个问题是客户买不起足够的袜子；第二个问题是导致交易成本太高，损害了客户利益。”

产品捆绑严重侵害客户利益：全世界都不应该以两位数的佣金来销售储蓄产品

在销售领域，有一个放之四海而皆准的道理，即销售标的越小，佣金率越高，销售标的越大，佣金率越低。例如进价1元的打火机，售价5元是合理的，因为交易标的太小；但是对于房产销售，如果50%的佣金率，卖1000万元房子，业务员得500万元佣金，显然不合理，因为房产的销售标的太大。

保障险交易标的较小，但储蓄险交易标的往往很大，将两种功能糅合在一起产生的一个严重问题就是提高了佣金的提取标准，损害了客户利益。

“很少有人思考对于捆绑的保险产品提取两位数以上的佣金是否合理，在这个问题上我最怕业内人士堂而皇之地说两句话：一是因为都是保险嘛；二是国外也很高。”

美国的保险公司对年金险支付的佣金比例很低，因为年金险几乎不扣初始费用。全世界都不应该以两位数佣金比例去销售储蓄产品，因为这样一来，就无法保证给客户创收。给大家介绍一个法院判的案例：客户年交保费30万元投保一款保险产品，已交费4年，因家庭经济变故无法继续交费，无奈选择退保，结果只退回59.8万元，前几年的保费都被佣金收入占用了。老百姓怎么会说保险好？

捆绑产品有成套路的销售技巧：你和业务员谈保障，他和你谈收益（储蓄），你和他谈收益（储蓄），他就和你谈保障。捆绑销售保障险以及储蓄险在很大程度上加剧了销售误导，模糊了消费者的保险认知，也最终抹黑了行业的声誉。

认为消费者喜欢储蓄返还型产品的观点是极其错误的，储蓄型产品“量力而为”，保障型产品“量需而为”，老百姓还是对保障的刚性需求更为迫切

行业主流观点认为，之所以返还型产品更加主流，主要是中国消费者的心理决定的，既想获得保障，又想获得返还，保险公司是为了适应消费者的心理才主推返还型产品的。

但在张科看来，这就是一种极其错误的判断。他认为事实恰恰相反，是保险公司将保险的保障功能与储蓄功能相捆绑，才导致保费高企，才促使消费者寻求返还的。

“业务员给客户推销一款保险产品，每年保费动辄数万元，付出这么多，消费者当然要问什么时候返本。事实已经证明，中国消费者是完全能够接受消费型产品的，网销百万医疗产

品，每年保费只有几百元，消费者是不会要求返还的。”

买储蓄险就像买衣服或买普通商品一样，其特点之一就是“量力而为”，家底越厚才能买的越多。而保障险需要“量需而为”，需要精准匹配风险需求，对于30岁左右的人来说，上有老、下有小，收入不见得很高，但他却需要较高额度的保险，是量需而为。

在保险销售中，所谓“品牌溢价”也被反复提及，认为大品牌的保险产品“贵”是理所当然的，与之相对应的常见话术是“保险公司没有最好，只有更好”，对此，张科则一针见血地指出，“人们会炫耀自己买了一块名牌表，一辆名牌车，但没有人会炫耀自己买了一份名牌保险”。

保障险和储蓄险是两股道上的车，各有自己的基本属性，但有人在刻意混淆

任何产品都有其基本属性，产品价格高有高的道理，低有低的原因，汽车售价有高低之分，保险产品的保费也有高低之别，听上去似乎很合理。但我们需要思考的问题是，保险产品的基本属性是什么？即消费者花钱究竟买的是什么？

客户投保后期望在出险时能顺利理赔，赔付能覆盖家庭和人身风险，因此，保障险的第一属性是杠杆率，第二属性是赔付的安全性。只要具备杠杆率高和赔付安全这两个属性的都是好产品。其中赔付的安全性是靠监管环境和合同来决定的，在国内强监管的环境下，保险公司赔付的安全性几乎一致。

而储蓄险则大为不同，储蓄险应该归属于客户金融资产配置的一部分，是杠杆率较小的金融产品，其基本属性应该是收益性、安全性和流动性，且三者缺一不可。其中“收益性”就要求保险公司不能在经营储蓄险的过程中“乱花钱”，因为在公开市场上，资产的投资收益率是一样的，如果保险公司在前期支付过高的佣金，就会直接导致“本金”减少，就会直接拉低整体的投资收益。

保险产品捆绑的认知局限也会反噬保险经营，让大量的保险经营管理层和普通消费者一样陷入“无知”状态

为什么会出现产品捆绑的问题，根源在于国内的保险产品分类没有做好，这导致不同人对于保险的理解相差巨大，也容易导致保险公司经营管理者将储蓄险和保障险混为一谈。

据悉，在美国，人身保险产品的分类非常简单，分为寿险、意外险和健康险、年金险，其中，寿险、意外险和健康险是保障险，年金险是储蓄险，其中寿险又可以进一步细分为定期寿险、终身寿险等。而在国内，人身险产品分类存在多种维度，导致业内人士对于保险产品如何分类缺乏明确的共识，最常见的产品类型为传统险、分红险、万能险及投连险等，但这种分类的方法是根据“生产工艺法”来分的，客户并不懂，导致人们对保险产品的理解相差巨大。

人们常说“保险是卖出去的”，指的应该是

保障险，即寿险、意外险和健康险，这类产品应该支付较高佣金；而储蓄险，即年金险不应该支付太高佣金，因为其属性是流动性、收益性和安全性。

分类就是管理，管理必须分类，将保障险和储蓄险糅合在一起就会将事情搞得很乱，因为保险产品的分类没有做好，不同的险种也缺乏相关数据统计，导致保险公司的经营管理也容易陷入混乱，才产生了错误理念，根深蒂固地影响了行业的发展。

解决产品捆绑的一个突破口在于产品的条款标准化，同质化才能提高消费者鉴别能力

在谈到保险业发展中存在的问题时，最常见的表述之一就是"保险产品同质化"，以此为由希望继续放开竞争，开发特色化产品。但张科对此表示不赞同，他认为中国的保险产品从来没有同质化，"同质化什么意思？全行业有2万种产品，难道长的都一样？"

"人身保险，其实一共就7种：4种基础保障，即定期寿险、意外险、重疾险和医疗险；2种储蓄替代，即养老险/教育金、中期储蓄；1种资产传承，即终身寿险。只有这七种产品，为什么要创新？"张科更进一步指出，对于中国保险市场而言，保险产品同质化不是问题，不同质化才是问题。

由于每家公司的重疾险都不相同，而疾病定义又非常专业，不读5年医学本科，根本看不懂，导致保险消费者在投保之前都需要进行大量的权衡，而不同公司的营销员之间也容易互相攻讦，误导消费者。"解决重疾险问题，最重要的就是进行条款通俗化，而最高级别的条款通俗化就是标准化"。条款标准化不等于唯一化和强制化，不同公司可以根据自身需求提出不同条款，然后合并同类项，制定出几十款行业标准条款，这样就可以用行业标准为行业背书，保险公司可以用标准条款，也可以不用。另外，条款标准化不等于费率标准化，因为这是反垄断法不允许的。产品是标准化的，价格可以自己定。

重疾险条款标准化以后，保险条款甚至都不用打印，因为消费者都可以自行去行业网站下载具体条款，保险公司无权改动，赔或不赔也都会有更名明确的界定。

产品的问题是"本"，解决了产品的理念定位，才能从根本上治理好市场乱象带来的"标"，所谓标本兼治。保险业在运行效率、投资水平和风控能力上存在明显的短板，导致乱象频出。

运营效率低下：老百姓的钱是用来购买保障和获取收益的，不是用来维护保险公司庞大的运行体系的

招人难是个险渠道面临的普遍问题，营销管理成本十几年来一直居高不下。为什么招人难？因为收入低，产能低；为什么产能低、收入低？因为"产品得不到老百姓的认可，很难卖"，而之所以"得不到老百姓的认可"，最根本的原因

还在于保险公司“产品捆绑、运营效率低以及投资收益率低”，进而导致产品价值低。

关于保险业的运营效率，3组数据可以说明：一是国内人身险保费收入的85%~90%来源于储蓄险（含各种年金险），而非保障险；二是全行业平均销售管理费用在15%左右；三是过去20年，保险业平均年化投资收益率在5%左右。

“老百姓的钱是用来购买保障和获取收益的，不是用来维护保险公司庞大的运行体系的。如果保险公司不珍惜客户的钱，运营效率低，就会被社会淘汰；一个行业如果不能提升社会的管理效率，这个行业就是没有价值的”。

如何改变？张科的回答是提升效率。“通过提升效率赚钱，放之四海而皆准，本质上每家公司都是在赚效率的钱，效率提高自然就可以赚钱。一般而言，行业销售管理费用占比一般在15%左右，而弘康人寿在2016年创下一项纪录，将这一比例降至6‰。”

投资效率影响保险公司的核心竞争力

除了运营效率，投资效率也是影响保险公司盈利的重要因素。一家拥有千亿元资产规模的保险公司，只要投资收益率提升一个百分点，利润相应就能增加10亿元。自2016年末的“妖精论”以来，保险业对于投资概念一再淡化，更加强调“保险姓保”，强调风险保障，但作为金融业的保险业，投资能力至关重要，直接影响保险公司的整体效率，同时投资也可以产生巨大潜力。

“保险公司必须重视投资能力建设，这是保险公司的核心竞争力。我们将产品进行拆分后，产品变得简单易懂，不用推销，消费者就会主动购买；相反，即便利用产品捆绑赚取了超额利润，但投资做不好，企业依然会亏损。”

保障险真正的核心竞争力是风险选择和管理能力，而不是销售。因为真正的保障险杠杆比都很高

有观点认为，“性价比策略”取决于保险公司的战略和定位，但低价策略恶性发展就是价格战，价格战对行业发展不利。真是“价格战”吗？仔细分析逻辑，其实是保险经营管理层需要将保险保障和储蓄功能区分清楚，储蓄险考验的是保险公司投资的核心能力，保障险考验的则是保险公司风险选择和管控的核心能力。

产品价格低不一定不赚钱，价格高不一定就赚钱，赚钱与否还取决于多重因素。保险公司的风控水平也直接影响保险产品价格，风控能力强，就可以提供更低价格的产品，保险公司还能赚钱；反之即使保险产品费率高，保险公司也亏钱，因为保险（保障）这种商品的杠杆比太高。所以说没有低价的保险，只有风控水平与价格相匹配的保险。

“有些产品定价高，是因为保险公司的风控能力不足。风控能力足够的情况下，保险产品即便很便宜，也可以赚到钱。甚至有的产品因为定价高，反而会加大风险，例如同样的一款老年人防癌医疗险产品，有的公司卖1万多元，有的公司卖1千多元，投保前者的消费者逆选择风险一

定更高，而后者因为价格低，往往可以吸引更多身体健康的人，从而分散风险。”

“在赢得老百姓喜欢的同时赚钱，才能体现保险公司真正的能力。把骗保的人排除出去，降低产品价格，是对社会负责，对客户负责。”

有的公司依靠信息不透明销售保险产品，结果投资遭到巨额亏损，导致公司经营亏损严重，唯一损害的就是客户利益。这种情况下，就不仅仅是商业的问题和经营的问题，而是道义的问题。“保险的起源就是帮助穷人，而非有钱人欺骗穷人，欺骗是不道德的。”

后记

必须承认，保险业在产品问题尤其是“产品捆绑”上，并没有发出主流的、积极的声音。综合来看，“产品捆绑”最符合大型保险公司的利益，“产品差异化”凸显了代理人销售能力的重要性，大型保险公司利用代理人优势建立起牢固的护城河，并在思维和价值观上影响整个行业。“产品分拆”则是中小保险公司市场突围的一把“利剑”，借助互联网技术进步和分销渠道，主打保障险的中小保险公司的业绩起色不少。

目前判断从“产品捆绑”到“产品拆分”是否为大趋势仍为时尚早，长期的产品利益捆绑，使得产品设计这个环节像贴上了“高压危险”的标签，谁都不敢轻易去触碰这个问题，长期以来，监管部门对此并没有明确的表态。

保险业已经到了改变的时候，也出现了必要的社会经济技术条件来推动改革。消费者自由选择需要的保障险产品，进而实现“保险姓保”，是较为理想的路径。如果能实现产品更加标准化、透明化，则意味着保险公司经营能力的提高，包括成本控制能力（费用率）、风险控制能力（赔付率）和投资能力（收益率）等，这表明行业出现了一批真正的保险企业家，也就是，保险公司不再走利用信息不透明赚钱的老路，而是赚效率的钱，赚投资的钱，赚风控的钱。

小米创始人雷军曾说：“性价比不是战术，性价比是一种价值观，性价比是一种商业模式，性价比是一种核心能力，背后是对效率的极致追求和死磕自己的决心。”

保险业的问题追根溯源都是能力不足的问题。过去40年，有好几波历史性红利支撑保险业粗放发展。当然，核心能力的锻造不是一蹴而就的。

哪些是给股东讲的长远故事，哪些是给营销员讲的营销技巧，保险公司经营管理者心知肚明。

从目前来看，行业价值观和经营管理已经有了可喜的变化：一是保险业粗放发展多年，目前部分公司经营战略的技术含量已提升；二是价值不再随波逐流，部分公司愿意开展“价格战”，是股东及高管团队的策略选择，通过提供更普惠的保险产品，赢得市场竞争力；三是监管的引导作用更加强大，保险产品确实要深入更广泛的人民的生活中。

中央财经大学李晓林：保险一定会成为经济社会发展更重要的支柱

◎李晓林 | 2019年6月30日

本文作者系中央财经大学保险学院院长、教授，文章原题为《保险、风险管理与优化资源配置》。

编者按 2019年6月29日，“庆祝中央财经大学建校70年校庆保险校友论坛”在北京召开。从20世纪80年代国内保险业复业之初，中央财经大学就率先开设保险专业，是国内开展保险教育时间最长的院校之一，30多年来为保险业界输送了大量的专业人才。今天，中央财经大学保险学院校友齐聚一堂，共同庆祝建校70周年，探讨新时代保险业的变革与创新问题。

中央财经大学保险学院院长、教授李晓林主持了此次论坛，并发表主题演讲，从风险管理与优化资源配置的角度出发，揭示了保险的重要意义。他指出，经济社会的运行总是存在着风险陷阱，而保险可以提升社会结构的稳定性。在他看来，“保险一定会在未来成为经济社会发展的更重要的支柱”。

以下内容为李晓林演讲全文。

下面，先由我向各位校友汇报一下关于保险、风险管理与资源配置的一点思考。

经过几十年的发展，保险越来越被社会大众所认识和接受。随着经济社会的发展，保险业必将发挥出更大的不可替代的作用，这是由经济社会发展的阶段和风险的演进规律，以及保险的职能所决定的。

下面我从风险的阶段性特征、保险对风险的影响以及保险的价值创造职能和资源配置职能等方面，谈一点想法。

经济社会在高速增长中进入复杂阶段，风险管理成为现阶段发展生态的重要环节

当经济发展水平很低，社会处于赤贫阶段

的时候，解决人们的生存条件成为社会最突出的矛盾，没有精力或者没有力量考虑风险管理的问题。相反，在为基本生存条件而奋斗的过程中，冒险家因作出了贡献而受到重视且被倡导、被歌颂，其也就拥有了较大的话语权。

当经济发展到一定阶段，人们的生活或者生存条件得到了基本满足，如何控制风险事件的发生或者其严重影响，防止风险事件带来灾难，防止社会回到赤贫阶段，成为经济社会越来越重要的事情。也就是说人们的生活从脱贫到小康甚至更高水平之间，有一个风险管理的过程。

我们的经济社会在高速发展中进入了新的阶段，也是复杂的更加集约的阶段。无论是真正、彻底的脱贫，还是进而奔向小康社会，风险管理都是在这个阶段的重中之重。

从风险的视角来看，从小到个人、家庭及企业，大到整个经济社会，其运行轨迹，包括运行生态、各种事件、财务状况、生存链条以及收入闭环等都会面临风险，如果管理不善，会使运行生态脆弱、风险事件频发、财务困境出现，生存链条不稳、收入闭环破裂，机体难以存续等方面多重风险叠加，从而使社会陷入恶性循环。

从生态链条脆弱、发生不确定性风险事件、生态运行艰难、风险事件频发使困境加剧，到经济财务失衡、产业链衰落、产业闭环断裂和市场体系动荡不稳，其中的每一个过程都是因为没有做好风险管理而进入了下一个风险过程，导致更大的风险叠加和风险聚合，陷入更大的困境。

显然，聚合风险导致的风险陷阱是我们必须要跨越的。事实上，经济社会的运行总是存在风险陷阱的。而社会的前进，就是不断地跨越风险陷阱。我们可以从以下三个方面理解风险陷阱的问题。

一是经济社会发展特定阶段中的风险陷阱问题。当经济社会由赤贫向脱贫和小康社会迈进的时候，社会已认识到风险管理的重要性，人们对风险管理也有了一定的共识，而前期的冒险家已成为成功者，有着较大的决策权或者话语权，由这些冒险家推动风险管理工作，只能是勉强补窟窿或打补丁，要构建一个全新的、能够完全自治、很好地实现风险治理的新体系，是存在挑战的。这是脱离赤贫后的特定经济发展阶段中的绝对风险陷阱问题。

二是成熟社会和所谓的发达社会中，特定领域的特定情况下的相对风险陷阱。任何时期，无论在怎样成熟和发达的环境里，也是总会有一些相对难以解决的难题的，比如医院里总有难以救治的病人，当医生难以用常规的方式医治抢救病人的时候，就会采用一定的冒险手段；冒险成功者，则成为新的名医，就有了更多的话语权，而其冒险的逻辑与风险管理思想是存在矛盾的，由其组织风险管理工作，也存在一定的问题。这是相对风险陷阱问题。

三是不同发展阶段的特点是不同的，其主要矛盾也是不同的，客观地正视现实，不为历史经验所蒙蔽和困扰，是具有挑战性的。例如战争之后，理智社会所需要的，不是停留在去总结是谁领导大家战胜了这场战争，而是思考战后该怎么办。现实中包括在特定的市场竞争中获取的经验，未必适合其他情况。这也是风险陷阱问题。

跨越风险陷阱，毫无疑问，只能是合理管控冒险的思想，加强多层次的风险管理体系建设，这是我们全社会所必须面对的，希望可以通过开展风险防控管理，实现生态链条的强化；针对可能的风险事件制订损失恢复计划，维持运营体系正常运转；加强防灾减灾促进运行稳定；降低涉险资源配置成本，强化财务平衡；优化资源配置推动价值创造与增收，实现产业链振兴；通过风险匹配，丰富产业闭环，稳定市场体系。如此，社会可以进入良性循环。

结构决定风险，而保险改变结构

作为保险从业者，我们非常熟悉的是，保险通过一个一个的险种，构建了被保险人的组合，这实际上就是构建了风险治理的同盟，让全社会共同推进风险管理工作，包括防灾防损等。

当我们经过深入地思考会发现，保险深刻地改变了社会的风险状况，这是因为事物的风险是由其结构决定的。

爱因斯坦告诉我们，物质即是能量，大家都记得那个著名的公式。而能量即是由物质的结构所决定的，结构决定了能量的大小，也决定了事物的风险与否。结构事实上即是秩序。当然，秩序即是对错好坏，其受是非观所影响，这是另一个问题。我们今天只探讨结构决定能量大小和结构决定风险的问题。

刚才我们说，保险通过各个险种，构建了被保险人的组合，即同质风险的组合，也就是以风险度量的结果把这个社会的各类要素主体分成了不同的小组，由此，从根本上改变了事物与风险相关的要素结构，让整个经济社会更加稳定了。我们可以用多种不同形式的模型证明这一点；或者不用模型，直接通过现实的事例想明白这一点。这是一个基本的事实，也就是说，我们的存在，大大提升了这个社会结构的稳定性；我们的存在，对这个社会是非常重要的。

保险的诸多特性，使其具备社会资源配置的性质和功能

保险经营的是风险和钱，钱可以买不同的东西，保险金也的确在买着不同的东西，无论是汽车维修、紧急救助，还是养老、医疗、教育和文化，等等。

从短期来看，同一个险种，在同一个被保险群体或被保险集合内，缴纳的保费是一样的，也就是说，有损失与无损失交纳的保费一样，高损失与低损失交纳的保费也一样。

从长期来看，不同的事物在社会运行和经济变迁中，其价值高低变化趋势不同，特别是在经济结构调整中，其价值走向也不同。

因此，保险经营的，不仅是钱，还是配置资源，特别是在行业差异大以及结构不平衡、不匹配的时期。

也就是说一方面，保险业只能做保障，怎么做也都是保障；另一方面可以把保障做成任何一种样子。事实上风险是无处不在的，经济社会的各类资源处于风险中。

一是资源本身存在巨大的不确定性，此即

风险；二是对风险的防范，既需要资源，也需要进行资源配置；三是就经济社会发展的各种逻辑来说，资源总是处于有序和无序之间的不断转化中，需要进行管理。因此，涉及风险的资源很广泛。

基于风险因素，对社会的资源进行配置，是非常重要的，在经济社会发展速度较快的时期更是如此，从高速发展转为中高速发展的时期则尤为关键。因为高速发展会掩盖诸多风险，发展速度减缓的时候过去被掩盖的风险会显现出来，此外还会爆发新的风险。因此，在当前和未来一个时期，发挥保险的资源配置职能，对经济社会的健康发展至关重要。

保险的资源配置职能是很丰富的：一方面，保险的诸多特性，使其具备社会资源配置的性质和功能。在保险业提供全面服务的现代成熟社会，保费是衡量风险的天然基准。以汽车保险为例，如果某种车型的保费高，消费者自然就认为这种车型的风险可能高，社会各相关主体在选择时自然就多了相应的判定基准。

此外，保险业发布汽车零部件价格与整车价格相比的零整比，也是配置相关资源的具体表现。这样，种种社会资源，就更容易地流向那些风险相对较小，质量、价值较高的领域。

另一方面，保险本身就是资源配置的重要平台。在由企业创造价值、社会公众买单的价值循环链上，消费者通过交纳保费为涉及风险的相关服务及相关创新买单的情况，已经普遍存在。经过我们简单地梳理，保险的资源配置职能至少反映在以下几个方面：

其一是保费作为衡量风险的指标的基准效应。其二是保险助力消费者为涉及风险的相关服务及相关创新买单的平台效应。其三是通过保险服务调配涉及风险的跨行业资源的配置功效。其四是通过保险机制增加和激发相关产业内生动力的临界条件。其五是保险对涉及风险的各类服务交易成本的优化效应——减少交易次数，降低交易成本。其六是保险在通过风险治理等服务实体经济的价值创造中提升涉及风险资源的配置效率等。

最后，简单谈一谈资源配置与价值创造的关系。资源配置职能决定了保险业在社会经济发展中的地位，而行业竞争或协调中的决定性因素是我们在价值创造中的贡献，也就是说怎样把砖瓦木石这些原料变成房子。砖瓦木石变成房子，一方面需要原料的匹配，需要砖瓦木石的配置，另一方面需要技术资源的配置，这两种资源配置的核心，还是不确定性事物的管理。而这是保险业最擅长的。

可以预计，保险一定会在未来成为经济社会发展的更重要的支柱。

保险企业手续费及佣金税前扣除比例提至18%，全年或释放数百亿元净利润

2019年5月29日

保险业念念不忘的减税问题终于有了回响。2019年5月28日，财政部、税务总局官网同时发布《关于保险企业手续费及佣金支出税前扣除政策的公告》（以下简称《公告》），宣告将保险企业手续费及佣金支出税前扣除比例一举提高至18%，且明确“超过部分，允许结转以后年度扣除”，“保险企业2018年度汇算清缴按照本公告规定执行”。

以2018年为例，粗略估算，这将为行业带来约469亿元的利润增量，而在原来的税收政策下，2018年财产险公司、人身险公司的净利润合计为1416.22亿元。受此利好消息影响，2019年5月29日A股的保险股涨势喜人，纷纷跑赢大盘。

不过，对于提升财产险公司手续费及佣金支出税前扣除比例的问题，业内人士仍持有不同意见，有观点认为，目前的减税力度不够，仍不能反映行业实际；但也有观点认为，通过这种方式减税，只会鼓励保险公司加剧手续费竞争，延缓行业转型步伐，对行业长期发展不利。

保险企业手续费及佣金税前扣除比例提升至18%

最新发布的《公告》与2009年财政部、国家税务总局发布的《关于企业手续费及佣金支出税前扣除政策的通知》（以下简称《通知》）相比，变化是显而易见的。

《通知》规定，企业发生与生产经营有关的手续费及佣金支出，不超过以下规定计算限额以内的部分，准予扣除；超过部分，不得扣除。财产险企业按当年全部保费收入扣除退保金等后余额的15%（含本数，下同）计算限额；人身险企业按当年全部保费收入扣除退保金等后余额的10%计算限额。

《公告》规定，保险企业发生与其经营活动有关的手续费及佣金支出，不超过当年全部保费收入扣除退保金等后余额的18%（含本数）的部分，在计算应纳税所得额时准予扣除；超过部分，允许结转以后年度扣除……保险企业2018年度汇算清缴按照本公告规定执行。

根据《公告》，财产险公司手续费及佣金

支出税前扣除比例由原来的15%上升至18%，而人身险公司的变动更大，直接从原来的10%上升至18%。而且，《公告》还明确了“超过部分，允许结转以后年度扣除”“保险企业2018年度汇算清缴按照本公告规定执行”，进一步释放利好政策。这意味着2018年保险公司按照原有标准多缴纳的税费，将直接转化为2019年保险公司的利润。

这会对行业造成多大的影响？专业人士指出，对于财产险公司而言，新政策意味着每年最多有将近3%的保费收入（扣除退保金等后的余额，财产险公司退保金一般为零）不用再缴纳企业所得税（税率为25%）；人身险公司的影响更大，意味着有将近8%的保费收入（扣除退保金等后余额）不用再缴纳企业所得税，所以，粗略计算公式为

财产险公司2018年增加净利润≈2018年保费收入×3%×25%

人身险公司2018年增加净利润≈2018年保费收入（扣除退保金等后余额）×8%×25%

2018年，财产险公司的原保险保费收入为11755.69亿元，这意味着新政策实施后，其净利润有望增加88亿元。人身险公司原保险保费收入为26260.87亿元，行业累计退保金为7210.11亿元，意味着新政策实施后，人身险公司净利润有望增加381亿元左右。二者合计，新政策有望给2018年带来469亿元左右的净利润增量。

2018年，财产险公司的净利润为250.57亿元，增加88亿元的净利润意味着其可以提升35%左右；同期，人身险公司净利润为1165.65亿元，增加381亿元的净利润意味着其可以提升33%左右。按照新政策，2018年财产险公司和人身险公司均可以提升1/3左右的净利润。上述计算只是对行业整体影响的估算，由于不同公司账面体现出的手续费及佣金在保费收入中的占比不尽相同，所以新政策对于不同公司的影响也不相同。

以上市保险公司为例，根据天风证券的测算，在新的税收政策下，人保财险、中国人寿、新华保险、中国太保及中国平安的2018年净利润能够分别提升29%、45%、25%、22%及11%，就绝对数值而言，相差较大。无论是对于财产险公司还是对于人身险公司，减税政策落地，无疑都是重大利好。

财产险减税力度不达预期

财产险方面，税率的调整显然是财产险行业共同努力推动的结果。2018年，财产险行业竞争加剧，车险手续费率激增，然而由于手续费及佣金支出税前扣除比例依然维持在15%的水准，严重影响财产险公司的净利润。数据显示，2018年财产险公司缴纳的企业所得税占企业利润总额的47%，成为影响财产险公司净利润的重要因素。

人身险方面，手续费及佣金的竞争虽不如财产险公司那般激烈，但随着以重疾险为代表的长期保障型产品保费收入大幅增加，手续费及佣金支出也在快速上涨，而人身险公司的手续费及佣金支出税前扣除比例相较于财产险公司更低，仅为10%。数据显示，2018年人身险公司缴纳的企业所得税占企业利润总额的31%。由此，保险业开始积极呼吁减税，而现在政策终于落地。

不过，部分财产险公司人士认为，最终的减税力度低于预期——最初，有人预计手续费及佣金支出税前扣除比例能够一次性提升到25%。他

们判断的依据是，按照1999年的相关规定，“保险企业当年支付的佣金可在不超过缴费期内营销业务实收保费5%的范围内凭合法凭证据实扣除”，所有保险企业佣金支出税前扣除比例仅为5%。

10年后，即2009年，政策首度调整，手续费及佣金支出税前扣除比例一举变为财产保险企业按当年全部保费收入扣除退保金等后余额的15%计算限额；人身保险企业按当年全部保费收入扣除退保金等后余额的10%计算限额。财产险公司手续费以及佣金支出比例从5%上升为15%。

2019年距离2009年又过去了10年，因此业界普遍预计此次手续费及佣金支出税前扣除比例能够再度一次性提升10个百分点。但最终为何财产险公司和人身险公司的手续费及佣金支出税前扣除比例统一为18%？有人分析，这或与行业账面手续费及佣金率有关。2018年，财产险公司账面手续费及佣金率（手续费及佣金/保费扣除退保金等后的余额）为18.65%，而人身险公司账面手续费及佣金率为17.97%，二者均在18%左右。

有财产险公司的人士认为，财产险行业实际的手续费及佣金率要远高于账面显示的数据，而其中相当比例最终都以各种形式返还给了消费者。与此同时，为了避免违背“报行合一”，招致监管处罚，一些手续费及佣金支出被保险公司以业务及管理费的名义进行列支，又导致了行业数据造假现象普遍。

减税政策引争议，或延缓行业转型

从外部看，新政策对于保险业而言无疑是一大利好，但站在行业立场上，不同人士却有不同的意见。有业内人士认为，过高的所得税占比是任何行业和企业都无法承受之重，体现不出行业整体的努力以及行业真实的盈利能力，也必然会打乱行业发展的节奏、挫伤行业发展的积极性和影响行业从业人员的士气。但也有业内人士认为，如果给予财产险公司更高的手续费及佣金支出税前扣除比例，甚至完全放开，全部要求“据实列支”，只会鼓励财产险公司加剧手续费竞争，对行业长期发展不利。

现在新政策落地，有关争论仍在继续，以下为一些主流观点：

减税降费的目的应该是让企业轻装上阵，公平竞争，有更多资金用于研发创新，提升国际竞争力，而不是哪个行业亏损就给哪个行业扶持，这等于变相鼓励继续低端恶性竞争，财产险行业尤其如此。

财产险行业承保亏损的根源在于资本供给过剩，加之汽车市场增速放缓，以前轻松挣钱的模式结束。本应该优胜劣汰，资本投资失误应该承担后果，而不是由无辜的纳税人埋单。

2019年，由于监管严格执行报行合一，且处罚手段严厉，市场手续费水平出现显著下滑，一些市场主体深刻意识到原有的粗放竞争手段难以为继，但新政策犹如“救命稻草”，给旧模式更多喘息空间，一时之间或有利于行业提振利润，但从长期来看，可能会放缓行业转型的节奏。

在重大利好中，财产险行业矛盾依旧。

被集团支配的中国保险业：各类集团共控制逾四成市场主体以及近八成寿险市场和近九成财险市场份额

◎董迎秋、王瑞涵、郑婷婷、夏萍 | 2019年4月25日

注：本文作者董迎秋系阳光保险集团战略总监、阳光人寿董事会秘书；王瑞涵、郑婷婷供职于阳光保险集团董事会办公室；夏萍供职于中国民生银行。本文主要内容原载于《中国金融》2019年第7期，经授权转载，文章略有删减。

集团化是我国保险业发展的重要趋势，也是近年来保险市场主体的重要组织形式，且保险集团对中国保险业的影响其实已经超乎想象，截至2017年末，各类保险集团共控制逾四成保险市场主体，近八成寿险市场份额以及近九成财险市场份额，各类保险集团已经毫无争议地在国内保险市场取得了支配性的地位。

在各类保险集团快速发展的同时，其中隐含的一些风险也开始引发越来越多关注，尤其是对于很多“隐形”保险集团而言，旗下不同性质企业之间错综复杂的股权关系、关联交易，大大增加了公司治理失效、监管难度加大的可能性。综观此前保险业出现的一些重大风险案件，很多都是在集团架构下出现的，违规关联交易、违规利益输送、违规套取资金……提高了整个公司乃至整个行业的风险水平。

对保险集团进行有效治理，首先就需要对其内涵作深入解剖。本文从战略视角对保险集团的基本内涵、发展现状、驱动因素、价值来源、存在问题、发展经验等进行了总结，提出保险集团的核心是“两家以上保险公司受同一控制的企业集合”，并将其分类为保险集团法人控股模式和保险集团模拟运作模式两类。与此同时，本文还从客户、股东和企业家3个角度分析了保险集团发展的驱动因素，并提出保险集团应当在整合协同能力、产业构建能力和创新孵化能力3个方面体现价值。

最后，本文提出要警惕保险集团对子公司形成不当干预、防止过度依赖股东业务支持和因退出壁垒产生的经营无效率以及避免风险共振等问题。

保险集团化成风

保险集团是金融集团的一种特殊形式，不同监管文件从不同的角度出发，对其定义、类型

划分等也多有不同。按照“实质重于形式”的原则，本文从保险主体的资本来源、控制关系、业务性质及管控模式出发，将保险集团定义为：“保险集团是在同一控制权下，存在两家及多家保险公司的企业集合。”

需要说明的是，从法人主体的角度来讲，“保险集团”和“保险集团公司”是两个概念。“保险集团公司”是一个法人概念，控制着一家或多家保险主体；而保险集团是一个企业集合概念，是以产权、人事和商务等关系为纽带所形成的企业法人联合体。

截至2018年末，我国保险主体已达229家，其中财产险公司87家，人身险公司91家，再保险公司11家，保险集团（控股）公司12家，保险资产管理公司24家，其他4家。

本文以保险主体的资本来源及实际控制关系为主要标准，并统筹考虑保险主体之间业务性质及管控模式等，根据“实质重于形式”的原则，将保险集团分为两类：第一类是保险集团法人控股型（集团公司型），第二类是保险集团模拟运作型（准保险集团型）。

12家保险集团法人控制型集团控制66家保险主体

保险集团法人控股型模式（集团公司型）是指以保险集团公司为主体、控股一家或多家保险子公司的组织形式。保险集团公司作为母公司，一般并不经营具体保险业务，也称“纯粹保险集团控股型”，这是保险集团的主要组织形式。截至2018年末，我国共有12家保险集团法人控制型的集团，共控制（或共同控制）着66家保险主体（含资产管理公司，下同），见表1。

表1　12家保险集团法人控股型（集团公司型）

集团（12家）	人身险公司（22家）	财产险公司（16家）	再保险公司（5家）	资管公司（11家）
人保集团	人保寿险、人保养老、人保健康	人保财险、东海财险	人保再保	人保资管
人寿集团	中国人寿、国寿养老	人寿财险		人寿资管
再保集团		大地保险	中国财产再保、中国人寿再保	中再资管
太保集团	太保寿险、太保安联健康、长江养老	太保财险、安信农险		太保资管
平安集团	平安人寿、平安健康、平安养老	泰康在线		泰康资管
华泰集团	华泰人寿	华泰财险		华泰资管
太平集团	太平人寿、太平养老	太平财险、太平科技	太平再保、太平再保（中国）	太平资管

续表

集团（12家）	人身险公司（22家）	财产险公司（16家）	再保险公司（5家）	资管公司（11家）
安邦集团	安邦人寿、安邦养老、和谐健康	安邦财险		安邦资管
中化集团	中华人寿	中华财险		
阳光集团	阳光人寿	阳光产险、阳光信保		阳光资管
富德控股	富德生命人寿	富德财险		生命资管

保险集团模拟运作型模式（准保险集团型）是指在同一控制权下，不以纯粹保险集团公司形式存在，但拥有两家或两家以上的保险公司的组织形式。

从产权控制关系上，可分为母子公司型（即母公司为保险公司，并同时控制至少另外一家保险公司）和水平控制型（即两家保险公司本身不具有直接产权关系，但受同一实际控制人控制）两种组织模式。

11家模拟运作型保险集团控制28家市场主体

从资本来源上，可分为实体产业控制型（即主要资本来源为实体产业）和非保险金融控制型（即主要资本来源于银行等非保险金融机构）两种组织形式。据统计，截至2018年12月末，共有11家模拟运作型保险集团（准保险集团）。其中以母子关系型呈现的有3家，水平控制型8家。这11家模拟运作保险集团共控制（或共同控制）着28家保险主体，见表2。

表2　11家保险集团模拟运作型（准保险集团）

类型	集团	人身险公司（12家）	财产险公司（11家）	资管公司（5家）
母子关系型（三家）	新华准保险集团	新华保险、新华养老		新华资管
	合众准保险集团	合众人寿	合众财险	合众资管
	建信准保险集团	建信人寿	建信财险	建信资管
水平控制（八家）	中银准保险集团	中银三星人寿	中银保险	
	英大准保险集团	英大人寿	英大财险	英大资管
	复星准保险集团	复星保德信人寿、复星联合健康险	永安财险	
	前海准保险集团	前海人寿	前海联合财险	

续表

类型	集团	人身险公司（12家）	财产险公司（11家）	资管公司（5家）
水平控制（八家）	安联准保险集团	中德安联人寿	京东安联财险	
	中意准保险集团	中意人寿	中意财险、中石油专属财险	中意资管
	泛海准保险集团		亚太财险	
	恒安准保险集团	恒安标准人寿	渤海财险	

对于准保险集团的内部管理，既有成立虚拟保险集团的组织模式（如中国泛海、复星集团等，这并不是一种组织法人形式，而是基于实际经营管理需要的集团化运作架构）；也有在资本集团或金控平台统一管理的组织模式（如英大资本集团等），这主要是基于资本集团或金控平台的多元化业务定位，将保险机构纳入集团统一管理。

上述两类保险集团化的产业演变，代表了中国保险业发展的重要形式，是我国保险业改革开放的缩影，也是中国保险业适应中国经济发展和对外开放的成果。

我国集团化保险主体在市场中占有主导地位，并呈明显的"锥子形结构"。截至2017年末，被纳入保险集团法人控股型模式的保险主体共有66家，约占保险业法人主体总数的29.7%；纳入保险集团模拟运作型模式的保险主体共有28家，约占保险业法人主体总数的12.6%；两者合计占比约为42.3%。

保险集团虽然主体数量占比不到50%，但贡献了行业绝大多数的总资产、总保费和总净利润，是行业发展的主流力量。

截至2017年末，12家保险集团法人控股型的集团共拥有22家人身险公司（占人身险公司数量86家的25.3%），贡献了人身险市场63.7%的总资产、69.2%的保费收入和69.8%的净利润；16家财产险公司（占财产险公司数量84家的18.4%），贡献了财产险市场52.4%的总资产、84.1%的保费收入和94.2%的净利润。11家模拟运作型保险集团共拥有12家人身险公司（占人身险公司数量86家的13.8%），贡献了人身险市场9.7%的总资产、8.4%的保费收入和5.9%的净利润；拥有11家财产险公司（占财产险公司数量84家的12.6%），贡献了财产险市场2.9%的总资产、3.1%的保费收入和1.2%的净利润。

而其他53家非集团化的人身险公司（占人身险公司数量86家的60.9%）贡献了人身险市场26.6%的总资产、22.4%的保费收入和24.4%的利润（见图1）。60家非集团化的财产险公司（占财产险公司数量84家的69%）贡献了财产险市场44.7%的总资产、12.8%的保费收入和4.5%的净利润（见图2）。

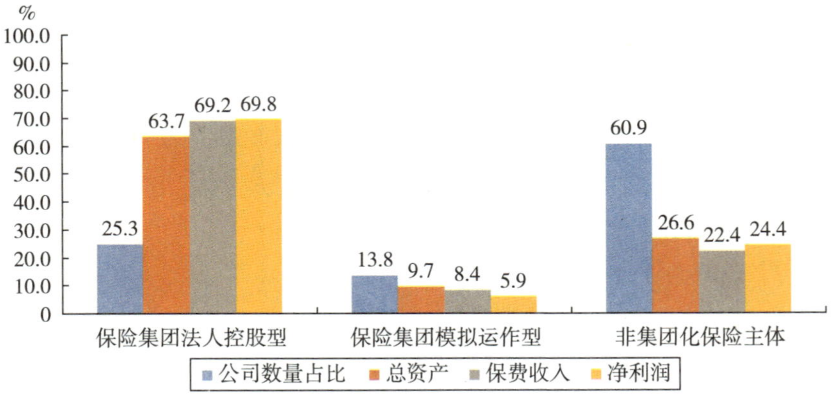

资料来源：同花顺数据库、原保监会官网。

图1　2017年末人身险公司财务数据占比

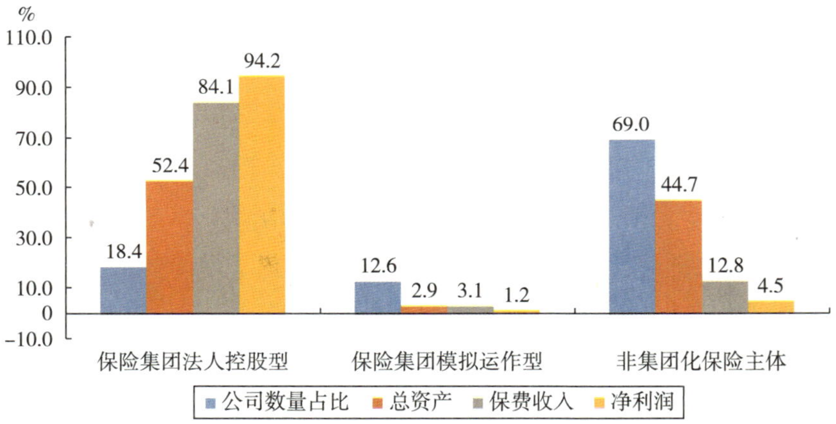

资料来源：同花顺数据库、原保监会官网。

图2　2017年末财产险公司财务数据占比

发展根源

客户角度：客户的多元化、综合性保险需求是保险集团发展的根本动因

随着中国国民财富的快速增长，全民风险意识不断增强，有效运用保险分摊风险的意识逐步提升，商业保险逐步成为居民、家庭、企业，甚至国家管理风险和跨期资源配置的重要手段。为适应客户多元化、综合化的需求，需要保险的集团化发展。

一方面，在分业经营格局下，通过财产险、人身险等各子公司发展各类保险业务，有利于为客户提供“一站式”服务；另一方面，保险集团在服务好客户单一需求的基础上，适时开展其他保险业务，也有助于创造更多的金融保险需求。

股东风险角度：多元化分散经营风险是保险集团发展的重要保障

如果说战略协同是基于不同保险业务或不同子公司之间的共性，那么分散风险就是基于不同保险业务或不同子公司之间的差异性，共性和差异性共同构成了保险集团产生和发展的必要条件。

通过适当的多元化布局，可以增强自身的生存和发展能力。一是充分利用不同业务之间的差异性来分散风险。二是保险集团风险管理内控机制健全，风险管理手段和工具、风险管理经验可供子公司共享。三是跨业整合能够实现不同行业之间风险管理信息、手段和理念的交互，增强各类业务的风险管理水平。当然，风险分散与各类业务的关联度呈负相关，与保险集团公司对各子公司的资源整合能力呈正相关。

企业家角度：企业家做大做强的强烈愿望，是保险业集团化发展的隐性动力

保险企业做大做强的强烈愿望，主要来自以下三个方面的理由或隐性假设。

一是企业家把握市场机遇的商业直觉或理性分析，即在中国保险业快速成长的过程中，通过在保险领域的快速布局，更好地占据市场的先发优势，从而获得更好的成长空间。

二是资产做大、能力做强的显性“获得感”，特别是对于国有企业家而言，规模增长、利润增长是重要的评价指标之一，而快速集团化的规模扩张能够很好地满足这一要求。

三是一个很重要的隐性假设，就是“大而不倒”，通过快速做大来获得更好的政策生存空间。虽然最后一点现在看来基本不成立，但也是部分企业家曾经拥有的投资理念。

价值来源

多元化企业通过集团公司影响旗下控制的业务，来获得企业整体优势，即“母合优势”。这种优势本质来源于集团公司的能力和子公司业务单元关键成功因素之间的相互促进。相对于单一保险机构，保险集团化发展的主要价值来源于以下三种能力：整合协同能力、产业构建能力和创新孵化能力。

整合协同能力

整合协同能力是将能够在集团层面整合的资源如客户资源、销售渠道、投资能力、人力资源、信息科技和品牌管理等，在各子公司进行整体协同，通过多个事物有机结合和相互作用，实现规模经济和范围经济，从而降低运营成本，提升收入与效率，实现1+1>2的效应。整合协同主要包括基于支持性资源的整合协同和基于发展性资源的整合协同。

一是基于支持性资源的整合协同，主要是指保险集团内部材料采购、技术开发、人力资源、基础设施、信息技术、财务管理和后台客户服务等辅助性管理资源进行共享协同。通过支持性资

源的整合协同，能够统一服务标准，降低运营成本，提升服务水平，提高经营效率，这对培育新的保险业务增长点的初期阶段效果显著。中国平安集团、阳光保险集团等都建立了系统化的财务共享中心、运营共享中心和客户共享中心等。

二是基于发展性资源的整合协同，主要是指基于公司价值创造的发展性资源的共享协同，如交叉销售、政府合作和投资收购等，其本质都是客户资源的协同共享。如果中后台支持性资源的整合主要是基于效率提升和成本下降，则客户资源的共享主要是基于收入和效益的提升。

在信息科技快速发展的背景下，客户资源的共享比支持性资源的共享在协同增效方面更有价值，具体可根据集团化的类型进行分析。

第一是在保险集团法人控制型模式内部，通过寿险客户的有效整合，能够极大促进财产险等业务的快速发展。在以寿险作为竞争优势业务的保险集团，其财产险业务均得到寿险业务的有效支持。

例如2018年，中国平安集团通过寿险交叉销售，平安产险获得保费收入414.36亿元，渠道贡献占比为16.7%；平安养老险团体短期险保费收入为79.21亿元，渠道贡献占比为45.9%；平安健康险保费收入为20.96亿元，渠道贡献占比为56.6%。

再如中国人寿集团，2017年，中国人寿代销中国人寿财险的保费收入为172亿元，同比增长17.8%，财产险、寿险客户交叉增量268万人，同比增长39.1%。但财产险客户的整合难度较大，其对寿险等业务贡献较少。在以财产险业务作为竞争优势业务的保险集团，其财产险业务难以有效推动寿险业务发展。

2017年，中国人保集团旗下的人保财险拥有客户1.74亿个，在人保财险、人保寿险和人保健康3个子公司的产品中同时购买2个子公司以上保险产品的投保人数量为441.2万人，仅占人保财险客户的2.5%。同样，2018年，中华集团旗下的中华联合财产险公司的保费收入422.32亿元，行业占比为3.59%；但其人身险公司保费收入只有13.36亿元，行业占比为0.05%。

第二是对于非保险金融控制型准保险集团来说，母公司主营业务能与保险业务在发展性资源方面有效共享是保险子公司获得发展优势的关键。

例如银行系保险公司依托母公司银行的大力支持和银保渠道的优势，发展初期能快速扩大业务规模，扩大市场份额。2011年中国建设银行收购太平洋安泰人寿保险有限公司更名为建信人寿后，其保费收入从2011年的12.81亿元（市场份额为0.13%）迅速增长至2018年的249.07亿元（市场份额为0.13%），7年时间保费收入增长了19.4倍。

第三是对于实体产业控制型准保险集团，其核心业务能与上下游的保险业务有效协同，这可以理解为客户资源协同的一种特殊形式，也是促进保险业务快速发展的有效方式。

例如依托国家电网资源，英大财险2018年实现保费收入77.28亿元，在所有财产险公司中列第15位，其中来自股东方国家电网集团关联企业的保费收入为42.9亿元，占比为55.5%，公司成立以来连续10年盈利；英大泰和人寿2018年实现保费收入54.05亿元，行业排第42位，其中来自股东方国家电网集团关联企业的保费收入为36.82亿元，占比为68.1%。

产业构建能力

产业构建是投资者进入或扩大保险业投资的重要考量。保险业作为改革开放以来发展最快的行业之一，获得资本的垂青几乎是必然的。因此，一些产业资本通过产业“跃进”的方式，构建自身在保险领域的产业版图。

例如，复星集团自2010年开始向健康、消费和金融等板块倾斜更多的资源，目前已构建以家庭客户为中心的“健康”“快乐”“富足”三大生态，其中“富足生态”包括保险金融、投资和地产相关业务，集中了复星的大部分资产。截至2018年末，复星集团在保险及金融的总资产已达2620.81亿元，占复星集团总资产的41.02%（6388.84亿元）。

保险集团也可以向保险业之外进军，去构建新的产业、形成新的竞争优势。

例如，泰康保险集团基于其寿险业务带来的巨大资金流和客户流，深耕寿险产业链，依托“活力养老、高端医疗、卓越理财、终极关怀”四位一体的商业模式，试图打造养老、健康和财富三个闭环，构建大健康产业生态体系。泰康重资产投入的养老社区，向上衔接医疗保险、护理保险和养老保险等产品，推动保险产品的创新，同时带动下游的老年医学、护理服务和老年科技产品等产业，能够极大地延伸和扩展寿险产业链，同时有效整合关联产业。

创新孵化能力

创新孵化能力，从狭义的角度来说，是指通过从集团层面有效推进“颠覆式创新”，使现有业务在机制、业务模式等方面进行大胆创新，又可通过资源整合实现新业务的借力发展；从广义的角度来说，是指保险集团利用自身的业务优势积极向其他新兴产业拓展的一种模式。

以陆金所为例，陆金所是平安应对互联网金融冲击成立的创新孵化的网络金融平台。在治理机制上，陆金所实施管理层持股、吸引社会资本及规划独立上市等方式，完全按照市场化的方式运作；同时，陆金所又得到平安集团的资源支持，不仅共享了平安累计长达7年的消费金融数据模型，还在现有线下网点中增加了贷款审核职能；同时平安调动旗下的公司参与业务，并斥资1亿元专门成立了平安担保公司。2018年，陆金所管理的资产规模为3694.14亿元，贷款余额为3750.06亿元。2018年，陆金所控股完成C轮融资，投后估值为394亿美元。

集团化副作用

集团化在给保险企业带来诸多想象空间的同时，也会成倍加大治理难度，带来一系列的副作用。

具有自我扩张的冲动和自我僵化的惯性，容易对子公司形成不当干预

集团化是企业结合的一种形式，其实质是一种追求资本投资最优化、资本利润率最大化的资

本运作形式。在母子公司管控模式上，一般有3种管控模式，即财务投资型、战略管理型和具体经营型。但是在具体运作过程中，集团公司本身容易犯两个错误：一是作为“有形的手”，具有自我扩张和去干预子公司的日常运营的冲动，容易导致某种程度上的无效率；二是在远离市场、远离客户的情况下，容易出现官僚主义，容易决策僵化。

过度依赖股东业务支持的集团所属保险子公司，发展容易遭遇“瓶颈”

能够获取股东有效资源支持的保险公司于起步阶段通常能实现超常规发展，缩短盈利周期，但发展到一定阶段后容易遭遇“瓶颈”。

一是对股东渠道资源的过度依赖使得保险公司缺乏渠道开拓动力，业务渠道单一，这将导致保险公司的业务增长受制于母公司的业务增长；二是保险子公司受制于母公司经营目标、文化理念和激励机制的制约和影响，导致保险子公司的对外市场化扩张受限。

集团化提高专业子公司的退出壁垒，会导致某种程度的无效经营

目前，保险集团几乎没有主动转让过任何保险法人机构的控制权，甚至在其他领域也是多买进少卖出。除了与保险业正处于黄金发展期有关，还有以下三个比较重要的原因。

一是集团一般具有较强的资本实力，对于经营不善的专业子公司具有较强的容忍度。

二是保险集团特别是国有保险集团的退出成本较高，特别是品牌风险、员工安置和客户补偿等，都较非保险集团下的保险公司股东的退出成本要高。

三是退出某个保险法人主体的控制权，往往意味着承认经营失败，这可能会给市场以管理层能力不够、经营不善的口实，这也会导致业务退出和产业优化决策方面出现一定的心理障碍。

避免“风险共振”是保险集团化要考虑的重要因素。保险集团通过合理配置资源，有利于优化牌照使用价值，降低经营风险，提升产业的抗周期能力。但如果集团内结构设计复杂、业务关联度过高和内部依赖性过强，则会导致风险在集团内部传递，容易一损俱损。

而且，集团内的非市场化行为如果过于频繁，从长期来看，也容易导致激励扭曲，使子公司降低甚至丧失自身能力。因此，建立有效的风险隔离机制，避免风险的相互传递，避免风险的同频振荡，有效提升子公司业务板块的外部竞争能力，这是集团化公司需要重点考虑的问题。

18万亿元总资产、7000万亿元保额、10家世界500强，保险70年是如何做到的

2019年10月2日

2019年10月1日上午，70周年国庆阅兵仪式隆重举行，整齐划一的徒步方阵、满载国之重器的装备方队、搏击长空的空中梯队顺序受阅，从容充分地展示出经过70年发展后的中国实力，中国的自信。

70年，中国从一个贫穷落后的国家，一步步超越德国、日本等发达国家，飞速发展成为全球第二大经济体。

70年，中国的每一座城市，每一个乡村，每一个家庭，每一个人的命运都迎来了翻天覆地的变化。

一个国家，不会无缘无故从一贫如洗走到今天，今天的一切都是几代人共同努力的结果，前30年我们“艰苦奋斗自力更生”，后40年我们“解放思想实事求是”。

纵然其中充满波折，但也总能在关键时刻吸取用巨大历史代价换得的教训和经验，坚定不移地实施渐进式改革，推进法治、开放等国家治理现代化进程，最终得以越过一座座山丘。

作为中国金融业的一分子，回望保险业发展也莫不是如此，在经历了新中国成立初期短暂的恢复之后，1959年国内业务即全面停办，一直到1979年才正式复业，40年时间，又快速实现从无到有，从小到大的发展历程。

截至2018年末，国内保险业总资产超过18万亿元，为全社会提供各类风险保障近7000万亿元，更是涌现出包括中国平安、中国人寿、中国人保、中国太平等在内的10家世界500强企业（2019年《财富》世界500强数据）。

中国保险人通过几代人的不懈努力，见证着、守护着人们蒸蒸日上的生活，也开创着属于保险业自己的新时代。

70年沧桑巨变，70年春华秋实，70年，人们创造了一个又一个的奇迹。我们致敬新中国，70年峥嵘岁月，开创了民族的伟大复兴之路，助力全国人民过上美好幸福的新生活；我们建功新时代，一代人有一代人的使命，而现在保险业的使命就是成为人们美好幸福生活的守护者。

值此70周年国庆之际，『慧保天下』特梳理70年来保险业的发展历程，这是中国70年发展历程的一个侧面，也是几代保险人共同的记忆。

1949—1977
从逐步恢复，到全面停办国内业务

1949年
中国人民保险公司开业

1949年，人民解放战争胜利在望，创建统一的国家保险机构被提上议事日程。

8月，上海财经会议召开，明确设立中国人民保险公司。

9月17日，中国人民银行总行正式拟文中央人民政府政务院财政经济委员会，呈请核准设立中国人民保险公司。

9月25日至10月6日，由中国人民银行总行组织的第一次全国保险工作会议在北京举行。会议期间，薄一波亲笔信明确“中央同意搞保险公司”。

10月，政务院正式批准成立中国人民保险公司；10月20日上午9时半，中国人民保险公司总公司和直属营业部在北京西交民巷108号宣告正式开业。

1950年
逐步恢复

新中国成立之初，百废待兴，新中国保险业也开始逐步完善各项法律法规。

1月4日，颁布《中国人民保险公司组织条例》（草案）。

1月下旬，中国人民保险公司的监管职责被剥离，改由人民银行金融管理部门负责。

在发展中国人民保险公司的同时，对于原有保险公司的整顿改造也深入进行：国民党官僚资本创办的保险公司划归中国人民保险公司管理。与此同时，整顿和改造民族保险业，切断外资保险公司的保险业务来源，使其退出中国。

1951年
探索强制险种

对各类保险业务的探索不断深入，尤其是政务院开始发展强制保险。

1951年4月24日，政务院财经委员会发出《关于颁布财产强制保险等条例的命令》，批准将六大险种纳入强制保险范畴，包括中国人民保险公司拟定的《财产强制保险条例》《船舶强制保险条例》《铁路车辆强制保险条例》《轮船旅客意外伤害强制保险条例》《铁路旅客意外伤害强制保险条例》和《飞机旅客意外强制保险条例》。

1951年6月5日，中国保险公司召开第一届董事会、监事会联席会议，组建该公司的主要目的是承担涉外业务和海外机构管理。

1953—1957年
整顿与反思

从1953年起，中国进入第一个五年计划时期，保险业发展更有目的性，并因此经历了整顿、巩固到稳步发展的过程。

1953年3月，中国人民保险公司根据第三次全国保险会议，开始整顿城市业务，停办农村业务，同时整顿机构。

1953年5月10日，财政部向中央提交《关于第三次全国保险会议情况及结束农村保险业务的综合报告》。

在整顿中，反思也在不断进行。1954年11月，第四次全国保险会议通过《农村保险工作四年总结》等重要文件，检讨了停办阶段清理整顿工作的缺点和不足，农业保险业务又开始恢复。

1955年的主题是停办部分国营企业强制保险业务，重点恢复农村保险业务，稳定推展城市业务。

1956年2月全国第五次保险会议召开，决定将业务的重点转向农村。

1957年，停办所有的强制保险业务。

1958年
大跃进

5月，中共中央召开的“八届二中全会”，揭开了“大跃进”的序幕，中国保险业随即跨上“大跃进”的快车。

“大跃进”初期，保险业一度发展迅猛，但随着人民公社的规模不断扩大，公社社会保险可以代替国家保险的观念逐渐占据上风。

10月，西安财贸会议正式作出了“人民公社化以后，保险工作的作用已经消失，除国外业务必须继续办理外，国内保险业务应立即停办”的决议。

12月29日，由财政部、人民银行联合签发，国务院批准停办了国内保险业务。

1959年
全面停办国内保险业务

1月，第七次全国保险会议开始布置善后清理工作，中国人民保险公司人员遣散，机构撤并，最终只保留广州、大连、上海、青岛以及天津5个分公司，其规格也降为处级。

值得注意的是，虽然全面停止国内保险业务，但处于实际需要，仍保留了少量海外保险业务。

1978–1991年
改革开放推动保险全面复业，市场主体开启多元化时代

1976年，“文化大革命”结束，中国保险业也逐渐迎来曙光，尤其是在1978年12月18—22日召开的党的十一届三中全会之后，中国开始实行对内改革、对外开放的政策，直接推动保险业在国内的全面复业，不过这个阶段的保险业，整体仍处于恢复阶段，中国保险业大发展尚需时日。

1978年，有关恢复保险业务的调研工作开始进行。

1979年2月5日至28日，中国人民银行在北京召开了全国分行长会议，作出关于恢复保险业务的有关表述。

1979年4月9日，国务院转批《中国人民银行全国分行行长会议纪要》正式批准恢复办理

国内保险业务。中国人民银行据此于4月25日发出《关于恢复国内保险业务和加强保险机构的通知》。

1979年11月19日，全国保险工作会议在北京召开，成为恢复国内保险业务后保险业第一次全国性大会。

从1959年初停止国内保险业务，到1979年恢复，根据资料记载，1980年中国保险业实现保费收入2.8亿元，而在停办之前的1957年，保险保费收入为2.2亿元，整整20年，保险业基本陷入停滞。

不过此后的中国保险业，政策法规逐渐健全，市场主体日益多元，为未来的快速发展奠定了基础。

1981年，颁布《中华人民共和国经济合同法》。

1981年12月4日，香港民安保险深圳分公司正式成立，成为境内设立的首家境外资本保险公司。

1983年，颁布《中华人民共和国财产保险合同条例》。

1985年3月，颁布《保险企业管理暂行条例》，预示着市场主体多元化发展的时代行将到来。

1986年7月，中华联合保险集团的前身新疆生产建设兵团农牧业生产保险公司成立，成为第二家国有控股保险公司。

1987年，交通银行成立保险部，后发展成为今日的中国太保集团。

1988年，平安保险在深圳成立，成为国内首家股份制保险公司。

1991年10月19日，经中国人民银行研究决定，保险法起草小组成立，开始着手起草保险法。

1992—1997年
保险业试点对外开放，市场化销售体系逐步建立

1992年，那是一个春天，改革开放总设计师邓小平动身南巡，并在过程当中发表了许多振聋发聩的讲话，勇敢地回应质疑，为改革开放大业护航，南方谈话精神遂成为引领一代改革人前进的号角。

在这一年，中国以上海浦东为龙头，在一些城市实施开放政策，中国的对外开放加速向纵深方向发展。

在这一年，一大批体制内知识分子响应“南方谈话精神”纷纷下海，其中很多人逐渐引领了中国民营企业的发展。

也是在这一年，国内的保险业也迎来了关键的一年，友邦来了，带来了个人代理人体制，彻底结束了过去保险业以团险为主的局面，外资保险中介也进入中国市场，市场化销售体系逐步建立。

1992年
友邦带来个人代理人模式

1992年，国务院选定上海作为第一个保险对外开放试点城市。

1992年7月，中国人民银行颁布了《上海外资保险机构暂行管理办法》，对外资保险公司设立的条件、业务范围、资金运用以及对外资保险公司的监管等作出了较为明确的规定。

1992年9月，美国友邦获准在上海经营寿险及非寿险业务，成为改革开放后第一家进入中国保险市场的外资保险企业。其将个人代理人制度带入中国市场，成为推动中国寿险业快速发展。

1992年，当时的保险监管部门中国人民银行保险司委托中国人民保险公司编制中国第一张经验生命表。

1993—1994年
首个外资保险中介进入中国

1993年3月18日，上海成立了东方公估行。

1993年5月，英国最大的保险经纪公司塞奇维克集团被批准设立“塞奇维克保险与风险咨询有限公司”，为外商投资企业提供服务。

1993年6月，中国人民银行深圳分行和深圳市工商局分别批准了16家保险经纪公司开业。同时，国际上一些著名的保险经纪人看好中国保险市场，纷纷在华开设代表处，如威达信、怡安等。

1994年天津成立了“北方公估行”，杭州成立了“浙江公估行”，广州成立了“平量行顾问有限公司”，深圳成立了“民太安保险公估有限公司”等。

1995年
《保险法》颁布

1995年，保险对外开放试点城市从上海扩大到广州。

1995年6月30日，《保险法》在八届全国人大常委会第十四次会议上获得通过，同年10月1日起实施。

1995年7月末，中国第一张经验生命表——“中国人寿保险经验生命表（1990—1993）”诞生。

1996—1997年
人保分业

1996年，中国人民保险公司机构体制发生了重大改革，开始分业经营，中国人民保险公司改制成立中国人民保险（集团）公司（简称中保集团），下设中保财产保险有限公司、中保人寿保险有限公司、中保再保险有限公司3个子公司。

1996年8月中国人民银行正式批准5家国内保险公司开业，成为《保险法》颁布实施后成立的首批商业性、股份制的保险企业，包括新华保险、泰康人寿2家人身险公司，以及华泰、华安、永安3家财产险公司。

1996年11月26日，由加拿大宏利人寿保险公司和中国对外经济贸易信托投资公司（中化集团成员）合资组建的中宏人寿在上海正式成立，成为中国第一家中外合资人寿保险公司。

市场扩容叠加个人代理模式的威力，1997年，人身险业务保费收入首次超过财产险。

1998—2011年 保监会诞生开启专业监管时代，加入世界贸易组织（WTO），保险业迎全面开放

1997年席卷亚洲的金融危机给尚稚嫩的中国金融业敲响了警钟，在当年举办的第一次全国金融工作会议上，确立了金融分业监管机制，成为保监会成立的最重要依据。

同时为刺激经济发展，促进消费，国家快速下调银行存款利率，相对滞后的保险业出现大量利差损，这之后，需要由消费者承担一定投资风险的理财型产品开始逐步引进国内。

1998年 保监会成立

中国保监会于1998年11月18日正式成立，开启了中国保险业的专业监管时代。时任中国人民保险（集团）公司董事长、总经理、党组书记马永伟出任保监会首任主席。

1998年10月，中保集团旗下3家子公司更是正式"一拆三"，成为独立法人：中保财产保险有限公司更名为中国人民保险公司，中保人寿保险有限公司更名为中国人寿保险公司，中保再保险有限公司更名为中国再保险公司。

1999年 寿险预定利率步入2.5%时代

从1996年5月到1999年6月，人民银行7次下调利率，1年期存款利率从10.98%下调到2.25%，给当时主推固定利率产品的中国人身险业带来天量利差损。

1999年6月，保监会发布《关于调整寿险保单预定利率的紧急通知》要求各人身保险公司降低寿险保单预定利率，从5.5%下调至2.5%，寿险产品预定利率进入大一统时代。

1999年4月，监管开始着手整顿车险市场，全国车险市场实行统一监制、统一费率、统一条款的机动车辆新保单。

中介方面，1999年12月16日，中国保监会批准北京江泰、上海东大、广州长城3家全国性保险经纪公司筹建。2000年6月至7月，3家公司相继成立。

保险资金运用在1999年也获得重大突破，10月，《保险公司投资证券投资基金管理暂行办法》发布，允许保险公司通过投资证券投资基金间接进入证券市场。

2000年 理财险引进国内

2000年，中国加入WTO前夜，保监会积极备战，对外开放逐步扩大，一年时间批复8张保险牌照（4张合资牌照，另外4张则只是允许其与外资组建合资人身险公司）。与此同时，批设经

纪公司8家，专业代理公司33家，保险公估公司3家，保险中介市场主体框架初步形成。

同时，人身险预定利率大统一，人身险公司转求浮动利率产品，投资连结保险、分红保险、万能保险被引进中国市场，并得到监管放行。

2001年
加入WTO

2001年12月11日，中国正式加入WTO，对保险业作出“高水平、宽领域、分阶段开放”的承诺。这一年，国务院颁布《外资保险公司管理条例》，保监会也公布了保险业加入WTO的承诺。

9月，中国保监会发出《关于在广东省进行机动车辆保险费率改革试点的通知》，开始了国内第一次车险费改试点。

监管着力规范中介市场，于2001年末印发《保险公估机构管理规定》《保险代理机构管理规定》和《保险经纪公司管理规定》。

偿付能力监管在这一年也迈出实质性步伐，《保险公司最低偿付能力及监管指标管理规定》发布，这是我国第一部比较系统、全面的关于偿付能力监管的保险规章。

2002年
6家外资保险公司进入中国

当年，中国共产党十六大召开，保险业进入加入WTO后对外开放过渡期。《保险法》修订工作结束，国有保险公司改革也全面展开，老人保以及中国人寿的股改方案获得国务院批准，太平、华泰、平安等公司则分别引入海外战略投资者。

与此同时，保监会共批准6家外国保险公司进入中国市场，批准16个外资保险公司营业机构正式开业，对外开放城市也从上海、广州扩大到深圳、大连和佛山。

10月，根据加入世界贸易组织承诺，保监会对法定再保险的比例进行了相应调整，规定自2003年1月1日起逐年降低，直至取消法定分保。

12月，保监会正式宣布全面实施车险费改，之前由保监会统一制定的现行车险条款费率则全部停止使用。

2003年
做大做强

围绕2002年末提出的“做大做强”的要求，保监会在2003年出台一系列加快发展的措施：

推进条款费率管理制度改革，车险费改在全国范围内推开。

放宽中资保险公司分支机构经营区域，规定凡在省、自治区、直辖市设有分支机构的，可以通过专业保险中介公司或者设立营销服务部的方式在该行政辖区内开展业务。

拓宽保险资金运用渠道，保险公司投资企业债券的范围由4个行业扩大到所有AA级以上的企业债券，投资比例由不超过总资产的10%提高到20%。

增加经营主体，支持股份制保险公司发展服务网点，把保险中介机构审批纳入日常工作程序，全年共批设保险公司分支机构316个，保险专业中介机构922家。

保险公司改制也在当年取得实质性进展，人保以及国寿顺利实现挂牌上市。

2004年
保险资金获准直接入市

外资保险公司数量快速增加，保监会尘封8年的中资保险公司审批大印也重新开启，当年，在提交的30余份申请中，最终获准筹建的共有18家新设独立中资保险公司。

在投融资方面，保监会和证监会联合发布《保险机构投资者股票投资管理暂行办法》，开始放开投资渠道，保险资金获准直接入市；同时保监会出台了《保险公司次级定期债务管理暂行办法》，保险公司融资多了一个新渠道。

2005年
22家新公司开业

保险公司设立热潮再度出现，2005年共有22家新公司开业，到年末时，全国共有保险公司93家。

市场大扩容的同时，监管不断完善监管制度体系，《再保险业务管理规定》和《人身保险保单标准化工作指引》相继出台；建立风险责任追究制度，制定了《国有保险公司重大案件领导责任追究规定》和《中国保监会保险监管问责制试行办法》；颁布《保险外汇资金境外运用管理暂行办法实施细则》，标志着保险外汇资金境外运用步入实质性操作阶段。

曾经的车险费率市场化改革被废止，保监会制定《财产保险公司保险条款和保险费率管理办法》，根据人保、平安、太保3家保险公司上报的A/B/C三套商业车险条款，中国保险行业协会统一下发了商业机动车保险A/B/C三套行业条款，供保险公司选择使用。

2005年实现保费收入4927.33亿元，是2002年的2.4倍，其中，财产险和人身险分别实现保费收入1229.86亿元和3697.48亿元。

2006年
保险“国十条”

2006年6月26日，《国务院关于保险业改革发展的若干意见》（简称“国十条”）正式颁布，业内高呼“春天来到了”。

从此，一系列政策纷至沓来：根据《道路交通安全法》，交强险制度于7月1日正式实施，极大地促进了车险发展；《健康保险管理办法》在这一年审议通过，对规范和推动健康保险发展发挥了重要作用；保险公司治理结构监管的基本制度框架初步建立，监管发布了《关于规范保险公司治理结构的指导意见（试行）》，并研究制定《保险公司合规管理指引》等配套制度。

2006年，行业累计实现5641亿元保费收入，其中财产险的增速要远远高于人身险，财产险保费收入为1580亿元，同比增长23.36%，而人身险保费收入为4061亿元，同比增长仅11.38%。

2007年
投资收益率创历史最好水平

“速度、效益、诚信、规范”是2007年全国保险工作会议中对保险业发展提出的要求，大牛市背景下，推动行业在这一年持续高速发展，全年实现保费收入7035.8亿元，同比增长25%，其中，财产险保费收入同比增长32.6%；人身险保费收入为4463.8亿元，同比增长24.5%。

在资金运用方面，保监会协同中国人民银行、国家外汇管理局发布了《保险资金境外投资管理暂行办法》，允许保险机构运用自有外汇或购汇进行境外投资，保险系境外代客理财（QDII）正式扬帆起航；同时，逐渐放宽保险资金在股票市场上的投资渠道。

这一年，保险资金运用余额2.7万亿元，收益超过前五年的总和，达到2791.7亿元，投资收益率为历史最好水平。

2008年
国际金融危机催生保险保障基金

国际金融危机全面爆发严重影响行业投资收益率，前期热销的投资型保险产品由于销售误导等原因招致集中投诉和退保潮，人身险公司偿付能力不足成为这一年最大的风险。

防范化解偿付能力不足风险，成为这一年的监管重点，保监会连发文件强调行业风险因素和隐患，其中，《保险公司偿付能力管理规定》首次明确提出在保险业内实行分类监管。

财产险方面，为整治市场乱象，保监会发布了影响深远的70号文，即《中国保监会关于进一步规范财产保险市场秩序工作方案》，严控市场乱象。

中国保险保障基金有限责任公司在这一年正式挂牌成立，意味着规模已超过100亿的保险保障基金开始走上市场化运作道路。

2009年
结构调整

金融危机下理财型人身险所引发的危机依旧历历在目，借助新《保险法》的实施之势，保监会将这一年定调为结构调整年。

人身险方面，为推动行业回归保障，保监会发布了《关于加快业务结构调整、进一步发挥保险保障功能的指导性意见》，同时，重拳规范银保市场，使得个人代理渠道重回人身险第一大渠道，保障类业务占比上升，期交业务增速超过趸交业务。

在2008年70号文的推进下，整治市场秩序，4万亿元经济刺激计划带来大批基础设施建设项目，财产险行业保费收入开始扭转亏势。

房地产市场持续火爆，保监会公布了《保险资金运用管理暂行办法（草案）》，规定保险资金可以从事不动产投资，进一步拓宽保险资金的投资渠道。

这一年，国内保险保费收入首度突破万亿元大关，人身险实现保费收入7338亿元，同比增速仅为10.99%；财产险保费收入为2446亿元，同比增长13.83%。

2010年
银保新规取消驻点销售

调整仍在继续，转变发展方式，成为当年行业发展主题，保险监管的主要精力也由市场建设向市场监管转变。

人身险方面继续以整治销售误导和规范银保业务为重点，年末，《中国银监会关于进一步加强商业银行合规销售与风险管理的通知》发布，取消驻点销售，并规定每个银行网点最多只能代理3家保险公司的产品。

财产险方面以提高数据真实性和规范车险市场为重点，继续深入落实70号文，把费用率、赔付率、成本率作为监管重点关注指标，规范市场秩序，使得5年来国内财产险行业首次实现全面承保盈利。

投资方面则密集出台了包括《保险资金投资不动产暂行办法》在内的一系列新政策，至此，保险资金在实战层面已经打通了全部投资渠道。

这一年，保险业总资产首度突破5万亿元大关，其中全国保费收入为1.47万亿元，同比增长33%。其中，财产险保费收入为3894亿元，同比增长35%；人身险保费收入为1.08万亿元，同比增长31%。

2011年

新合计准则开始实施，车险费率市场化改革重启

人身险方面，保监会与银监会联合发布《商业银行代理保险业务监管指引》，继续对银保渠道进行规范，叠加2010年末的银保新规，银保渠道备受冲击，行业发展陷入低迷。

与此同时，由于2011年保险业开始实施新的会计准则，万能险以及投连险中进入投资账户的保费收入不能再计入保费收入，而分红险受影响较小，保险公司纷纷调整产品策略，扩大分红险、传统险比重，收缩万能险占比。

财产险方面，因“高保低赔”“无责不赔”等霸王条款问题，遭受央视“每周质量调查报告”的连番质疑，监管因此重启车险费率市场化改革研究。

2012—2017年

从放开前端万能险大发展，保险姓保行业回归本源

2012年

保险资金13条出炉

人身险行业继续低迷，不过保险业的市场化改革在这一年不断深入，“放开前端、管住后端”成为主导。

6月，保险资金新政13条开始相继发布，保险资金可以投资的渠道基本上全部放开。

财产险方面，修改之后的《机动车交通事故责任强制保险条例》《关于加强机动车辆商业保险条款费率管理的通知》发布，有条件放开商车条款费率，同时废除无责不赔，高保低赔等所谓的霸王条款。

“偿二代”建设起步，保监会发布了《中国第二代偿付能力监管制度体系建设规划》，明确提出用3~5年建成第二代偿付能力监管制度体系。

2013年
人身险费改启幕

新一轮的保费盛宴从这一年真正启幕。在2012年喊出保险资金运用市场化改革口号后，尘封十几年的人身险定价利率改革在2013年终于正式破冰，保监会向各人身险公司下发《关于开展人身保险费率政策改革试点的意见》，决定分三步走，逐步实施人身险费率市场化改革，并于当年8月，率先实施普通型人身险费率政策改革，延续十几年的2.5%的预定利率上限就此被打破。

同年，保监会正式发布“偿二代”整体框架，提出第二代保险监管的顶层设计；首个全国保险公众宣传日启动，并定于每年7月8日开展；出台首个《关于自保公司监管有关问题的通知》，划定自保公司设立门槛……

2014年
“新国十条”来了

国务院发布《国务院关于加快发展现代保险服务业的若干意见》（国发〔2014〕29号，简称“新国十条”），保险业的大发展从“行业意愿上升到了国家意志”。

随着理财型产品的高速发展，资产驱动负债型保险公司规模保费激增，保监会于年初出台了第一份高现价监管规定——《关于规范高现金价值产品有关事项的通知》（保监发〔2014〕12号），对经营保险公司进行限制。

同年发布的还有史上“最严”银保新规——《关于进一步规范商业银行代理保险业务销售行为的通知》（保监发〔2014〕3号），针对要求建立投保人需求与风险承受能力评估制度，根据评估结果推荐保险产品，对特定人群提出保护措施，包括城乡低收入居民和老年人群。

《中国保监会关于加强和改进保险资金运用比例监管的通知》（保监发〔2014〕13号）于2月正式下发，设立大类资产监管比例，进一步放宽保险资金运用。

2015年
“宝万之争”

人身险费率市场化改革终于在万能险、分红险的费率市场化改革后正式收官，万能险迎来井喷，仅保户投资款新增交费一项就达到7646.56亿元，同比增长95.23%。不过年末“宝万之争”爆发，引发了舆论对于万能险产品的质疑。

新一轮的商车费改在2015年中开始试点，并于当年末进一步扩大试点范围。

在获得更多保费收入的同时，保险资金大量投向A股市场蓝筹股，银行股、地产股尤其受到青睐，一时间成为资本市场最受关注的机构投资者，并直接导致年末“宝万之争”的爆发。

随着上半年牛市的来临，保险资金在资本市场大显身手，全行业投资收益率高达7.56%。

2015年8月18日保监会下发《个人税收优惠型健康保险业务管理暂行办法》（保监发〔2015〕82号）后，12月11日，财政部、国家税务总局、保监会三部委联合发布《关于实施商业健康保险个人所得税政策试点的通知》（财税〔2015〕126号）将于2016年初开始实施。

同年，《互联网保险业务管理暂行办法》（保监发〔2015〕69号）发布，继众安之后，又有3家互联网保险公司获批。

2016年
中短存续期业务强力收紧

“宝万之争”所引发的巨大的争议，终于还是引发了监管的高度关注，监管先后发布《关于规范中短存续期人身保险产品有关事项的通知》（保监发〔2016〕22号）、《中国保监会关于进一步完善人身保险精算制度有关事项的通知》（保监发〔2016〕76号）、《关于强化人身保险产品监管工作的通知》（保监寿险〔2016〕199号）3份文件强力收紧中短存续期业务。

对于保险资金运用也进一步规范，先后发布《保险公司资金运用信息披露准则第4号：大额未上市股权和大额不动产投资》（保监发〔2016〕36号）、《关于进一步加强保险公司关联交易信息披露工作有关问题的通知》（保监发〔2016〕52号）等。

与此同时，保监会还针对9家公司开展万能险专项检查，并暂停前海人寿、恒大人寿等6家公司的互联网保险业务，暂停前海人寿万能险新业务。

各种政策收紧之下，保险业却依旧沿着惯性快速发展，2016年，全国保费收入突破3亿元大关，达到3.1万亿元，同比增长27.5%；保险业总资产也达到突破15万亿元大关。

2017年
“保险姓保，监管姓监”成为行业发展主旋律

政策密集发布，2017年仅保监会官网公布的相关政策及通知就达60多份，与人身险或财产险相关的文件也均超过200份。

“1+4”文件定调全年政策走势；人身险方面，《中国保监会关于规范人身保险公司产品开发设计行为的通知》（保监人身险〔2017〕134号）又明确叫停诸多主流产品类型，强制保险公司发展保障型产品；财产险方面，二次费改于2017年7月全面推开，同时，保监会发布174号文全面整治市场乱象。

资金运用方面也进一步规范，发布《关于进一步加强保险资金股票投资监管有关事项的通知》（保监发〔2017〕9号）就明确禁止保险机构与非保险一致行动人共同收购上市公司；旨在防止保险公司沦为大股东提款机的《保险公司股权管理办法（征求意见稿）》也于这一年下发；保监会还开展多种现场检查，并对涉事保险公司予以重罚。

2018年至今
银保监会挂牌，监管全面下沉

2018年银保监会的挂牌，成为国内新一轮金融体制改革的标志性事件，随着金融混业趋势的加强，原有分业经营的监管格局迎来变局，“防

风险”成为保险业最重要的任务之一。

2018年
银保监会挂牌

3月21日正式印发的《深化党和国家机构改革方案》提出，将中国银行业监督管理委员会和中国保险监督管理委员会的职责整合，组建中国银行保险监督管理委员会，作为国务院直属事业单位。

4月4日，国务院任命郭树清为中国银保监会主席。

4月8日上午，银保监会正式举行挂牌仪式。

11月13日，新成立的银保监会“三定”方案出炉，《中国银行保险监督管理委员会职能配置、内设机构和人员编制规定》发布，中国银保监会机关事业编制925名。设主席1名，副主席4名，司局级领导职数107名（含机关党委专职副书记1名，机关纪委书记1名，首席风险官、首席检查官、首席律师和首席会计师各1名）。

同一年，监管部门继续修订各类政策，包括《保险资金运用管理办法》（保监会令〔2018〕1号）、《资产负债管理监管规则》《保险公司股权管理办法》（保监会令〔2018〕5号）等。

与此同时，保险市场之外，一些新的玩法也开始出现，最典型者当如蚂蚁金服推出“相互保”，后更名为“相互宝”，直接助推一度沉寂的网络互助再度走红。

面对美国发起的贸易战，在这一年召开的博鳌论坛上，还宣布了中国扩大开放的一系列新的重大举措，保险业再度走上对外开放的前沿，诸多外资保险公司加快入华步伐。

2019年
防范化解风险

防范化解风险依然是主题，同时在困顿中，保险业也开始谋求深层次转型。

银保监局层面的“三定”工作在这一年陆续收官，各种风险处置工作依旧有条不紊的展开。7月，大家保险集团正式宣告成立，并宣布受让安邦人寿、安邦养老和安邦资管股权，并设立大家财险，依法受让安邦财险的部分保险业务、资产和负债。

这一年，行业继续感受增速压力，面对行业发展新趋势，转型成为行业共识，不少头部保险公司开始调整组织架构，包括中国人寿、中国人保、中国平安等。

财产险行业加大车险乱像整治力度，先后暂停几十家分支机构的车险业务。

同时，风起于青萍之末，一些新的变化也在发生……

银保监会郗永春：低利率挑战传统投资理念，保险资管公司应从“打猎”转向“耕种”

◎郗永春 | 2019年12月1日

编者按 12月1日，由中保登公司和《清华金融评论》联合主办的“新动力 新融合——2019保险资产管理高峰论坛”在北京举行，与会嘉宾之一、中国银保监会资金运用监管部副主任郗永春发表了专业致辞。

郗永春表示，保险资管繁华下藏隐忧：收益率降低、不确定性上升、盈利能力分化。

他同时指出，低利率挑战传统投资理念：获取绝对收益，需要绝对投资能力，保险资管公司应该通过能力提升和稳定发挥努力追求较高收益。

最后，他建言，提升投资能力亟待加大创新力度：摆脱买方心态，强化服务属性，从“打猎”文化转向“耕种”文化。

可以说，这个发言既褒贬当前，更多着眼长远，鼓励创新，倡导变革，思路立足行业未来深度重构，主旨聚焦市场化基础上的能力建设，价值观落脚在实现与实体经济先进动能持续陪伴成长。

2019年11月22日，银保监会就《保险资产管理产品管理暂行办法（征求意见稿）》公开征求意见，这也是2018年大资管新规发布后，继银行、基金、证券、信托等资产管理办法相继落地后，保险领域的资产管理也进入建章立制的新阶段。

在这个背景下，上海保交所旗下的中保保险资产登记交易系统有限公司和《清华金融评论》举办的这个高峰论坛恰逢其时，不同代表的与会嘉宾观点值得关注。

郗永春的发言既有监管身份的宏观视野，也有逻辑严密的个人思考，是近期对保险资管行业一份不可多得的深度剖析，『慧保天下』特全文推送，以飨读者。

以下为郗永春演讲全文。

很高兴参加由中保登公司和《清华金融评论》联合举办的2019年保险资产管理高峰论坛。本次论坛的主题是探索保险资产管理的新动力，促进保险资管机构与其他资管机构的融合，在当前保险资管行业面临转型发展的关键时刻，很有意义。

按照中保登公司袁平海总经理对本次高峰论坛“思想因碰撞而生辉，知识因分享而增值”的期待，下面我就保险资管行业的创新与转型发展谈谈个人的一点思考，供大家批评指正！

保险资管繁华下藏隐忧

保险资产管理公司脱胎于保险资金运用，同时也在不断拓展第三方资产管理。尽管保险资产管理从法律上讲不承担刚兑义务，但从保险公司投资的角度来看，保险资产管理公司实际上承担了保险资金运用的责任；如果保险资金管理失败，势必会影响保险公司向客户履行契约性兑付义务的能力。因此，保险资管公司相较于其他资管公司责任更大，对投资能力提出了更高的要求。

截至2019年9月末，保险资产管理公司受托保险资金运用余额约为13万亿元，占保险资金运用余额17.8万亿元的73%，承担了保险资金运用的主要管理责任。

相较于上年同期的大幅下跌来说，2019年以来资本市场表现良好，保险投资的收益率大幅上升，推动保险公司的业绩同比大幅上升。2019年前三个季度，保险资金投资已经累计实现财务收益6597亿元，同比增长23.8%；累计综合收益率为5.02%，同比上升2.78个百分点，增幅更加明显。

受益于投资收益的大幅增加，财产险和人身险保险公司前三个季度合计实现税前利润2857亿元，同比上升50%，在各行各业中表现优异。

但是，繁华之中也有隐忧，保险公司和保险资金运用也面临收益率降低、投资收益不确定性上升和盈利能力分化等突出问题，主要为以下几个方面：

一是固定收益投资收益率明显下行，股权投资收益的不确定性增强。保险资金中占比超过1/3的债券投资前三个季度的综合收益率从2018年的4.36%下降到2019年的3.44%，降幅超过20%，这说明固定收益投资在利率下行的大背景下也不可避免地会降低，同时资本市场未来能否持续走高还存在很大的不确定性，这对以固定收益投资为主的保险投资提出了趋势性的严峻挑战。

二是大中小公司盈利状况分化严重，利润进一步向头部公司集中，存量博弈特征明显。以人身险公司为例，2019年前三个季度，资产规模超过6000亿元以上的公司实现税前利润1942亿元，同比增长53%；资产规模占行业比重为61%的同时税前利润占比高达83%，中小公司盈利更加艰难，部分公司存在较大的经营风险。

三是中小公司对投资收益的依赖性加大。人身险行业资产规模超过6000亿元的公司投资收益和净利润的比值仅为1.28，资产规模在100亿～6000亿元的公司投资收益和净利润的比值上升到3.76，资产规模小于100亿元的公司投资收益和净利润的比值达到34.4，这说明公司规模越小，负债端的承保利润越低，其净利润对投资收益的依赖性越强，而由于小公司资金规模有限，又难以吸引到具有较强投资能力的专业人才，面临突出的发展“瓶颈”问题。

利率持续下行对保险资产管理提出严峻挑战。2019年以来，国际经济金融形势更加复杂，美联储已经连续3次降息，多数国家随之大幅降息，欧洲和日本更是实行负利率，中国人民银行多次降准，利率下降并在较长时间保持低位成为金融领域多数专家学者的共识。

尽管经济周期的波动和变化会影响利率的变化和周期，但如果从更长的历史周期来看，利率整体上呈现出的也是下降的大趋势，这主要是社会物质财富的迅速积累导致的资本越来越不稀缺，互联网时代信息透明化、社会信任程度不断增加导致信息不对称的降低，以及新经济更多依赖创新导致的轻资产经济模式逐步摆脱了对资源的严重依赖，人才的创新已经成为经济发展的主要动力。

从保险公司持续经营的角度来看，利率下行的趋势对保险资金运用提出了持续的挑战，也对保险公司稳健经营带来很大的压力。

低利率挑战传统投资理念

每种理念都有特定的时代背景，也都需要与时俱进地调整，保险资金运用也不例外。以2003年首家保险资管公司成立为标志，保险资金运用进入专业化管理时代。在过去的10多年中，受益于宏观经济形势较好和资产价格上涨的趋势，保险资产管理逐渐形成了以固定收益投资为主、追求绝对收益的安全投资理念，为投保人获取了良好的稳定收益。

但在经济下行压力不断加大、无风险利率不断降低、高利率融资的企业债务违约多发以及资产价格有可能不再持续上涨甚至出现拐点的新形势下，则面临较大的挑战。

传统的投资理论认为，投资收益包括以国债利率为代表的无风险收益和根据企业风险状况确定的风险收益。在低利率甚至是负利率的条件下，无风险收益不断降低甚至逼近于零，在一定程度上颠覆了货币的时间价值理论。

保险投资相对于获取资金具有明显的滞后性，当前人身险公司的“长钱短配”现象突出，负债久期长达12.44年，资产久期只有5.77年，在利率下行的趋势中，资产到期后再投资的压力很大。实体企业经营效益持续下滑加大了风险收益的获取难度，对习惯于风险偏好较低的保险资金投资挑战更大。

总之，在资产收益率不断下行并且波动性加大的金融市场，保险资金要获取既安全又绝对的收益的难度变得越来越大。

银保监会6月25日召开的小微企业金融服务经验交流会明确要求：银行业金融机构要加强服务能力建设，提高风险管理水平，减少对抵（质）押品的过度依赖，逐步提高信用贷款占比，确保“能贷、会贷”。

最高法院也于近期宣布资产管理产品中包括抽屉协议在内的保底和刚兑条款无效，打破了资产管理中通过强化担保来保证收益的习惯性做法。今后，保险投资的安全性应该建立在风险管理能力的基础上，而不是依靠抵（质）押品来保障。由此，保险资产管理的能力建设已成为行业转型发展的关键因素和当务之急。

追根溯源，保险资金投资的初心是要获取至少能覆盖负债成本的收益，保险公司才可能持续经营。但是保险资金负债成本和投资收益并不存在必然的联系，也就是说投资收益并不因为保险负债的成本高低而自动做相应的调整。

从负债的角度来看，负债成本包括向投保人承诺的本金和收益返还，是刚性兑付的经济成本。从投资角度来看，投资成本却是机会成本而不是经济成本，机会成本着眼于未来的机会和成本，是为了一项投资而放弃的最大代价。

投资是基于与机会成本相比较而作出的投资决策，决定机会成本的是投资能力，投资能力越强，机会成本越高，一般来说投资收益也就会越高。由此可见，获取绝对的收益，就需要有绝对的投资能力；而投资能力能否转化成投资收益，必然要受到市场状况的影响。

所谓绝对收益，从根本上来讲往往也是相对的，这符合马克思主义哲学辩证法中关于真理相对性和绝对性有机统一的论述。因此，准确地把握对绝对收益内涵的理解至关重要，其本身就是保险资管专业性的核心要求，保险资管公司应该通过能力提升和稳定发挥努力追求风险可控的较高收益，而不是因为能力恐慌而采取越来越僵化的保守投资策略。

在市场波动性不断加大的趋势中，投资能力对保险公司的重要性与日俱增；如果以高成本的负债资金倒逼能力不足的投资团队，结果必然是风险的不断积累。

提升投资能力亟待加大创新力度

那么保险资产管理投资能力的核心是什么？投资能力的高低又如何判断？我认为应该是持续的创新能力以及在此基础上的服务实体经济的能力。

近些年来业界关于互联网金融本质的争论已经逐渐平息，金融机构通过这次讨论充分认识到科技对于金融的重要性，纷纷加大运用科技创新改造保险资产管理业务的尝试和探索，比如，平安集团就提出“科技引领金融”，将科技创新和应用作为金融业务转型发展的重要战略。

但从总体上看，保险资产管理行业科技创新的层次还不够高，多数还停留在把存量业务从线下搬到线上的层次，支撑科技创新和业务转型的体制机制性障碍仍然存在，创新的压力和动力明显不足，买方心态比较明显，创新的效果尚不明显。

当然，除科技创新外，创新还包括商业模式创新和体制机制创新，人工智能有可能替代一些低端和重复劳动，但对于创新发展又会提供有力支持。好的创新至少要包括以下三个特征：

一是业务或者技术的独特性，仅仅是模仿和追赶别人还不能称其为创新，没有构建在特定领域的独特性优势的公司是缺乏有效竞争力的。

二是效率明显提升，这个提升至少应该是

数量级的提升，不是简单的改变。以微众银行为例，一名客服人员和一台人工智能机器人就可以处理原先需要500人的客服工作量，这就实现了数量级的效率提升。

三是要形成多赢格局。多赢格局的本质是创造新价值并且形成可持续的生态体系，各方依据贡献大小分享增量利润。很多投资者过去习惯于单方面把自身的安全和收益通过担保和抵（质）押等措施转化为投资对象的责任和义务，已经不能适应新时代和新形势的要求。

创新还需要以下几个相应的理念：

首先，要有心态清零的理念。很多公司在长期业务发展中形成了路径依赖和资源依赖，反而容易形成创新的障碍。

其次，要有市场化的机制。市场竞争中的优胜劣汰对公司的生死存亡是至关重要的，但本质上却是社会资源的重组和优化，让每个人都能找到最适合自己的位置，让优秀的人才脱颖而出，承担更大的责任，为公司和社会创造更多的价值。

最后，要有包容和纠错机制，努力改善当前短期为主的考核机制的不合理性。面对考核周期拉长对公司经营带来的不确定性，公司管理层要切实承担起选人用人的关键责任。

对于保险资产管理行业来说，尽管不可能成为科技创新的主角，但一定要积极拥抱科技和运用科技，秉承开放和合作的理念，努力探索自身商业模式和体制机制的创新。

其一是要强化保险投资的服务属性，努力获取能力收益。关于对金融服务实体经济的认知，我们不能把“服务”简单理解为仅仅是提供资金。

人民银行发布的资管新规打破了刚性兑付，就是要让投资人依靠自身能力承担风险并获取相应的收益。因此，在传统的无风险收益和风险收益外，保险投资要大力拓展基于能力基础上的收益，加大金融支持和产业发展的融合力度，既要能客观识别风险，更要能主动化解风险，更要能通过帮助被投资企业解决实际问题和创造价值实现自身的更多收益，通过被投资企业的持续成长实现自身价值成长，从传统在金融市场上的“打猎”文化转向陪伴企业成长的“耕种”文化，从“择时择势”扩展到“择企择人”，努力构建在特定领域的独特性优势，拓宽盈利能力的护城河，提升盈利能力的稳定性和成长性，实现差异化发展。

专业的资产管理者应该能够坦然面对市场的波动，通过对投资基本面的分析和长期坚持克服对波动性的恐惧，发行资产管理产品时要选择和自身投资理念相符的销售对象，而不是寄希望于通过会计处。

100多年前，JP摩根以其对电力发展规律的深刻理解，推动通用电气公司成立并且发展为商业史上最伟大的公司之一，至今仍然值得我们学习和思考。

其二是要强化投资端和负债端的协同，为客户提供更好的服务。保险资金运用的专业化发展不应该成为与负债端越走越远的借口，无论是投资端还是负债端，都要以人为本，从以市场为中心转向以客户为中心，强化投资端和负债端的协同，为客户提供更好的服务。

要努力将投资端的财富管理、养老和医疗投资和负债端的风险管理、医疗、旅游以及教育服务等相互打通和连接，积极引入符合客户需求的第三方服务，实现对客户从小到老的终身服务和代代相传，更加注重帮助客户实现价值和赢得客户信任。在后互联网时代，获取客户本身并不重要，真正重要的是获取客户的信任以及和客户共同成长。

其三是强化市场化机制的建设，为创新发展提供制度保障。总体上看，保险资产管理的市场化机制还有待提升，保险投资人员的市场化意识有待加强，买方心态和资源依赖的现象比较明显，与市场上其他资管行业以及保险公司的负债端相比都有一定的差距，能力建设既任重道远又迫在眉睫。

希望越来越多的保险资管公司能够加快建设市场化的激励约束机制，尽快实现公司内、行业内优秀投资人才的脱颖而出，进一步加大对行业外优秀人才的吸引力度；加大投资研究能力建设，创建投资研究能力品牌，以研究能力引领投资能力，在越来越激烈的资产管理市场竞争中保持和提升竞争力。

我们将持续致力于保险资产管理机构的能力建设。能力不足引发的经营风险是违规和冒险经营的重要原因，只有通过能力提升才能从根本上平衡好业务发展和风险管理的关系，彻底扭转“一放就乱，一管就死”的两难局面。

今年以来，我们将资产支持计划的注册下放中保登公司，支持中保登公司和中央结算公司联合开展保险资产管理产品估值，为市场提供更好的服务，助推行业风险管理能力建设。

我们在坚持严监管的同时持续改进监管服务，强化监管部门与被监管机构的互信建设，不断提升行政许可效率，降低被监管机构的监管成本；强化对保险公司资产负债匹配的监管，提升对保险公司的风险监管能力；研究修订《保险资管公司管理办法》，为保险资产管理公司建设更加市场化的体制机制创造必要的政策环境。

我们指导保险资产管理协会大幅提升债权投资计划的注册效率，会同保险资产管理协会组织保险资产管理行业资深专家开展低利率背景下的保险投资课题研究，力图通过集中行业内外的智慧，为保险资产管理行业的转型发展探索出路。

中保登公司自成立以来，持续地积极服务保险资金运用监管和保险资产管理业务发展并且发挥着越来越大的作用。中保登公司此次携手《清华金融评论》举办保险资产管理高峰论坛，标志着中保登公司在服务监管和市场方面迈上了新的台阶，起点更高，眼界更宽，格局更大，我们对此表示赞赏和支持。

同时，我们非常感谢清华大学五道口学院基于自身思想和专业优势对中保登公司和保险资产管理行业的智力支持，希望双方以本次合作为契机，发挥各自的优势，把保险资产管理高峰论坛越办越好，为保险资产管理行业的创新和发展提供更好的支持和帮助。

重建信任体系，重构新秩序，王和万字长文阐述保险遇见区块链的这些大趋势

2019年12月11日

编者按 2019年10月24日，中共中央政治局就区块链技术发展现状和趋势进行第十八次集体学习，并将其确定为“核心技术自主创新的重要突破口”，这背后有着怎样的深意？

2019年11月21日，『慧保天下』举行以“保险遇见区块链”为主题的第五期慧保研习社活动，聚焦保险业与区块链技术“天生有缘”的逻辑基础，以及区块链在保险业的应用场景。本场活动特别邀请了保险学者、人保财险原执行副总裁王和担纲做开题演讲，王和是我国保险业较早开展区块链研究的学者，早在2017年就出版了关于保险区块链的研究专著，其研究文章还被选入由人民日报出版社出版的《区块链领导干部读本》（修订版）。

王和在分享中深入浅出地分析了区块链的技术特点及逻辑基础，他指出区块链具有“唯一性”的特点，通过重构信用、集合、预测、风险、交易等金融基础要素，区块链继而将重构金融保险业。此外，他对区块链在保险业的典型应用场景，以及中央银行数字货币的最新进展也进行了介绍。

王和进一步指出，无论是社会管理还是保险经营，其本质都是处理个体与集体之间的关系，而在处理个体与集体关系的过程中，面临的最大挑战是公平和效率。要解决公平问题，关键在于构建一套高效的信用体系并降低维护信用体系的成本，区块链正是重构信任的基础性资源，未来将能成为重构社会秩序的基础性资源。

对于逻辑基础的剖析，为保险业和区块链的融合创新找到了理论支撑，作为既深入研究前沿技术和未来趋势，又深谙实务、管理经验的保险专家，王和还提出了一些他的判断：

区块链不仅是一个技术，更具有社会属性，需要高度重视；

重构信用，将成为区块链改变保险的重要逻辑与路径；

智能合约，对金融的影响可能比区块链来得更快；

区块链技术将全面提升保险业的经营效率，并大幅度降低成本；

科技，尤其是区块链在保险领域的全面应用，将带来一个全新的概念——机器保险公司；

保险是区块链技术应用的典型场景，区块链是保险创新的重要力量。

技术浪潮来袭，重构将成为必然，保险新世界也将拉开大幕，未来已来，一起来进入王和的世界观，探讨我们共同的方法论，并眺望未来。

以下根据王和演讲内容整理（略有删减）。

区块链技术，自2008年问世以来，一直是以比特币的形式出现，且具有较浓厚的神秘色彩，属于一个小众范畴。但在2016年前后，区块链渐渐从比特币的幕后走到台前，进入大众视野，引发了社会的高度关注，形成了一股区块链热潮，但随着中央银行明令禁止ICO（首次代币发行），以及相关领域的清理整顿，区块链也转入低谷。

2019年10月24日，中共中央政治局就区块链技术发展现状和趋势进行第十八次集体学习，再度引爆区块链的话题。可以说，这既是一次中央集体学习，更是我国全面布局和发展区块链技术的一次会议，我们需要认真学习和思考，重新审视我国，也包括保险业区块链发展问题，从理论、技术、秩序、人才和应用等方面，明确发展方向，全面规划布局，实现持续突破。

从披露的信息来看，其中每一句话都意义深刻，应引起我们的高度重视：内容涉及技术、战略、管理、操作等层面；提出了很多值得深入研究的提法，如“把区块链作为核心技术自主创新重要突破口”“区块链技术的集成应用在新的技术革新和产业变革中起着重要作用”“强化基础研究，提升原始创新能力”“打通创新链、应用链、价值链”“探索数字经济模式创新”“促进数据共享、优化业务流程、降低运营成本、提升协同效率、建设可信体系”“构建区块链产业生态”以及“区块链+”等。

技术方面，客观讲，在上一轮的发展过程中，我国在区块链技术，特别是基础技术领域已经有了较好的积累，我国区块链专利技术处于世界领先地位，一批科技公司聚焦区块链应用的技术“瓶颈”开展了开创性研究，取得了一批重要成果，为大面积应用，尤其是“公链”环境应用奠定了良好的基础。

人才方面，保险业发展区块链面临的一个突出问题是人才奇缺。因为区块链对人才要求很高，必须是复合型人才，是跨界人才，就技术本身而言，区块链就是一个跨界的概念，保险区块链人才既要懂区块链，还要懂保险。同时，区块链概念火爆也加剧了人才的流动，保险区块链人才短缺是一个需要正视的问题。

最后，所有技术的价值均在于应用，区块链技术也一样。区块链能够推动保险创新，乃至重构保险业态，这只是一种可能，如何将可能变为现实，成为推动行业发展的能力，需要基于行业实际场景，特别是解决发展难点和痛点的应用。在发展区块链技术过程中，关键在基础端和应用端。基础端留给科研机构和专业公司去解决，行业则应更多地关注应用端，即利用区块链技术特点，解决行业发展问题。

区块链在保险领域，最核心的价值来源于唯一性，唯一性派生其他功能

区块链技术的本质是构建并维护一个刚性共识机制，其灵魂是“唯一性”，即通过分布式、多方参与、时间有序、不可篡改等技术，解决人类社会自古以来的信任或证明难题。

自从有了“社会”这个概念以来，人类社会就面临一个难题，即如何更好地管理个体与集体的关系，在社会活动中如何建立和维护一套信用体系。如果仅仅依靠人的信用是远远不够的，需要建立一套社会信用体系，于是，就出现了社会信用管理模式，即一套基于信用中介的管理体系。一个最经典的例子是我们无法自证“我妈是我妈”，必须去派出所开具证明。

区块链技术的出现，为这一问题的解决提供了全新的思路。区块链的全网共识机制，通俗地说，可理解为“众口一词，百口莫辩”。

首先，全网共识的通俗表述是“喊一句，大家就都知道了”，就像动画片《狮子王》中，辛巴出生时，它妈妈找一个高地，把辛巴高高地举起，对整个狮群大喊一声：“这是我的孩子”。其他动物就都知道了，且不能被篡改。

其次，时间有序，区块链有一项重要技术——时间戳，即每一次在区块链的信息发布均以时间唯一的方式被记录，而且是集体记录，因此，就像盖了一个戳，不能篡改。我们回到《狮子王》的场景，辛巴的妈妈喊了之后，辛巴就无须再跟别人证明“我妈是我妈”了，因为，大家都知道了。

当下，微信朋友圈的场景也非常相似。比如在某一时间点，你在微信朋友圈发布“你将与某人结婚”的喜讯，你的微信好友将会在同一个时间点获得并记录下这个信息，如果你反悔，将这条信息从自己的微信中删掉，但这显然是徒劳的，因为，这已经是“全网共识”了，你不可能删掉或篡改所有人手机里的信息，对发布的信息进行抵赖。

“链”是区块链技术的一个重要概念，

“链”就是范围，具体有公链、私链、联盟链。在区块链技术应用过程中，链的选择是关键。

私链，即在一个“私人范围”内应用，因此，它更像一家公司的核心业务系统，没有太大的意义和价值。

公链，由于涉及范围太广，参与者众多，安全性要求很高，计算量，而且是并发量巨大，因此，进入大规模应用仍面临许多技术问题。

联盟链，是现阶段相对可行的技术方案，也是应用最多的，如金融领域的跨境支付，供应链金融均是基于联盟链的。

客观讲，在上一轮的区块链热潮中，特别是各种“币经济”的推动下，加大了对区块链技术研究和开发的投入，一大批区块链科技公司出现，使得区块链技术得到了快速发展，特别是基础和底层技术领域取得了一系列的突破。目前，我国在区块链技术研发，包括专利数量等方面，均处于全球领先地位。

在区块链技术发展过程中，需要特别关注“智能合约”的概念。智能合约，顾名思义，就是一个“智能化的合约”，其本质是将一个法律文件、合同条款，转化作为一系列代码和程序，然后，让机器扮演“合约执行者”、律师、法官的角色，因此，在智能合约中，代码即法律。人们只要将作为条件的代码输入，它就可以自动地输出结果。

在金融领域，特别是保险领域，面临的一个突出问题是合同条款太复杂、太专业，因此，执行效率非常低。因为，在大多数情况下，消费者看不懂条款，合同的执行，特别是“赔”或“不赔”，往往是保险公司说了算，因此，让被保险人觉得不公平，甚至引发争议和纠纷。

智能合约能够较好地解决这个问题：一是合同执行是由一个“第三方”，而且是没有感情色彩的机器，其具有较强的公信力。二是合同执行效率较高，智能合约的执行完全依赖数据处理，速度非常快，能够大幅改善客户体验和行业效率。因此，无论是从公平还是效率的视角看，我们都有理由相信，智能合约对金融的影响，可能比区块链来得更快。

总结讲，区块链在保险领域的应用，最核心的价值就来源于唯一性，时间唯一决定了空间唯一，其他的功能都是唯一性派生出来的。

区块链重构信用、集合、预测、风险、交易等金融基础要素，进而重构金融保险业

金融保险，无疑是一个“高度数字化”的行业，区块链最重要的应用领域就是数字经济和数字金融，所以，金融，特别是保险，是区块链应用的典型场景。

金融保险，还是“强信用”的领域，区块链的一项重要能力是重构信用。与此同时，区块链还将从根本上改变金融保险的几个关键词：集合、预测、风险和交易。

区块链将重构信用、重构集合、重构预

测、重构风险、重构交易，将金融保险最核心的环节全部重构，必将重构整个业态。

前不久，波士顿咨询的一份研究报告指出，区块链技术可以为金融业降低5%~13%的费用率。我认为，初期可以降低3%~5%费用率，在商业模式转型的后期，则有望达到15%。仅就降低成本、提高效率而言，区块链技术的意义和价值就不容忽视。

重构信任。当年，《经济学人》杂志将区块链作为封面文章发表时，用的标题就是“信任的机器”，高度准确地概括了区块链技术。可以看到，区块链可以重构信用，推动信用模式从中介信任走向算法的信任，从社会信任走向自然信任。

具体到保险领域，保险的前身是互助，而互助是基于“后信任”模式的，随着保险市场和商业保险的出现，采用的是“前信任”模式，即投保人先交付保费，保险公司提供承诺。“前信任”模式较“后信任”模式的最大差异在于需要一个市场和机构来维护这种信任，继而产生巨大的社会成本。区块链，有可能让我们重回“后信任”时代，打造相互保险的2.0模式。

区块链在推动信任模式从中心信任走向边缘信任的同时，也推动从“他证”走向“自证”。现代社会面临的最大问题是人们不能证明自己，因此，我们需要各种各样的文件、证件和证书来证明自己，需要林林总总的考核和评估机制来证明，需要一大批服务于证明的机构和人力来证明。区块链，可以构建一套基于算法和机器的、社会化的证明机制，从根本上解决人类社会的“证明困境”和“信用困境”。

重构集合。保险是基于大数法则的风险集合，如何实现集合及集合效率至关重要。现在的保险属于“被集合”，即通过保险公司的保险营销实现集合，而被保险人往往是被动的，最具代表性的表述是“保险是卖出去的”。恰恰是这种认知错误导致了很多的销售误导。区块链可以帮助人们在集合中获得更多知情权、选择权和主动权，从被动集合走向主动集合。

重构风险。风险产生的最重要根源就在于信息不对称，互联网的最大价值是重新定义并利用时空。互联网在重新定义时空的过程中，能够为解决信息不对称创造条件，但这种解决更多是基于信息的交流，不能解决信任和价值管理问题，但在区块链赋能的条件下，就能够从根本上改变传统的风险认知与管理。

重构交易。交易是在时空背景下展开的，当时空被重新定义和利用时，特别是在区块链赋能背景下，能够实现基于价值的交互，交易无疑将被重构。过去，是投保人跨越时空，到保险公司的网点来买保险，后来，是营销员反向跨越时空，走出去卖保险。今天，在互联网上已经没有时空的概念，任何人都可以随时随地地“买保险”和“卖保险”。原来的市场是相对有形的，现在的互联网平台是相对无形的，从实到虚，区块链将重构交易。

在区块链加持下，交易的终极状态或许是，交易即核算。在全面互联互通的前提下，在区块链的算法信任背景下，所有交易都在一个体系中，就可以实现实时、高效和便捷的交易。

信用、集合、预测、风险、交易是金融，尤其是保险的核心领域，当这些领域都被重构，都被“智能合约化”了，未来有没有可能出现一个“机器保险公司”，值得我们思考。

唯一性，是区块链技术改变金融保险的核心能力。唯一性是重构信任的基础，是处理个体与集体关系的基础，保险制度和经营的本质也是处理个体与集体的关系，因此，区块链的唯一性至关重要。

具体来讲，通过保险的视角来看区块链，能得出以下三个结论：

一是区块链与保险具有基于社会性的基因性联系，保险是区块链技术应用的典型场景，区块链是保险创新的重要力量。

二是保险经营管理的核心和关键是解决唯一性的问题，唯一性的对立面是保险欺诈，保险欺诈大多是围绕“转换时空”展开的，包括倒签保单，先出险后投保、张冠李戴等。

三是执行刚性，全网共识和智能合约，最终带来信用重构，能够全面提升保险合同执行的刚性和效率，从根本上改变保险的业态。

科技，包括区块链，给保险业带来的变化以下三方面：第一，提高效率；第二，创造第三，重新定义，即实现“再存在”。

互联网为代表的现代科技，已全面改变，至颠覆传统行业，如零售业，再如支付领域。块链技术将给这种改变升级。因为，过去的互联网是信息互联网，未来的互联网是价值互联网。价值互联网的概念，将从根本上改变金融业。现在，我们已经感到这种改变，颠覆的脚步正“步步逼近”。

区块链在保险业应用前景广阔，相互保险、再保险、健康保险等成典型场景

保险是区块链技术应用的典型场景，其中，农业保险、相互保险和再保险将成为率先应用的领域，同时，健康保险、信用保险、养老保险、汽车保险、保险营销、保险理赔、保险监管等是未来保险区块链应用需要关注的领域。

近年来，保险业开展了一系列的保险区块链探索，以下是一些典型的应用案例。

案例1：肉牛养殖保险项目——联盟链上的高度信任

人保财险在宁夏开发了基于区块链的养殖保险服务平台，从根本上破解了养殖保险的“唯一性”难题。

宁夏在开展精准扶贫的过程中，开展了高端肉牛养殖项目，当地政府引导和扶植农户养殖高端肉牛，1头小牛的成本大约在1万元左右，养大之后可以卖6万~8万元，是很好的扶贫项目。但在项目推广过程中遇到了资金难题，因为，除了政府给予一定的资金支持外，其余部分要靠农户从银行贷款。但传统的银行信贷业务并不接受像牛这样的活体作为抵押物，因

此，贷款面临制度和技术障碍。同时，就农业保险而言，如何强化风险管理也是非常突出的问题。

按照问题导向原则，人保财险利用区块链，结合生物识别等相关技术，打造了一个肉牛养殖的联盟链。通过这一平台，每一头牛的日常状况均被动态地监控和记录，包括每天的体重、进食情况、食用饲料批号等。这些信息不仅可以实时分享，而且还可以追溯，不能篡改。通过这种方式，不仅解决了农业保险的风险管理问题，还实现了活体的固定资产化，解决了银行贷款抵押的难题，同时，还成为了检疫部门、政府部门开展相关管理平台。这一模式，还能够为未来的食品溯源奠定良好的基础。这一平台的本质是利用区块链的联盟链技术在相关利益方中间打造了一个高度信任的社区。

案例2：人保V盟——保险营销新体系新模式

“人保V盟”项目，即利用区块链技术，打造全新的营销新模式。

传统的保险营销体系的特征是金字塔结构，无论是保险方案和费率的审批，还是佣金的标准和结算，要自下而上层层报批，效率很低，而且，营销员的预期不确定，体验不佳。针对这一痛点，人保财险利用区块链技术，开发了人保V盟项目，将传统的金字塔模式改造成了扁平化的同心圆模式，在销售前端搭建一个智能终端，这个终端背后则是一个区块链模块，内置两个重要的功能模块——智能合约和智能投顾。

在人保V盟平台上，销售人员可以根据客户需求，通过自己的智能终端，进入智能投顾模块，在产品库中迅速匹配能够满足客户需求的产品组合，然后与客户达成共识。在达成共识之后，系统通过智能合约，进入销售规则库，计算出相应佣金并反馈给销售人员。所有这些步骤几乎都在同一时间完成，不需要人工干预，效率大幅提升。这一平台的本质是让每一个销售人员的手机均成为了一个“智能网点”，不仅提高效率，更改善客户和销售人员的体验，打造全新的营销模式。

案例3：相互保险——自主选择的风险集合

互助和相互保险是商业保险的“前身”，原始互助采用的是“后信任”模式，但随着社会的发展与进步，需要在更大范围内开展互助，传统的“后信任”模式难以继续，现代商业保险应运而生，商业保险采用的是“前信任”模式，即投保人需要先交保费，然后才能够获得保障承诺。同时，保险市场和保险公司的运行，需要消耗社会成本。

区块链技术的出现，为社会化和市场化“后信任”模式提供了新可能。利用区块全网共识机制和不可抵赖功能，结合互联大数据等技术，能够实现对信用的重构，建一个可靠安全的信任体系，进而建立一加公平、透明、安全和高效的互助机制，造真正的相互保险2.0平台。

这个平台不仅可以打造“后信任体系，

更重要的是可以赋予个体更多知情权和选择权，按照自己的意愿选择风险分散的对象和方式。如果基于区块链的“刚性信任”体系是可行的，结合智能合约等技术，那么“机器保险公司”就可能成为现实。

案例4：再保险——新风险分散模式简化交易

传统的再保险业务模式呈金字塔状，导致了交易结构复杂、信息不透明、结算周期长，面临较大的信用风险等问题，呈现为一种“黑箱”状态。利用区块链技术，特别是智能合约等技术，能够有效破解再保险经营管理的困境，从根本上改变传统保险和再保险的风险分散模式，探索一种全新的风险分散模式。

其核心是用全新的“平面模式”取代传统的“层级模式”，实现对再保险交易的“简化”管理，有效降低交易的复杂性，明晰交易和信息传递的路径，实现一种更加简洁、透明、便捷和高效的风险分散模式，同时为风险分散模式的创新、扩大分散范围、创造供给能力提供了可能。

现阶段，保险业一个典型的应用场景，就是基于区块链的保险业“联共保”管理平台，借助区块链的技术特点和优势搭建一个联盟链平台，实现自动化的业务清分和记录，保费和费用结算与赔款分摊。

目前，上海保交所、中再集团、众安保险均开始了再保险区块链应用的研究和探索，开发了基于区块链的再保险应用平台，并在互联网健康险的再保险领域开始了探索实践。

中央银行数字货币采用双层结构，保险公司或迎来重大机遇

“币”，无疑是区块链应用的一个重要领域，数字货币也成为区块链领域的热点话题。但谈论数字货币时，一个重要前提是理解并把握人类社会货币的本质，即什么是货币？货币是如何产生的？货币怎样运行和管理？

泛泛而言，“币”可以分为两种：法币与私币。所谓法币，就是“法定货币”，通常是国家发行的，以国家信用作为背书发行的货币，比如人民币；所谓私币，就是“私人货币”，即在市场和民间存在的各种“债权债务凭证”，其最大特点是以签发机构和个人的信用作为背书的。

我们可以换一个角度看现代货币体系，即法币体系，其本质是一个社会化的价值以及价值交换管理系统，或者可以理解为是一个公共账本。

《货币简史》的作者就认为货币起源于债权债务，其本质是一种债权债务的管理系统。法币是服务于这个体系和账本的“官方工具”，并以不同的形式存在，通常我们熟悉的是各种各样的货币，如传统的金属货币、纸币等，其本质是一种数字存在。

至于随着区块链出现的林林总总“币”，均属于“私币”的范畴，说到底是一种民间的债权债务关系，美国的监管部门就明确地将其

纳入“债券”的管理范畴。“币”只是一种债权债务凭证，基于算力的“挖矿逻辑”，只是证明和保证其“稀缺性”，继而提供了一种价值证明的“刚性”。

但在“币”发展背后，有一个值得高度关注的重要趋势，即随着区块链技术的出现，互联网已经从一个信息网络，逐步演化成了价值网络。

因为，区块链技术解决了互联网的结构和关系属性，即通过分布式账本、时间唯一、集体维护、不可篡改的特点，实现了从传统信任向算法信任，从人的信任向机器信任，从社会信任向自然信任的转变，提供了一种“刚性信任”的管理基础，这是区块链能够信任的基础，也是其最重要的价值所在。

最后，简单介绍一下我国中央银行的“数字货币”，即DCEP。关于DCEP，有以下几个关键的概念要明确：一是它不是一种新货币，这是M0的一种表现形式；二是它最大的特点是现金化，即支持点对点的离线支付，而微信和支付宝，均需要在网络条件下运行；三是它只是满足人们日常生活的小额支付。由此可见，DCEP的基本逻辑仍然是“现金逻辑”。

DCEP的基本框架是两层结构，即人民银行与商业银行之间形成一层结构，商业银行与客户之间再形成另外一层结构，二者之间采用的是一种“松耦合”模式。

具体而言，首先，商业银行向中央银行交纳百分之百的准备金，然后中央银行给予其等额的电子货币。其次，商业银行与客户之间形成一种基于电子货币的管理关系，客户需要在手机上开通一个电子钱包，并与自己在银行的电子钱包账户绑定。

对于保险业，尤其是大型保险机构而言，需要关注的一个点是关于“商业机构”的措辞，即未来或许不仅是商业银行可以向中央银行兑换电子货币，其他商业机构，如保险公司也可以向中央银行兑换电子货币，这意味着什么？其中有怎样的机遇？又需要做什么准备？

最后，我想用几句话作为总结：

社会管理和保险经营的本质都是处理个体与集体之间的关系。在处理个体与集体的关系过程，面临的最大挑战是公平和效率，表面上看，更多的是效率问题，本质上看，更重要的是公平问题。解决效率和公平问题，关键在于构建一套高效的信用体系并降低维护信用体系的成本。

区块链将成为重构信任和社会秩序的基础资源。区块链不仅仅是一个技术范畴，而更具有社会管理属性、价值和意义，因此，需要高度关注和重视，区块链对于人类社会的影响要比我们现在想象的更为广泛和深刻，时间将证明这一点。

区块链将成为保险创新发展的重要技术，应高度重视并培育能力。但在保险区块链技术的应用过程中，要避免“概念化”，要针对行业发展中的痛点，切实解决问题，尤其是保险创新的“最后一公里”问题。同时，区块链技术也不是万能的，要坚持“有所为，有所不为”的原则。